BIRGIT EBBERT
Ein Geschenk fürs Leben

Weitere Titel der Autorin bei Lübbe:

Die Königin von der Ruhr

Über die Autorin:

Birgit Ebbert ist freie Autorin und lebt im Ruhrgebiet. Als Diplom-Pädagogin schreibt sie Ratgeber und Lernhilfen sowie Kinderbücher und Erinnerungsgeschichten für die Arbeit mit Seniorinnen und Senioren. Seit ihrer Dissertation über Erich Kästner ist sie fasziniert von der deutschen Geschichte, was sich in ihrer Literatur widerspiegelt. In Kurzgeschichten und Romanen zeigt sie, dass hinter Geschichte immer auch Leben und Geschichten stecken.

BIRGIT EBBERT

Ein Geschenk fürs Leben

Roman über Eglantyne Jebb,
die Mutter der Kinderrechte

Lübbe

Die Bastei Lübbe AG verfolgt eine nachhaltige Buchproduktion. Wir verwenden Papiere aus nachhaltiger Forstwirtschaft und verzichten darauf, Bücher einzeln in Folie zu verpacken. Wir stellen unsere Bücher in Deutschland und Europa (EU) her und arbeiten mit den Druckereien kontinuierlich an einer positiven Ökobilanz.

Originalausgabe

Birgit Ebbert wird vertreten durch Agentur Schuldes

Copyright © 2025 by
Bastei Lübbe AG, Schanzenstraße 6–20, 51063 Köln
Bei Fragen zur Produktsicherheit wenden Sie sich bitte an
Produktsicherheit@bastei-luebbe.de

Vervielfältigungen dieses Werkes für das Text- und
Data-Mining bleiben vorbehalten.

Textredaktion: Dr. Frank Weinreich, Bochum
Umschlaggestaltung: Johannes Wiebel | punchdesign, München
Einband-/Umschlagmotiv: © Elisabeth Ansley – trevillion.com;
© jakkapan – stock.adobe.com; Bildagentur Zoonar GmbH – shutterstock.com
Satz: GGP Media GmbH, Pößneck
Gesetzt aus der Adobe Garamond
Druck und Verarbeitung: GGP Media GmbH, Pößneck

Printed in Germany
ISBN 978-3-7577-0104-8

2 4 5 3 1

Sie finden uns im Internet unter http://luebbe.de/
Bitte beachten Sie auch: www.lesejury.de/

*If we want the world to be a better place,
obviously the first necessity is that the children
should have what is essential for their physical,
mental and moral wellbeing.*

Wenn wir wollen, dass die Welt ein besserer Ort wird,
ist zweifellos von höchster Notwendigkeit,
dass die Kinder alles bekommen, was sie für ihr körperliches,
geistiges und moralisches Wohlbefinden brauchen.

Eglantyne Jebb

Kapitel 1

1926 Gelsenkirchen – Buer – Genf

Anni klebte mit ihrem Kopf fast an der Scheibe des Zugabteils. Sie konnte sich einfach nicht sattsehen an den hohen dunkelgrünen Tannen, den Bergen und putzigen kleinen weißen Häuschen, die zwischen den Bäumen hervorblitzten. Seit die Morgensonne sie in ihrem Sitz durch das kleine Fenster aus dem Schlaf gekitzelt hatte, in den sie trotz der ungewohnten Geräusche des Zuges gefallen war, starrte sie in die Landschaft hinaus. Die hellen, freundlichen Fassaden der Häuser entlang der Bahnstrecke waren ganz anders als die Wände, die sie aus ihrer Heimat kannte. Zwar behauptete ihre Großmutter, dass sie in ihrer Kindheit noch helle Häuser in der Gegend erlebt hatte, aber das war für Anni bisher nicht vorstellbar gewesen. Für sie waren Häuser grau, selbst die Villen, in denen die wohlhabenden Bürger lebten, wiesen nicht dieses strahlende Weiß auf, das hier im Süden des Reiches zwischen den Fachwerkbalken hervorstrahlte.

»Entschuldigung, gnädiges Fräulein, unser nächster Halt ist Basel.«

Anni sah den Schaffner verwundert an. Die Zeit war wie im Flug vergangen, während sie immer neue Dinge vor dem Fenster entdeckte. »Das ist schon in der Schweiz, oder?« Sie gab sich Mühe, hochdeutsch zu sprechen, wie es ihr die Oberschwester eingetrichtert hatte. Auch wenn sie erst einundzwanzig Jahre alt war, verstand sie, was es hieß, das Säuglingsheim, die Pflegeschule, die Stadt, ja alle Menschen des Ruhrgebiets im Ausland zu vertreten. Es kam schließlich nicht oft vor, dass eine von ihnen, kein Politiker, sondern eine Säuglingsschwester, in das Land der Schokolade und Uhren reiste, um einen Gruß von der Ruhr zu übermitteln.

Der Schaffner nickte Anni freundlich zu. »Genau. Das ist der erste Halt in der Schweiz. Dort werden die Grenzbeamten zusteigen, und wir haben Aufenthalt, bis alle Papiere geprüft sind. Bitte halten Sie Ihre Pässe bereit.«

Anni wurde heiß. Das war also jetzt der Moment, vor dem sie bangte, seit Schwester Reinhild sie gebeten hatte, im Namen des Heims ein Dankschreiben nach Genf zu bringen, um es einer völlig unbekannten Frau zu überreichen. Sie spähte zu dem Koffer über sich im Gepäcknetz. War die Karte mit dem kleinen Gemälde des Säuglingsheims und den Unterschriften noch dort? Hatte der Koffer nicht anders dagelegen, bevor sie eingenickt war? Sie sprang auf.

»Was ist denn? Haben Sie Ihre Papiere vergessen?« Der Schaffner sah Anni besorgt an. »Dann sagen Sie es lieber sofort, damit wir nicht Ihretwegen einen längeren Aufenthalt haben.«

Kam es Anni nur so vor, oder wurde der Ton schärfer? »Nein, nein ... ich meine, ja. Ja, ich habe meine Papiere dabei.« Sie blickte weiterhin wie gebannt auf das Gepäcknetz, als könnte sie damit ihren Koffer beschützen und einen möglicherweise lange vorher begangenen Diebstahl ungeschehen machen. »Mir ist nur ... die Papiere sind im Koffer.« Was redete sie für einen Unsinn? Sie wusste doch, dass der Pass in der Umhängetasche bei der Fahrkarte war!

Das freundliche Lächeln erschien wieder auf dem Gesicht des Schaffners, und er wandte sich dem älteren Mann zu, der in Freiburg zugestiegen war. »Sie kennen sich ja aus. Vielleicht können Sie dem Fräulein etwas behilflich sein. Beim ersten Mal schüchtern Zollformalitäten doch ein bisschen ein.«

Anni reckte sich, um den Koffer aus dem Netz zu holen. Obwohl sie sich auf die Zehenspitzen stellte, was laut ihrer Mutter nicht gut für die neuen Schuhe war, konnte sie den Griff nicht erreichen. Hätte sie beim letzten Umsteigen doch nur diesem jungen Mann mit dem schelmischen Grinsen nicht erlaubt, den Koffer ins Netz zu heben. Der Junge war längst ausgestiegen, und der Koffer lag unerreichbar im Gepäcknetz.

»Warten Sie!« Der Schaffner kam zurück und hob mit einer Leichtigkeit, über die Anni nur staunen konnte, den Koffer aus dem Netz. »Die Grenzbeamten werden ohnehin nachschauen wollen, ob Sie nichts schmuggeln.«

Wieder sammelte sich Schweiß auf Annis Stirn und unter den Achseln. Niemand hatte ihr gesagt, dass sie ihren Koffer vor wildfremden Menschen öffnen musste. Sie ging in Gedanken durch, was sie eingepackt hatte. Die Reise war für eine Woche geplant, zwei Tage im Zug für die Hinfahrt, zwei Tage für die Rückfahrt und drei Tage in Genf bei der Cousine der Oberschwester. Die Dame war nicht das Ziel der Reise, aber Schwester Reinhild fand es nicht angemessen, Frau Jebb, die eigentliche Adressatin des Dankschreibens, mit dem Wunsch nach Logis für die Botin zu belästigen. Und die Übernachtung in einem Hotel schickte sich für eine alleinreisende 21-Jährige nicht. Es war ohnehin erstaunlich, dass das Komitee Annis Reise zugestimmt hatte. Die Oberschwester hatte ihr verraten, dass niemand sich Gedanken gemacht hatte, dass eine so junge Teilnehmerin den ersten Preis gewinnen könnte. Aber der war nun einmal die Reise nach Genf, um Eglantyne Jebb, der Gründerin der Stiftung *Save the Children*, die den Aufbau des Säuglingsheimes mit Nahrungsmittelspenden unterstützt hatte, einen Dank zu überbringen. Alle aktuellen und ehemaligen Schwestern des Heims, alle Lehrkräfte der Säuglingspflegerinnenschule, sogar Mütter, deren Kinder vor fünf Jahren in den Genuss der gespendeten Lebensmittel gekommen waren, durften einen Aufsatz zum Thema »Wie verschaffen wir unseren Babys eine friedliche Welt?« einreichen, und dazu gehörte Anni nun einmal.

»Fräulein! Könnten Sie sich vielleicht endlich hinsetzen, ich muss meinen Koffer auch herunterholen.« Der Mann, der bis eben ruhig in seinem Sitz gesessen hatte, stand vor Anni und funkelte sie wütend an. »Sie stehen hier schon ein paar Minuten. Sind Sie eingeschlafen? Diese Jugend von heute!«

Anni ließ sich auf ihren Platz fallen. Der Mann hatte ja recht. Der Hinweis auf die Kontrolle des Koffers hatte sie durcheinandergebracht. Das hätte ihr wirklich jemand sagen können. Dann hätte sie das Stückchen Kohle, das Ferdinand ihr zusammen mit einer Taube aus Papier am Bahnhof zugesteckt hatte, nicht angenommen. Sie hatte sich ohnehin geärgert, dass ihr Freund überhaupt erschienen war, um Abschied zu nehmen. Sonst hatte er nie Zeit für sie, weil er andauernd mit seinen Brieftauben herumturtelte. Aber für ihre Abreise konnte er sich auf einmal von diesen Viechern trennen! Sie seufzte. Natürlich tat sie ihm unrecht. Dass er vor der Spätschicht extra zum Bahnhof gehetzt war, sollte ein Zeichen seiner Zuneigung sein. Und dann noch das Kohlestückchen, das er selbst aus dem Flöz geholt hatte. Das alles machte es nicht leichter, in der Ferne darüber nachzudenken, ob er wirklich der Mann war, mit dem sie eine Familie gründen wollte. Sie war ihm von Herzen zugetan, aber bis heute hatte sie oft den Eindruck gehabt, bei ihm stünden die Tauben an erster Stelle. Die Reise nach Genf war ihr als gute Gelegenheit erschienen, sich über ihre Gefühle klar zu werden. Zu Hause arbeitete ihre Mutter ja bereits an der Aussteuer, die ersten Monogramme waren in Handtücher gestickt, und wenn sie meinte, Anni bekäme es nicht mit, häkelte sie an einer filigranen Tischdecke für die künftige gute Stube ihrer mittleren Tochter.

»Grenzkontrolle! Ihre Papiere bitte!«

Obwohl Anni die Grenzbeamten erwartet hatte, zuckte sie zusammen. Die ganze Fahrt hatte sie geschlafen oder aus dem

Fenster gesehen und nicht an zu Hause gedacht. Ausgerechnet hier, wo ihre volle Aufmerksamkeit gefordert war, schlichen sich ihre Gedanken fort in die Heimat. Mit einem Ruck zog sie den Pass, der extra für die Reise ausgestellt worden war, aus der Umhängetasche, die ihre ältere Schwester Maria ihr für die Fahrt genäht hatte. Sie hielt dem Mann den Ausweis und das Schreiben der Schweizer Stiftung hin, die sie besuchen würde.

»Das brauche ich nicht!« Der Grenzer gab ihr den Brief zurück und schlug das Ausweisdokument auf. Er verglich das Foto darin mit Anni und fragte dann: »Haben Sie etwas zu verzollen?«

Anni wurde blass. Was wollte der Mann von ihr? War das so etwas wie Bestechungsgeld? Sie hatte in einem Roman davon gelesen. »Was heißt das?«

Der Grenzbeamte lächelte nachsichtig. »Das ist wohl Ihre erste Reise in ein fremdes Land, was?«

»Ich war schon in Holland!«, berichtete Anni stolz. Aber das war ihre Abschlussfahrt in der Volksschule, und da hatte die Klassenleitung sich um alles gekümmert.

»Dann wissen Sie ja, dass man beim Übertritt von einem Land in das andere mitteilen muss, wenn man wertvolle Fracht im Gepäck hat.« Der Beamte blieb freundlich. »Was haben Sie denn in Ihrem Koffer?«

Anni zerrte an den Lederschnallen, mit denen sie zu Hause den Pappkoffer geschlossen hatte.

»Lassen Sie nur!« Der Zollbeamte winkte ab. »Sagen Sie mir einfach, was darin ist.«

Anni sah sich verschämt um, ehe sie flüsterte: »Unterwäsche, zwei Kleider, ein zweites Paar Schuhe, ein Buch und ein Bild, das unsere Oberschwester Reinhild vom Säuglingsheim gemalt hat.«

»Ach, sind Sie Krankenschwester? Meine Frau auch. Das ist ja so ein wichtiger Beruf! Da wünsche ich Ihnen eine angenehme Weiterreise.« Damit wandte sich der Grenzbeamte dem Mann zu, der die ganze Zeit gebannt zugehört hatte. Anscheinend hatte er tatsächlich mehr Erfahrung mit Grenzübertritten als sie, denn eine Minute später waren sie wieder allein im Abteil und verstauten gleichzeitig ihre Papiere.

»Sie verreisen wohl zum ersten Mal, junges Fräulein, gell?«, fragte der Mann, während er seinen und ihren Koffer wieder im Gepäcknetz verstaute.

Es war Anni unangenehm, dass der Mann sie ansprach, zumal seine seltsam singende Sprache so ganz anders klang als die Melodie ihrer Heimat. Ob Frau Jebb auch so redete? Sie wusste kaum etwas über die Frau, wegen der sie die lange Reise unternahm, nur, dass sie nach dem Krieg in Gelsenkirchen gewesen war, um dem Säuglingsheim Nahrungsmittel zu schenken. Wie alt mochte sie sein? Wenn sie Essen spenden konnte, musste sie Geld haben. Waren ihre Eltern reich? Hatte sie einen Mann? Und Kinder? Je mehr sie über diese Frau nachdachte, umso größer wurde ihre Unsicherheit. Sonst waren immer Menschen um sie herum, die sie kannte und die ihr Sicherheit gaben. Nun war sie ganz auf sich gestellt. Sie wandte sich zum Fenster, wo Bäume viel zu schnell vorbeiflogen. In der Ferne meinte sie sogar Schnee oben auf den Bergen zu sehen.

»Ja, schauen Sie nur.« Der Mann ließ sich von ihrem Schweigen nicht an seinem Versuch hindern, mit ihr ins Gespräch zu kommen. »Die Schweizer Berge sind etwas anderes als die Hügel im Schwarzwald, gell?«

Anni musste lachen. Was der Mann Hügel nannte, war sicher zehnmal so hoch wie die Halden in ihrer Heimat, selbst die Fördertürme ragten dort höher hinaus als die kleinen Erhebungen nördlich der Ruhr. Sie wollte sich eigentlich nicht auf ein Gespräch einlassen, aber sie war neugierig, was es mit dem schwarzen Wald auf sich hatte. Der Zug war bisher nur durch grüne Bäume gefahren; keine Spur von schwarzen Baumkronen. »Was ist der Schwarzwald?«

»Die Gegend, durch die wir zuletzt gefahren sind, heißt Schwarzwald.« Er lächelte. »Zu dem Namen gibt es eine schöne Geschichte. Man sagt, dass vor zweitausend Jahren die Römer im Schwarzwald waren, und weil sie nur dunkle Bäume vorfanden, haben sie die Gegend ›silva nigra‹ genannt. Das ist Lateinisch und heißt schwarzer Wald. Aber den haben wir längst hinter uns gelassen. Nun liegen rechts der Bahnstrecke die Schweizer Alpen, und die sind zwei- bis dreimal so hoch wie der höchste Berg im Schwarzwald.«

»Und wie hoch ist der?«

»Der Feldberg ist der höchste Berg im Schwarzwald, er misst 1 492 Meter.«

Anni spürte einen Stolz in der Stimme des Mannes, als hätte er den Berg höchstpersönlich in diese Region versetzt, und zeigte sich beeindruckt. »Das sind 30 Fördergerüste.«

»Fördergerüste?« Der Mann sah Anni erstaunt an. Sie freute sich ein wenig, dass auch er nicht alles wusste, obwohl er ihr mit seinem Anzug, der Krawatte, den glatten Haaren, die wie angeklebt wirkten, und dem Monokel wie ein kluger Professor vorkam.

»Das sind die Gerüste, mit denen die Förderkörbe unter Tage gebracht werden«, erklärte Anni und wandte sich wieder den Bergen vor dem Fenster zu, um zu prüfen, ob das Weiße auf den Gipfeln nicht doch Schnee war.

»Woher kommen Sie?« Der Mann, der zuvor so selbstsicher wirkte, war sichtlich verwirrt.

»Aus Buer«, antwortete Anni, ohne den Blick von der Umgebung zu wenden.

»Das habe ich noch nie gehört«, gab der Mann zu.

Anni sah ihn an. »Dann steht es jetzt eins zu eins. Ich habe auch noch nie vom Schwarzwald gehört.«

»Eins zu eins? Das gibt es doch nur im Fußball!« Der Mann runzelte die Stirn.

»Damit kenne ich mich aus«, erklärte Anni und entschied, dass sie die restliche Fahrzeit ebenso gut im Gespräch verbringen konnte, denn vor dem Fenster änderte sich nichts an der Landschaft. Auf Dauer wurde das eintönig und bot ihr nur Gelegenheit, ihren Gedanken freien Lauf zu lassen, die dann gleich wieder zu dieser unbekannten Frau sprangen, mit der sie die nächsten Tage verbringen sollte. Sie spürte, wie ihr Magen knurrte, und fragte sich sofort, was es bei Frau Jebb wohl zu essen gab. Ihre Mutter versuchte, möglichst Speisen zuzubereiten, die ihre Kinder mochten. Sie war froh, dass ihr Mitfahrer sie mit seinem Geplapper ablenkte.

»Danke, das interessiert mich nicht besonders. Ich erzähle dir aber gerne etwas über die Berge hier, auch wenn ich im Schwarzwald lebe.« Der Mann holte ein flaches silbernes Etui aus der Tasche und bot Anni eine Zigarette an. Sie schüttelte den Kopf. Wie sollte sie ihm höflich beibringen, dass sie keinen Rauch in dem Abteil haben wollte? In der Schule hatten sie gelernt, dass der Rauch und der Teer aus Zigaretten für Babys gefährlich waren. Sie war zwar kein Baby, aber der Doktor, der den Unterricht gegeben hatte, meinte, Zigaretten könnten auch Erwachsenen schaden und überhaupt all denen, die den Rauch einatmeten. Erleichtert stellte sie fest, dass der Mann mit einem bedauernden Blick auf sie das Etui wieder einsteckte.

»Wie hoch ist denn so ein Fördergerüst?«, knüpfte er an das Gespräch vor dem Fußballvergleich an.

»Etwa 50 Meter!«, antwortete Anni wie aus der Pistole geschossen. Das hatten sie in der Schule auswendig lernen müssen. Jedes Fördergerüst hatte eine andere Höhe, manche maßen nur dreißig, andere waren sogar sechzig oder siebzig Meter hoch, aber als Mittelwert mussten sie fünfzig Meter kennen.

Der Mann lachte. »Dann ist der Feldberg tatsächlich so hoch wie dreißig Fördergerüste. Und in die Schweizer Berge würden mindestens neunzig passen!«

Anni nickte. So viel rechnen konnte sie, auch wenn sie kein Monokel trug. Aber wenn der Mann ihr schon das Gespräch aufzwang, wollte sie wenigstens eine Sache wissen. »Wieso sind die Bergspitzen so weiß?«
»Das sind die Gletscher. Dort oben liegt das ganze Jahr Schnee auf dem Eis.«
Anni versuchte, eine solche Stelle draußen ausfindig zu machen. »Unglaublich. Ganz weiß«, murmelte sie. »Ich kenne keinen weißen Schnee!«
»Was?« Der Mann starrte sie an. »Schnee ist doch immer weiß.«
»Nicht bei uns!«, widersprach Anni. Sie musste es schließlich wissen. Wenn der Schnee im Winter durch die Schicht aus Kohlenstaub in der Luft auf der Wiese landete, war er bereits leicht grau und manchmal sogar dunkelgrau geworden. Weißen Schnee kannte sie nur aus den Beschreibungen in Märchen.
»Meine Damen und Herren! In wenigen Minuten erreichen wir Bern! Mesdames et Messieurs. En seulement quelques minutes nous atteignons Bern.«
Die Stimme aus dem Lautsprecher schreckte den Mann auf. »Schade, ich muss mich leider verabschieden, meine Fahrt endet hier. Ich wünsche Ihnen eine angenehme Weiterreise.« Sprach's, packte seinen Koffer und war durch die Abteiltür verschwunden.
Anni seufzte. Vor dem Fenster waren Felsen, Berge, Bäume und Häuser zu sehen, aber inzwischen war ihr Kopf voll davon, und sie hätte sich gerne mit jemandem unterhalten, der ihr mehr über den Schwarzwald oder die Schweiz erzählte. Während sie sich ausmalte, ob sie lieber einen jüngeren oder älteren Mann oder eine jüngere oder ältere Frau neben sich hätte, fielen ihr die Augen zu. Die unruhige Nacht forderte ihren Tribut. Anni wachte erst auf, als der Schaffner sie an der Schulter berührte und darauf hinwies, dass sie beim nächsten Halt aussteigen müsse.

»Das ist dann Genf! Die Stadt des Völkerbundes, auf die in dieser Zeit die ganze Welt schaut.« Er reckte sich und holte mit Schwung Annis Koffer aus dem Gepäcknetz.

»Danke schön!« Anni lächelte. Zu gerne hätte sie nachgefragt, wie der Völkerbund aussah und ob sie ihn besichtigen konnte, aber der Zug wurde bereits langsamer, und sie musste mit ihrem Koffer noch ein Stück durch den Gang gehen, auf dem viele Reisende mit Zigaretten standen.

Rasch stand sie auf und zog die leichte Jacke über ihr weit ausgestelltes Baumwollkleid, dessen Saum in den Kniekehlen kitzelte. Sie wäre ja ohne Jacke gefahren, schließlich war die Augustsonne warm und größere Ausflüge waren in den drei Tagen wohl kaum vorgesehen. Ihre Mutter hatte jedoch darauf bestanden, dass sie die Jacke mitnahm, da man nie wissen könne, wie das Wetter im Ausland sei und was Frau Jebb für sie geplant hatte. Als sie damit kämpfte, das Gleichgewicht zu behalten, während die Eisenbahn weiter an Geschwindigkeit verlor und schließlich mit leichtem Schlenkern in den Bahnhof einfuhr, entdeckte sie einen Spiegel. Einige Strähnen hatten sich über Nacht aus dem Kranz gelöst, den sie aus ihren lockigen kastanienroten Haaren um den Kopf gebunden hatte. Sie liebte es, wenn der Wind um ihre kleinen Ohren, auf die sie so stolz war und die Ferdinand so mochte, wehte. Noch schöner stellte sie es sich vor, wenn die Böen die Haare um den Kopf bliesen. Aber ihre Mutter war der Meinung, dass diese neue Frisur, die jetzt die Filmschauspielerinnen trugen, nicht zu einer kleinen, unbedeutenden Säuglingspflegerin aus Buer passte.

Der Ruck, der durch den Zug ging, schleuderte Anni nach vorne. Sie konnte sich im letzten Moment fangen. Ohne darauf zu achten, ob ihr Kleid knitterfrei unter der Jacke lag, schnappte sie ihren Koffer und fühlte, ob die Umhängetasche mit den Papieren weiterhin an ihrer Seite hing, das Trageband diagonal über Brust und Rücken gespannt, sodass sie ihre Hände frei hatte. Die brauchte sie, wenn sie den Brief von Frau Jebb aus dem Reisepass nehmen wollte. Wie hieß noch diese Organisation, die einen Fahrer zum Bahnhof schicken würde? Und wieso hatten sie keinen festen Treffpunkt vereinbart? Ihre Sorge wuchs, als sie durch das Guckloch an der Ausstiegstür auf den Bahnsteig blickte. Auf dem Hauptbahnhof in Gelsenkirchen war viel los, vor allem da dort auch acht Jahre nach Kriegsende noch immer Flüchtlinge eintrafen, die durch den großen Krieg Heim und Heimat verloren hatten. Aber das war nichts gegen das Gewusel, das hier entlang der scheinbar unzähligen Gleise herrschte.

Endlich stand der Wagen, und Anni gelang es, sich mit dem Koffer bis zum Ausstieg zu lavieren. Sie wartete, bis die Tür von außen geöffnet wurde, und nahm dankbar die Hand des Schaffners, der ihr beim Betreten der beiden Gitter half, die als Stufen dienten.

»Kommen Sie zurecht?«, wollte der Mann wissen, war aber verschwunden, ehe Anni antworten konnte. Unsicher ließ sie ihren Blick über den Bahnsteig schweifen, bis sie eine Treppe entdeckte. Zielstrebig marschierte sie mit dem Koffer in der Hand darauf zu. Ehe sie in der Unterführung abtauchte, fielen ihr zwei Gleise weiter Menschen mit weißen Schildern auf. Womöglich standen darauf die Namen der Herrschaften, die abgeholt werden sollten, dann musste in deren Nähe der Ausgang sein.

Anni kam es so vor, als würde der Koffer immer schwerer, je mehr Stufen sie hinunterstieg. Ein paar Schritte lief sie durch einen Tunnel, und dann ging es Stufe für Stufe wieder ans Licht. Jetzt konnte sie auch die Schilder erkennen. Dort standen tatsächlich Namen. Sie seufzte. Schwester Reinhild hatte ihr aufgetragen, eine Droschke zur Promenade du Pin 1 zu nehmen, wo sich neben der Zentrale des *Internationalen Roten Kreuzes* auch das Büro der Stiftung von Frau Jebb befand. Für diese Fahrt hatte sie extra einen Fünfer bekommen. Dabei hatte die Oberschwester im selben Atemzug die Hoffnung verkündet, dass in Genf, der Stadt des Völkerbundes, ganz sicher alle Droschkenfahrer Deutsch verstehen und sprechen würden. Das fiel Anni wieder ein, und schon war auch das letzte Wort Französisch, das sie vorbereitet hatte, aus ihrem Kopf verschwunden. Einfach weg. Nicht einmal »Bitte« oder »Danke« hatte sie in der fremden Sprache mehr parat. Umso größer war ihre Erleichterung, als sie auf einem Schild ihren Namen entdeckte. Ihr fiel ein Stein vom Herzen. Erst jetzt wurde ihr bewusst, welche Angst sie vor dieser Ankunft gehegt hatte. Große Städte schüchterten sie ein, da fühlte sie sich gleich wieder wie damals auf der Kirmes, als sie ihre Eltern verloren hatte und nicht wusste, was sie tun sollte.

»Sind Sie Fräulein Schlinkert?« Anni hatte Mühe, den Mann in Livree zu verstehen, für den es sicher ebenso ungewohnt war, Deutsch zu sprechen wie für sie Französisch. Aber ihren Namen verstand sie, und auf dem Schild stand unverkennbar: »Fräulein Schlinkert! *Save the Children* heißt Sie herzlich willkommen.«

Sie lächelte den Mann an und nickte. »Ja!« Fieberhaft versuchte sie, sich zu erinnern, was die Kolleginnen ihr eingetrichtert hatten. Was hieß im Französischen ja? Yes? Si? Oui? Genau, das war es. Hastig schob sie ein »Oui« nach und entnahm dem Lächeln im Gesicht des Mannes, dass sie ins Schwarze getroffen hatte. Er griff mit der linken Hand nach ihrem Koffer und gab ihr mit der rechten Hand ein Zeichen, ihm zu folgen.

Vor dem Bahnhof staunte Anni nicht schlecht. Dort fuhren Pferdedroschken und Automobile friedlich hinter- und nebeneinanderher. Ein rotbraunes Pferd wieherte, als sie sich einer Kutsche näherten. Der Mann hob den Koffer auf deren Sitzbank und hielt Anni seinen Arm hin, damit sie sich beim Einsteigen aufstützen konnte. Dann schwang er sich auf den Kutschbock, schnalzte mit der Zunge, und sofort setzte sich das Pferd in Bewegung. Anni war beeindruckt, das hätte ein Automobil nicht schneller geschafft. Im Gegenteil, sie sah doch, wie sich manche

Fahrer abmühten und erst lange eine Kurbel drehten, bis so ein motorisiertes Vehikel einen Mucks von sich gab. Dann mussten sie auch noch die Kurbel verstauen, ehe sie losfahren konnten. Zu dem Zeitpunkt hatte sich ihr Kutscher längst in den Verkehr eingefädelt.

Gerne hätte Anni die Häuser und Menschen, Pflanzen und Denkmäler am Straßenrand genauer betrachtet, je näher sie jedoch ihrem Ziel kamen, desto nervöser wurde sie. Bisher war sie halbwegs entspannt gewesen, nachdem sie vor ihrer Abreise einen wunderbaren Reisebericht über die Schweiz aus der neuen Bücherei gelesen hatte. Zu Hause hatten sie außer der Bibel und einem Universallexikon keinerlei Bücher, aber Herr Wohlgemuth, der die Bücherei leitete, hatte ihr den Band beschafft. Doch jetzt, wo die Häuser und Straßen so nah waren, fragte sie sich, worauf sie sich da eingelassen hatte.

Kapitel 2

1881 Ellesmere

Die rotblonden Locken der vierjährigen Eglantyne flogen um ihren Kopf, als sie zwischen der Veranda des Landhauses, in dem sie mit ihren Eltern und vier Geschwistern lebte, und dem Bett der Mutter im großen Schlafzimmer hin und her rannte. Beide Orte im Haus übten an diesem 3. März ihren ganz besonderen Reiz aus. In der Kammer der Eltern wurde minütlich die Ankunft des neuen Geschwisterkindes erwartet, und auf der Veranda waren die Hausmädchen und ihre älteren Schwestern Em und Lill dabei, die Bücher aus Vaters Bibliothek zu entstauben. Nicht dass es Eglantyne, den beiden Schwestern und ihrem Bruder Richard, den alle nur Dick nannten, untersagt wäre, nach Herzenslust in der Bibliothek zu stöbern. Beim Entstauben tauchten allerdings immer wieder Bücher auf, die sie nicht kannten, und manchmal fielen Blüten heraus, die sie im Sommer zum Trocknen zwischen die Seiten gelegt und längst vergessen hatten. Alle Kinder von Arthur und Tye Jebb liebten die Natur, was nicht verwunderlich war angesichts des riesigen Gartens rund um das Anfang des Jahrhunderts erbauten Landhauses, das Arthurs Vater 1838 für seine Familie gekauft hatte. Es war umgeben von allen Schönheiten, die die englische Natur bereithielt – Seen, Berge, Wald. Und im Garten boten Bäume und Wiesen auch der Vierjährigen unzählige Gelegenheiten, mit ihrem Bruder zu klettern, zu toben, Cricket zu spielen und mit den Hunden herumzutollen. Die Veranda war jetzt noch kahl, Rosen und Clematis warteten darauf, dass es richtig Frühling wurde, und störten die Entstaubungsarbeiten der Familie nicht.

»Es ist ein Mädchen!«, erscholl die resolute Stimme einer Frau aus dem Haus, die extra für diesen Tag hergekommen war. Sofort ließ Eglantyne das Buch fallen, das sie gerade hatte ausschütteln wollen. Ihre Schwestern lachten. »Das Baby läuft doch nicht weg«, stellte Em fest und blätterte in dem Buch, das sie gerade in der Hand hielt. Sie sah Lill an und kicherte. »Aber du bist ja selbst noch fast ein Baby. Guck du nur.«

Eglantyne ließ sich davon nicht beirren, sie rannte in das Schlafzimmer der Eltern. Die fremde Frau, von der Em und Lill behaupteten, dass sie auch am Tag von Eglantynes Geburt im Haus gewesen sei, hatte sie vor einer halben Stunde aus dem Zimmer geschickt. Angeblich sei diese Frau, die das Hausmädchen Hebamme nannte, im letzten Jahr, als Gamul plötzlich auftauchte, ebenfalls bei der Mutter gewesen. Das erschien Eglantyne als nicht glaubhaft, weil die Großeltern steif und fest behaupteten, der Storch brächte die Babys. Aber wie ein Storch sah diese Hebamme bestimmt nicht aus. Deshalb hatte Eglantyne unbedingt bei der Mutter bleiben wollen, konnte sie sich doch nicht vorstellen, dass ein Storch durch das kleine Fenster des Zimmers passte.

Als Eglantyne ans Bett der Mutter trat, hatte diese bereits ein Baby im Arm, eingewickelt in eine weiße Decke, und viel kleiner als Gamul, dessen ersten Geburtstag sie gerade erst gefeiert hatten.

»Das ist Dorothy.« Die Mutter strahlte ihre vierjährige Tochter an. »Ist es nicht schön, dass du jetzt auch ein kleines Schwesterchen hast?«

Eglantyne nickte, obwohl sie nicht verstand, welchen Unterschied es für sie machen sollte, ob sie kleine Schwestern oder Brüder hatte. Ältere Schwestern, ja, die waren mit ihren acht und neun Jahren wirklich anstrengend, zumal sie immer zusammenhielten und oft so taten, als dürften sie über die Kleineren bestimmen. Wenn sie zu dritt Vater-Mutter-Kind spielten, war immer klar, wer das Kind sein und sich herumkommandieren lassen musste. Ja, Jungen und Mädchen sahen unterschiedlich aus, wenn sie nackt waren, aber beim Spielen im Garten gab es keinen Unterschied zwischen ihr und ihrem Bruder Dick. Außer dass er etwas älter war und schneller rennen konnte. Aber sie war auch schon ganz schön schnell für ein kleines Mädchen. Tante Bun hatte sie dafür sogar gelobt. Vater war nicht so stolz darauf, er hatte es lieber, wenn sie sich gesittet benahm, aber er war sowieso nicht oft da, weil er zu Gericht musste oder andere wichtige Sachen zu erledigen hatte.

Eglantyne erschrak, als das neue Kind plötzlich quäkte. Hoffentlich hörte es damit auf, bis der Vater nach Hause kam und ihnen die Gute-Nacht-Geschichte vorlas. Beim Gedanken an das abendliche Vorleseritual kamen ihr die Bücher auf der Veranda wieder in den Sinn. Sie drehte sich um und rannte zurück zu ihren Schwestern und den Hausmädchen, die weiterhin Bücher aus der Bibliothek nach draußen trugen, sie ausschüttelten und dann wieder im Haus in die Regale stellten.

»Und? Wie ist das neue Schwesterchen?«, wollte das Hausmädchen wissen, als Eglantyne herauskam.

»Laut«, antwortete Eglantyne. »Es heißt Dorothy.«

»Dorothy ist auch ein schöner Name«, stellte ihre älteste Schwester Em fest. »Jetzt haben wir eine Emily«, sie kicherte, »das bin ich, ich bin nämlich die Älteste von uns allen. Dann gibt es eine Louisa, einen Richard, eine Eglantyne, einen Gamul und eine Dorothy. Das reicht.«

»Dein Name ist am längsten, Doey«, merkte Lill an, »also dein richtiger Name, Eglantyne.«

»Sie heißt so, weil Mama so heißt«, erklärte Emily und sah ihre Schwestern hochnäsig an.

»Mama heißt auch so wie ich.« Lill streckte ihrer älteren Schwester die Zunge heraus. »Eglantyne Louisa!«

»Aber die Namen findet sie wohl so blöd, dass alle sie Tye nennen«, konterte Em. »Ich heiße wie Tante Nonie.« Lill lachte. »Haha, dann sage ich jetzt Nonie zu dir.«

»Nun ist es aber gut!« Das Kindermädchen hatte sich unbemerkt zu den Mädchen gesellt. »Ihr habt alle schöne Namen! Emily heißt wie die älteste Schwester eures Vaters, auch wenn ihr sie alle Tante Nonie nennt, und Louisa wie die jüngste Schwester eures Vaters, nur dass ihr immer Tante Bun zu ihr sagt. Seid doch froh, dass euer Vater eure Mutter Tye nennt, sonst wüsstet ihr nie, wer gemeint ist, wenn er Eglantyne sagt.«

»Er sagt ja gar nicht Eglantyne, sondern Doey!«, bemerkte Emily trotzig.

Das Kindermädchen ging nicht darauf ein. »Schaut, dass ihr fertig werdet. Wenn euer Vater nach Hause kommt, wollen wir das neue Baby feiern. Der Kuchen ist bereits im Ofen.«

Das ließen sich die Kinder nicht zweimal sagen, und als hätte er das Kindermädchen gehört, tauchte auch Dick plötzlich wieder auf, der sich in der Bibliothek mit einem Buch hinter einem Regal versteckt hatte.

»Na, hast du das Buch ausgelesen?« Das Kindermädchen zwinkerte dem kleinen Jungen zu.

»Bestimmt hat er wieder heimlich lesen geübt!«, spottete Lill. »Das ist so lästig, dass er jetzt mit uns Unterricht bekommt. Ständig müssen wir warten, bis er seine Aufgaben erledigt hat.«

Eglantyne sah ihren Bruder mitleidig an. Sie nahm sich vor, ab jetzt jeden Tag heimlich lesen zu üben, damit sie das gut konnte, wenn sie auch am Unterricht teilnehmen durfte. Jeden Tag bestürmte sie mal den Vater, mal die Mutter, mal das Kindermädchen und mal den Hauslehrer, ob sie nicht endlich wie die anderen in den Schulraum durfte. Einmal hatte sie sich dort nachmittags heimlich hingesetzt, als er leer war, um zu prüfen, wie sich das anfühlte. Seither konnte sie es noch weniger erwarten, Schulkind zu sein. Aber vielleicht hatten ihre Eltern jetzt ein Einsehen, wo zwei Babys im Haus waren, um die die Mutter und das Kindermädchen sich kümmern mussten.

Kapitel 3

1926 Genf

»Herzlich willkommen, Fräulein Schlinkert! Ich bin Eglantyne Jebb. Ich freue mich über Ihren Besuch.« Anni fiel ein Stein vom Herzen, als ihre Gastgeberin sie auf Deutsch begrüßte. Erstaunt betrachtete sie die Frau, von der die Oberschwester mit so viel Ehrfurcht sprach, seit sie sie nach der Eröffnung des Säuglingsheims vor fünf Jahren kennengelernt hatte. Anni hatte sich die Frau anders vorgestellt, extravaganter. Nicht in diesem braunen Cardigan über einem braunen Glockenrock, von dessen Schnitt ihre Mutter sicher begeistert wäre. Der einzige Schmuck war ein silbernes Kreuz, das auf dem ebenfalls braunen Pullover unter der Strickjacke hervorblitzte. Auffällig war das weiße Haar, das sich stark von der dunklen Kleidung abhob. Aber letztlich waren Kleider und Aussehen nicht wichtig, der Mensch zählte, und wenn sie sich mit diesem Menschen in ihrer Muttersprache verständigen konnte, würde sie die Frau schnell einschätzen können. Sie spürte, wie ihre Neugier erwachte. Neben ihrer Furcht vor der langen Reise und der fremden Stadt hatte sie in den letzten Tagen vor allem die Sorge darüber verunsichert, wie sie sich mit Frau Jebb verständigen sollte. In der Schule hatte der Lehrer zwar versucht, ihnen Englisch beizubringen, aber in der großen Klasse mit den vielen Kindern hatte sie nicht einmal die Wörter richtig verstanden, weil immer eines flüsterte oder raschelte. Schwester Reinhild hatte ihr erzählt, dass Frau Jebb aus England kam, aber gleichzeitig darauf hingewiesen, dass in der Schweiz kein Englisch, sondern Französisch gesprochen wurde. Umso größer war Annis Erleichterung darüber, dass sie in ihrer Muttersprache empfangen wurde.

»Bonjour, Madame Jebb«, stammelte Anni dennoch, wie es die Oberschwester ihr eingetrichtert hatte. Die Begrüßung und ein paar Worte für den Alltag, mehr hatte Anni sich nicht merken können. Deshalb stand sie nach den ersten Worten stumm vor der weißhaarigen Frau, deren Aussehen und aufrechte Haltung ihr denselben Respekt einflößten, den die älteren Säuglingsschwestern in ihren Trachten automatisch erzeugten.

»Sie möchten sich sicher erst einmal frischmachen«, überspielte Eglantyne Jebb die Pause. »Charlene, mein Hausmädchen, wird Ihnen Ihr Zimmer zeigen. Und wenn Sie Fragen haben, hilft Ihnen meine Hausdame gerne. Sie werden sie später kennenlernen.«

Anni erschrak. Hausmädchen! Hausdame! Außerdem war nie die Rede davon gewesen, dass sie in diesem herrschaftlichen Haus nächtigen sollte. »Äh, ich schlafe bei der Familie Merzenich, sie ist die Cousine von Schwester Reinhild.« Sie merkte, dass sie ihre Muttersprache falsch anwendete. Sofort hatte sie den strengen Deutschlehrer aus der Volksschule vor Augen, der ihr dafür einen Klaps mit dem Stock auf die ausgestreckte Hand verpasst hätte. »Also, die Frau ist die Cousine«, fügte sie rasch hinzu.

Eglantyne Jebb verkniff sich ein Lächeln, das hätte Anni nur noch mehr verwirrt. »Ihre Oberschwester hat kurz nach Ihrer Abreise angerufen, weil Frau Merzenich ihr mitgeteilt hat, dass sie sich den Fuß gebrochen hat und Sie nicht aufnehmen kann.«

Was für ein langer Satz von Frau Jebb in einer fremden Sprache! Anni war beeindruckt von ihrer Gastgeberin und erleichtert, dass sie mit ihr anscheinend ganz problemlos auf Deutsch sprechen konnte. »Das tut mir leid. Aber ich möchte Ihnen keine

Umstände machen.« Sie sah sich um. Schon der Eingangsbereich mit den Vitrinen und Regalen, dem Sessel und dem kleinen Tischchen dazwischen war größer als das Schlafzimmer, das sie sich mit ihren Geschwistern teilte. Und alles wirkte so, als sei es nur Zierde, ähnlich wie in dem Heimatmuseum in Buer, das sie mit der Schule besucht hatte.

Eine junge Frau trat hinzu. »Bonjour Mademoiselle, je suis Charlene«, begrüßte sie Anni und griff nach dem Pappkoffer.

Anni wusste nicht, ob sie erfreut sein sollte, weil sie erahnen konnte, was das Hausmädchen gesagt hatte, oder entsetzt darüber, dass es anscheinend ihren Koffer tragen wollte.

»Nein, bitte nicht, ich kann meinen Koffer selbst nehmen.« Was würde ihre Mutter sagen, wenn sie sich den Koffer tragen ließ?

Eglantyne Jebb nickte Charlene zu. »Ich denke, Fräulein Schlinkert muss sich erst einmal an die neue Situation gewöhnen. Führ sie einfach aufs Zimmer. Ich schlage vor, dass wir Sie in einer halben Stunde zum Tee abholen, Anni. Ist es Ihnen recht, wenn ich Sie Anni nenne?«

Anni nickte unsicher. Warum sollte sie Tee trinken? Den bekam bei ihnen nur, wer krank war. Vielleicht fühlte sich Frau Jebb nicht wohl. Sie sah von ihrer Gastgeberin zu dem Hausmädchen und sagte: »Da wünsche ich Ihnen gute Besserung.«

»Danke, aber uns geht es gut, nicht wahr, Charlene. Wie kommen Sie darauf, dass wir krank sind?« Eglantyne lachte und strich über ihre weißen Haare. »Wegen meines Haars? Das war einmal so rot wie das Ihre. Meine Brüder haben mich deshalb immer Feuerteufel genannt. Heute nennen mich die Leute wegen der Haare ›Weiße Flamme‹. Die Farbe hat sich geändert, aber das Feuer ist geblieben, obwohl ich schon fünfzig bin.«

Anni hätte die Frau älter geschätzt wegen der weißen Haare, wenn sie nicht anlässlich ihres 50. Geburtstags nach Genf gereist wäre. Aber sie ließ sich nichts anmerken. »Das war aber frech von

Ihren Brüdern. Mein Bruder Johann nennt mich immer Karottenkopf.« Sogar beim Abschied auf dem Bahnhof hatte er ihr nachgerufen: »Pass auf, dass sie keinen Eintopf aus dir machen, Karottenkopf.« Das hatte Anni den Abschied etwas leichter gemacht, und dass sie hier in ihrer Gastgeberin eine Leidensgenossin fand, erleichterte ihr die Ankunft.

»Das ist ziemlich gemein«, fand Eglantyne Jebb. »Aber hier müssen Sie sich nicht um solche Gemeinheiten sorgen. Die Menschen, die mich Weiße Flamme nennen, meinen es gut. Aber davon erzähle ich Ihnen noch in Ruhe. Jetzt gehen Sie erst einmal auf Ihr Zimmer. Sicher haben Sie nach der langen Reise Appetit auf einen Tee mit warmen Scones.«

Scones! Anni wagte nicht zu fragen, was das denn wohl war. Sicher meinte Frau Jebb es gut, aber Tee mochte sie schon nicht, wenn sie krank war, und diese ominösen Scones klangen nicht gerade verlockend. Wie gut, dass ihre Mutter für die Reise mehr als genug Butterbrote eingepackt hatte, von denen sie das letzte eben in der Kutsche noch rasch verzehrt hatte.

Sie folgte dem Hausmädchen, das etwa in ihrem Alter war, durch den Flur. Die Kinderzeichnungen an den Wänden beruhigten sie ein wenig; sie wirkten so freundlich und einnehmend. »Sind die Bilder von Frau Jebbs Kindern?«

Das Hausmädchen blieb stehen. »Ja und nein. Frau Jebb hat keine eigenen Kinder, aber irgendwie sind alle Kinder ihre Kinder. Manche Bilder stammen aus einem Malwettbewerb, den sie vor einigen Jahren organisiert hat. Die anderen sind aus einer Ausstellung, mit der Frau Jebb Spenden gesammelt hat. Am besten fragen Sie sie selbst.«

Anni versuchte, die Motive auf den Bildern zu erkennen, während sie dem Hausmädchen folgte.

»Dies ist Ihr Zimmer, gnädiges Fräulein.« Anni fragte sich, wie sie dem Hausmädchen sagen konnte, dass sie kein gnädiges Fräulein war; eigentlich müsste sie das doch an dem Pappkoffer mit den abgeschabten Ecken erkennen. Ihr Kleid, die Jacke und die Schuhe verrieten es nicht – die hatte ihre Mutter ihr vor der Abreise genäht und gekauft, von dem Geld für die Eier, das sie sparte, um ihren Kindern etwas Gutes zu tun. Von dem Lohn, den ihr Mann als einfacher Bergmann nach Hause brachte, und dem, was sie durch Putzen verdiente, konnten sie sich außergewöhnliche Ausgaben nicht leisten. Deshalb hatte sie einige Hühner angeschafft, die sie im Garten des kleinen Häuschens in der Bergmannssiedlung nahe der Zeche Hugo, wo der Vater arbeitete, hielt. Ob es hier auch Hühner gab?

»Ich hole Sie in einer halben Stunde ab«, versprach das Hausmädchen, deren Anwesenheit Anni völlig vergessen hatte. »Wenn Sie etwas benötigen, sagen Sie es bitte.«

»Merci.« Als sie Charlenes Lächeln sah, war Anni froh, dass Oberschwester Reinhild ihr die fremden Wörter eingetrichtert hatte.

Während die Tür von außen geschlossen wurde, schaute sie sich in dem Zimmer um. Da war ein großes Bett aus dunklem Holz mit einem dicken weißen Federkissen; am liebsten hätte sie sich sofort hineingeworfen. So weiß, so dick und bestimmt ganz weich. Weicher jedenfalls als die Bettdecke, die sie sich mit ihren Geschwistern nachts teilte, dessen war Anni sicher. Neben dem Bett stand ein kleines Tischchen mit einer Petroleumleuchte, und gegenüber befand sich ein Waschtisch mit einem großen Spiegel, in dem sich die mit Blumen verzierte Waschschüssel und die Wasserkanne im selben Muster spiegelten.

Über der Tür hing eine Uhr, die Viertel nach zwei anzeigte. Wann hatte sie das Zimmer betreten? Wann war die halbe Stunde um, die die Frauen ihr gewährt hatten, um sich frischzumachen? Und was sollte das überhaupt sein: frischmachen? Sie kam ja nicht aus dem Flöz und hatte wie ihr Vater, wenn er von der Arbeit kam, trotz Dusche in der Kaue schwarze Ränder unter Augen und Fingernägeln. Erschrocken betrachtete sie ihre Hände. Seit sie denken konnte, hatte ihre Mutter ihr eingeschärft, dass keinerlei Schmutz unter den Nägeln sein durfte. Wenn eines der Kinder nicht daran dachte, klemmte sie die Hand mit festem Griff ein und schabte die schwarzen Ränder mit der Spitze einer Nagelfeile unsanft weg. Aber jetzt waren Annis Nägel schön geschnitten und frei von jeglichem Schmutz. Woher hätte der in der Bahn auch kommen sollen?

Sie blickte in den Spiegel. Auf den Wangen bemerkte sie Sandkörnchen, die sich wohl in die Hautcreme gebohrt hatten, als sie durch das geöffnete Abteilfenster prüfen wollte, ob die Luft zwischen Bäumen und Bergen anders roch als zwischen Förderturm und Kohlehalde zu Hause. Bei dem Gedanken an die frische, reine Luft vergaß Anni die Flecken auf ihrem Gesicht und eilte zu den Fenstern. Hinter dem Gebäude auf der anderen Straßenseite lugten Berggipfel hervor. Sie zerrte an dem Hebel. Endlich konnte sie das Fenster aufziehen. Anni saugte die frische Luft ein, die in das Zimmer drang, und wünschte sich, dass ihre Mutter, die so oft hustete, dies auch erleben konnte.

»Fräulein Schlinkert, sind Sie so weit?«, erklang eine Stimme vor der Tür.

»Moment!«, rief Anni und ging zurück zum Spiegel. Sie rubbelte die Sandkörnchen mit dem Tuch ab und eilte zu dem Koffer. Hastig löste sie dessen Schnallen und stellte die Klappe auf. Zum Glück hatte sie die Karte mit dem Bild des Säuglingsheims und den Unterschriften ganz oben auf ihre Kleider gelegt. Sie nahm das Geschenk heraus und öffnete die Tür.

»Ich hoffe, es ist alles in Ordnung«, empfing das Hausmädchen sie. »Die gnädige Frau erwartet Sie bereits im Salon.« Sie zwinkerte Anni zu. »Und die Scones dampfen noch.«

Anni fasste sich ein Herz. »Was sind Scones?« Wenn diese Scones etwas mit Glibber waren, wie ihre Brüder alles nannten, was in Aspik eingelegt war, musste sie sich innerlich darauf vorbereiten.

Das Hausmädchen zögerte. »Scones sind … äh … Scones. In England, wo Frau Jebb aufgewachsen ist, werden sie zum Tee gereicht.«

Das half Anni nicht weiter. »Wie werden sie zubereitet?«

»Im Ofen gebacken«, antwortete das Hausmädchen verwundert. »Der Teig wird aus Mehl, Butter, Eiern, Zucker und Milch gerührt.«

Scones waren also ein Gebäck! Anni fiel ein Stein vom Herzen. Nach der aufregenden Reise brachte sie nichts herunter, was glibberte oder was sie sonst nicht mochte. Befreit folgte sie dem Hausmädchen in den Salon, wo Eglantyne Jebb sie erwartete. Sie saß an einem Tisch, der mit hübschen Tassen, Tellern, einer dampfenden Schüssel voller Teigkugeln und einer bauchigen Kanne auf einem Stövchen, wie Anni es einmal beim Pfarrer gesehen hatte, gedeckt war.

Ehe Anni sich auf den Stuhl setzte, den ihre Gastgeberin ihr zuwies, stellte sie sich vor der weißhaarigen Frau auf. »Ich bin gekommen, um Ihnen im Namen des Säuglingsheims an der Wörthstraße in Gelsenkirchen für Ihre Wohltaten ganz herzlich zu danken.« Diesen und die folgenden Sätze hatte sie mit Schwester Reinhild geübt. »Ohne Ihre Spende und die Nahrungsmittel wären viele Babys gestorben. Das Säuglingsheim besteht weiterhin, und eine Säuglingspflegerinnenschule ist hinzugekommen. Im letzten Jahr fand in Gelsenkirchen sogar die erste Kinder-Gesundheitswoche im Ruhrgebiet statt.« Anni war so erleichtert, als sie ihre Sätze aufgesagt hatte, dass sie stumm vor Eglantyne Jebb stehen blieb.

Charlene trat von hinten an sie heran und flüsterte: »Das ist doch ein Geschenk, oder?«

Anni wurde rot. »Oberschwester Reinhild hat Ihnen ein Bild von unserem Heim gemalt, und wir haben alle auf der Rückseite unterschrieben. Alle Schwestern und Schülerinnen und sogar die Mütter, deren Babys gerade bei uns sind.«

»Das ist wirklich ein schönes Geschenk.« Eglantyne nahm die Karte entgegen und betrachtete das Haus, dem sie vor fünf Jahren selbst einen Besuch abgestattet hatte. Sie erinnerte sich gut daran, wie grau und trist die Stadt drei Jahre nach Kriegsende gewirkt hatte. Anders als hier in der Schweiz und zu Hause in England waren in der Region kaum grüne Wiesen, Bäume, geschweige denn Kühe und Kornfelder zu sehen gewesen. Für sie hatte sofort festgestanden, dass sie dort mit Lebensmitteln und finanziellen Spenden helfen mussten. Sie betrachtete die junge Frau, die in dem hübschen Kleid aus dieser tristen Gegend kam. Ein wenig erinnerte sie diese Anni an ihre Freundin Margaret, die sie bei der ersten Begegnung mit ihrer Schüchternheit für sich eingenommen hatte. Auch wenn die beiden Frauen nicht unterschiedlicher hätten sein können, weckte Annis Verhalten bei Eglantyne doch denselben Impuls, sie zu unterstützen, wie damals Margaret.

»Setzen Sie sich doch.« Sie deutete erneut auf den Stuhl ihr gegenüber, der vor einem hübschen Teller und einer ebenso hübschen bauchigen Tasse stand, die Anni an die Sammeltasse erinnerte, die Großmutter ihr zur Konfirmation geschenkt hatte. Im Gegensatz zu den Tassen hier stand ihr Erinnerungsgeschenk allerdings in der Vitrine im Wohnzimmer neben denen, die Maria und Johann bekommen hatten.

Anni setzte sich auf die vordere Kante des Stuhls, der auf sie nicht sehr stabil wirkte im Vergleich zu den robusten Sitzgelegenheiten in der Küche ihrer Eltern. Überhaupt: Dass sie in so einem schönen Raum bewirtet wurde, fand sie unpassend. Das Wohnzimmer in ihrem Elternhaus war für Sonntage und besondere Gelegenheiten reserviert, und ihr Besuch war nun wirklich keine besondere Gelegenheit.

Eglantyne stand auf und stellte das Gemälde auf eine niedrige Kommode mit Schubladen, auf der weitere Bilder standen. Als sie sah, wie Anni eingeschüchtert auf der Stuhlkante saß, lächelte sie. »Nicht dass Sie denken, ich hätte immer in solchen schönen alten Möbeln gewohnt.« Sie lachte auf. »Als ich am Lady Margaret College studierte, habe ich sogar einmal alle Möbel aus dem Apartment räumen lassen.« Sie setzte sich wieder an den Tisch. »Und diese Möbel gehören auch gar nicht mir, sondern meiner Freundin Suzanne. Sie stammt aus einer alteingesessenen Schweizer Familie und besitzt deshalb viele alte Möbel.«

Anni entspannte sich ein wenig. Sie und ihre Eltern hatten immerhin eine eigene Wohnung und mussten nicht bei Freunden oder Verwandten wohnen. Das hätte sie von dieser Frau Jebb, die alle so verehrten, nicht gedacht.

Als hätte Eglantyne Annis Gedanken gelesen, verriet sie: »Ich hatte natürlich auch schon eigene Wohnungen, als ich studiert habe und später als Lehrerin und Redakteurin. Aber irgendwann hat es sich so ergeben, dass ich in England bei meiner Mutter wohnte, weil es ihr nicht gut ging und ich ohnehin immer viel unterwegs war. Seit ich mit meiner Schwester Dorothy *Save the Children* gegründet habe, reise ich zwischen Genf, London und Crowborough hin und her. Crowborough ist ein kleines Dorf in Sussex, das ist auch in England, dort hat Mutter ein Haus namens Forest Edge gebaut. Die meiste Zeit bin ich auch heute noch in der Welt unterwegs, um Spenden zu sammeln und unsere Projekte zu besuchen. Da lohnt es sich kaum, eine Wohnung zu mieten, zumal ich bei Dorothy, meiner Mutter und hier bei Suzanne immer ein Zimmer und viel Platz zum Arbeiten und Leben habe.«

Eglantyne schüttelte den Kopf. »Aber Sie sind ja nicht hergekommen, um über meine Wohnungen zu sprechen. Ich freue mich sehr, dass Sie die lange Reise unternommen haben, um uns Ihren Dank zu überbringen. Gerade aus Deutschland.«

»Wieso freuen Sie sich über Besuch aus Deutschland?«, fragte Anni und schob sich etwas weiter nach hinten auf dem Stuhl, um Abstand zu Teller und Tasse zu gewinnen.

Ihre Gastgeberin nickte. »Das ist eine gute Frage. Als ich vor sieben Jahren begonnen habe, Spenden zu sammeln, weil ich hörte, dass viele Kinder in Deutschland nach dem Krieg verhungern, dachte ich, ich tue etwas Gutes. Dann haben mich zuerst meine Landsleute beschimpft, weil ich dem Feind helfen will. Trotzdem habe ich Geld zusammentragen können und Lebensmittel nach Deutschland gebracht. Dort wurde ich dann beschimpft, weil meine Landsleute den Kaiser und seine Truppen besiegt hatten.«

Anni wusste nicht, was sie dazu sagen sollte. Sie war in der dritten Klasse gewesen, als der Krieg ausbrach. Kein Tag war damals vergangen, an dem der Lehrer nicht von den Soldaten schwärmte und von dem Sieg an der Front. Dieses Wort würde sie ihr ganzes Leben nicht vergessen. Ostfront, Westfront, Heimatfront. Wobei Heimatfront nichts anderes bedeutete als das Leben in der Heimat mit dem täglichen Kampf um das Essen, den die Mütter ausfechten mussten. Im letzten Kriegsjahr wurde sie dreizehn Jahre alt, doch ihre Mutter hatte weder Butter noch Mehl, um ihr den sonst üblichen Geburtstagskuchen zu backen. Da verstand sie, was Krieg bedeutete, und hasste mit einem Mal alle Soldaten. Schließlich waren sie es, die mit ihren Waffen in den Krieg zogen. Einmal hatte sie es gewagt, das in der Schule zu sagen. Zur Strafe wurden ihr nicht nur die Hände wund geschlagen, sie durfte auch eine Woche nicht am Unterricht teilnehmen und musste stattdessen den Hof fegen und andere, noch ekligere Arbeiten erledigen.

»Fräulein Schlinkert? Ist alles in Ordnung mit Ihnen?« Anni sah die Schale mit Gebäck vor ihrer Nase. Wie lange diese Frau Jebb sie wohl schon hielt? Aus der Tasse dampfte es bereits, ohne dass sie bemerkt hätte, wie jemand den Tee eingeschenkt hatte.

»Trinken Sie Ihren Tee mit Milch oder ohne?« Das Hausmädchen sah sie erwartungsvoll an.

Anni starrte hilflos zurück. Die Frage, ob sie Tee mit Milch trinken wolle, überforderte sie, weil es Tee in ihrer Familie nur bei Krankheiten gab. Aber wenn sie zu Hause Kaffee trank, tat sie immer viel Milch hinein.

»Mit Milch«, antwortete sie und nahm mit den Händen einen dieser Scones aus der Schale. Sie bemerkte, wie Eglantyne und das Hausmädchen einen Blick wechselten, allerdings sagten sie nichts. Erst, als Eglantyne mit der kleinen Zange, die neben der Schale lag, ein Gebäckstück herausnahm, wurde Anni klar, welchen Fehler sie begangen hatte. Dabei hatte ihr die Mutter eingeschärft, einfach den anderen alles nachzumachen, sobald sie unsicher war. Sie hatte leicht reden; wenn sie die Erste war, konnte sie nichts nachmachen. Hoffentlich war das mit der Milch im Tee wenigstens richtig. Erleichtert beobachtete sie, wie Eglantyne Milch in ihre eigene Tasse goss.

Anni wartete, ob ihre Gastgeberin den Tee umrührte und wie sie ihn trank. Erst danach hob sie die Tasse zum Mund. Dann sah sie zu, wie Eglantyne Jebb von dem Gebäck abbiss und den Rest auf den Teller legte, und verfuhr ebenso. Langsam entspannte sie sich. Die Frauen waren freundlich, und wenn sie sich an den Ratschlag ihrer Mutter hielt, würde sie sich schon richtig benehmen.

»Wie kommt es, dass Sie so gut Deutsch können?« Anni war von sich selbst überrascht, dass sie diese Frage zu stellen wagte. Doch Frau Jebb schien das zu gefallen.

»Charlenes Mutter stammt aus dem deutschsprachigen Teil der Schweiz«, antwortete Eglantyne. »Ich habe mich schon immer für Sprachen interessiert. Als ich klein war, hatten wir ein Kindermädchen, das deutsch sprach. Heddie kam aus dem Elsass, das gehörte zeitweise zu Frankreich und zeitweise zum Deutschen Reich, deshalb redeten die meisten Menschen dort deutsch. Die Kindermädchen sollten uns immer die Sprache ihrer Heimat beibringen, das war unseren Eltern wichtig. Meine Schwester hat sogar ein halbes Jahr in Deutschland gelebt, in Dresden. Da haben wir uns in Ihrer Sprache Briefe geschrieben.«

»Waren Sie auch schon einmal in Deutschland?« Die Frage war Anni wie von selbst über die Lippen gegangen; die weißhaarige Frau vermittelte ihr ein Gefühl der Sicherheit. Gleich danach ärgerte sie sich. Sie wusste doch, Frau Jebb in Gelsenkirchen gewesen war, darüber hatte die Oberschwester gesprochen. Sie war erleichtert, dass ihre Gastgeberin nicht darauf einging.

»Oh ja, mehrmals. Vor fünfundzwanzig Jahren zum ersten Mal. Damals habe ich mit einem Onkel ein paar Tage in Bad Kissingen verbracht. Und später natürlich für *Save the Children*. Eine der ersten Städte in Deutschland, in denen wir Kindern geholfen haben, war Leipzig. Bald nachdem wir die Stiftung gegründet hatten.« Eglantyne lachte. »Das war eine abenteuerliche Geschichte. Der Name Emily Hobhouse sagt Ihnen vielleicht nichts, aber sie war bei *Save the Children* für die Länder Mitteleuropas zuständig. Was wir in England an Spenden sammelten, sollte ja verteilt werden. Aber wir konnten die Lebensmittel schlecht mit einem Flugzeug abwerfen und brauchten Ansprechpartner vor Ort.« Sie wusste, dass sie die Verdienste dieser einzigartigen Frau damit schmälerte. Emily Hobhouse hatte sich immer für Minderheiten eingesetzt und dafür gekämpft, dass Frauenrechte mehr als die Rechte wohlsituierter Damen waren. Leider hatte sie das Komitee der Internationalen Stiftung verlassen, weil sie fand, dass ihre Kinder in Leipzig zu wenig Spenden bekämen, nachdem die Stiftung eine Hilfsaktion in Saratov begonnen hatte. Dennoch war sie eine engagierte Frau gewesen. »Emily ist vor zwei Monaten verstorben, mit ihr hat *Save the Children* eine der engagiertesten Frauen verloren.«

Anni hatte sich keine Gedanken darüber gemacht, wie Frau Jebb die Gelder und Lebensmittel verteilt hatte. In Gelsenkirchen hatte sie mit der Stadtverwaltung und der Heinrich-Mönting-Stiftung zusammengearbeitet, wenn sie sich richtig erinnerte.

»Emily Hobhouse war ständig unterwegs in der Welt. Sie hatte vorher in einer Bergarbeitersiedlung geholfen und war später im Burenkrieg in Südafrika. Für uns war diese reisefreudige Frau, die so gut mit den Menschen umgehen und sie begeistern konnte, ein Glücksfall.« Anni bemerkte erstaunt, dass Eglantynes Wangen glühten. Plötzlich wirkte sie trotz ihrer weißen Haare gar nicht mehr alt, sondern fast wie eine junge Frau, die am liebsten gleich aufspringen und etwas unternehmen wollte. »In Bern hat Emily einen Professor aus Leipzig kennengelernt.« Eglantyne schmunzelte. »Da hatten sich zwei Menschenfreunde nicht gesucht und doch gefunden. Er hat Emily überredet, nach Leipzig zu kommen und sich selbst ein Bild von der Lage der Schulkinder zu verschaffen.«

Anni nippte an ihrer Tasse und schob sich die zweite Hälfte des Scones in den Mund. Obwohl oder weil Eglantyne von Hunger sprach, verspürte sie plötzlich einen so großen Appetit, dass sie nicht darauf warten konnte, dass ihre Gastgeberin weiteraß. Während sie der Geschichte lauschte, nahm sie ein weiteres Scone aus der Schale, und auf einen fragenden Blick des Hausmädchens in Richtung der bauchigen Teekanne nickte sie freudig. Der Tee schmeckte zwar völlig anders als die Tees, die ihre Mutter bei einer Krankheit aus frischer Minze oder getrockneten Kamillenblüten aufbrühte, aber er passte gut zu dem Gebäck.

»Beim dritten Besuch habe ich sie begleitet. Der Professor hat in Leipzig alle Hebel in Bewegung gesetzt, um eine Kinderspeisung ins Leben zu rufen. Wenige Wochen nach Emilys zweitem Besuch wurde bereits ein *Komitee zur Speisung unterernährter Schulkinder* gegründet, und im Januar 1920 war ich dabei, als die ersten zweihundert Kinder in vier Leipziger Schulen von unserem Geld ein Mittagessen bekamen.« Das Strahlen auf Eglantynes Gesicht faszinierte Anni. Was war das für eine Frau, die sich so über Mittagessen für fremde Kinder zu freuen vermochte?

»Danach war ich in Berlin, als wir die erste Kakaostube eröffnet haben, und in Nürnberg, wo wir die Patenschaft für zweihundert Kinder übernommen, denen wir alle drei Monate Liebesgaben geschickt haben. Apropos Liebesgaben. Finden Sie nicht auch, dass diese Scones echte Liebesgaben sind?« Eglantyne legte mit der Zange ein weiteres Gebäckstück auf ihren Teller. »Frau Hämmerle hat sie wieder einmal mit Hingabe gebacken. Aber ich habe viel zu viel erzählt. Sie wollten doch nur wissen, ob ich schon in Deutschland war. Ja, war ich: in Leipzig, Nürnberg, Berlin, Köln und einigen anderen Städten wie Gelsenkirchen.«

»Gelsenkirchen ist eine wichtige Stadt, sie liegt direkt neben Buer, wo ich herkomme. Dort gibt es die meisten Zechen in der Region, und die Männer holen Kohle aus der Erde für das ganze Reich. Mein Vater arbeitet auch unter Tage.« Anni dachte an ihre Stadt und ihren Vater und spürte einen Kloß in ihrem Hals. Das war alles so weit weg; fast zwei Tage war sie mit der Bahn unterwegs gewesen. Die Rückfahrt würde ebenso lange dauern.

»Es ist schön, dass Sie so stolz auf Ihre Heimat sind.« Eglantyne sah Anni nachdenklich an. Sie beneidete die junge Frau um das Gefühl, das sie mit ihrer Stadt verband. Welcher Ort ihrer Kindheit würde diese Sehnsucht hervorrufen? Das Landhaus in Ellesmere mit den hohen Decken und lichtdurchfluteten Räumen, seinen unzähligen Zimmern und dem Flügel für die Bediensteten, der es wie ein kleines Schloss erscheinen ließ? Dort hatte sie die meiste Zeit mit ihren Eltern und Geschwistern gelebt; oft zusammen mit ihrer Tante Carrie, die gerne die Mädchen der Familie ihres Bruders unter ihre unkonventionellen Fittiche nahm. Oder war Tydraw ein solcher Sehnsuchtsort? Das imposante Steinhaus in den Waliser Bergen von Denbigshire, in dem sie jedes Jahr einige Wochen zwischen grünen Wäldern und blühenden Feldern verbrachten, mit einfachem Essen, das sie selbst kochen und backen mussten, aber mit viel Freude am Miteinander.

Kapitel 4

1885 Ellesmere – Denbigshire

»Nein, Doey, deine Fahnen und Karten bleiben hier!« Tye nahm ihrer Tochter den Stapel aus Papier und Stoff aus der Hand, den diese soeben in ihren kleinen Koffer packen wollte.

»Ich brauche die aber!« Mit ihren neun Jahren wusste Eglantyne genau, was sie wollte und zu tun hatte. Und jetzt musste sie sich auf den Beruf als Soldat vorbereiten, auch wenn ihr Großvater meinte, Mädchen könnten nicht Soldaten werden. In dem Buch *The Charge of the Light Brigade* von Alfred Tennyson, das sie im Unterricht gerade gelesen hatten, wurde erzählt, wie wichtig die Soldaten waren. Außerdem hatte sie ihren Großvater begleitet, als er in Shropshire die Armee der Freiwilligen betreute. Seit die englischen Truppen Birma erobert hatten, berichteten alle, dass es nichts Schöneres gab, als für sein Land zu kämpfen. Mit neun Jahren war sie zu jung dafür, aber sie konnte mit Fahnen ihre Solidarität zeigen und die Erfolge der letzten Jahre auf einer Landkarte markieren.

»In Tydraw wird nicht gekämpft und Krieg gespielt!« Tye unterbrach die Minute des Schweigens, in der Eglantyne sie nur mit zusammengekniffenen Augen unter ihren roten Haaren angestarrt hatte. Meist gelang es ihr, mit diesem Gesichtsausdruck ihren Willen durchzusetzen. Bei den jüngeren Geschwistern klappte das jedenfalls sehr oft. Gamul und Dorothy ließen sich kommandieren, besonders wenn sie als Captain, Sergeant, Lieutenant oder Officer tituliert wurden. Nur Em und Lill weigerten sich, als Brigadier oder Colonel von ihrer kleinen Schwester, die natürlich General oder Major war, herumgeschubst zu werden. Sie standen über diesen Spielen, von denen sie fanden, dass sie nicht zu jungen Damen passten. Aber Dick ließ sich schnell überreden.

»Der Gärtner hat sich schon wieder beschwert, dass ihr ihn in eurem Spiel draußen eingekesselt und von der Arbeit abgehalten habt. In Tydraw haben wir nur zwei Hausmädchen, und ich will es mir nicht mit ihnen verscherzen.« Die Mutter nahm Eglantynes Kinn und drehte es so, dass diese sie ansehen musste. »Du ganz bestimmt auch nicht, denn dann müssen wir dort oben nicht nur selbst kochen, sondern auch putzen, Holz holen, Feuer anfachen, Wasser erhitzen und was sonst in dem Häuschen anfällt. Wenn du hier in der Lyth einen der Bediensteten vergrätzt, fällt das bei den zwölf Kräften nicht auf, sofern du nicht gerade die Köchin gegen uns aufbringst. Aber in Tydraw möchte ich die Waliser Landschaft in Ruhe und Frieden genießen.«

Eglantyne erkannte, dass sie diesen Kampf verloren hatte. Sie warf ihr Papier-Stoff-Bündel auf das Bett. »Bücher darf ich aber mitnehmen, oder?«

Sie sah zufrieden, dass ihre Mutter lächelte. Wenn die Eltern ihnen eines immer und überall erlaubten, war es das Lesen. Auch wenn die Großeltern ihnen ab und an vorwarfen, dass sie zu wenig auf die Inhalte der Lektüren achteten, die Eglantyne und ihre Geschwister in die Finger bekamen. Doch Mutter und Vater waren sich darin einig, dass man nicht zu viel lesen konnte und auch nichts Falsches. Falls also keine Schmeichelei funktionierte, war es immer gut, Bücher ins Gespräch zu bringen. Und davon gab es in der großen Bibliothek des Vaters genug.

»Was hast du dir denn ausgesucht?« Tye betrachtete den Stapel Bücher, die Eglantyne ausgewählt hatte. Ganz oben lag der Roman *Ivanhoe* von Walter Scott, ihrem Lieblingsautor. Dass sie darunter Tennysons *The Charge of the Light Brigade* verborgen hatte, konnte ihre Mutter nicht erkennen.

»Vergiss nicht dein Skizzenbuch und dein Notizheft.« Eglantyne sah ihre Mutter an, als hätte sie ihr vorgeschlagen, auch ihre Nase und ihre Ohren mitzunehmen. Das Skizzenbuch war ihr nicht so wichtig wie ihrer großen Schwester Em, die seit Tagen davon schwärmte, die Berge zu malen. Aber ohne Heft und Feder würde sie niemals länger als eine Stunde das Haus verlassen. Wo sollte sie dann mit den Geschichten hin, die ständig in ihrem Kopf entstanden? Sie der Familie zu erzählen war keine Alternative dazu, sie aufzuschreiben. Zumal sich beim Schreiben oft aufregende Wendungen ergaben. Außerdem musste sie üben, schließlich wollte sie Kriegsberichterstatterin werden, wenn sie als Mädchen womöglich nicht Soldat werden konnte. Da mochte ihre Nanny Heddie noch so sehr von ihren leidvollen Erfahrungen im Krieg berichten, das war am Ende doch nur ein Krieg zwischen Deutschland und Frankreich. Außerdem würde sie als Reporterin die Kämpfe vom sicheren Berggipfel aus betrachten und beschreiben. Wenn sie schon ihre Karten und Fahnen nicht mitnehmen durfte, würde sie in diesem Jahr eine Geschichte über einen Soldaten schreiben oder über eine Soldatin. Es ärgerte sie sowieso, dass nur Männer in den Krieg ziehen durften. Entschlossen schob sie fünf Notizhefte, ihr Tagebuch, Briefpapier, Feder und Bleistifte in ihren Koffer und drückte ihn dann mit aller Kraft zu. »Fertig!«

Tye reichte ihr ein Lederband. »Bitte binde das um den Koffer. Du weißt, wir sind einen Tag lang unterwegs, da kann immer mal ein Gepäckstück vom Wagen fallen. In diesem Jahr verzichten wir auch auf die Hundefuhrwerke und fahren mit der Eisenbahn bis Oswestry. Ich weiß nicht, ob unsere Nachricht dort rechtzeitig eintrifft. Dann müssen wir den steilen Weg zum Haus zu Fuß gehen und das Gepäck von einem der Nachbarn abholen lassen.«

Obwohl Tydraw das Gegenteil ihres Landhauses in Ellesmere war, freute Eglantyne sich wie die ganze Familie darauf, die Ostertage auf dem Berg zu verbringen. Sie seufzte. »Wenn der Weg nicht so weit wäre, würde ich jedes Wochenende in Tydraw verbringen.«

Ihre Mutter lachte. »Ich wette, dass du schon bald Sehnsucht nach deinem Pony hier bekommen würdest und deinem täglichen Bad in unserem Bach nachtrauertest, seit Bun dir das Schwimmen beigebracht hat.«

Mutter hatte ja recht. Wenn sie ehrlich war, liebte sie beide Häuser – den Luxus in der Lyth, dem Landhaus, in dem jedes Kind sein eigenes Reich hatte und sie außerhalb des Unterrichts tun und lassen konnten, was sie wollten, und das einfache Leben in Tydraw. Dort schliefen sie alle in einem Zimmer, für sich sein konnten sie allerdings nur in der Natur, und die freie Zeit wurde durch häusliche Pflichten eingeschränkt, die zu dem obligatorischen Unterricht durch Mutter oder Vater hinzukamen.

»Soll ich den dicken Pullover einpacken, den du mir im Winter gestrickt hast?« Bei dem Gedanken an den Wind, der im vergangenen Herbst um das Häuschen gefegt und die letzte warme Luft vertrieben hatte, schüttelte Eglantyne sich. »Großvater hätte wirklich dickere Wände mauern lassen können.«

»Dein Großvater hat das Haus mit dem Land dort geerbt. Tydraw ist älter als wir alle, und es ist eben in die Jahre gekommen.« Ihre Mutter ging zum Schrank und holte den Wollpullover heraus und einen Schal, den sie ihr gestrickt hatte. »Vergiss deinen Hut nicht, falls wir wieder solche Regengüsse haben wie im Herbst. Weißt du noch, als der Regen im letzten Jahr durch jede Ritze gedrungen ist? Wenn ich daran denke, würde ich doch lieber hierbleiben.«

»Dann denk an den blauen Himmel über den grünen Feldern, die du mit Em malen kannst«, schlug Eglantyne vor. Zum Glück malte ihre Schwester genauso gerne wie ihre Mutter.

Wenn die beiden sich mit Staffelei, Leinwand und Pinsel in die Berge verzogen, konnte sie mit den anderen Geschwistern machen, was sie wollten. Im letzten Jahr hatten sie kleine Schalen geschnitzt und skurrile Figuren, die an Märchenwesen erinnerten, Körbe aus Papier gebastelt und sogar gemeinsam einen Rohrstuhl hergestellt. Ob dieser den Winter mit Kälte und Wind wohl überstanden hatte?

Ihre Mutter lachte. »Ans Malen kann ich gerade nicht denken, weil ich mich frage, was sich wohl in der Speisekammer befindet. Ich habe die Mädchen extra vorausgeschickt, damit sie bei den Nachbarn Hasen, Kaninchen, Fasane, Auerhähne und Rebhühner bestellen.«

Eglantyne erinnerte sich mit Schaudern an den kleinen dunklen Raum hinter der hellen kleinen Küche mit dem urigen runden Ofen. In der Lyth bekam sie wenig davon mit, was in der Speisekammer hing oder lag. Aber die Haken in Tydraw, an denen die Tiere von der Decke hingen, weckten ihr Unbehagen. Auch deshalb verbrachte sie in den Bergen noch mehr Zeit draußen als in Ellesmere. Wenn die ganze Familie im Haus war, konnte man sich kaum umdrehen, geschweige denn eine ruhige Ecke finden, um ungestört zu schreiben. Und ständig trat man sich auf die Füße.

Kapitel 5

1926 Genf

»Oh, das tut mir leid, dass ich jetzt so viel über meine Kindheit in England und Wales gesprochen habe. Meine Geschwister behaupten, dass ich die Geschichtenerzählerin der Familie bin.« Eglantyne bemerkte, dass die Schale mit den Scones leer war, und auch die Teekanne fühlte sich leicht an, als sie mit einem Schluck des heißen Getränks die Kälte vertreiben wollte, die sich bei der Erzählung in ihr ausgebreitet hatte.

Anni lächelte unsicher. »Es tut mir leid, dass ich den Tee ausgetrunken und die Scones aufgegessen habe. Das mache ich immer, wenn ich eine spannende Geschichte höre. Meine Familie und Freunde wissen schon, dass sie mir nichts zu essen und trinken hinstellen dürfen, wenn sie etwas erzählen.«

»Das macht doch nichts, ich bin sicher, dass Frau Hämmerle und Charlene einen kleinen Vorrat an Scones haben, und Wasser und Tee gibt es in diesem Haus wirklich genug.« Sie stockte. »Oder möchten Sie etwas anderes trinken? Für uns ist es so selbstverständlich, dass wir am Nachmittag Tee nehmen, dass ich ganz vergessen habe, dass das nicht überall üblich ist.«

»Bei uns gibt es nur sonntags eine Kaffeetafel«, verriet Anni. »In der Woche hat niemand Zeit dafür.« Nun war es an ihr, mitten im Satz zu stocken. »Äh, damit will ich nicht sagen, dass Sie faul sind.« Ihr Gesicht lief rot an. »Ich meinte, ich wollte sagen …« Ihr fiel nichts ein, womit sie das, was sie nicht hatte sagen wollen, retten konnte. »Beim Pfarrer, da habe ich mitbekommen, dass er nachmittags Kaffee trinkt und Kekse oder Kuchen dazu isst. Der ist ja auch nicht faul.« Richtig zufrieden war sie mit dieser Wendung nicht, deshalb sah sie ihre Gastgeberin nicht an, sondern tat so, als müsste sie die Scones-Krümel auf ihrem Teller zu einem Kreis zusammenschieben.

Eglantyne lachte. »Entschuldigen Sie, dass ich lache. Sie erinnern mich so sehr an mich als junge Frau. Das hätte mir genauso passieren können, manchmal ist der Mund schneller als der Kopf. Aber seien Sie beruhigt, es gibt durchaus einige Menschen, die mich für faul halten, weil ich mir zur Teatime einen Tee gönne. Ich weiß natürlich, dass auch im Vereinten Königreich unzählige Menschen nachmittags keine Teepause machen können. Mir ist klar, dass ich da sehr privilegiert bin.« Sie versuchte am Ausdruck in Annis Gesicht, das diese ihr nun wieder zugewandt hatte, zu erkennen, ob sie das Wort verstand. Doch ihre Miene verriet nichts. »Als Leiterin von *Save the Children* bin ich in einer besonderen Lage. Ich betätige keine Maschine, die rund um die Uhr läuft, ich halte keinen Bohrhammer, um Kohle abzubauen, ich pflege keine anderen Menschen und tue auch sonst nichts, bei dem ich jederzeit bereit sein müsste. Aber dafür führe ich nachts Ferngespräche, weil sie in Amerika eine andere Uhrzeit haben als hier, und ich reise manchmal mehrere Tage lang, um eine neue Initiative zu beginnen. Anfang des Jahres war ich zum Beispiel in Bulgarien. Dort bauen wir ein ganz besonderes Projekt auf, das wir nach dem derzeitigen Präsidenten von *Save the Children*, dem Duke von Atholl, Atolvo nennen. Wir haben Ackerland vom Staat gekauft und bewirtschaften es zusammen mit Familien, die kein Land besitzen. Jetzt war ich mit dem König von Bulgarien dort, um ihm das zu zeigen. Ich sage Ihnen, schon die Reise war ein Abenteuer. Eigentlich waren wir mit einem Automobil unterwegs, das jedoch defekt war, sodass wir bei eisigen Temperaturen in eine Eisenbahn steigen mussten, die nicht weniger eisig war.«

»Da waren Sie sicher Tag und Nacht unterwegs. Das ist ganz anders als bei uns. Mein Vater arbeitet unter Tage, und meine Mutter geht putzen, kümmert sich um den Haushalt und die Kinder. Und sie hilft in der Gemeinde, besucht alte Menschen und näht für arme Leute Kleider.« Annis Gesicht hellte sich auf, als sie an ihre Mutter dachte. Was sie wohl gerade tat? Sie erschrak. »Bestimmt macht sie sich Sorgen, ob ich gut angekommen bin.« Sie kramte in der Tasche ihres Rockes und zog eine Münze hervor. »Die hat sie mir extra mitgegeben, damit ich ein Telegramm schicken kann, wenn ich hier bin.« Tränen stiegen ihr in die Augen. Wie hatte sie das nur vergessen können? Aber da waren der Kutscher und die andere Unterkunft gewesen ...

»Daran hätte ich auch denken können.« Eglantyne stand auf und legte Anni eine Hand um die Schulter. »Kommen Sie, der Fernsprecher steht im anderen Zimmer, wir benachrichtigen Ihre Mutter sofort.«

Anni starrte ihre Gastgeberin an. »Aber wir haben doch kein Telefon!«

Eglantyne ärgerte sich, dass sie so unsensibel war. Sie wusste doch, dass nur sehr wenige Haushalte mit einem Fernsprechgerät ausgestattet waren; diese technische Neuerung war Menschen vorbehalten, die dringend kontaktiert werden mussten. Dass es in ihrer Wohnung einen solchen Apparat gab, verdankte sie der Tatsache, dass sie viel zu Hause arbeitete, um den ohnehin knappen Platz im Stiftungsbüro nicht zu belegen. »Gibt es denn jemanden bei euch in der Nähe, der einen Fernsprecher hat?«

»Im Büro der Zeche steht einer.« Anni wischte die Tränen weg. »Und der Pfarrer hat ein Telefon und der Doktor und das Säuglingsheim.«

»Wer ist denn am nächsten bei euch?«

»Der Doktor wohnt gleich um die Ecke.« Anni schüttelte den Kopf. »Aber dort hat keiner Zeit, jemanden zu meiner Mutter zu schicken.« Sie hielt Eglantyne die Münze hin. »Es wäre besser, wir könnten ein Telegramm senden, das wird nach Hause gebracht, dann muss niemand meinetwegen herumlaufen.« Eglantyne schluckte. Was für eine beeindruckende junge Frau! Selbst jetzt, da man ihr die Verzweiflung darüber anmerkte, dass sie die Nachricht an die Mutter vergessen hatte, dachte sie daran, andere nicht zu belasten. Sie ging zu dem Sideboard und holte Papier und Stift. »Schreib auf, was du telegrafieren möchtest. Charlene wird sich darum kümmern. Und sag jetzt nicht, dass du nicht willst, dass sie deinetwegen herumläuft. Sie macht um diese Zeit immer kleine Besorgungen, da erledigt sie das gleich mit.« Ohne es zu bemerken, war sie von dem distanzierten Sie in das vertraute Du gewechselt. Als ihr dies auffiel, behielt sie es bei. Die junge Frau könnte ihre Tochter sein. So eine Tochter hätte sie sich gewünscht, wenn ihr je der Sinn nach einem eigenen Kind gestanden hätte. Anders als ihre Schwestern war ihr früh klar gewesen, dass sie nicht zur Mutter bestimmt war. Sie hatte mit Wonne die kleine Schwester bespaßt und den jüngeren Bruder beschützt, aber sie hatte sich vor allem schon als Jugendliche nach Ruhe gesehnt. Bis heute wunderte sie sich darüber, wie Tante Bun und sie überhaupt auf die Idee gekommen waren, sie könne Lehrerin werden – bei den vielen Kindern und dem mangelnden Talent zum Unterrichten. Selbst ihre kleinen Geschwister hatten sich mit Fragen für die Schule lieber an die Hausmädchen oder die Köchin als an die große Schwester gewandt. Aber es gab nicht viele interessante Berufe für Mädchen, und irgendwie gefiel ihr die Vorstellung, ihre Freude am Lernen und an Büchern an Kinder weiterzugeben. Deshalb hatte sie sich für Literatur als Studienfach entschieden. Da sie schon immer eine Vorliebe für die Geschichte des Landes und der Welt hatte, ergab sich das zweite Fach fast zwangsläufig. Eglantyne seufzte. Dass sie sich so irren konnte! Das Studium war sehr inspirierend gewesen, aber die Schule …

»Frau Jebb!« Anni wiederholte den Namen ihrer Gastgeberin zweimal. Sie war anscheinend so in Gedanken vertieft, dass sie sie nicht gehört hatte.

»Entschuldigung, hast du den Text für das Telegramm fertig?« Eglantyne sah auf das Papier und schmunzelte. »Hast du schon einmal ein Telegramm gesehen?«

Anni schüttelte den Kopf. »Habe ich etwas falsch gemacht?«, fragte sie besorgt.

»Nein, nein«, beruhigte Eglantyne sie rasch. »Ein Telegramm ist ganz kurz. Dabei werden die Wörter per Tastendruck übermittelt, und je weniger Tasten der Mann im Telegrafenamt drücken muss, umso schneller geht das. Komm, wir streichen die Sachen, die nicht so wichtig sind und die du deiner Mutter in einem Brief berichten kannst.« Sie nahm einen Stift. »Schau mal hier. Die Anrede lässt man im Telegramm weg und auch die persönlichen Fürwörter. Also nicht: Liebe Mama, ich bin gut angekommen, sondern: Bin gut angekommen. Der Rest kann weg. Sicher hat die Oberschwester deine Mutter schon informiert, dass du woanders logierst und auch wo.« Sie schmunzelte. »Ich freue mich natürlich, dass du mich nett findest, aber das gehört in einen Brief. Ich gebe dir gleich Briefpapier, dann schreibst du ihn direkt, oder?«

Anni schwankte zwischen Scham darüber, dass sie nicht einmal ein Telegramm kannte, und Freude, dass die Nachricht an ihre Mutter bald übermittelt sein würde. Dann hatten die Eltern vielleicht schon Gewissheit, wenn der Vater von der Arbeit kam.

»Die Frau ist sehr nett, sie wohnt in einem großen Haus, aber früher hatte sie auch so wenig Platz wie wir.« Eglantyne las nachdenklich den Satz, den sie aus dem Telegrammtext gestrichen hatte. Sie hatte ihre Kindheit in einem ähnlichen Umfeld verbracht, in dem sie heute lebte – großzügige Räume, Dienstmädchen, Garten und viel Platz zum Spielen und Träumen. »Wie kommst du darauf, dass ich früher wenig Platz hatte?«

»Sie haben doch gesagt, dass Sie sich ständig auf die Füße getreten sind in dem kleinen Haus. So ist das bei uns auch. Wir haben eine Küche mit einem großen Tisch und einer Eckbank. Da sitzen wir immer. Nur am Sonntag tun wir eine Decke auf den Tisch, damit er festlicher wird.« Anni sah auf den Tisch vor sich, der teilweise unter einer gehäkelten Decke verborgen war, die so zart wirkte, dass sie sich diese in ihrer Wohnung nicht vorstellen konnte. »Mama und Papa haben unter dem Dach ein Schlafzimmer, und wir Kinder schlafen in dem anderen Zimmer.« Sie seufzte. »Das ist manchmal ganz schön eng.«

»Das kenne ich nun wirklich.« Eglantyne lachte. »Meine jüngere Schwester Dorothy und mein kleiner Bruder Gamul sind mir nie unter die Füße gekrabbelt. Aber es kam vor, dass einer den anderen mit seinem Po umstieß, wenn er sich umdrehte. Anders als du lebte ich als Kind allerdings nicht immer in den engen Räumen. Dort waren wir über die Feiertage, wenn meine Mutter sich von ihrem Verein freimachen konnte. Die meiste Zeit bin ich im Vergleich dazu im Luxus aufgewachsen, und das ist mir heute manchmal unangenehm. Wenn ich sehe, wie viele Kinder kein Dach über dem Kopf und nichts zu essen haben, schäme ich mich fast dafür, dass ich es als Kind so gut hatte.«

»Das ändert aber doch nichts am Leben der armen Kinder«, entfuhr es Anni spontan. Sie war nicht in Armut aufgewachsen, das Geld reichte immer zum Leben, wenn auch nie für Luxus. Aber sie war dankbar für das, was sie hatte, in Buer gab es einige Kinder, denen es viel schlechter ging als ihr. Wenn sie da an die Familie des Kollegen ihres Vaters dachte, der bei einem Wetterbruch schwer verletzt worden war und seither nicht mehr arbeiten konnte. Die Rente reichte nicht zum Leben und nicht zum Sterben, wie ihr Vater immer sagte. »Es ist doch gut, dass Sie dank Ihrer guten Kindheit heute den Kindern, denen es schlechter geht, helfen können. Das möchte ich auch, deshalb bin ich Säuglingspflegerin geworden.« Sie seufzte.

»Was ist los? Gefällt dir der Beruf nicht mehr?« Eglantyne schmunzelte. »Wir haben frischen Tee und neue Scones, du darfst also gerne erzählen.«

Anni lächelte. »Da gibt es nicht viel zu erzählen. Ich bin froh, dass ich eine Ausbildung habe. Das ist nicht selbstverständlich. Meine Freundinnen sind zu Hause und helfen in der Familie, oder sie arbeiten in einer der Villen im Ruhrgebiet. Das können Sie sich nicht vorstellen, aber die Leute, die da wohnen, haben zum Teil zehn oder mehr Bedienstete.«

Eglantyne war froh, dass sie nicht mehr von ihrem Leben in der Lyth erzählt hatte oder Anni sich nicht daran erinnerte, weil das Bild von Tydraw so dicht an ihrer eigenen Situation war.

»Meine Eltern haben mich immer dabei unterstützt.« Anni machte eine Pause. »Mein Onkel ist letztes Jahr bei dem Schlagwetterunglück auf Zeche Holland in Wattenscheid gestorben, da war er noch ziemlich jung. Deshalb bekommt meine Tante nur eine kleine Rente. Ständig bittet sie meinen Vater um Geld, obwohl sie manchmal bis in die Nacht in Geschäften putzt. Daher wollten meine Eltern, dass ich einen Beruf habe, der immer gebraucht wird, damit ich in solch einem Fall etwas Richtiges arbeiten kann.«

Eglantyne schwieg eine Weile. Sie hatte einen Kloß im Hals, der nur langsam verschwand. Als Anni von ihren Eltern sprach, war ihr wieder bewusst geworden, dass die Leute die Familien armer Kinder oft falsch einschätzten. Wie konnten sie nur denken, dass Armut zugleich bedeutete, dass Eltern sich nicht um ihre Kinder sorgten? Annis Eltern dachten sogar an die weit entfernte Zukunft ihres Kindes. Ob ihre Eltern das jemals getan hatten? Sie hatten ihr alle Freiheiten gelassen und sie und ihre Geschwister gefördert, wo es möglich war, aber hatten sie je so weit gedacht? Wenn, dann war es eher Bun, die Schwester ihres Vaters, die stets darauf gedrängt hatte, dass die Mädchen wie die Jungen auf ein eigenständiges Leben vorbereitet wurden. Aber wie sollten ihre Eltern auch auf die Idee kommen, dass das Schicksal so hart zuschlagen konnte, dass der Weg ihrer Kinder in Not und Armut führen könnte. Beide waren in sehr guten Verhältnissen aufgewachsen und hatten niemals Entbehrungen erlebt. Die einzigen Entbehrungen hatten sie vermutlich in Tydraw erleiden müssen, wenn ein Gewürz in der Speisekammer fehlte oder das passende Nähgarn für den abgerissenen Knopf nicht aufzutreiben war.

»Deine Eltern sind kluge Menschen«, sagte Eglantyne, als ihr auffiel, dass sie längere Zeit nicht auf Annis Bemerkung reagiert hatte. »Meine Eltern waren auch sehr klug, aber so weit haben sie nicht gedacht. Vielleicht wäre manches anders gekommen, wenn sie das getan hätten.«

Anni sah sie mit großen Augen an. »Was meinen Sie damit? Sie haben doch sooo viel geschafft in Ihrem Leben?«

Kapitel 6

1899 Marlborough

»Guten Morgen!« Obwohl Eglantyne sich auf ihren ersten Tag in der St. Peter's Grundschule für Mädchen in Marlborough gut vorbereitet hatte, blieb ihr der Gruß fast im Hals stecken. Vor ihr saßen sechzig Mädchen unterschiedlichen Alters, teils ungekämmt, teils in zerschlissener Kleidung und alle mit einem leeren Blick, den sie nie zuvor bei einem Kind gesehen hatte. Ausgerechnet jetzt fiel ihr das Feedback ein, das sie am Stockwell Training College für Lehrer von einer Prüferin nach der Probestunde bekommen hatte. Sehr schlecht, lautete das Fazit der Frau, und damit meinte sie tatsächlich ihren gesamten Unterricht. Gelobt wurde einzig, dass sie sich gerade hielt.

Sie versuchte, den Gedanken wegzuschieben, in diesem Beruf war so vieles anders, als sie es erwartet hatte. In ihrer Vorstellung hatte sie sich vor einer kleinen Gruppe von zehn bis zwanzig junger wissbegieriger Menschlein gesehen, wie sie ihnen die Geschichte Großbritanniens und die Literatur ihrer Heimat nahebrachte. Ob sie jemals etwas über Historie oder Literatur lehren würde, stand in den Sternen, stattdessen sollte sie dafür sorgen, dass diese Kinder Lesen, Schreiben, Rechnen, Nähen und ein bisschen Grundwissen über die Welt lernten.

»Guten Morgen, Frau Lehrerin.« Vereinzelt waren feine Stimmen zu hören. Die meisten Kinder starrten sie in ihrer makellosen weißen Bluse über dem grünen langen Rock mit Borten, der so gut mit ihren roten Haaren korrespondierte, nur an. Manche verschränkten die Arme vor der Brust, als wollten sie ihr bedeuten: Komm mir nur nicht zu nahe.

Ein Mädchen schlüpfte aus der Bank und trat zu ihr ans Pult. Kurz machte ihr Herz einen Sprung. War das Mädchen auserkoren, sie im Namen der Klasse zu begrüßen? Eglantyne erkannte, dass sie sich getäuscht hatte, als die Kleine an ihrem Rock schnupperte und den Stoff zwischen den Händen rieb, ehe sie mit einem seligen Lächeln, als hätte sie einen guten Tee oder ein leckeres Scone bekommen, zurück an ihren Platz ging.

»Ich bin eure neue Lehrerin.« Sie hatte entschieden, auf das merkwürdige Verhalten des Mädchens nicht einzugehen. Stattdessen schrieb sie ihren Namen an die Tafel. »Ich bin Miss Jebb, und ich bringe euch Lesen, Schreiben, Rechnen und vieles andere bei.«

Ein Mädchen, das größer wirkte als die anderen, rief: »Das brauche ich nicht.« Sofort erklärten andere Kinder: »Ich will das nicht.« Und: »Ich möchte nach Hause.«

Eglantyne holte tief Luft. Es kam ihr so vor, als sei ihr Hals zugeschnürt und ließe allenfalls einzelne Worte durch. Ihre Ausbildung als Lehrerin ging ihr durch den Kopf. Der erste Unterricht hatte in einer kleinen Schule für Mädchen stattgefunden, die teilweise mitten im Unterricht umkippten, weil sie nicht gefrühstückt und schon vorher auf dem Feld gearbeitet hatten, um die Familie zu unterstützen. Dort hatte sie immer nur für einzelne Tage gearbeitet, um sich an den Umgang mit Kindern zu gewöhnen. Niemand hatte sie darauf vorbereitet, wie es sein würde, zum ersten Mal ganz allein vor einer Klasse von Kindern zu stehen, die zwischen Schulbänken in einen kleinen Raum gepfercht waren. Sollte sie von der eigenen Freude am Lernen als kleines Kind berichten? Aber dann konnte sie nicht verschweigen, dass sie zu Hause unterrichtet worden war, mit ihren Geschwistern und in einem deutlich freundlicheren Umfeld.

Entschlossen zog sie die Liste der Namen aus ihrer Aktentasche und ging zur Tafel, in deren Mitte bisher nur ihr Name stand. Mit einem trockenen Schwamm, der aussah, als hätte er schon mehrere Schülergenerationen begleitet, wischte sie den Namen weg, schrieb ihn oben auf die Tafel und zeichnete einen Kasten darum. Hinter ihrem Rücken hörte sie Tuscheln, mal mehr, mal weniger laut. Als sie sich umblickte, verstummten die Kinder wie in dem Stopp-Spiel, das sie in ihrer Ausbildung gelernt hatte. Nur dass bei dem Stopp-Spiel die Bewegung gehalten werden sollte, sobald die Lehrerin aufhörte zu singen.

»Am besten ist es, wenn wir uns erst einmal kennenlernen, was meint ihr?«

Die Kinder sahen Eglantyne verständnislos an, aber immerhin hatte sie ihre Aufmerksamkeit geweckt, und der Kloß in ihrem Hals wurde etwas kleiner. »Ich zeichne jetzt eure Bänke an die Tafel, und dann schreibe ich eure Namen hinein.« Sie drehte sich wieder zur Tafel, nachdem sie sich die Anzahl der Schulbänke eingeprägt hatte. Während sie Kästchen für Kästchen an die Tafel malte, blieb es hinter ihr ruhig. Sie freute sich über den kleinen Erfolg.

»Nun, wer mag mir zuerst seinen Namen sagen?« Erwartungsvoll schaute sie auf die Klasse. Keine Reaktion! Ob die Kinder ihre Frage nicht verstanden hatten? Sie nahm die Liste und nannte den Namen der ganz oben stand. »Gemma Stalton.«

Das Mädchen, das erklärt hatte, nicht lernen zu müssen und nun halb unter dem Tisch hing, sagte: »Ja!«

Eglantyne seufzte und fragte sich, was der wahre Grund war, aus dem ihre Vorgängerin mitten im Schuljahr ihre Tätigkeit hier abgebrochen hatte. Eine Schwangerschaft war ein natürlicher Grund, aber sie hatte die Frau nie getroffen. Vielleicht war sie an den Kindern verzweifelt, da sie es anscheinend nicht geschafft hatte, ihnen in einem halben Jahr beizubringen, wie sie sich in der Schule zu benehmen hatten. Da hatte sie noch viel zu tun. Erst einmal schrieb sie den Namen des Mädchens in das Kästchen, das für seine Schulbank stand. Immer zwei Kinder saßen auf einer Bank, die fest mit dem Tisch davor verbunden war. Auf den Tischen lag nichts. Was mochte sich in den Fächern darunter finden? Tafeln wie in anderen Schulen oder nichts?

»Und wer bist du?« Sie schob ihre Gedanken über die Lernutensilien der Kinder beiseite und sah das Mädchen an, das neben Gemma Stalton in der Bank saß. Das war nicht angenehm, denn das Kind bohrte gedankenverloren in der Nase und steckte dann den Finger in den Mund. Eglantyne schüttelte sich vor Ekel. Sie war froh, als Gemma an Stelle des Mädchens antwortete: »Anne.«

Sie machte zuerst einen Haken hinter Gemma und suchte dann Anne auf der Liste. Zum Glück gab es nur ein Mädchen mit dem Namen, Anne Bowler, da musste sie nicht weiterfragen. Nachdem sie auch dies in das passende Kästchen an der Tafel geschrieben hatte, ließ sie ihren Blick über die Schülerinnen gleiten. »Wer möchte mir jetzt seinen Namen sagen?«

Erleichtert sah sie, dass einige Kinder ihren Arm hoben. Vielleicht war nicht alles verloren. »Ja, bitte.« Sie nickte einem Mädchen in der ersten Reihe zu.

»Annabelle Christie.« Das Mädchen war sichtlich stolz auf seinen Namen, der für Eglantyne so gar nicht zu den verfilzten Haaren passte und dem Herrenhemd, das es über einem langen Rock trug. Sie hakte den Namen auf ihrer Liste ab und schrieb ihn in das Kästchen, das die Schulbank symbolisierte. Anscheinend beflügelte die Vorstellung, ihren Namen an der Tafel zu sehen, die Kinder. Eines nach dem anderen reckte den Arm in die Höhe, um sich ebenfalls vorzustellen.

Eglantyne, die aus reiner Verzweiflung, weil sie nicht wusste, was sie mit den Kindern machen sollte, auf diese Idee gekommen war, wunderte sich, wie gut die Methode funktionierte. Und wie viel sie nebenbei über ihre Schülerinnen lernte. Sie konnte sich nicht jeden Namen einprägen, aber sie sah manchen Kindern an, dass sich daheim niemand morgens darum kümmerte, wie die Mädchen aus dem Haus gingen. Niemals hätte ihre Nanny sie mit Haferbrei am Kinn herumlaufen lassen, abgesehen davon, dass es den bei ihnen ohnehin nicht zum Frühstück gab. Ihr Porridge bestand meist aus Obstbrei. Aber so wusste Eglantyne immerhin, dass das Kind morgens nicht mit leerem Bauch in die Schule kam. Manche Mädchen fielen durch frisch geflochtene Zöpfe auf, auch ihre Kleidung war so ordentlich, dass sie genauso gut in einer privaten Mädchenschule hätten sitzen können.

Endlich waren alle Kästchen an der Tafel gefüllt. Sie nahm sich vor, in der Pause das Schaubild abzumalen, damit sie die Kinder bei ihren Namen aufrufen konnte. Doch bis zur Pause war noch einige Zeit zu füllen.

»Dann erzählt mir doch, was ihr bisher gelernt habt.« Sie sah die Kinder erwartungsvoll an.

Eines der Zopfmädchen, ein Blick an die Tafel verriet Eglantyne, dass es sich um Francis handelte, meldete sich. »Wir können schon ein O und ein M schreiben.« Das erschien ihr nach einem halben Jahr etwas wenig, brachte sie aber auf eine Idee.

»Wer von euch kann seinen Namen schreiben?« Sie ärgerte sich, dass sie nicht darauf gekommen war, die Kinder ihre Namen selbst an die Tafel schreiben zu lassen. Wenn sie jemals ein Buch für Grundschullehrkräfte schreiben sollte, würde sie das anmerken. Sie erinnerte sich gut daran, wie stolz sie gewesen war, als sie ihren richtigen Namen schreiben konnte. Lange bevor sie Unterricht bekam, hatte sie bereits ihren Kosenamen Doey überall aufgeschrieben, aber auch unbedingt ihren Taufnamen schreiben wollen.

Ein Mädchen namens Sarah hob die Hand. Sie wischte den Namen Sarah in dem Kästchen weg und bat das Kind, den Namen selbst an die Tafel zu schreiben. Zögernd kam das Mädchen nach vorne. Ratlos betrachtete es die Kreide, die Eglantyne ihm hinhielt.

»Hast du schon einmal etwas an die Tafel geschrieben?«, wollte sie wissen. Als das Mädchen den Kopf schüttelte, konnte sie ein Seufzen nur mühsam unterdrücken. Was hatte ihre Vorgängerin ein halbes Jahr lang mit diesen Kindern gemacht? Schon in ihrer Ausbildung hatte sie gelernt, dass man Kinder an die Tafel holte. Sie drückte dem Mädchen die Kreide in die Hand. »Du hältst sie wie die Kreide für deine Tafel«, erklärte sie.

Zufrieden sah sie, dass Sarah ihre Unsicherheit überwunden hatte und mit der Kreide einen Buchstaben ihres Namens nach dem anderen an die Tafel schrieb. Das S war spiegelverkehrt, aber dazu sagte Eglantyne nichts, um das Mädchen nicht zu verunsichern.

»Wer möchte seinen Namen noch an die Tafel schreiben?« Eglantyne hatte gehofft, dass wie zuvor beim Nennen der Namen das Eis gebrochen war. Stattdessen versuchten nun alle Kinder, ihrem Blick auszuweichen.

»Dann holt eure Tafeln hervor und schreibt euren Namen dort auf.« Nun würde sich zeigen, was die Schülerinnen in den Fächern unter der Platte ihres Tisches hatten. Sie hielt den Atem an, bis die ersten Mädchen kleine Tafeln und kurze Kreidestummel hervorholten. Wenigstens das Grundmaterial war bei allen Kindern vorhanden, selbst bei Gemma Stalton, die aufreizend langsam die Tischplatte anhob, sich dabei mit ihrer Nachbarin stritt, am Ende aber doch mit der Aufgabe begann.

»Wenn ihr Hilfe benötigt, streckt ihr euren Arm in die Höhe, das wisst ihr ja schon.« Ganz sicher war sich Eglantyne nicht, ob die Kinder wirklich wussten, dass sie sich melden durften, aber einen Hauch von Optimismus wollte sie sich bewahren.

Es hatte lange gedauert, bis sie ihre Lebensaufgabe gefunden hatte. Nun war sie sich sicher, dass es ihr bestimmt war, Kindern zu helfen, und dass Gott ihr diese Aufgabe anvertraut hatte. Das hatte ihr Mut gemacht, als sie im letzten Herbst an der Internatsschule gelernt hatte, wie Schule und Unterricht erfolgten. Was nicht leicht war, denn die Kinder an jener Schule waren ganz anders als die Mädchen, die sie sonst kannte. Doch sie hatte sich durchgebissen, froh darüber, dass sie nicht wie ihre Freundinnen in schmutzigen Räumen arbeiten musste mit Kindern, die dem Unterricht kaum folgen konnten oder wollten. Während sie an ihre Ausbildung im Stockwell Training College dachte, beobachtete sie die Mädchen. Ihr entging nicht, dass viele immer wieder von ihrer Tafel an die Wandtafel sahen und dort ihren Namen suchten. Ihr Herz wurde schwer. Wie traurig, dass die Kinder nach einem halben Jahr Schule nicht einmal ihren Namen schreiben konnten.

Fast war Eglantyne erleichtert, als die schrille Schulglocke die Pause einläutete. Das Gefühl hielt aber keine Sekunde an, denn die Kinder ließen ihre Kreide fallen, sprangen auf und rannten geradezu aus der Bank, ohne darauf zu achten, ob ein anderes Kind noch saß oder womöglich gerade einen Buchstaben beendete. Hier hatte sie wirklich viel zu tun. Sie nahm sich vor, jedes Kind zu Hause zu besuchen, um sich einen Eindruck zu verschaffen, welche Hilfe sie von dort zu erwarten hatte. Gott hatte sie vor eine gewaltige Aufgabe gestellt, aber sie würde diese bewältigen, dazu war sie fest entschlossen.

Endlich war der erste Schultag vorbei. Die Zeit nach der Pause hatte sie damit zugebracht, jedes Kind einen Buchstaben aus seinem Namen an die Wandtafel schreiben zu lassen. Dann hatten sie gemeinsam herausgefunden, welche Buchstaben fehlten und in welchen Namen sie sonst noch vorkommen könnten. Weil etwas Zeit übrig war, bat sie jedes Kind, außerdem die Zahl der Geschwister an die Tafel zu schreiben, und wie bei den Buchstaben suchten sie auch hier miteinander die fehlenden Zahlen von eins bis zwanzig. Tatsächlich hatten manche Kinder zwölf oder sogar fünfzehn Geschwister. Obwohl die Kinder immer zutraulicher wurden und sichtlich Freude am Unterricht entwickelten, war sie froh über das Schrillen der Schulglocke, die das Ende des Vormittags ankündigte. Die Kinder verließen den Raum langsamer und gesitteter als zur Pause.

Das Mädchen, das anfangs an ihr gerochen und den Rock befühlt hatte, kam zu ihr. »Du siehst aus wie eine Prinzessin.« Kurz dachte Eglantyne daran, sie nach Hause zu begleiten, um mit den Familienbesuchen zu beginnen. Als sie jedoch das schmächtige Kind mit dem matten Blick und dem ungepflegten Kleidchen betrachtete, das sicher schon einige ältere Geschwister zuvor getragen hatten, ging ihr auf, dass sie nicht einfach bei den Familien aufkreuzen konnte. Das mochte im Stand ihrer Eltern üblich sein, wo es einen Salon gab, der immer für Besucher vorbereitet war, und Hausmädchen, die Gäste empfingen, sodass sich die Hausherrin rasch im Spiegel betrachten und gegebenenfalls frischmachen konnte. Hier musste sie anders vorgehen. Wenn sie ehrlich war, brauchte sie auch Abstand, und die Wälder rund um Marlborough luden zum Spazierengehen ein.

Unsicher blickte sie sich im Klassenraum um. Was wurde hier von ihr erwartet? Sie ging durch die Bänke und legte die Tafeln und die Kreiden in die Fächer. Dabei entdeckte sie in Gemmas Fach eine tote Maus. Was sie damit wohl vorhatte? Sie war jetzt gewappnet und als Landkind schreckte sie ein solches Tier nicht, aber manche der Frauen, die mit ihr studiert hatten, würden in Panik ausbrechen, weil sie nie zuvor aus der Stadt und ihren herrschaftlichen Räumen hinausgekommen waren.

Nachdem die Schulbänke wieder so unberührt aussahen wie am frühen Morgen, schloss Eglantyne die Fenster, durch die frische Luft den Geruch von Schweiß, Stall und tagelang getragener Kleidung vertrieben hatte, und verließ das Gebäude.

Die Wirtin der Pension, in der sie vorübergehend untergebracht war, wartete bereits mit dem Mittagessen auf sie. »Sie sollten aber schon pünktlich zu den Mahlzeiten kommen.«

Eglantyne versprach, sich künftig Mühe zu geben. »Ich kann aber die Schulglocke nicht früher schellen lassen.« Das konnte sie sich nicht verkneifen und so fand der Lunch in frostiger Atmosphäre statt, die es ihr erlaubte, nach dem letzten Bissen und einem kurzen Gebet direkt hinaus in die Natur zu wandern.

Nach ihrer Rückkehr setzte sie sich an den kleinen Tisch neben ihrem Bett und holte Feder und Briefpapier hervor. Sie musste ihre ersten Eindrücke jemandem mitteilen, sonst würde sie platzen. Auch wenn sie von klein auf gerne allein war, fehlte ihr in diesem Augenblick der Austausch mit ihrer Familie. Dennoch schrieb sie nun zuerst ihrer Freundin Lilias von ihren ersten Eindrücken und beendete den Brief mit den Gedanken, die sie seit Jahren immer wieder beschäftigten: »Du weißt ja, dass ich meine Arbeit als mein Schicksal gesehen habe. Es ging mir nie darum, mein Vergnügen oder meine Wünsche umzusetzen, sondern mein Schicksal anzunehmen und meinen Platz bestmöglich auszufüllen. Aber es gibt Augenblicke, da stehe ich vor einer Klasse und ringe nach Worten, weil mein Kopf völlig leer scheint. Ich kämpfe um meinen Platz und verzweifle. Es ist mir egal, dass ich die Freude an meinen Interessen verliere und von meiner Familie getrennt bin, gefühlt am Ende der Welt. Schlimm ist, dass ich das Gefühl habe, mein Leben zu vergeuden. Ich muss dir nicht sagen, was das für mich bedeutet.«

Die Tränen liefen Eglantyne über die Wangen. Obwohl sie den Eindruck hatte, die Kinder noch für sich gewinnen zu können, kamen ihr diese Gedanken schon jetzt. Wie sollte sie weitere solcher Tage, Wochen, Monate, Jahre überstehen?

Kapitel 7

1926 Genf

Anni wischte sich die Tränen von den Wangen. Sie wusste nicht, was ihr mehr zu Herzen ging, die Beschreibung der Kinder, die sie an ihre Zeit in der Volksschule erinnerte, oder der Schmerz ihrer Gastgeberin darüber, dass sie ihre Aufgabe nicht so erfüllen konnte, wie sie es wollte.

Eglantyne hatte kurz das Zimmer verlassen. Anni war froh, dass sie ihre Tränen nicht sah, aber unschlüssig, was sie tun sollte. Wenn sie am Tisch sitzen blieb, würde ihre Gastgeberin sich vielleicht schuldig fühlen, dass sie einfach gegangen war. Stand sie auf und sah sich die Bilder auf dem Sideboard an, wirkte das womöglich, als wäre sie neugierig. Was sie auch war. Aber musste sie das hier zeigen?

Während sie über ihr Dilemma nachdachte, betrat das Hausmädchen den Salon. »Frau Jebb macht sich nur frisch, dann kommt sie wieder.« Sie legte Anni ein Heft auf den Tisch. »Darin erfahren Sie mehr über die Stiftung, die Frau Jebb mit ihrer Schwester Dorothy gegründet hat. Vielleicht möchten Sie ein wenig darin blättern.«

Lieber hätte Anni sich die Fotos auf der Kommode angesehen, aber nun traute sie sich das nicht mehr. »Danke.«

Sie nickte dem Mädchen zu und betrachtete die Bilder auf dem Titel des Heftes. Das eine zeigte zwei Frauen in langen Mänteln und Hüten mit breiter Krempe. Sie blickten in die Kamera und hielten Zettel in der Hand. Eine von ihnen konnte Eglantyne Jebb sein. Ob die andere Frau ihre Schwester war? Auf einem zweiten Bild war ein großes, fast rundes Gebäude zu sehen. Davor standen Menschen in einer Schlange. Daneben befand sich eine Fotografie, auf der Anni sofort ihre Gastgeberin erkannte. Ein schnurgerader Scheitel auf dem Kopf, der ihr selbst niemals so gelingen würde, teilte die weißen Haare, die in sanften Wellen über die Ohren fielen und vermutlich von dort auf dem Hinterkopf festgesteckt wurden. Wie heute trug die Frau auf dem Bild eine dunkle Bluse mit einem dunklen Cardigan darüber. Ihr Mund war geschlossen, sodass die Lippen einen geraden Strich bildeten, das leuchtende Blau ihrer Augen kam auf dem Schwarz-Weiß-Bild nicht zur Geltung. Ernst blickte Eglantyne Jebb von der Titelseite des Hefts auf den Betrachter. Woran sie in dem Moment wohl gedacht hatte?

»Ich sehe, du hast die Broschüre unserer Stiftung bekommen.« Anni hatte nicht bemerkt, dass ihre Gastgeberin zurückgekehrt war. »Bitte entschuldige, dass ich dich allein gelassen habe.« Eglantyne sah Anni nachdenklich an. »Du bist zwar jung, aber vielleicht verstehst du trotzdem, dass es schmerzt, wenn man eine Aufgabe, die einem das Schicksal stellt, nicht bewältigen kann. Schließlich bürdet Gott einem nur das auf, was er einem zutraut.«

Wie sollte Anni darauf reagieren? Schon bei der Schilderung der Zeit in Marlborough war ihr aufgefallen, dass ihre Gastgeberin Gott und Christus erwähnt hatte. Sie war zwar getauft und konfirmiert worden, aber für Anni und ihre Familie wohnte Gott in der Kirche. Er hatte keinen Einfluss auf das Leben. Nur wenn es auf einer Zeche wieder einmal zu einem Unglück gekommen war, bei dem Kumpel starben, tauchte Gott im Alltag auf. Allerdings nicht unbedingt als guter Gott. Man fragte sich vielmehr, wieso Gott Frauen ihre Männer, Kindern ihre Väter und Familien ihre Ernährer nahm.

»Wer ist das?« Anni hatte entschieden, das Gespräch in eine andere Bahn zu lenken. Ein Blick auf die Standuhr verriet ihr, dass bald Abendbrotzeit war. Sie hatten zwar gerade erst Scones und Tee gehabt, aber das würde wohl kaum die letzte Mahlzeit gewesen sein. Vielleicht gelang es ihr bis dahin, mehr über die Familie ihrer Gastgeberin zu erfahren.

Eglantyne zog einen Stuhl neben Annis Platz. »Das da bin ich.« Sie zeigte auf die Frau links auf dem Bild mit beiden Frauen. »Neben mir steht Barbara Ayrton Gould.«

»Ich dachte, das wäre Ihre Schwester«, gab Anni zu.

»Tatsächlich gehört wirklich ein Foto von uns beiden auf die Titelseite der Broschüre, da hast du völlig recht. Schließlich war es eigentlich Dorothy, die *Save the Children* gegründet hat.« Eglantyne nahm Anni das Heft aus der Hand und blätterte darin. »Das ist Dorothy.« Sie lachte. »Und das da bin ich mit meiner Mutter. Mir war es wichtig, dass sie auch in der Broschüre auftaucht, denn ohne sie hätte ich niemals meinen Weg gefunden. Aber wir reden immer von mir.« Sie klappte das Büchlein zu und legte es auf den Tisch. »Wie hast du deinen Weg gefunden? Nein, die Frage ziehe ich zurück, es gibt gleich Abendessen. Erzähl mir ein bisschen von deiner Schulzeit.«

Anni seufzte. »Sie war so ähnlich wie die Schulzeit, die Sie in Marlborough erlebt haben. Bei uns in der Klasse waren auch sechzig Kinder aus der Siedlung. Mutter sagt immer, die Eltern sind ja alle im selben Alter, und die Männer haben zusammen auf der Zeche angefangen. Da ist es kein Wunder, dass die Kinder vom Schüngelberg auch alle gleich alt sind.«

»Schüngelberg? Ich habe das Ruhrgebiet eher flach in Erinnerung. Bist du auf einem Berg aufgewachsen?«

»Schüngelberg ist der Name der Siedlung.« Anni lachte. »Ich weiß nicht, warum sie so heißt, aber das ist wirklich lustig, dass man denken könnte, es wäre ein Berg. Meine Eltern sind vor meiner Geburt in eines der ersten Häuschen dort gezogen. Das war etwas Besonderes. Die Häuser wurden extra für die Bergleute gebaut, damit sie kurze Wege haben. Nur hat nicht jeder das Glück, da zu wohnen.« Sie dachte an die Schwester ihres Vaters, deren Mann bei einem Grubenunglück verstorben war und die nun Gefahr lief, auf der Straße zu landen. In der Schüngelberg-Siedlung hätte sie wohnen bleiben dürfen, bis sie Fuß gefasst hätte und vielleicht sogar Arbeit auf Zeche Hugo bekommen. Unter Tage durften zwar nur Männer arbeiten, aber über Tage wurden auch Frauen eingesetzt.

»Wenn Sie in unsere Klasse gekommen wären, wäre das sicher genauso gewesen wie in Marlborough«, sagte Anni und bekam sofort ein schlechtes Gewissen. Das war ungerecht ihren Eltern und den anderen Vätern und Müttern aus der Siedlung gegenüber. »Nein, das stimmt nicht ganz. Wir waren immer alle ordentlich gekleidet; es war nur eben alles grau und schwarz von all dem Kohlenstaub aus der Zeche. Aber zu Hause war es fast überall ordentlich, darauf haben die Mütter stets geachtet.« Sie dachte an ihre Tante und daran, wie sie ihren Vater um Geld für Essen und eine neue Jacke für den Ältesten gebeten hatte. »Wenn es jemandem nicht gut geht, weil der Mann gestorben ist, helfen die anderen.« Nicht nur ihr Vater unterstützte seine Schwester, auch die ehemaligen Kollegen und der Pfarrer. Und das jüngste Kind, das noch unterwegs war, als der Onkel starb, wurde in dem Säuglingsheim aufgepäppelt.

Eglantyne dankte innerlich ihren Eltern dafür, dass sie ihr eine so unbeschwerte Kindheit beschert hatten. Wenn sie hörte, wie selbstverständlich die junge Frau von dem Tod eines Familienvaters sprach, lief ihr ein Schauer über den Rücken. Ehe Gamul vor inzwischen dreißig Jahren als Sechzehnjähriger starb, war der Tod etwas, das in Romanen vorkam, aber nicht in ihrem Leben. Ihre Augen füllten sich mit Tränen, wie immer, wenn sie an den frühen Tod ihres so begabten Bruders dachte. Sie war erleichtert, dass das Hausmädchen in diesem

Moment eintrat und verkündete, dass das Dinner in zehn Minuten bereit wäre.

»Dann werde ich mich etwas frischmachen«, presste Eglantyne hervor, um ihre Besucherin nicht erneut in Verlegenheit zu bringen.

»Ich auch!« Anni sprang auf. Erleichtert, aus dieser trüben Stimmung herauszukommen, ging sie mit schnellen Schritten in ihr Zimmer. Am liebsten hätte sie sich auf das Bett geworfen, dessen Kissen so verlockend aussahen. Aber das gehörte sich nicht. Stattdessen zog sie einen Schemel vor den Spiegel der Waschkommode und betrachtete sich. Die Augen waren gerötet von den Tränen oder davon, dass sie versucht hatte, diese wegzuwischen, ehe ihre Gastgeberin sie sah. Obwohl sie sich kaum bewegt hatte, waren einige Strähnen aus dem streng nach hinten gebundenen Haar gesprungen. Sie feuchtete ihre Finger mit Wasser aus der Karaffe an und versuchte, die abstehenden Haare an den Kopf zu kleben. Das würde nicht lange halten, aber hoffentlich das Abendessen, das man hier Dinner nannte, überstehen.

Sie blickte an sich herunter. Das schlichte hellblaue Kleid, das ihre Mutter extra für die Reise genäht hatte, war inzwischen zerknittert. Sollte sie sich zum Abendessen umziehen? Zu Hause wäre sie nie auf diese Idee gekommen, aber hier war alles so vornehm. Wie in einem Buch, und da wechselten die Herrschaften oft zu den Mahlzeiten die Kleidung. Allerdings wirkte diese Frau Jebb nicht so, als würde sie auf solche Dinge großen Wert legen.

Als ihr Blick auf den nicht ausgepackten kleinen Pappkoffer fiel, schlug sie sich den Gedanken an Abendgarderobe aus dem Kopf. Sie hatte nur drei Kleider mitgenommen, die ihre Mutter alle eigens für den Besuch in Genf geschneidert hatte. Für jeden Tag ein Kleid!

»Fräulein Schlinkert, sind Sie so weit? Das Essen wird serviert.«

Anni sprang auf und ließ den Hocker, den sie dabei umstieß, liegen, um das Hausmädchen nicht warten zu lassen. »Entschuldigung, ich war in Gedanken«, murmelte sie und folgte dem Mädchen ins Speisezimmer, wo Eglantyne Jebb sie bereits erwartete. Ihr fiel ein Stein vom Herzen, als sie das Essen auf dem Tisch sah. Ein Teller mit Braten, eine Schüssel mit Salzkartoffeln und eine Schüssel mit Gemüse, vermutlich eine Bohnensorte, die sie nicht kannte.

»Habe ich dir eigentlich schon gesagt, wie hübsch ich dein Kleid finde?« Anni war erleichtert, dass ihre Gastgeberin nicht auf das Gespräch vor dem Essen zurückkam. Sie musste erst sacken lassen, was sie gehört hatte.

»Das hat meine Mutter genäht!«, antwortete Anni mit Stolz in der Stimme. Wenn eine so vornehme Frau das Kleid ihrer Mutter gefiel, zeigte dies, wie gut ihre Mutter an der Nähmaschine war.

»Wie praktisch, dass deine Mutter so gut nähen kann.« Eglantyne dachte an die Kinder in Marlborough, die ihr heute anscheinend nicht aus dem Kopf gehen wollten. »Natürlich sollte man Menschen nicht danach beurteilen, welche Kleidung sie tragen, aber meine Mutter hat mir vermittelt, dass eine schöne Bluse, ein sauberer Pullover und eine gepflegte Erscheinung wirken, ohne dass wir das bemerken.«

»Das sagt Mama auch immer.« Anni freute sich über die Gemeinsamkeit zwischen ihren Müttern. »Sie näht oft aus den Jacken und Kleidern, die den Großen zu eng geworden sind, etwas für die Kleinen. Das sieht dann jedes Mal aus wie neu. Die anderen Frauen bringen ihr manchmal alte Sachen und bitten sie, daraus auch ein Kleidchen oder Höschen zu nähen.«

Ihre Mutter half stets gerne und nahm nichts dafür. Jetzt fiel Anni ein, dass ihr Vater dann oft sagte, sie könnte nicht nur für Gottes Lohn ihre Zeit opfern. Also versteckte Gott sich doch in ihrem Alltag.

»Meine Mutter näht auch für andere Familien, die sie kennt. Sie weiß ja, wer es sich leisten kann, etwas dafür zu bezahlen und wer nicht.« In der Siedlung wussten alle, dass ihre Mutter von den einen Geld nahm und von den anderen nicht. Aber es wussten auch alle, dass sie nur den Familien, denen es schlecht ging, die Bezahlung erließ. Jeder konnte sich darauf verlassen, dass Gertrud Schlinkert auch ihm helfen würde, wenn er in Not war.

»Gibt deine Mutter Kurse?«, wollte Eglantyne wissen, nachdem sie sich eine Scheibe Braten auf den Teller gelegt hatte.

»Nein. Sie meint, dass sie das nicht kann.« Anni stellte die Schüssel mit den Kartoffeln, aus der sie sich bedient hatte, zurück auf den Tisch. »Dabei erklärt sie Dinge so gut. Ich habe das Nähen von ihr gelernt, und in der Schule waren die Lehrerinnen erstaunt, wie gut ich meine Aufgaben erledigt habe. In Handarbeiten habe ich immer ein ›sehr gut‹ bekommen.«

»Bei uns in der Familie wurde auch genäht und viel gebastelt. Aber jetzt lass uns erst einmal essen. Guten Appetit.« Eglantyne zwinkerte Anni zu. »Sei froh, dass ich nicht gekocht habe, denn das stand nicht auf dem Programm, das meine Mutter für unsere Erziehung ausgearbeitet hat.« Dann widmete sie sich ihrem Essen, und die beiden schwiegen, bis Eglantyne Messer und Gabel nebeneinander auf den Teller drapierte und Anni ihr Besteck neben den Teller legte. Als sie jedoch sah, dass das Hausmädchen ratlos auf den Teller ohne Besteck blickte, legte sie Messer und Gabel ebenfalls nebeneinander in die Reste der Soße. Das schien das Zeichen dafür zu sein, dass der Tisch abgedeckt werden konnte.

»Wie sieht es aus? Möchtest du gleich schlafen gehen, oder wollen wir noch ein halbes Stündchen plaudern? Ich könnte dir ein typisch englisches Spiel beibringen, für das ich hier in Genf nie Mitspieler finde.« Eglantyne lächelte Anni an.

»Spielen ist mir heute Abend zu viel, wenn ich ehrlich sein darf«, antwortete Anni zögernd, weil sie nicht wusste, ob das unhöflich war. Doch schon der Gedanke, nach den vielen frischen Eindrücken ein unbekanntes Spiel mit neuen Regeln zu erlernen, erschöpfte sie. »Aber ich wüsste gerne, was in Ihrer Familie genäht wurde.«

Eglantyne stand auf und signalisierte Anni, dass sie ihr folgen sollte. Im Salon wies sie auf einen der unbequem wirkenden Sessel. »Der andere Sessel ist mein Stammplatz, aber wenn du dort sitzt, können wir uns gut unterhalten.« Sie ging jedoch zuerst zu dem Sideboard und holte ein Heft und einige Fotos heraus. Beides legte sie auf den Tisch zwischen ihnen, und dann verteilte sie zwei schmale Gläser mit hohem Fuß, die auf Anni wie zu klein geratene Sektgläser wirkten.

»Trinkst du einen Sherry mit?« Eglantyne hielt eine Karaffe hoch, in der eine braun-goldene Flüssigkeit war.

Die Flüssigkeit in der Karaffe, von der ihre Gastgeberin nun den Glasstopfen anhob, sodass ein scharfer Geruch durch den Raum zog, sah aus wie der Weinbrand, den ihre Eltern an besonderen Tagen tranken. Anni schüttelte den Kopf. Diesen Sherry wollte sie lieber nicht probieren.

»Dann nimm wenigstens noch einen Keks.« Ein seltsames Gestell wurde vor Anni auf den Tisch gestellt. Ein Metallstab ging durch drei flache Teller, unten war der größte, die darüber wurden kleiner. Rasch schob sie sich einen Keks in den Mund, ein voller Mund war immer eine gute Ausrede, wenn sie nichts sagen wollte – zu Hause, in der Schwesternschule und nun hier in dieser ebenso eleganten wie einschüchternden Wohnung.

Endlich saßen die beiden Frauen in ihren Sesseln, Eglantyne hielt ihr Glas Sherry gegen das Licht, das das Hausmädchen entzündet hatte, und Anni knabberte mit spitzen Zähnen an dem Keks, den ihre Gastgeberin ihr aufgedrängt hatte. Nicht dass der Keks nicht schmeckte, im Gegenteil, das Gebäck war so fein, es zerging im Mund. Aber das war das Problem, der Keks wurde viel zu schnell kleiner, und sie wollte weder gierig wirken noch ihre Hände untätig in den Schoß legen müssen. Solange eine Hand den Keks hielt, fühlte sie sich sicher.

»Meine Mutter hat, als ich acht Jahre alt war, bei uns zu Hause kleine Kurse für Arbeiter und Arbeitslose angeboten.« Eglantyne griff Annis Frage auf. »Deshalb dachte ich, deine Mutter würde so etwas vielleicht ebenfalls machen. Das wäre eine schöne Gemeinsamkeit, oder?«

Anni nickte. »Meine Mutter hätte niemals den Mut dazu.« Eglantyne blickte nachdenklich in ihr Sherryglas. Das war sicher der größte Unterschied zwischen ihren beiden Welten. Für die Mutter ihres neuen Schützlings war die Frage, ob sie ihr Wissen weitergeben konnte und wollte, erledigt, als ihr klar wurde, dass sie selbst das nicht leisten konnte oder wollte. Tye war da ganz anders gewesen. Sie hatte einen Gedanken und suchte dann nach einem Weg, ihn umzusetzen. So handhabe sie es ihr ganzes Leben lang. Dazu hatte sicher beigetragen, dass das Klassenbewusstsein in Irland, wo Tye aufgewachsen war, nicht so ausgeprägt war wie in Großbritannien. Eglantyne lächelte wehmütig. Genau das hatte in ihrer eigenen Kindheit gelegentlich zu Reibereien zwischen ihrer irischen Mutter und ihren britischen Großeltern geführt.

»Ich weiß gar nicht, ob meine Mutter eine der Handarbeiten selbst beherrschte, die in ihren Kursen in unserer Dienerhalle vermittelt wurden. Ihr ging es darum, anderen Menschen zu helfen. Sie hatte zufällig einen jungen Mann getroffen, der verzweifelt war, weil ihm die Arbeit an den Maschinen so sinnlos vorkam. Sie hat dann ein bisschen nachgeforscht und schließlich die Kurse organisiert.« Als 1898 nach drei Jahrespräsentationen in den eigenen Kursräumen die erste Ausstellung der *Home Arts and Industries Association* in der Royal Albert Hall in London von zwei Töchtern der Queen eröffnet wurde, hatten schon weit über fünfhundert Kurse mit mehr als fünftausend Menschen stattgefunden. »Und wir durften alles mitmachen.« Sie erinnerte sich daran, wie sie als Kind mit Begeisterung schnitzte, Schalen mit Mosaik beklebte, Körbe webte, Lesezeichen aus Leder herstellte und ihre erste Geschichte als Buch binden durfte.

»Irgendwann wurde unser Haus zu klein für die vielen alten Handwerke, und die Menschen kamen nicht mehr nur aus Shropshire, wo ich aufgewachsen bin, sondern nahmen längere Wege in Kauf. Meine Mutter war immer öfter unterwegs, um in anderen Orten etwas Ähnliches aufzubauen.« Lange hatte sich Eglantyne ihrer Mutter nicht so nahe gefühlt wie jetzt. Sie hatte schon immer gewusst, dass Tye damals etwas Besonderes geschaffen hatte. Aber durch den Krieg war ihr Werk in Vergessenheit geraten und ihr eigenes Engagement für die hungernden Kinder nach dem Zusammenbruch Europas so zeitraubend, dass keine Muße blieb zurückzublicken.

»Ihre Mutter muss eine wundervolle Frau gewesen sein.« Anni dachte an ihre Mutter, die viel nähte und sich um alle kümmerte. Aber es blieb eben dabei, dass sie nur das bewirkte, was sie gerade tat. Ganz anders als die Mutter ihrer Gastgeberin, die mithilfe vieler Menschen Tausenden anderen geholfen hatte. Sie nahm sich vor, zu Hause von Tye Jebb zu berichten. Vielleicht konnte sie ihre Mutter sogar davon überzeugen, Nähkurse zu geben.

»Ja!« Eglantyne tupfte mit einem Taschentuch ihre Augen trocken. »Bitte entschuldige, aber sie ist im November verstorben. Wenn ich viel zu tun habe, denke ich nicht an sie, aber gerade ist mir wieder einmal klar geworden, welch eine besondere Frau sie war und wie sehr sie meinen Lebensweg geprägt hat. Leider war sie in ihren letzten Jahren sehr krank. Sie konnte kein Licht vertragen und blieb fast immer im Haus bei verdunkelten Fenstern. Dabei liebte sie die Natur und die Menschen.« Sie lächelte. »Du musst wissen, dass meine Mutter nicht nur diese Organisation gegründet hat. Während andere sich schwertun, wenn sie umziehen und sich auf eine neue Umgebung einlassen müssen, hat sie solche Gelegenheiten als Chance gesehen, für sich und für neuartige Aufgaben. Dazu hat sicher ihr Glaube beigetragen, von dem sie mir ein bisschen hinterlassen hat. Ich habe ihr Gottvertrauen allerdings niemals so vollständig erreicht. Was ich aber eigentlich erzählen wollte: Als mein Vater vor dreißig Jahren mit gerade mal fünfundfünfzig starb, hat meine Mutter sich von unserem wunderbaren Zuhause getrennt und ist nach Cambridge gezogen, wo mein Onkel Richard Professor war.« Sie verzichtete darauf, Anni zu erzählen, welch bedeutende Rolle Sir Richard Claverhouse Jebb in Cambridge spielte; als Inhaber eines königlichen Lehrstuhls und Mitglied der *British Academy* war er so fest in der akademischen Gesellschaft verwurzelt, dass seine Erhebung in den Ritterstand 1900 für niemanden eine Überraschung gewesen war.

Eglantyne ahnte, dass das junge Mädchen aus der Bergbausiedlung solcherart Verwandtschaft eher einschüchterte, deshalb blieb sie lieber bei dem, was Tye geleistet hatte. »Sie hat sich in Cambridge in kürzester Zeit eingelebt. Wir haben es damals sehr bedauert, unser Kindheitszuhause zu verlieren. Aber wenn meine Mutter nicht umgezogen wäre, hätte ich nie einen so guten Kontakt zu der Frau meines Onkels Richard bekommen. Tante Carrie hat dafür gesorgt, dass ich mich ablenke, nachdem ich gekündigt und die Kinder in Marlborough verlassen hatte, weil ich mich von der Niederlage nur schwer erholt habe. Ich bin wieder geritten, das hat mir immer Freude bereitet; vielleicht hat mir an der Schule auch der Ausgleich zu dem anstrengenden Unterricht gefehlt.« Sie schmunzelte. »Meine Tante hat sich leider auch darum bemüht, mich zu Picknicks und Partys mit unverheirateten Männern in meinem Alter einzuladen. Sie, meine Mutter und meine Tante Bun haben sich Sorgen gemacht, weil ich mit fünfundzwanzig Jahren immer noch nicht verheiratet war.«

Anni nickte. Das kam ihr bekannt vor. Ihr waren diese Bemühungen von Tanten, Nachbarinnen und anderen Frauen in der Umgebung bisher erspart geblieben. Aber es verging keine

Plauderei nach dem sonntäglichen Gottesdienst oder bei zufälligen Treffen auf der Straße, ohne dass nachgefragt wurde, ob und wann denn die Hochzeitsglocken für ihre ältere Schwester läuten würden.

»Ohne Tante Carrie hätte ich die erste Zeit kaum überstanden.« Nun lachte Eglantyne laut. »Ich habe ihr geholfen, Spenden zu sammeln für das Gedenken an Königin Victoria. Meine Tante meinte, sie käme sich vor wie ein Bischof mit seinem Sekretär, wenn ich mit Papieren beladen hinter ihr her zu den Häusern möglicher Spender ging. Da habe ich übrigens festgestellt, wie altmodisch das vermeintlich so moderne Cambridge ist. Selbst in den wohlhabenden Familien erklärten die Frauen, sie müssten erst ihre Ehemänner fragen, ob sie etwas spenden oder gar die Unterschriftenliste unterzeichnen dürften.«

Eglantyne sah Anni an, dass sie ihrem Redeschwall nicht folgen konnte. Woher sollte die junge Frau aus dem Ruhrgebiet auch wissen, wer Königin Victoria war? »Kannst du dich an den Kaiser erinnern, der in Deutschland einmal regiert hat?«

Anni war sich nicht sicher; sie wusste, dass es einen Kaiser gegeben hatte. Während des Kriegs war der Name Kaiser Wilhelm gelegentlich gefallen, aber nach dem Krieg plötzlich nicht mehr. »Ich kenne nur den Namen.«

»In England herrscht kein Kaiser, sondern ein König, heute, vorher regierte über sechzig Jahre lang ein und dieselbe Königin: Victoria. Sie ist 1901 gestorben, kurz bevor ich zu meiner Mutter nach Cambridge kam.« Eglantyne lachte. »Meine Tante hat dafür gesorgt, dass ich in einer Wohltätigkeitsorganisation mitarbeiten konnte. Ohne die Erfahrungen dort, mit Tante Carrie als Lehrmeisterin, hätte ich niemals *Save the Children* gründen können. Von ihr und von meiner Mutter habe ich gelernt, wie man seine Vision Wirklichkeit werden lässt.«

Kapitel 8

1902 Cambridge

»Du kannst dir nicht vorstellen, wie angenehm es ist, Menschen zu begegnen, die etwas bewegt haben.« Eglantyne sah ihre Schwester Dorothy an. »Das habe ich so vermisst, als ich allein in Marlborough war. Die Menschen dort waren herzensgut, es wäre ungerecht, etwas anderes zu behaupten. Aber ihre Gedanken kreisten notwendigerweise nur darum, wie sie ihre Familie ernähren und mit dem wenigen, was sie haben, ein lebenswertes Leben führen können.«

»Kein Wunder, dass du dich so in deinen Glauben verkrochen hast.« Dorothy nahm die Bibel, die auf dem kleinen Tisch zwischen ihren Stühlen lag. »Das war ja schon fast so schlimm wie bei Mutter.«

Eglantyne lachte auf. Ihre Mutter war im Gegensatz zu ihrem Vater und ihrer Tante Bun, die von diesem ganzen Firlefanz nichts hielten, immer sehr gläubig und religiös gewesen. Sie waren mit Gebeten und religiösen Ritualen aufgewachsen, hatten sie aber eher als alltägliche Gewohnheit gesehen wie das Abstreifen der schmutzigen Schuhe vor dem Betreten des Hauses.

Sie wurde wieder ernst. »Mach dich nur über mich lustig, aber ohne meine Beziehung zu Gott hätte ich diese Zeit nicht überstanden.«

»Ich war jedenfalls froh, dass du endlich in deine weltliche Phase eingetreten bist.« Dorothy grinste.

»Was soll das denn heißen?«

»Du hattest früher nie Freude daran, Bälle zu besuchen und an Gesellschaften teilzunehmen«, antwortete Dorothy. »Plötzlich findet man dich überall, und du hast dein Reisefieber entdeckt. Wie war es denn überhaupt in Kopenhagen mit Maud?«

Eglantyne war froh, dass sie nicht antworten musste, weil sich die Tür öffnete. Nicht dass sie die Reise nach Dänemark mit Maud Holgate nicht genossen hätte, aber wenn sie Dorothy davon erzählte, würde das Gespräch unweigerlich auf den Auslöser für die Reise kommen. Sie wollte nicht an Marcus denken. Immer, wenn sie ihn vor sich sah, schoss ihr das Blut ins Gesicht, weil er sie so gedemütigt hatte. Zum Glück steckte das Hausmädchen seinen Kopf in das Zimmer und brachte sie auf andere Gedanken. »Entschuldigung, aber Sie hatten darum gebeten, dass ich Sie benachrichtige, wenn Sie sich auf den Weg machen sollten.«

Eglantyne wunderte sich. Dorothy hatte nichts davon gesagt, dass sie das Haus verlassen würden, und nun blickte sie hektisch auf die Uhr an der Wand. »Oh, nein! Komm, wir müssen los. Mary Marshall hat heute ihre Gesprächsrunde.«

»Wohin gehen wir? Und wer ist Mary Marshall?« Eglantyne fragte sich, warum sie sich für eine Frau, von der sie noch nie gehört hatte, zur Eile zwingen lassen sollte.

»Das erzähle ich dir unterwegs. Nun komm schon, ich bin sicher, dass dir das gefallen wird.« Dorothy sah ihre Schwester prüfend an. »Du brauchst dich nicht umzuziehen, ich bin sowieso schon fertig.« Damit schob sie Eglantyne zur Garderobe, hielt ihr Mantel und Hut hin, reichte ihr Papier und Feder aus einer Schublade und zerrte sie fast aus dem Haus.

»Sag mal. Wer ist denn nun diese Mary Marshall, dass du es so eilig hast?«

Dorothy ging mit großen Schritten die Straße hinunter. Eglantyne konnte kaum folgen. »Dass du von ihr noch nicht gehört hast, ist fast nicht zu glauben. Ich bin sicher, Tante Carrie und Onkel Richard kennen sie. Sie lehrt Ökonomie in Newnham und hat mit ihrem Mann vor zwanzig Jahren ein bedeutendes Werk über die industrielle Wirtschaft geschrieben.«

Eglantyne schüttelte den Kopf. »Das klingt aber nicht danach, als könnte mich das interessieren! Du weißt doch, dass meine Fächer Literatur und Geschichte sind.«

»Ich weiß auch, dass du besondere Geschichten liebst. Stell dir vor, Herr Professor Marshall hat vor Jahren auf seinen Lehrstuhl verzichtet, um diese Frau zu heiraten! Und er musste nicht nur an der Universität um seine Frau kämpfen, sein Vater war sehr streng und hielt überhaupt nichts von selbstständigen Frauen. Das war für Mary Marshall, die damals noch Mary Paley hieß, nicht leicht.« Dorothys Augen blitzten. »Du musst zugeben, das ist außergewöhnlich. Zuerst hat er sie Vorlesungen halten lassen, und weil Lehraufträge von Frauen damals nicht vorgesehen waren, hat er sie von seinem Gehalt bezahlt. Später hat er sie geheiratet, und als Gras über die Sache gewachsen war, konnte er erneut einen Lehrstuhl annehmen.«

Eglantyne nickte. »Wann war denn das?«

»Das muss vor gut fünfundzwanzig Jahren gewesen sein. Sie sind aber seit Ewigkeiten wieder in Cambridge und hier gut vernetzt. Ich bin sicher, Mary wird dir gefallen.« Zu weiteren Erklärungen blieb keine Zeit. »Das ist Balliol Croft«, sagte Dorothy, da wurde die Tür auch schon geöffnet, und ein Butler in Livree begrüßte sie mit dem Hinweis: »Genau rechtzeitig. Die gnädige Frau will gerade beginnen.«

Eglantyne war vom ersten Augenblick an begeistert von Mary Marshall. Und was Dorothy ihr über die engagierte Wirtschaftswissenschaftlerin erzählt hatte, bestätigte sie in ihrem Gefühl, dass es auch andere Menschen gab, die für eine Aufgabe brannten. Als die Stunde beendet war, bat sie Dorothy, schon vorzugehen. Sie musste unbedingt mit dieser beeindruckenden Frau sprechen.

»Was willst du denn von ihr?« Dorothy verzog das Gesicht. »Ich mag nicht allein nach Hause gehen. Wenn ich das gewusst hätte, hätte ich Charlie gebeten, mich abzuholen.« Charles Buxton war die neue Eroberung ihrer kleinen Schwester, der Bruder einer College-Freundin, den Dorothy in den Sommerferien bei einer dieser modernen Lesepartys im Lake District kennengelernt hatte. Eglantyne hatte an der Veranstaltung, die von einem Lehrer des Trinity College organisiert wurde, nicht teilgenommen, obwohl sie dafür prädestiniert gewesen wäre, wechselten doch Wanderungen und Literaturvorlesungen einander ab. Die ideale Art zu leben, wie Dorothy nie müde wurde zu betonen, wenn sie von der ersten Begegnung mit Charlie sprach.

»Vielleicht kannst du im Flur warten.« Als Eglantyne das Gesicht ihrer Schwester sah, hätte sie den Vorschlag am liebsten zurückgezogen. So unkonventionell Dorothy auch war und so wenig sie von Klassendünkel hielt, sich wartend in den Flur zu stellen, das war nichts für die Tochter von Arthur Jebb und die hoffentlich künftige Braut von Charles Buxton. Mit gerunzelter Stirn und zusammengekniffenem Mund verließ sie den Salon.

Eglantyne hätte nicht sagen können, weshalb es ihr so wichtig war, mit Mary Marshall unter vier Augen zu sprechen. Aber sie hatte das Gefühl, dass diese Frau sie verstehen würde und ihr einen Rat geben konnte.

»Oh, da ist ja noch jemand.« Mary Marshall betrachtete sie freundlich. »Sie waren heute zum ersten Mal bei einem Treffen, nicht wahr?«

»Ja, meine Schwester, Dorothy Jebb, hat mich mitgenommen. Sie besucht all ihre Stunden.« Eglantyne sah, dass Dorothys Name der Professorin ein Begriff war.

»Sind Sie die ältere oder jüngere Schwester?« Mary Marshall deutete auf einen Sessel. »Nehmen Sie bitte Platz. Ich erinnere mich, dass Dorothy eine Schwester erwähnte, die Geschichte und Literatur studiert hat.«

»Das bin ich. Wieso hat Dorothy über mich gesprochen?«
Mary Marshall zuckte mit den Schultern. »Das weiß ich nicht mehr. Kann es sein, dass Sie in einem Armenviertel unterrichtet haben? Vielleicht war das mal Thema.«
Eglantyne nickte. »Ja, ich war knapp zwei Jahre in Marlborough. Zwar hatte ich während der Ausbildung in Stockwell schon in einer Schule für Kinder aus finanziell nicht gut gestellten Familien am Rand von London unterrichtet, aber Marlborough war ganz anders.«
»Inwiefern war es dort anders?« Die Professorin blickte Eglantyne interessiert an.
»Vielleicht lag es daran, dass ich als verantwortliche Klassenleiterin die Familien aufsuchen musste. Die Armut in den Wohnungen war schwer zu ertragen. Besonders schlimm waren die traurigen Blicke der Eltern, die keinerlei Hoffnung für ihre Kinder hatten.« Sie dachte über die Familien ihrer Schülerinnen nach. »In der Stadt waren die Familien zuversichtlicher, weil sie sahen, dass dort neue Straßen und Häuser gebaut wurden und immer mehr Fabriken eröffneten. Auf dem Land kam es selbst mir so vor, als würde gleichzeitig alles wegbrechen.«
»Eine interessante Beobachtung. Vielen Dank. Sie scheinen ein helles Köpfchen zu haben. Was machen Sie denn heute? Ich könnte mir vorstellen, dass beim Unterrichten in einer Grundschule Ihre Kompetenzen nicht vollständig zur Geltung kommen.«
Wie sollte Eglantyne dieser Frau, die sie so schnell durchschaut hatte, erklären, was ihr auf der Seele lag? »Seit ich denken kann, bin ich sicher, dass Gott mich für eine Aufgabe vorgesehen hat.« Sie lächelte. »Als Kind dachte ich sogar, ich müsse General oder etwas Ähnliches werden. Aber irgendwann schlug meine Tante Bun den Beruf der Lehrerin vor, und der Gedanke, Kinder an Literatur und die Bedeutung der Geschichte heranzuführen, schien mir für mich genau passend.«

»Und dann haben Sie erlebt, dass sich niemand für Literatur und Geschichte interessiert, was?«

Eglantyne schüttelte den Kopf. »So weit kam es gar nicht. Ich musste Lesen, Schreiben, Rechnen, Naturkunde und Nähen unterrichten. Anfangs dachte ich, dass dies dann eben meine Aufgabe sei. Aber ich fühlte mich schlecht, konnte nicht schlafen, sehnte das Ende eines jeden Vormittags herbei und spürte einen Kloß im Hals, wenn ich etwas sagen wollte.« Der Arzt hatte später festgestellt, dass sie sich den Kloß nicht nur eingebildet hatte, sondern die Schilddrüse vergrößert war. Aber da hatte sie den Kampf mit der Aufgabe bereits aufgegeben. »Ich war so weit, dass ich Kinder hasste, und habe daraufhin gekündigt.«

Mary Marshall legte ihr eine Hand auf den Arm. Der sanfte Druck tat Eglantyne gut, sie fühlte sich verstanden. »Und jetzt werden Sie nicht damit fertig, dass Sie die Ihnen von Gott gestellte Aufgabe nicht erfüllt haben. Wissen Sie, ich bin nicht im christlichen Glauben erzogen worden, was vielleicht ein Glück ist. Aber soviel ich weiß, sind die Aufgaben nicht leicht zu erfüllen, und der Weg ist selten klar vorgezeichnet. Was Sie gerade über die armen Menschen in den verschiedenen Regionen gesagt haben, ist eine wichtige Erkenntnis. Armut ist und bleibt Armut, aber sie wird nicht immer gleich wahrgenommen. Vielleicht sollten Sie genau dies im Rahmen Ihrer Stelle als Lehrerin erkennen. Und, dass Ihnen nicht gegeben ist, mit Kindern zu arbeiten, sondern für Kinder oder für Menschen.«

»Aber was soll ich nun tun?« Eglantyne spürte, wie die Verzweiflung in ihr aufstieg, die sie seit ihrer Kündigung immer wieder überwältigte. Sie brauchte eine Aufgabe; wenn es keine von Gott gestellte war, dann eben eine, die sich ein Mensch ausdachte. Hauptsache, sie kam aus diesem Teufelskreis heraus. Gerade jetzt, wo sich zu der Enttäuschung über ihr Versagen als Lehrerin eine verschmähte Liebe gesellte. Sie suchte in der Tasche ihres Cardigans nach einem Taschentuch, weil sich die Augen mit Tränen füllten. Wenn sie jetzt vor dieser Frau weinte!

Mary Marshall schien nicht zu bemerken, wie aufgewühlt Eglantyne war, vielleicht übersah sie es auch bewusst, um ihr die Gelegenheit zu geben, sich zu sammeln. »Können Sie schreiben?« Mit dieser Frage hatte Eglantyne nicht gerechnet. Wie auf Knopfdruck antwortete sie: »Ja! Ich schreibe seit meiner Kindheit, Gedichte und Geschichten, und ich war Redakteurin unseres Familienmagazins.«

»Eines Familienmagazins? Davon habe ich ja noch nie gehört.«

Eglantyne vergaß ihren Schmerz und lachte. »Ich auch nicht. Also nicht außerhalb unserer Familie. Ich muss zwölf Jahre alt gewesen sein, als ich die anderen mit dem Einfall gequält habe, eine eigene Zeitung zu gründen, weil bei uns immer so witzige Dinge geschahen. Vater und Dorothy verfassten Gedichte, mein Bruder Gamul schrieb kleine Beiträge über die Natur, und ich habe den Rest übernommen oder meine anderen Geschwister damit beauftragt.« Diese drei Jahre bildeten eine der glücklichsten Phasen ihrer Kindheit. In einem ungenutzten Schlafzimmer, das von oben bis unten voller alter Bücher stand, richteten sie das Redaktionsbüro ein und trafen sich, um die nächsten Ausgaben des Magazins zu planen, das sie *Briarland Recorder* tauften.

»Das klingt gut. Ich suche schon länger jemanden, der an meinen Lehrveranstaltungen teilnimmt und diese protokolliert oder wenigstens die wichtigsten Gedanken festhält. Vor allem bei den Diskussionsrunden hier zu Hause lasse ich die Studierenden ganz bewusst ihre eigenen Gedanken entwickeln. Manches lohnte sich weiterzuverfolgen, aber das ist dann am Ende der Stunde weg. Wenn Sie möchten, könnten Sie diese Aufgabe übernehmen. Ich kann Ihnen ein kleines Honorar dafür zahlen.«

Am liebsten hätte Eglantyne Mary Marshall umarmt. Das war zwar sicher nicht die Aufgabe, die sie sich vorgestellt hatte, aber es war eine Aufgabe. Und vielleicht stellte sich dabei heraus, dass ihre Bestimmung doch im Schreiben lag. In ihrer Teenagerzeit war sie davon überzeugt gewesen, dass sie das Zeug zur Schriftstellerin hatte, aber dann war alles anders gekommen. Dabei lagen in ihren Schränken einige Geschichten und Gedichte, angefangene Romane und Fragmente unvollendeter Theaterstücke.

»Es gab einmal eine Zeit, da wollte ich Schriftstellerin werden«, verriet sie ihrer neuen Förderin. »Bis ich erkannt habe, dass ich an meinen Lieblingsautor Walter Scott niemals heranreichen werde.«

»Dann lassen wir uns überraschen, wohin der Weg Sie führen wird.« Mary Marshall stand auf, was Eglantyne als Zeichen für das Ende ihres Gesprächs interpretierte. »Dann sehe ich Sie in der nächsten Woche zur selben Zeit wie heute.«

Eglantyne griff nach dem Notizbuch, das Dorothy ihr zu Hause aufgedrängt und in das sie einige Notizen geschrieben hatte. »Ich könnte von der heutigen Sitzung eine Zusammenfassung schreiben. Zur Probe vielleicht. Dann sehen Sie, ob ich so schreibe, wie Sie es sich vorstellen, und können mir sagen, was Ihnen wichtig ist und was möglicherweise noch fehlt.«

Der wohlwollende Blick, mit dem Mary Marshall sie bedachte, schmeichelte ihr. Womöglich fand sie über diese Tätigkeit ihren Platz in der Gesellschaft. Sie konnte schreiben, das wusste sie, und sie konnte Dinge organisieren. Vielleicht entdeckte sie eine Aufgabe, bei der sie das alles einbringen konnte.

In den folgenden Monaten begleitete Eglantyne ihre Schwester zu den Gesprächsrunden von Mary Marshall. Gelegentlich ließ sie sich von Dorothy Begriffe erklären oder ihre Sicht der Diskussion darlegen, ehe sie anfangs Protokolle und später kleine Essays über die Themen der Nachmittage schrieb.

Im Herbst bat Mary Marshall sie zu einem Gespräch unter vier Augen. »Ich bin wirklich sehr zufrieden mit Ihren Texten«, lobte die Professorin sie. »Ich würde deshalb ungern auf Sie verzichten. Aber wir wissen beide, dass sie mit dieser Aufgabe unterfordert sind. Was Sie brauchen, ist eine Herausforderung, bei der Sie etwas bewegen und eigene Gedanken umsetzen können.«

Eglantyne blickte auf ihr Notizbuch. Sie spielte mit der Feder und erschrak, als sie die ersten Tintenflecke auf dem Papier bemerkte. Rasch prüfte sie den Tisch auf ähnliche Tupfer. Mary Marshall hatte recht. Die ersten Protokolle hatte sie mit Feuereifer geschrieben. Sie konnte den nächsten Donnerstag kaum erwarten. Aber irgendwann stellte sie fest, dass die Diskussionen immer nach einem ähnlichen Schema abliefen. Die Professorin stellte eine These auf. Einige Studierende sammelten Argumente dafür, und ihre Hoffnung, sich dadurch beliebt zu machen, war deutlich spürbar. Wenn Mary Marshall die Gruppe aufforderte, Gegenpositionen einzunehmen, traten andere auf den Plan und äußerten teils hanebüchene Gedanken. Dass sie so auf andere Weise Pluspunkte sammeln wollten, war leicht zu durchschauen. Oft endete der Nachmittag damit, dass die Professorin selbst unterschiedliche Sichtweisen ihrer Fragestellung darlegte. Diese verarbeitete Eglantyne später zu einem Essay, dabei wunderte sie sich oft, wie ihre Mentorin diesen Kreislauf jede Woche aufs Neue wieder aushielt.

»Wieso bieten Sie diese Gesprächsrunden an?« Sie sah Mary Marshall an.

Die Professorin lächelte. »Genau das meine ich. Sie haben schnell erkannt, dass es den Teilnehmenden nicht um das Thema geht, sondern darum, sich bekannt zu machen, damit sie später davon profitieren. Das ist der Sinn dieser Treffen. Hier erlebe ich die Studenten und Studentinnen konkret, nicht hinter ihrem Pult in der Vorlesung. Viele versuchen, mir nach dem Mund zu reden, aber wie sie argumentieren, verrät oft, was wirklich in ihnen steckt. Was in Ihnen steckt, habe ich längst erkannt.«

Eglantyne errötete unter dem wohlwollenden Blick ihrer Mentorin. Doch diese erwartete keine Antwort, sondern erzählte ihr von der *Charity Organisation Society*, einer Gesellschaft, die sich für arme und in Not geratene Menschen in Cambridge engagierte.

»Ich denke, in der COS könnten Sie Ihre Fähigkeiten besser einbringen als bei mir, und Florence Keynes braucht dringend Unterstützung.« Mary Marshall schob ihr ein Papier hin.

»Ich weiß nicht.« Das war nicht gelogen. Eglantyne war tatsächlich unsicher, ob die Unterstützung armer Menschen ihre Aufgabe war. Vor allem, wenn sie daran dachte, wie diese aussah. »Mir behagt es nicht, wenn die Reichen die Armen bloß mit Spenden bedenken«, sagte sie zögernd und behielt Mary Marshall im Blick. Eigentlich konnte sie sich nicht vorstellen, dass die Professorin zu jenen Menschen gehörte, die durch mildtätige Gaben den Status quo auf beiden Seiten festigten. »Solche Spenden helfen für den Moment, aber am Ende bleiben die Armen arm und sitzen am nächsten Tag oder in der nächsten Woche wieder auf der Straße. Die Reichen hingegen sind weiterhin reich und fühlen sich gut, weil sie ein bisschen was getan haben.« Sie spürte, wie ihr Gesicht rot wurde. Was redete sie denn da? Schließlich kam sie selbst aus einer gut situierten Familie, und auch Mary Marshall gehörte zu jener Gruppe, die sie fast abschätzig als reich bezeichnet hatte.

Die Professorin schmunzelte. »Sie müssen sich nicht für Ihre Gedanken schämen, auch wenn Sie für die Tochter eines Rechtsanwalts und die Nichte eines königlichen Ritters und angesehenen Wissenschaftlers ungewöhnlich sind. Aber ich sehe das genauso wie Sie. Ziel solcher Organisationen muss es sein, über den Tag hinauszudenken. So wie Ihre Mutter in ihrer Home-Arts-Bewegung.«

»Sie kennen die Stiftung meiner Mutter?« Eglantyne konnte sich nicht erinnern, jemals davon gesprochen zu haben. Tye hatte mit ihrem Umzug nach Cambridge die Organisation ihrer Initiative anderen überlassen. Dass die Information über ihr Engagement aus dem ländlichen Shropshire bis nach Cambridge gelangt war, hätte sie nicht gedacht.

»Ich habe mich natürlich über Sie erkundigt, nachdem sie wie ein Häufchen Elend vor mir saßen«, gab Mary Marshall zu. »Ihrer Schwester war ich bereits begegnet, und Sie wissen ja, wie das in Cambridge ist. Jeder kennt jeden ein bisschen und weiß etwas. Außerdem wirkt Ihre Mutter hier in einigen Frauengruppen mit.«

»Am liebsten würde ich so etwas wie die *Home Arts and Industries Association* meiner Mutter auch hier in Cambridge initiieren. Ich habe als Kind erlebt, wie viel Freude am Leben die Männer und Frauen durch die Arbeit, die sie erfüllt hat, gewonnen haben.« Aber Cambridge war nicht Shropshire. Hier hatten die Menschen andere Nöte, und hier waren die räumlichen Gegebenheiten andere. Im ländlichen Shropshire füllten die Menschen, die sich in Tyes Kursen auf die alten Handwerke besannen, eine Lücke. Plötzlich mussten die überall nötigen Körbe und Tassen nicht mehr in der Stadt bestellt werden; die Körbe wurden von Nachbarn geflochten und die Tassen von Freunden getöpfert und im Ort in einem Ofen gebrannt. Die Menschen, die nicht in der Landwirtschaft, aber auch nicht sinnentleert in den Fabriken arbeiten wollten oder konnten, hatten eine Aufgabe und trugen damit zur Gemeinschaft bei.

»Sie sagen es selbst. Das, was Ihre Mutter in Ihrer Heimat auf die Beine gestellt hat, würde hier nicht funktionieren. Wir benötigen andere Lösungen, und dazu brauchen wir Menschen, die über den Tellerrand hinausdenken. Florence Keynes ist so eine Person, aber sie kämpft teilweise gegen die alten Muster der Wohltätigkeit. Ich bin sicher, Sie wären die passende Frau an ihrer Seite.« Mary Marshall sah auf die Uhr. »Deshalb habe ich Frau Keynes zum Dinner eingeladen und hoffe, dass Sie heute nichts anderes vorhaben.«

Eglantyne nickte. Sie wusste, dass Dorothy mit Charles Buxton verabredet war, es wartete niemand in ihrer gemeinsamen Wohnung. So viel hatte sie von ihrer Tante Carrie gelernt: In Cambridge konnte man gar nicht genug Menschen kennen, und eine gemeinsame Mahlzeit war oft ein guter Start für eine nützliche Beziehung.

Kapitel 9

1926 Genf

Anni versuchte vergebens, das Gähnen zu unterdrücken. Der Schlaf in der Bahn war unruhig gewesen, weil sie ständig in Sorge war, nicht rechtzeitig aufzuwachen. Diese Gespräche in der fremden Umgebung waren gut, aber auch so voller neuer Eindrücke, dass sie davon schläfrig wurde.

»Ich rede und rede, dabei musst du müde sein nach der langen Reise.« Eglantyne stand auf. »Komm, ich bringe dich zu deinem Zimmer. Wir haben in den nächsten Tagen genug Gelegenheit, um über unsere Erlebnisse zu sprechen. Ich weiß so wenig von dir, weil ich die ganze Zeit geredet habe.« Dabei lenkte sie Anni, die über die plötzliche Wendung ihres Beisammenseins verdutzt war, geschickt durch den Flur zu dem Zimmer, in dem das Himmelbett mit dem dicken weißen Kissen wartete.

»Gute Nacht, schlafen Sie gut.« Mehr bekam Anni nicht mehr heraus. Als sie die Tür öffnete und das Bett sah, wollte sie nur noch liegen und die Augen schließen. Dankbar nahm sie wahr, dass Eglantyne sie in den Raum schob und sich nach einem ebenso kurzen Gute-Nacht-Gruß entfernte.

Sie war froh über das Leinenkleid, das sie nur über den Kopf ziehen musste. Ihre Mutter hatte ihr eingeschärft, auch das Unterkleid auszuziehen und für die Nacht in das Hemd zu schlüpfen, das sie ihr extra genäht hatte. Sie betrachtete sich im Spiegel, als sie die Bänder am Rüschenkragen zu einer Schleife band. Das

Nachtgewand wirkte wie ein leichtes Sommerkleid. Zu schade, um es im Bett anzuziehen, aber nur in Unterwäsche zu schlafen wie daheim schien ihr in diesem vornehmen Umfeld nicht schicklich. Womöglich verschlief sie am nächsten Morgen, und ihre Gastgeberin oder das Hausmädchen entdeckten sie halb nackt in dem schönen Kissen.

Wann musste sie überhaupt aufstehen? Mit einem Mal war sie wieder hellwach. Wieso hatte sie nicht daran gedacht, danach zu fragen? Nun würde sie wie im Zug die ganze Nacht schlecht schlafen.

Da klopfte es an der Zimmertür. »Fräulein Schlinkert? Sind Sie noch wach?«, hörte sie die Stimme des Hausmädchens. »Ich wollte Ihnen nur sagen, dass Sie morgen früh schlafen können, so lange Sie möchten. Frau Jebb hat einen Termin in der Stiftung. Ich bereite Ihnen Frühstück zu, sobald Sie im Speisezimmer sind.«

»Danke schön!« Anni war einerseits erleichtert, andererseits wollte sie dem Mädchen keine zusätzliche Arbeit bereiten. Sie war froh, dass sie hier überhaupt aufgenommen wurde, nachdem die Logis-Pläne der Oberschwester durch den Unfall durchkreuzt worden waren. Als sie jedoch im Bett lag, mit dem Kopf auf dem großen Kissen ganz für sich allein unter dem riesigen weißen Berg, der sie komplett umhüllte, ohne dass jemand an einem Ende zog, siegte die Erleichterung.

Dennoch konnte sie nicht einschlafen. Sie sah ihre Familie vor sich, wie die Eltern zu dieser Zeit am Tisch saßen und sich ihre Erlebnisse aus dem Alltag erzählten. Und da tauchte auch Ferdinand auf, wie er ihr am Bahnhof eine aus Papier gefaltete Taube überreichte. Ausgerechnet eine Taube! Erst jetzt fiel ihr auf, dass er dazu gesagt hatte, dass sich im Bauch eine Nachricht nur für sie befinde. Wo hatte sie den Vogel überhaupt hingesteckt?

Der Gedanke an das Geschenk ließ Anni nicht los. Dabei hatte sie der Reise doch gerade aus dem Grund zugestimmt, weil sie Abstand von Ferdinand und seinen Tauben brauchte. Nach kurzem Zögern schlug sie die dicke Bettdecke zurück und ging barfuß zu der kleinen Umhängetasche. Sie packte das Einwickelpapier der Butterbrote aus und die beiden Äpfel, die sie als Proviant für die Reise mitgenommen hatte. Ganz unten fand sie etwas zerdrückt die weiße Taube und kroch damit wieder unter die Decke.

Vorsichtig faltete sie das Papier auseinander. Sie erkannte Ferdinands Schrift von den kleinen Nachrichten, die sie sich gegenseitig zugeschickt hatten. »Liebe Anni«, las sie halblaut, »hoffentlich dauert deine Reise nicht so lange. Ich warte auf dich. Bis dahin besuche ich meine Anni jeden Tag. In Liebe, dein Ferdinand.«

Anni wischte die Tränen weg, die bei den ersten Worten über ihre Wangen gelaufen waren. Sie zwang sich, den Hinweis auf die weiße Taube, die er nach ihr benannt hatte, als Zeichen zu sehen, wie sehr er sie vermisste. Aber warum schrieb er das nicht. Selbst in den schönen Brief mischte sich noch eine dämliche Taube. Sie zerknüllte das Papier. Sie wollte nichts mit Tauben zu tun haben.

Am nächsten Morgen erwachte Anni von einem leisen Klopfen. Warf Ferdinand wieder Steinchen an ihr Schlafzimmerfenster? Wie oft hatte sie ihn gebeten, das nicht zu tun, damit die Geschwister nicht aufwachten? Sie wollte aus dem Bett steigen, um zum Fenster zu gehen. Etwas lag schwer auf ihr. Sie öffnete die Augen und wusste zunächst nicht, wo sie war. Dann fühlte sie die dicke Bettdecke. Sie war nicht in ihrem Kämmerchen in Buer, sondern in Genf in der Wohnung von Eglantyne Jebb. Hastig warf sie das voluminöse Kissen nach hinten zum Fußende, zog ihre Füße darunter hervor und setzte sich auf.

Wieder hörte sie das leise Klopfen, doch vor dem Fenster war außer dem blauen Himmel und den Bergen, die hinter dem

Gebäude auf der anderen Straßenseite hervorlugten, nichts zu sehen. Nicht einmal eine Taube, wie sie zu Hause manchmal auf dem Sims saß und mit dem Schnabel gegen die Scheibe tippte.

»Fräulein Schlinkert? Geht es Ihnen gut?«

Fräulein Schlinkert? Damit war sie gemeint! Langsam sortierten sich Annis Gedanken. Hoffentlich war es nur das Hausmädchen, das da vor der Tür stand, und nicht ihre Gastgeberin. Es musste spät am Vormittag sein. Zu Hause schlief sie nie so lange. Wie peinlich, wenn Frau Jebb sie bei dieser Faulenzerei erwischte.

»Ja, ja, es ist alles gut«, rief sie rasch in der Hoffnung, dass wer auch immer vor der Tür stand, verschwinden würde, damit sie sich in Ruhe für den Tag waschen und anziehen konnte. Stattdessen ging die Tür auf.

»Wir haben uns Sorgen gemacht.« Eglantyne Jebb stand im Türrahmen und sah Anni an. »Ich war bereits zu einem Termin in der Stiftung, und als Charlene mir sagte, dass Sie nicht zum Frühstück erschienen sind, dachte ich, ich schaue besser nach.«

»Bitte entschuldigen Sie.« Anni spürte, wie sie rot wurde. Sie sah verlegen an sich herunter. Wie gut, dass ihre Mutter ihr dieses zauberhafte Nachthemd aufgedrängt hatte. So saß sie wenigstens nicht in gräulichem Unterhemd und Unterhose vor ihrer Gastgeberin. »Ich schlafe eigentlich nie so lange.« Sie klopfte auf die Bettdecke und lächelte. »Aber ich habe auch noch nie unter einer so weißen und weichen Decke geschlafen.«

»Wie schön, dass Sie eine angenehme Nachtruhe hatten und nicht die ganze Nacht vor Sehnsucht nach Ihren Liebsten wach lagen.« Während Eglantyne sich nach einem Papier bückte, das zwischen Tür und Bett auf dem Boden lag, erinnerte sie sich, dass sie am Tag zuvor bereits zu der vertraulichen Anrede der jungen Frau, die nicht einmal halb so alt war wie sie, übergegangen war. Sie wollte das Papier bereits in die Tasche stecken, um es später im Kamin zu entsorgen, da bemerkte sie die Schrift auf dem Zettel. »Kann das weg?«

Anni dachte an die Papiertaube, die Ferdinand für sie gefaltet hatte, nachdem er zuvor etwas so auf das Papier geschrieben hatte, dass niemand es lesen konnte, ohne die Taube auseinanderzufalten. Hätte er sie nicht darauf hingewiesen, hätte sie es nie erfahren. Eigentlich war er doch ein guter Junge. Sie streckte die Hand aus. »Nein, nein, das möchte ich behalten.« Eglantyne gab ihr das Papier mit einem Schmunzeln. »Dahinter verbirgt sich sicher eine Geschichte. Vielleicht magst du mir die bei einem späten Tee erzählen. Ich habe Charlene gebeten, frischen Tee aufzubrühen und dir zum ersten und mir zum zweiten Frühstück ein paar Brote zuzubereiten.«

»Verrätst du mir, was es mit diesem zerknüllten Papier auf sich hat?« Als sie im Salon saßen, knüpfte Eglantyne Jebb nahtlos an ihr Gespräch im Schlafzimmer an. Dabei hatte Anni so gehofft, dass ihre Gastgeberin diese Frage vergaß. Sie wusste selbst nicht, was sie wollte. Nachdem sie allein in ihrem Zimmer gewesen war, hatte sie versucht, das Papier zu glätten und anhand der Kniffe die Taube wiederherzustellen. Am Ende hatte sie es aufgegeben und den Brief in ihrer Tasche verstaut, der Hunger und der Wunsch, ihre Gastgeberin nicht zu lange warten zu lassen, waren dringender.

Die Auswahl der Garderobe hatte dann einige Zeit verschlungen, obwohl nicht viel auszuwählen war. Gerade weil nicht viel auszuwählen war. Sie hatte drei Kleider mitgenommen, eines hatte sie am Reisetag getragen, also blieb nur zu entscheiden, welches sie heute anzog. Schließlich wählte sie das lindgrüne und hängte das roséfarbene auf einen Bügel, den sie im Schrank fand, damit es frisch und hoffentlich knitterfrei wäre, sollte es sich ergeben, dass sie Frau Jebb irgendwohin begleiten musste. Ihre Mutter hatte ihr eingeschärft, dass sie die Kleider nach der Ankunft gleich aufhängte, aber sie hatte ja nicht wissen können, wie aufregend die neue Umgebung war.

»Du musst mir nichts erzählen«, sagte Eglantyne Jebb mit einem Lächeln. »Glaub mir, ich kenne das. Ich war auch einmal so jung wie du und unsterblich verliebt. Nur meine Schwester wusste davon.« Sie hielt inne und betrachtete nachdenklich das Brot in ihrer Hand, das noch so warm war, dass die Butter auf den Teller tropfte. »Wenn ich es recht bedenke, weiß bis heute niemand außer Dorothy davon.«

Anni dachte an Ferdinand. Sie konnte sich nicht vorstellen, dass in ihrer Siedlung unbemerkt blieb, wenn zwei junge Leute ineinander verliebt waren. Im Gegenteil. Sobald ein Mädchen mit einem Jungen länger sprach, brodelte die Gerüchteküche und am Abend redeten die ersten Frauen bereits von Verlobung und Hochzeit. »Meine Mutter näht schon für die Aussteuer!« Als sie das aussprach, wurde ihr mit einem Mal klar, wie gefangen sie in der Beziehung zu Ferdinand war. Nur mit Mühe war es ihr gelungen zu verhindern, dass ihre Mutter weitere Monogramme stickte. Sie hatte einfach behauptet, es würde Unglück über eine Ehe bringen, wenn vor der Verlobung bereits die künftigen Monogramme der Braut eingestickt würden. Sie lachte. Anscheinend hatte sie dies so überzeugt dargelegt, dass ihre Mutter direkt zur Nachbarin gelaufen war, um nachzufragen, ob ihr das bekannt sei.

»Lach nicht. Als ich mich in Marcus verliebt habe, wohnte ich nicht mehr zu Hause, sondern zusammen mit meiner Schwester Dorothy in Cambridge. Mein Bruder Dick hatte mich mit Marcus bekannt gemacht, aber …« Eglantyne zwinkerte Anni zu, »… Männer haben ja kein Gespür für Liebesdinge. Außerdem habe ich ihn kurz vor dem Ende meines Studiums kennengelernt. Er gefiel mir zwar, aber ich war voller Eifer, meine Aufgabe als Lehrerin zu beginnen.« Sie legte das Brot auf den Teller, lehnte sich zurück und starrte aus dem Fenster.

Anni erschrak, weil ihre Gastgeberin so lange schwieg. »Geht es Ihnen nicht gut?«

Eglantyne wandte sich ihr zu und lächelte, doch Anni sah, dass ihr Tränen in die Augen getreten waren. »Zu jener Zeit ist eine gute Freundin gestorben. Bei der Geburt ihres ersten Kindes.« Anni wusste nicht, was sie dazu sagen sollte. Solche Momente waren es, die sie manchmal daran zweifeln ließen, ob sie den richtigen Beruf gewählt hatte. Während ihrer Ausbildung hatten die älteren Pflegerinnen und Ärzte die Aufgabe übernommen, Müttern die Nachricht vom Tod ihres Babys zu übermitteln oder Ehemännern zu sagen, dass ihre geliebte Frau im Kindbett das Leben verloren hatte. Sie verstand Eglantyne. Und diese Erlebnisse standen ihr im Weg, wenn sie sich mit Ferdinand traf. Einerseits wollte sie gerne immer mit ihm zusammen sein, dann würden die Tauben auch nicht mehr so sehr stören, andererseits hatte sie Angst, dass es ihr so ergehen würde wie der Freundin ihrer Gastgeberin.

»Ich habe mich in meine neue Aufgabe gestürzt.« Eglantyne schmunzelte. »Aber wie du weißt, war diese Aufgabe nicht so fröhlich und zufriedenstellend, wie ich sie mir vorgestellt hatte. Wenn ich durch die Felder streifte, oft stundenlang, habe ich mir wie wohl alle jungen Frauen ausgemalt, wie es wäre, mit einem geliebten Menschen zusammen eine kleine Familie zu haben.« Sie nahm einen Schluck aus ihrer Teetasse und stellte diese mit einem kräftigen Ruck auf den Teller zurück. »Dabei kann ich mit Kindern gar nichts anfangen. Das habe ich in Marlborough festgestellt.«

»Eigene Kinder sind doch ganz anders«, wandte Anni ein.

»Das haben Dorothy und meine Freundinnen auch gesagt. Deshalb habe ich mich ja auch gefreut, als ich Marcus in Cambridge wiedertraf. Er war unverheiratet und sehr charmant. Jeder bewunderte ihn. Er stand am Anfang einer großen akademischen Karriere, und wenn ich mich mit ihm unterhielt, war das sehr anregend. Ich kam auf neue Gedanken, und gemeinsam entwickelten wir Visionen, wie England in Zukunft aussehen würde.«

Anni konnte die Gründe für Eglantynes Begeisterung nicht recht nachvollziehen, Zukunft, Karriere, das waren Dinge, die sie nicht mit einem Mann, den sie lieben könnte, in Verbindung brachte. Ihr gefiel an Ferdinand, dass er stark war und fröhlich und sie mit seinen Witzen zum Lachen brachte. Eigentlich mochte sie auch, dass er sich so sehr um seine Tauben kümmerte und sorgte. Andere Jungen in seinem Alter hingen abends und am Wochenende an der Trinkhalle herum und belästigten die Frauen hinter der Theke mit Zoten.

»Wir haben uns beide für Literatur interessiert«, schwärmte Eglantyne weiter. »Er war humorvoll und liebte genau wie ich einerseits Geschichten, die man erst nach mehrmaligem Lesen und Nachdenken versteht, und andererseits romantische Erzählungen, bei denen einem das Herz aufgeht. Was uns aber über allem verbunden hat, war die Liebe zur Heimat und das Reiten! Es gibt keinen Reitweg rund um Cambridge, auf dem wir nicht gemeinsam mit unseren Pferden unterwegs waren.« Eglantyne dachte an die vielen Ausritte, bei denen sie auf einer Bank eine Rast eingelegt hatten. »Ich war so verliebt, dass ich ihm einmal sogar ein selbstverfasstes Gedicht vorgetragen habe.« Sie spürte, wie sie rot wurde. Warum erzählte sie das diesem fremden Mädchen aus Deutschland? Wo sie bis heute nicht sicher war, ob es womöglich dieses Gedicht und ihre poetische Seite gewesen waren, die Marcus an ihr missfielen und die dazu geführt hatten, dass sie so bitter enttäuscht worden war.

Anni sah, dass Eglantynes Schultern, die sie sonst immer gerade hielt, zusammensackten und die Augen nicht mehr so glänzten wie vorher, als sie von dem Mann erzählt hatte. »Oh, können Sie das Gedicht auswendig? Ich liebe Gedichte.« Das war eine Notlüge. In Wahrheit konnte sie mit Gedichten wenig anfangen, außer sie reimten sich und klangen wie Lieder.

Eglantyne straffte ihre Schultern. »Wie schön, dass du Gedichte magst. Ich habe viele geschrieben und kann schauen, ob ich welche davon finde. Mal sehen, ob ich das Gedicht über mein Pferd Jack noch zusammenkriege. Es heißt Abschied von Jack. Ich war fünfzehn, als er verkauft wurde.

Short times were we together, Jack,
My horse without compare,
Two summers saw us race the breeze
Across the country fair.
Two winners saw us beat the turf
Along with pastures bare –
All that was left to me than, Jack,
was lock of chestnut hair.

Anni verstand nicht, worum es in dem Gedicht ging, weil ihre Gastgeberin vom Deutschen ins Englische gewechselt hatte. Aber der Klang der Sprache und der Rhythmus berührten sie. »Was für ein schönes Gedicht.«

»Hast du überhaupt etwas verstanden? Ich habe vergessen, dass du kein Englisch sprichst. Bitte entschuldige. Das Gedicht handelt von dem Pferd Jack, das ich zwei Jahre reiten durfte, und ich beschreibe, wie wir zusammen im Wind geritten sind.« Eglantyne seufzte. »Ich glaube, das war der erste Verlust, den ich bewusst erlebt habe. Dann starb mein Bruder Gamul, und schließlich heiratete Marcus eine andere, und ich dachte, ich könnte mich niemals wieder verlieben.«

»Haben Sie sich danach nie wieder in einen Mann verliebt?« Anni konnte das kaum glauben. Wenn sie jedoch länger darüber nachdachte, kannte sie nur junge Menschen, die verliebt waren. Menschen in Eglantyne Jebbs Alter hatten doch längst einen Mann oder eine Frau. Umso mehr überraschte sie das glückliche Lächeln, das sich plötzlich in das Gesicht ihrer Gastgeberin stahl, als sie sagte: »Nicht in einen Mann.«

Kapitel 10

1906 Cambridge

»Wie weit sind Sie mit Ihrer Studie?«

Eglantyne sah von der Schreibmaschine auf, die mitten zwischen Papierbergen stand, und nahm die Finger von der Tastatur. Florence Keynes war unbemerkt in das Büro der *Charity Organisation Society* getreten, in der sie seit drei Jahren arbeitete.

»Ich bin neugierig, was die Politiker zu Ihrem Werk sagen werden.« Florence Keynes nahm einen der Texte, die auf dem großen Tisch neben dem Schreibpult lagen, in die Hand. »Mich hat besonders Ihre Ausführung über das alte und neue Cambridge beeindruckt. Ich muss zugeben, in unserer Villa am Rand der Stadt bekommen wir davon wenig mit.«

Eglantyne war beeindruckt, dass diese Frau, die in der Gesellschaft der altehrwürdigen Universitätsstadt eine große Rolle spielte, zugab, dass sie in einer Art Elfenbeinturm lebte und wenig darüber wusste, wie sich die unteren Schichten durchs Leben schlagen mussten. Ihr wäre es ähnlich ergangen, wenn sie nicht an der Schule in Marlborough unterrichtet hätte. Erst dort hatte sie das Leben der Menschen kennengelernt, die nicht so privilegiert waren wie sie, ihre Familie und Freunde. Als Mary Marshall sie an die *Charity Organisation Society* vermittelt hatte, hatte Eglantyne sich mit Feuereifer auf die neue Aufgabe gestürzt, die unterschiedlichen Lebensbedingungen in Cambridge sowie ihre Hintergründe und Unterstützungsmöglichkeiten zu erforschen.

»Ich kenne das Cambridge von früher ja nicht, aber mein Onkel hat mir viel erzählt. Vor allem aber haben mir die alten Karten von 1830 deutlich gezeigt, wie sich die Stadt in den letzten fünfundsiebzig Jahren entwickelt hat.« Eglantyne wies auf zwei Wandpläne. »Man kann es kaum glauben, dass hier alles Feld und Wald war, ehe die ersten Eisenbahnstrecken gebaut wurden. Danach kamen Fabriken und Wohnraum für deren Arbeiter. Heute ist fast die ganze Fläche dicht besiedelt, und die wenigsten Menschen leben, wie ich es als Kind kennengelernt habe, in einem Haus, in dem es mehr Schlafzimmer als Kinder gibt und viel Platz zum Spielen und Experimentieren.«

»Wie bei uns!« Eine junge Frau, deren Alter Eglantyne auf Anfang zwanzig schätzte, trat durch die Tür.

»Da bist du ja, Margaret!« Florence Keynes küsste die Besucherin auf beide Wangen. »Frau Jebb, darf ich Ihnen meine Tochter vorstellen? Sie kann Sie zunächst bei den letzten Arbeiten vor dem Erscheinen des Buches unterstützen.« Sie lächelte und zog ihre Tochter, deren helles langes Haar zu einem bezaubernden Kranz um den Kopf geflochten war, neben sich. »Und nach Ihrer glänzenden Analyse erwartet uns die Umsetzung der Ideen. Da können wir jede helfende Hand gebrauchen, nicht wahr?«

Eglantyne nickte, was mehr Zustimmung verriet, als sie in ihrem Herzen und ihrem Kopf fühlte. Sie hatte drei Jahre ihrer Lebenszeit in dieses Projekt gesteckt und wollte sich die Lorbeeren nicht von dieser jungen Frau nehmen lassen. Sie war vertraut genug mit der Gesellschaft in Cambridge und wusste, dass der Name der Tochter eines bedeutenden Wirtschaftsprofessors der Studie ein besonderes Gewicht verleihen, aber auch ihre eigenen Verdienste schmälern konnte. Dennoch gab sie sich einen Ruck und hielt der jungen Frau die Hand hin. »Herzlich willkommen, Miss Keynes.« Als Margaret Keynes ihre blauen Augen niederschlug und nur zögerlich ihre Hand nahm, war Eglantyne ein wenig beruhigt. Florence Keynes Tochter schien eher schüchtern und zurückhaltend zu sein, jedenfalls kein bisschen großspurig, wie manche Kinder aus dem Haus bedeutender Eltern. Fast hatte sie den Eindruck, sie müsste dem Mädchen helfen, Selbstvertrauen zu entwickeln.

»Margaret ist besonders gut in allen handwerklichen Dingen«, erklärte Florence Keynes. »Sie schlägt ein bisschen aus der Art in unserer Familie. Wir sind sonst eher intellektuell aufgestellt.«

Die junge Frau wurde rot und nahm Eglantyne damit für sich ein. Das arme Mädchen. Sie staunte über ihre Mentorin, die sonst stets viel Einfühlungsvermögen bewies. Hatte sie es ihrer Tochter gegenüber verloren? Oder hatte sie sich nur ungeschickt ausgedrückt und war in Wirklichkeit stolz darauf, dass Margaret ihren eigenen Weg ging? Ihr Sohn John Maynard, auch das war kein Geheimnis in Cambridge, eiferte mit seinen dreiundzwanzig Jahren dem Vater nach und arbeitete an einer Karriere als Ökonom. Geoffrey Langdon Keynes hingegen ließ bereits in seinem zwanzigsten Lebensjahr erkennen, dass er das schriftstellerische Talent seiner Mutter Florence geerbt hatte; trotzdem plante er, die Arztlaufbahn einzuschlagen.

»Oh, dann muss ich Sie unbedingt meiner Mutter vorstellen.« Als Florence Keynes berichtete, dass Margaret sich mit Buchbinderei, Lederarbeiten, Weben, Holzschnitzen und Handarbeiten beschäftigte, hatte Eglantyne sofort die Männer und Frauen der *Home Art and Industries Association* vor Augen. Tye würde begeistert sein, eine junge Frau kennenzulernen, die all die traditionellen Handwerke beherrschte, für deren Reaktivierung sie sich eingesetzt hatte. Allerdings konnte Eglantyne sich nicht vorstellen, wie diese junge Frau ihr selbst behilflich sein sollte. Sie brauchte jemanden, der ihre Texte Korrektur las, logische Fehler entdeckte oder neue Fragen stellte. Da wäre Florence Keynes sicher besser geeignet, die als Autorin und Sozialreformerin einen guten Ruf genoss.

»Meine Mutter übertreibt immer. Am liebsten arbeite ich im Garten.« Die leise Stimme, mit der Margaret diesen Einwand vorbrachte, passte zu dem Bild, das in Eglantyne von ihr entstanden war. Ob diese schüchterne Frau es fertigbrachte, die Redaktionsmitglieder, die ihr Beiträge für das Buch versprochen hatten, deutlich an ihre Abgabetermine zu erinnern?

»Wenn Sie sich mit der Natur auskennen, könnten Sie vielleicht meinen Artikel über ›Cambridge einst und heute‹ Korrektur lesen.« Eine andere Aufgabe fiel Eglantyne gerade nicht ein. Es mussten Erinnerungsbriefe geschrieben und verschickt werden, und sobald die Bücher gedruckt waren, gab es genug zu tun, damit sie auch bei den richtigen Stellen landeten.

»Ich dachte, Margaret könnte dabei helfen, die Kartei der arbeitsfähigen Jungen einzurichten.«

Eglantyne unterdrückte ein Seufzen. Ausgerechnet an dem Projekt sollte dieses schüchterne Mädchen mitarbeiten? Den wohlwollenden Jungen würde sie den Kopf verdrehen, mit ihrem zurückhaltenden Wesen und den Kulleraugen und vor den Familien, die eine Arbeitsvermittlung ablehnten, weil die Jungen lieber ihre Freiheiten genießen wollten, würde sie kuschen. Bei der Studie hatte sich gezeigt, dass die hohe Kriminalität der Jungen vor allem darauf zurückzuführen war, dass sie nach dem Schulabschluss niemanden hatten, der sich um ihre Erziehung kümmerte. Bis dahin waren es die Eltern und Lehrer, die ein wachsames Auge auf das Tun der Kinder hatten. Solange die Jungen nach Ende der Schule eine Lehre absolvierten oder in kleinen Unternehmen arbeiteten, in denen sich die Inhaber um ihre Mitarbeiter sorgten, fand sich immer jemand, ob Meister, Geselle oder Vorgesetzter, der sie im Blick behielt und verhinderte, dass sie über die Stränge schlugen. In den Fabriken war das jedoch anders. Da kümmerte sich niemand darum, was die Jugendlichen nach ihrer Schicht taten. Das wollte die COS ändern. Eltern konnten ihre Jungen registrieren, sodass man einen

Überblick bekam, wer was machte, um die Jungen zu Aktivitäten in der Freizeit oder Arbeit einzuladen. Bisher gab es nur die Idee. Ob Margaret Keynes diese mit Leben füllen konnte?

»Sie könnte Handwerkskurse anbieten wie meine Mutter im Rahmen ihres *Home-Art-and-Industries-Association*-Programms«, schlug Eglantyne vor. »Wir wollen doch sowieso Freizeitangebote für die Jungen machen. Man kann ja nicht immer nur singen oder Ausflüge unternehmen. Und jene Männer, die die Kurse meiner Mutter besuchten, waren sehr zufrieden.«

»Daran hatte ich nicht gedacht«, gab Florence Keynes zu. »Weil ich noch gar nicht so weit gedacht habe. Erst einmal müssen wir ein System aufbauen. Wo können die Eltern die Jungen registrieren? Bekommen sie einen Ausweis oder ein anderes Dokument? Das sind Fragen, die mir spontan einfallen.«

In der Tat war die Idee unausgegoren, aber vielleicht konnte Margaret Keynes sich darüber Gedanken machen. Dann wäre sie beschäftigt, und Eglantyne hatte Ruhe für die Zusammenführung der Beiträge zu dem Buch.

»Was halten Sie davon, wenn wir jetzt gemeinsam im Café nebenan einen Tee trinken, Miss Jebb? Dann können Sie beide sich ein wenig beschnuppern.«

Eglantyne verkniff sich ein Lächeln. Als ob sie und Margaret Keynes junge Hunde wären, die man nicht allein in einem Raum lassen konnte. Allerdings war es nicht angebracht, solch eine Einladung abzulehnen. Der Kreis derjenigen Frauen, die sie in Cambridge förderten, war zwar seit ihrem ersten Gespräch mit Mary Marshall gewachsen. Aber sie wusste auch, dass die Damen der Gesellschaft untereinander gut vernetzt waren und auffälliges Verhalten sich schnell herumsprach. Sie griff nach der Abdeckung für die Schreibmaschine und legte sie über den Apparat.

»Kann ich schon etwas zu lesen mitnehmen?«, fragte Margaret Keynes.

Eglantyne wunderte sich, dass ihre Stimme auf einmal viel sicherer klang. War sie vielleicht nur zurückhaltend, solange sie ihr Gegenüber nicht kannte? Oder wenn sie sich überflüssig fühlte? Der Eindruck hatte entstehen können, so wie Eglantyne sie behandelt hatte.

»Hier ist der Beitrag über Cambridge.« Sie nahm einige Blätter und gab sie der jungen Frau. »Ich hoffe, Sie können den Durchschlag entziffern, ich würde das Original gerne behalten.«

Margaret warf einen Blick auf die Seiten. »Das geht schon.« Sie lachte. »Das ist auf jeden Fall besser zu lesen als alles, was mein Vater mir in seiner Handschrift zur Korrektur gibt. Und von den Notizen meines Bruders John will ich gar nicht reden. Anfangs habe ich sie abgetippt, weil er so viel zu tun hatte. Aber inzwischen sehen seine Buchstaben aus wie Hieroglyphen, und die sind auf keiner Schreibmaschine zu finden.«

Auf dem Weg zum Café musterte Eglantyne Florences Tochter genauer. Die lange und selbstsichere Antwort eben hatte sie überrascht. Ihr Vater, der bedeutende Professor, ließ also seine Tochter Aufsätze Korrektur lesen! Und sein Sohn, von dem bereits gemunkelt wurde, dass er einmal etwas Großes schaffen würde, vertraute darauf, dass die Schwester seine Gedanken verstand. Sie dachte an Mary Marshall, die ihr ein ähnliches Vertrauen entgegengebracht hatte. Fast ein bisschen elektrisiert war Eglantyne jedoch, als Margaret ganz selbstverständlich von Hieroglyphen sprach. Sogar unter den Studierenden am College gab es viele, die nicht wussten, wie die Schrift der ägyptischen Vorfahren bezeichnet wurde. Im ersten Moment wirkte ihr Gesicht wenig ausdrucksstark, eher durchschnittlich. Als Margaret sie jedoch angesehen hatte, leuchteten ihre blauen Augen, die mit den dunklen Haaren, die wie eine Mütze über die Ohren drapiert waren, außerordentlich gut harmonierten. Selbst der geschlossene Mund schien leicht zu schmunzeln, als ob die Welt und das Leben reines Amüsement waren. Vielleicht dachten

Künstlerinnen so? Bisher hatte es sich nie ergeben, dass Eglantyne mit ihnen zu tun hatte. Die Lehrer und Schüler in Tyes Kursen ausgenommen, aber damals war sie ein Kind und machte sich keine Gedanken über die Weltsicht von Künstlern und Künstlerinnen.

Je näher sie dem Café kamen, umso mehr fühlte sich Eglantyne zu der jungen Frau hingezogen, ohne dass sie hätte sagen können wieso. War es die angenehme Stimme, in der sie mit ihrer Mutter über die Mode auf der Straße sprach? Sie schien viel über Gestaltung und Schnitt, Harmonie und das Zusammenspiel von Farben zu wissen. Aus dem Gespräch zwischen Mutter und Tochter schloss Eglantyne, dass ihre Handwerksarbeiten nach eigenem Design entstanden und von nicht wenigen Mitgliedern der gehobenen Gesellschaft geschätzt wurden. Aus dem anfänglich ablehnenden Gefühl wurde eine Vorfreude auf die Zusammenarbeit, wie Eglantyne sie außerhalb der Familie noch nie verspürt hatte.

Kapitel 11

1926 Genf

Anni hätte gerne mehr über diese Margaret Keynes gewusst. Sobald ihre Gastgeberin den Namen aussprach, leuchteten ihre Augen, obwohl diese erste Begegnung schon zwanzig Jahre zurückliegen musste. Gespannt wartete sie auf den Fortgang der Geschichte, doch Eglantyne schwieg und schien ganz in ihre Erinnerungen versunken.

Hilflos sah Anni auf das Frühstücksgeschirr vor ihr auf dem Tisch. Sollte sie es abräumen? War es besser zu warten, bis das Gespräch wieder in Gang kam? Je länger das Schweigen dauerte, umso unbehaglicher fühlte sie sich. Zu Hause liebte sie die Stille, weil sie so selten war. Aber hier mit dieser fremden Person wusste sie nicht, wie sie sich verhalten sollte.

»Bitte entschuldige, dass ich so unhöflich bin.« Anni war erleichtert, dass Eglantyne Jebb sie aus ihren Gedanken riss. »Wo waren wir stehengeblieben?«

Sollte Anni die Gelegenheit nutzen und nach Margaret fragen? Ihre Gastgeberin nahm ihr die Antwort auf die Frage ab. »Diese Studie hat mich damals viel Nerven gekostet, und ich war froh, dass Margaret Keynes mir einfache Arbeiten abgenommen hat: Lektorat, Korrektorat, Prüfen der Satzfahnen, Druckfreigabe. Es ist immer gut, wenn eine unbeteiligte Person alle Texte liest und prüft, ob es noch Fehler gibt.«

Das war nicht das Gesprächsthema, das Anni sich gewünscht

hatte. Nicht nur, dass sie neugierig auf diese Margaret war, sie verstand auch nicht, wovon ihre Gastgeberin sprach. Unter Korrektur konnte sie sich etwas vorstellen, das war vermutlich wie in der Schule. Aber was waren die anderen Dinge? Sie kam jedoch nicht dazu, die Frage zu stellen, Eglantyne Jebb war bereits weiter in ihren Gedanken.

»Mit der Zeit entpuppte Margaret sich als wertvolle Hilfe. Sie hatte eine schnelle Auffassungsgabe und war vor allem zuverlässig. Wenn ich ihr eine Aufgabe übertrug, wusste ich, sie wird zu meiner Zufriedenheit erledigt. Das ist nicht selbstverständlich, weißt du?« Als Eglantyne Jebb Anni ansah, bemerkte diese wieder dieses Funkeln in den Augen, von dem sie nicht sicher war, ob es Tränen oder Freude widerspiegelte.

Anni war unschlüssig, ob Frau Jebb eine Antwort auf die Frage erwartete oder nicht.

»Das weiß ich!«, sagte sie zögerlich. Das stimmte auch. Die Oberschwester hatte ihr schon oft genau dasselbe gesagt: Mit deiner Auffassungsgabe und Zuverlässigkeit kannst du es weit bringen. Im Gegensatz dazu waren bei ihr selbst während der Ausbildung und jetzt im Laufe ihrer Arbeit die Zweifel gewachsen, ob sie es in dem Beruf der Säuglingspflegerin überhaupt weit bringen wollte. Sie hatte sich das so schön vorgestellt: Die Babys mit Grimassen, Sprachspielen und Spielzeug zum Lachen zu bringen, ihnen den Bauch zu streicheln, wenn sie Koliken hatten und sie an die frische Luft mitzunehmen, damit sie ihre Lungen in der Natur ausbilden konnten. Gelegentlich durfte sie im ersten Ausbildungsjahr mit einem Kinderwagen, in dem vier Säuglinge lagen, im Garten spazieren gehen. Je mehr sie jedoch lernte, umso seltener wurden diese Ausflüge. Wenn das bei allen Pflegeschülerinnen so gewesen wäre, hätte sie das verstanden. Aber ihre Vorgesetzte hatte immer ihre rasche Auffassungsgabe als Begründung dafür ins Feld geführt, dass sie manche Aufgaben früher als die Mitschülerinnen übernehmen durfte, die Kinder füttern und wickeln zum Beispiel. Zeit zum Scherzen und Streicheln blieb dabei allerdings nie. »Das sagt die Oberschwester im Säuglingsheim auch manchmal«, bemerkte sie schüchtern.

»Wie gefällt dir deine Arbeit mit den Babys denn?«
Anni kam es so vor, als könnte Eglantyne Jebb Gedanken lesen. Sie seufzte. »Ich hatte mir das anders vorgestellt. Aber als Tochter eines Bergmanns kann ich froh sein, dass ich überhaupt eine Ausbildung machen durfte. Einige meiner Freundinnen arbeiten bei reichen Leuten und müssen diese von vorne bis hinten bedienen. Das brauche ich zum Glück nicht.«

Eglantyne wurde rot, als ihr bewusst wurde, dass vor ihr eine junge Frau saß, die derselben Schicht angehörte wie Charlene hier in Genf und die Hausmädchen im Lyth. Nun hatte sie in ihrem Leben so viele Menschen getroffen, aber wenn sie ehrlich war, waren die Begegnungen oft auf Männer und Frauen aus gut situierten Häusern beschränkt. Ausgenommen die paar Familien, mit denen sie als Lehrerin in Marlborough zu tun gehabt hatte, und mit den Eltern dort war niemals ein Gespräch auf Augenhöhe zustande gekommen. Selbst über Charlene wusste sie nur, dass sie die mittlere Tochter einer kinderreichen Familie war. Sie hätte nicht sagen können, was der Vater arbeitete und wie der Haushalt geführt wurde. Dass die Mutter des Hausmädchens aus dem deutschsprachigen Teil der Schweiz stammte, hatte sie sogar erst erfahren, als sie Frau Hämmerle und Charlene über den Gast aus Deutschland informiert hatte. Bisher hatte Anni anscheinend nicht erkannt, dass sie in ihrem Umfeld zu Hause eher Charlene als Eglantyne begegnen würde. Um diesen Gedanken nicht erst aufkommen zu lassen, fragte sie: »Wie bist du darauf gekommen, Säuglingspflegerin zu werden?«

»In Essen gibt es eine Beratungsstelle für Frauenberufe, da bin ich heimlich hingefahren. Über eine Stunde mit dem Fahrrad.«

»Warum heimlich? Das ist doch eine gute Einrichtung, oder?«, wunderte Eglantyne sich.

»Die Lehrer und die anderen Erwachsenen haben immer gesagt, Mädchen müssen Kochen, Nähen und Putzen lernen, das reicht, weil sie sowieso heiraten.«

»Oh, das kenne ich«, gab Eglantyne zu. »Mein Vater hat mir als Kind alles erlaubt, und ich durfte wie meine Brüder am Unterricht teilnehmen, aber als ich die Aufnahmeprüfung für das College ablegen wollte, hieß es auf einmal, Mädchen bräuchten das nicht. Er wollte nicht einmal, dass ich studiere. Bei meinem Bruder Richard war das hingegen gar keine Frage.« Sie schmunzelte. »Aber da hatte er die Rechnung ohne seine Schwester gemacht. Tante Bun hat heimlich die Gebühr für die Aufnahmeprüfung übernommen.« Eglantyne seufzte. Sie wusste bis heute nicht, wie sie den Tod ihres Vaters einordnen sollte. Einerseits war sie traurig, weil sie ihn trotz aller Strenge und seiner altmodischen Ansichten verehrt hatte, schließlich war sie erst neunzehn, als er starb. Andererseits wurde es dadurch viel leichter, die Mutter zu überreden, sie im College Lady Margaret Hall in Oxford für die Fächer Geschichte und Literatur anzumelden. Ihre Tante hatte bereits vor dem Tod ihres Bruders Arthur versprochen, die Studiengebühr und auch die Miete für das Wohnheim der Nichte zu übernehmen. Schließlich war sie selbst eine der ersten Frauen, die in den 70er-Jahren, vor Eglantynes Geburt, am Newnham College für Frauen in Cambridge studiert hatten. Sie hatte alle vier Nichten von klein auf dazu ermuntert, ihren eigenen Weg zu gehen. Auch wenn sie im selben Alter wie ihre Mutter war, war sie den Jebb-Mädchen immer wie eine von ihnen, wie eine aus der eigenen Generation vorgekommen. Dass ihre Tante nicht mit auf die Suffragetten-Demonstrationen gegangen war, lag nur an ihrem Alter und den Krankheiten, die sie immer wieder ans Haus fesselten.

Anni taute ein wenig auf, als sie hörte, dass auch in Eglantynes Familie das Bild von der Frau als Mutter vorgeherrscht hatte.

Nachdem sie die Gastgeberin einige Minuten ihren Gedanken überlassen hatte, versuchte sie das Gespräch dort aufzunehmen, wo sie unterbrochen worden war. »Kochen, das geht ja, aber das Nähen mag ich nicht. Und Putzen hasse ich.« Anni verzog das Gesicht, als wäre sie dabei, einen verschmutzten Putzlappen auszuwringen. Bei dem Gedanken lief ihr ein Schauer über den Rücken. »Die Vorstellung, dass ich fremden Dreck in fremden Häusern wegputzen soll, konnte ich nicht ertragen. Meine Mutter hat immer erzählt, dass ich schon als kleines Mädchen meine Brüder herumkommandiert habe, wenn sie mit schmutzigen Schuhen ins Haus kamen.« Anni lachte. »Ich kann mich nicht daran erinnern, aber es ist denkbar, denn wenn sie den Dreck von der Straße oder aus dem Pütt ins Haus trugen, sollte ich hinter ihnen her wischen.« Sie lehnte sich zurück und lachte laut. »Aber sie haben zu fegen, wischen und putzen gelernt.«

Eglantyne wandte sich ab. Sie hatte in ihrer Kindheit nicht einmal ein Putztuch in der Hand gehalten. Würde sie heute nicht bei Suzanne wohnen, wo Frau Hämmerle und Charlene den Haushalt führten, wäre sie völlig überfordert von den alltäglichen Aufgaben. Als sie noch mit Margaret zusammengelebt hatte, waren eine Küchenmamsell und ein Hausmädchen selbstverständlich gewesen, schließlich handelte es sich bei ihrer Freundin um die Tochter von Professor Keynes.

»Ich verstehe, dass du das nicht täglich machen möchtest. Aber warum ausgerechnet Säuglingsschwester?«

»So viele Berufe gibt es nicht für Frauen, die kein Geld für eine höhere Schulbildung haben.« Anni nickte bedauernd mit dem Kopf. »Der Lehrer in der Volksschule hat meinen Eltern gesagt, ich sei so gut, ich könne weiter auf die Schule gehen. Sie haben das abgelehnt.« Sie sah Eglantyne an. »Ich glaube, daran ist meine Tante schuld. Sie hat immer wieder davon angefangen, dass es Mädchen schadet, wenn sie zu viel wissen, und dass sie nicht mehr lernen müssen, weil sie sowieso heiraten.«

Eglantyne schickte in Gedanken einen Dank an ihre Tante Bun, die immer darauf gedrängt hatte, dass die Jebb-Mädchen für ihre Wünsche kämpften und im besten Fall genauso gut wie die Jungen erzogen wurden. Sie hatte jede Gelegenheit genutzt, mit ihren Nichten Dinge zu unternehmen, die man allgemein nicht angemessen für Mädchen erachtete, wie den Schwimmunterricht. Das Leben war ungerecht. Wer behauptete, alle Menschen hätten dieselben Möglichkeiten, kannte das Leben nicht. Woher auch? Eine Veranstaltung, an der sie vor fünf Jahren teilgenommen hatte, kam ihr in den Sinn und verstärkte das schlechte Gefühl über ihre frühere Unbedarftheit.

Sie sah sich als Teilnehmerin bei der Konferenz der *Christian Social Union* in Nottingham. Es war das erste Mal, dass sie einen Schriftsteller persönlich erlebte. Gilbert Keith Chesterton hatte damals gerade sein erstes Buch veröffentlicht, einen skurrilen Zukunftsroman, aber er war nicht als Autor eingeladen, sondern wegen seiner politischen Position. Er warb in seinem Vortrag wie in Stellungnahmen in der Presse dafür, dass in einer demokratischen Gesellschaft auch arme Menschen wählen und Einfluss haben sollten. Sie war mit Frau Rackham aus Cambridge angereist und erwähnte ihr gegenüber, dass dies doch eine seltsame Vorstellung sei und man dafür sorgen müsse, dass die bisherige Situation erhalten bliebe. Damals hatte sie nicht verstanden, warum Frau Rackham ihr darauf antwortete, dass sie angesichts dieser Einstellung bei dieser Veranstaltung genau richtig sei. Zum Glück öffnete ihr Schwager ihr später die Augen für die Bedeutung von Politik.

Kapitel 12

1910 Cambridge

»Ich freue mich, dass Sie nun auf unserer Seite sind.« Eine Frau sprach Eglantyne von hinten an, als sie mit Dorothy und Charlie den Saal verließ, in dem die Wahlveranstaltung der *Independent Labour Party* stattgefunden hatte. Im ersten Moment erkannte sie die ältere Frau nicht, dann erinnerte sie sich.

»Guten Tag, Mrs Rackham.« Wenn Eglantyne es genauer bedachte, überraschte sie die Anwesenheit der Frau bei diesem Vortrag ihres Schwagers auf der Parteiveranstaltung. Sie wirkte nicht so, als käme sie direkt aus einer Fabrik oder Wäscherei, eher wie eine Freundin von Florence Keynes und ihresgleichen. »Was machen Sie denn hier?« Die Frage war ihr herausgerutscht.

Frau Rackham schien ihr die Direktheit nicht übel zu nehmen. Sie lachte sogar. »Sie haben recht. Ich wundere mich selbst darüber. Ich bin zwar für Gleichberechtigung in der Gesellschaft. Aber …«, sie sah Charlie an, der mit Dorothy neben Eglantyne stehen geblieben war, »… deshalb wollte ich nicht gleich die Arbeiterpartei wählen. Dann haben wir, die wir uns um das Land kümmern, nichts mehr zu sagen.«

Charlie grinste. Eglantyne wusste genau, was er dachte. Seit Jahren versuchte er, einen Sitz im Unterhaus zu erlangen. 1906 hatte sie zusammen mit Dorothy seinen Wahlkampf als Kandidat der Liberalen unterstützt, so weit das neben der Arbeit im COS und der Müdigkeit, die sich ihrer immer stärker bemächtigt hatte, möglich war. Ihr Engagement hatte nicht gefruchtet. Sicher auch, weil er mit seinen Vorstellungen von einer besseren Berücksichtigung der arbeitenden Klasse in der liberalen Partei aneckte und Wähler vergraulte. Alle Welt wusste, seit man *Oliver Twist* gelesen hatte, wie Fabrikarbeiter lebten. Die meisten Männer sprachen sich dafür aus, dass die Lebensbedingungen der Arbeiter geändert werden mussten. Aber niemals und auf keinen Fall durften die Ursachen und das politische System deshalb angetastet werden. Manche Unternehmer sahen sich in ihrer Fantasie schon selbst an der Drehmaschine stehen, während die Dreher Zigarre rauchend von den Chefsesseln aus ihr Vermögen verprassten.

»Das will hier in England wirklich niemand, verehrte Mrs Rackham«, erklärte Charlie und sah der Frau in die Augen. Eglantyne schmunzelte. Viele Politiker mussten sich diese Art der persönlichen Ansprache mühevoll aneignen. Ihrem Schwager war sie angeboren. Auch jetzt zauberte er ein Lächeln auf das Gesicht der Frau, und Eglantyne verstand, warum Dorothy sich in ihn verliebt hatte. Schon nachdem sie ihm zum ersten Mal bei der Geburtstagsfeier ihrer Freundin Viktoria begegnet war, hatte sie rote Wangen bekommen, wenn sie von ihm sprach. Bei jeder Gelegenheit erklärte sie der Familie, was Charlie von diesem oder jenem hielt, bis die Geschwister bei allem, worüber gesprochen wurde – ob Politik oder Speiseplan, Zeitungsnachricht oder ein Geschenk für Tante Bun – feixten und fragten: »Was meint denn Charlie dazu?« Doch Charles Buxton ließ sich Zeit, ihr seine Liebe zu erklären. Alle waren erleichtert, als er Dorothy endlich seine Liebe gestand. Allerdings hatte sie von dem Moment an kaum noch Zeit, sich um die Seelenqualen ihrer großen Schwester zu kümmern, die sich erst mit Margaret Keynes Engagement im COS in nichts aufgelöst hatten.

»Das weiß ich jetzt auch.« Eglantyne sah Frau Rackham erstaunt an. Konnte sie Gedanken lesen? Es dauerte etwas, bis ihr klar wurde, dass die Frau mit Charles sprach. »Das Problem von euch Labours ist, dass die meisten Männer Angst davor haben, die Arbeiter könnten ihnen ihr gutes Leben nehmen.«

»Und die Frauen, was ist mit denen?«, mischte Eglantyne sich ein. »Es ist doch wirklich ein Ding der Unmöglichkeit, dass die Männer der anderen Parteien die Rechte der Frauen missachten.«

»Ich wäre froh, wenn es Frauenrechte gäbe, die sie missachten könnten«, merkte Dorothy an. »Seien wir doch ehrlich, wir Frauen haben keine Rechte. Wir können dankbar sein, dass wir Reize haben, mit denen wir die Männer erpressen können.« Sie strich ihrem Mann über die Wange. »Dich muss ich zum Glück nicht erpressen.«

Charles Buxton gehörte tatsächlich zu den ersten Männern in England, die sich für eine generelle Gleichberechtigung einsetzten, sowohl für alle Schichten als auch für Männer und Frauen. Eglantyne vermutete, dass ihm das bei seinem Wahlkampf zusätzliche Minuspunkte eingebracht hatte. Waren es doch ausschließlich Männer, die das Unterhaus wählten, und die wenigsten von ihnen würden die eigenen Möglichkeiten beschneiden, damit auch Frauen Mitsprache erhielten. Die Suffragetten schossen mit ihren Aktionen sicher oft über das Ziel hinaus, aber sie hatten zumindest versucht, mit Worten und Papieren eine Mehrheit für die Frauenrechte zu bekommen. Vergebens.

»Ich freue mich jedenfalls, dass Sie sich nun doch besonnen haben, Fräulein Jebb«, wiederholte Frau Rackham. »Man muss auch seine Meinung ändern können.«

Eglantyne wusste genau, worauf die Frau anspielte. Vor fünf Jahren war sie ein Grünschnabel gewesen, was Politik anging. Es war ihr immer wichtig, dass es allen Menschen gut ging, das war ihr mit dem christlichen Glauben in die Wiege gelegt worden. Als Kind hatte sie sich bereits daran gestört, dass es manchen Menschen viel schlechter ging als ihr. Aber sie hatte das als von Gott gegeben hingenommen. Erst Margaret und Charlie hatten ihr die Augen geöffnet, dass diese Verteilung der Güter von Menschen gemacht war, und zwar von reichen Männern, die kein Interesse daran hatten, dass es den Ärmeren besser ging. So konnten sie sie unter Druck setzen und ausbeuten. Das taten nicht alle, aber die Versuchung war groß.

»Wissen Sie, es ist nicht leicht, sich gegen die Familie zu stellen«, entgegnete Eglantyne. In ihrer Familie spielte die Tradition eine große Rolle, auch wenn ihre Eltern den Töchtern mehr Freiheiten ließen als viele andere. Ihr Bruder Dick legte in Artikeln in der *Morgenpost* und in Büchern über das britische Reich ausführlich dar, warum an den Grundfesten der Gesellschaft mit ihrer Aufteilung von Besitz und Macht nicht gerüttelt werden dürfe.

»Das verstehe ich, umso schöner, dass Sie nun auf der Seite der Benachteiligten stehen.« Frau Rackham nickte ihnen zu und verschwand.

»Puh, eine unangenehme Person«, fand Dorothy.

»Eine unangenehme Person, die recht hat.« Charlie sah Dorothy genauso tief in die Augen wie kurz zuvor Frau Rackham. »Bevor du mich kennengelernt hast, warst du wie Eglantyne auf der Seite deiner konservativen Familie.«

Dorothy verzog das Gesicht. »Denken nicht alle so, wie sie es hören und erleben? Außerdem dürfen wir Frauen sowieso nicht wählen, da lohnt es sich nicht, allzu viel über die richtige Partei nachzudenken.«

Eglantyne erkannte, dass ihr Schwager zu einer Erwiderung ansetzte. Es war in der Tat ungerecht, ihm die von den Parlamentariern abgelehnte Veränderung des Wahlrechts vorzuwerfen. Um die Stimmung zu entspannen, beugte sie sich verschwörerisch zu den beiden vor. »Habe ich euch eigentlich erzählt, dass ich Dicks Söhnen Auszüge aus Marx und Engels vorlese, wenn ich auf sie aufpasse?«

Die Anspannung, die sich anzubahnen drohte, verschwand in dem einträchtigen Lachen der Buxtons.

Charlie sah auf die Uhr über dem Ausgang. »Kommt, wir müssen zur nächsten Veranstaltung«, trieb er die beiden Frauen an. »Wir wollen schließlich, dass ich endlich ins Unterhaus gewählt werde und mich dort für Arbeiter starkmachen kann.« Er zwinkerte ihnen zu. »Und für die Frauen natürlich.«

Eglantyne konnte am Wahlabend nicht mehr sagen, wie viele Handzettel sie verteilt und wie viele Briefe sie geschrieben hatte, um für ihren Schwager zu werben. Manchmal bereute sie es, dass sie nicht den Weg einer Schriftstellerin eingeschlagen hatte. Dann wäre sie vielleicht berühmt, und ihre Bekanntheit hätte Charlie helfen können. Als ehemalige Lehrerin und frühere Mitarbeiterin bei der COS hatte sie nichts, womit sie die Männer beeindrucken konnte.

Margaret war die Erste, die Eglantyne die Nachricht überbrachte, dass Charlie einen Platz im Unterhaus erlangt hatte. Natürlich kannte ihre Mutter Florence durch ihre enge Vernetzung in der Stadt das Ergebnis der Stimmauszählung besonders früh.

»Ich war gerade bei Mom, als die Nachricht kam, wer künftig im Unterhaus sitzt.« Margaret fiel Eglantyne um den Hals, die ihre Arme um die Freundin legte. Sie hielt sie fester und länger, als es sich schickte, doch Margaret schien nichts zu bemerken. Am liebsten hätte Eglantyne ihr Gesicht in beide Hände genommen und die Lippen mit ihren Lippen berührt. So viel Zuneigung verspürte sie für diese junge Frau. Mehr als sie jemals für Marcus empfunden hatte.

»Wie schön!« Sie freute sich tatsächlich sehr, aber der innige Moment irritierte sie. Bisher hatte sie Margaret als beste Freundin gesehen, mit der sie jede Freude und jede Sorge teilte. Ein neues Gefühl schlich sich in ihr Herz, das sie nicht zu fühlen und zu denken wagte.

Kapitel 13

1926 Genf

Anni hatte sich noch nie Gedanken über Politik gemacht. Seit sie denken konnte, ging ihr Vater alle paar Jahre zu einer Wahl. In der Schule war das kein Thema. Der Lehrer hätte sich sicher lieber den Mund zugeklebt, als Politik zu thematisieren; da hätte er vermutlich eher über die Geburt eines Kindes referiert, und das war schon undenkbar. Bei der letzten Wahl hatte ihre Mutter den Vater begleitet, nachdem es vorher einen lauten Streit gegeben hatte. Vater war der Ansicht gewesen, Wählen sei Männersache, und Mutter hatte von einer Frau berichtet, die in den Stadtrat gewählt worden war. Bis dahin war Anni nicht klar gewesen, dass auch Frauen Politik machen konnten.

»Ich glaube, bei uns dürfen Frauen seit dem Krieg wählen«, sagte Anni. »Aber ich bin noch zu jung.«

Eglantyne nickte. »Ja, das Frauenwahlrecht ist jetzt in vielen Ländern eingeführt. Das Wahlalter liegt meist bei 21 Jahren.«

»Das ist ungerecht.« Anni hatte nie vorher darüber nachgedacht, aber jetzt, wo Eglantyne von ihren politischen Erfahrungen berichtete, fiel es ihr wie Schuppen von den Augen. Wie unfassbar, dass immer nur die Männer das Sagen hatten und die Erwachsenen. »Kinder sind die Zukunft, da sollten sie diese auch mitbestimmen dürfen.«

»Das Ziel kannst du dir dann stecken«, schlug Eglantyne vor. »Ich bin zu alt, um weiterzukämpfen. Aber ich bin sicher, bei

Save the Children fändest du Mitstreiterinnen.« Das Lächeln verschwand aus ihrem Gesicht. »Vielleicht könnte dir auch Margaret Hill helfen, ihr Bruder John Maynard, der Wirtschaftswissenschaftler, hat gute Kontakte nach Deutschland. Er hat sogar ein Buch über das Deutsche Reich nach dem Krieg geschrieben.«

War Margaret Hill die Freundin, von der ihre Gastgeberin immer schwärmte? Hatte sie die Schwärmerei falsch verstanden? Hatte sie ihr fälschlicherweise zugetraut, dass sie sich in eine Frau verliebt hatte? Sie konnte sich nicht erinnern, dass sie davon jemals gehört hatte. Manchmal kursierte das Gerücht, dass zwei Männer sich liebten, aber ihre Mutter hatte solche Themen immer von ihnen ferngehalten. Hätte Anni nicht die Säuglingspflegerinnenschule besucht, hätte sie bis heute keine Ahnung, wie Kinder überhaupt entstanden. Stadtmedizinalrat Doktor Wendenburg als Leiter der Schule war jedoch der Ansicht, dass die jungen Frauen wissen mussten, woher die Babys kamen – von der Zeugung bis zur Geburt. Die Kunstwerke, auf denen Liebespaare zu sehen waren, und die Zeichnungen von der Geburt, mit denen er das Thema anschaulich erklärt hatte, sorgten dafür, dass den Schülerinnen erst einmal die Neugier auf den Liebesakt vergangen war. Vor allem die Bilder von der Geburt bestätigten Anni, was ihre Mutter darüber berichtet hatte.

Nachdem die Familie erfahren hatte, dass Anni mit Ferdinand »ging«, wie eine Beziehung bezeichnet wurde, hatte die Mutter ihr erklärt, dass sie sich auf nichts einlassen dürfe, um ein Kind und dessen qualvolle Geburt zu verhindern. Inzwischen hatte Anni Mütter kennengelernt, die die Geburt als größtes Glück bezeichneten, aber die Bilder aus der Schule hatten sich in ihr Gedächtnis eingebrannt. Sie wollte im Zusammenhang mit Ferdinand nicht an diese Bilder denken. Es war so schön, wenn er sie in seine Arme nahm und mit seinen weichen Lippen, die sie bei einem Bergmann, der sonst so rau und grob wirkte, nie erwartet hätte, küsste. Sie spürte, wie ihr Herz schwer wurde, weil sie ihren Freund so lange nicht gesehen hatte. Dabei war sie erst vor drei Tagen in Gelsenkirchen aufgebrochen. Noch dazu mit dem festen Willen, sich von Ferdinand zu trennen, wenn er sich nicht von seinen Tauben verabschiedete. Aber mit einem Abstand von eintausend Kilometern und zwei Reisetagen wirkten die Vögel plötzlich so klein, dass Anni nicht verstehen konnte, wieso sie sich so daran gestört hatte.

»Anni? Ist alles in Ordnung?« Eglantyne berührte ihren Gast an der Schulter.

»Entschuldigung, ich war ganz in Gedanken«, murmelte Anni und wurde rot. Hoffentlich fragte Frau Jebb nicht, woran sie gedacht hatte.

Doch Eglantyne Jebb winkte ab. »Das macht nichts. Ich vergesse auch manchmal alles um mich herum, wenn ich nachdenke.«

Trotz ihres Wunsches, mehr über die beiden Frauen zu erfahren, traute Anni sich nicht nachzuhaken. Da schien eine unsichtbare Grenze zu sein, ähnlich der, die sie verspürt hatte, als ihre Gastgeberin sie nach Ferdinands Taube gefragt hatte. Sie beschloss, das Gespräch auf etwas zu lenken, das sie in der Nacht lange beschäftigt hatte.

»Sie haben von den Kursen erzählt, die Ihre Mutter gegeben hat. Können Sie mir dazu mehr sagen? Vielleicht kann ich meine Mutter dann doch überzeugen, den Frauen in unserer Siedlung das Nähen beizubringen.« Bisher hatte Gertrud Schlinkert das Ansinnen abgelehnt. Sicher auch deshalb, weil sie durch die Näharbeiten einen kleinen Zusatzverdienst hatte, auf den sie vermutlich nicht verzichten wollte. Aber es würden schließlich nicht alle Frauen auf einmal einen Kurs besuchen. Außerdem sprach sich womöglich herum, wie gut ihre Mutter nähen konnte, und sie bekam erst recht Aufträge für neue Kleider. Anni sah doch, wie sehr ihre Mutter aufblühte, wenn sie einen Stoff in die Hände bekam und daraus etwas Neues anfertigen durfte.

»Meine Mutter hat die Kurse nicht selbst gegeben, sie hat Menschen, die sich mit alten Handwerken auskennen, als Dozenten beauftragt.« Eglantyne dachte an die alte Nachbarin, die sie als Kind immer an die böse Fee in Dornröschen erinnert hatte. Die Frau hatte in ihrer Kindheit im Sommer mit ihrem Spinnrad vor dem Haus gesessen, und im Winter klemmte sie hinter einem riesigen Webstuhl, auf dem sie die schönsten Muster webte. Erst nach langem Zureden hatte sie Tye zugesagt, einen einzigen – aber wirklich nur einen! – Kurs im Spinnen und Weben zu geben. Tye hatte kleine Webrahmen herstellen lassen, damit die teilnehmenden Männer und Frauen das Prinzip verstanden und üben konnten. Die Investition hatte sich gelohnt, die alte Weberin gehörte bis zum großen Krieg zu den engagiertesten Anleiterinnen, und als ihre Augen nicht mehr so wollten, wie es für das Handwerk nötig war, sprangen ihr einige der Teilnehmerinnen und Teilnehmer zur Seite.

»Ach so.« Anni seufzte. »Das ist nichts für meine Mutter.«

»Das heißt nicht, dass sie da nicht anders herangehen kann. Meine Mutter konnte zwar gut zeichnen und sticken, aber damit hätte sie keinen Landarbeiter hinter dem Ofen hervorlocken können. Ihr ging es zuerst einmal darum, dass die Menschen, die von der industriellen Produktion in den Fabriken überfordert waren, eine berufliche Alternative erhielten.« Eglantyne sah Anni an, während sie ihre Teetasse auf den Teller stellte, um dem Hausmädchen das Ende ihres zweiten Frühstücks zu signalisieren. »Deine Mutter könnte mit einem Nähkurs beginnen, davon profitieren alle Frauen.« Sie beobachtete mit einem Lächeln, wie Anni es ihr nachtat und Tasse auf Teller stellte. Es war erstaunlich, wie schnell Menschen sich in einem neuen Umfeld einfinden konnten, wenn sie dazu bereit waren und ein bisschen Verstand mitbrachten.

»War das Nachthemd, das du getragen hast, auch von deiner Mutter? Dann würde ich sofort eins in Auftrag geben oder besser zwei. Es sah so leicht und trotzdem warm aus, so schlicht und trotzdem raffiniert.« Eglantyne schüttelte den Kopf und lächelte dann. »Nicht dass ich in meinem Alter für irgendwen ein raffiniertes Nachthemd anziehen würde. Aber wenn man sich in einem hübschen Nachthemd im Spiegel über der Waschschüssel betrachtet, ist die Stimmung gleich besser. Sobald du mit dem Frühstück fertig bist, gehen wir in die Stadt und kaufen den Stoff für die Nachthemden.«

Anni lachte. Ob sie sich mit fünfzig auch solche Gedanken machen würde? Erst einmal war sie froh über die Anregungen ihrer Gastgeberin. Gleich nachher würde sie ihrer Mutter schreiben, was sie über die Organisation von Tye Jebb erfahren hatte. Sicher würde sie sich freuen, wenn sie ihr dann den Stoff und einen Auftrag mitbrachte. Das glückliche Lächeln verschwand aus ihrem Gesicht. »Aber meine Mutter muss Ihre Maße nehmen, sonst kann sie nicht nähen. Und wie soll das Nachthemd zu Ihnen kommen?«

»Ich gebe dir ein altes Nachthemd mit, dann hat deine Mutter die Größen.« Eglantyne hatte sich vom Stuhl erhoben, kam nun zu Anni herüber und beugte sich zu ihr. »Die fertigen Nachthemden schickt ihr einfach als Paket hierher. Oder du bringst sie mir selbst, falls du noch einmal die lange Fahrt auf dich nehmen möchtest.«

Im ersten Moment wollte Anni den Vorschlag, ein zweites Mal nach Genf zu reisen, ablehnen. Die Stunden in dem wackelnden Waggon steckten ihr in den Knochen. Dann siegte die Freude darüber, dass der Kontakt mit dieser Frau nicht abbrechen würde, wenn sie am nächsten Tag in den Zug stieg. »Sobald die Nachthemden fertig sind, können wir entscheiden, wie sie zu Ihnen kommen. Erst einmal fahre ich morgen zurück.«

Eglantyne zog einen Stuhl vom Tisch und setzte sich Anni gegenüber. »Ich war ja heute schon in der Stiftung, weil wir für das nächste Wochenende ein großes Fest planen. Wir möchten den Menschen, die uns unterstützen und Geld spenden, zeigen, was wir damit machen. Wenn du deine Abreise aufschieben würdest, könntest du uns berichten, was aus deinem Säuglingsheim geworden ist.«

Anni wurde blass bei der Vorstellung, vor einer größeren Gruppe zu sprechen. Es hatte sie gewaltige Überwindung gekostet, den Preis für ihren Aufsatz in der Aula der Schule vor Publikum in Empfang zu nehmen. Zum Glück hatte niemand eine Rede von ihr erwartet. Aber hier sollte sie etwas erzählen über eine Zeit, die sie nicht miterlebt hatte? Der Gedanke an diesen möglichen Auftritt bereitete ihr mehr Kopfzerbrechen als die Verlängerung ihres Aufenthalts in Genf. Sie liebte ihre Familie, doch hier gab es so viel zu entdecken und so viele Antworten zu finden. Aber diese Rede! Anni wusste nicht, was sie antworten sollte.

»Du kannst bis heute Abend in Ruhe darüber nachdenken, dann müssen wir aber die Fahrkarte ändern lassen. Ich werde gleich mal deine Oberschwester anrufen und fragen, ob sie damit einverstanden wäre.« Eglantyne stand auf und schob den Stuhl wieder an den Tisch, ehe sie zu dem Sideboard ging, auf dem die Bilder standen, von denen Anni immer noch nicht wusste, wen sie zeigten. Auch jetzt blieb dieses Rätsel ungelöst, denn Eglantyne holte nur ein Buch aus dem Schrank und legte es vor Anni hin. »Das hätte ich fast vergessen. Dies ist das Buch, das auf so vielfältige Weise meinen Lebensweg bestimmt hat.«

Kapitel 14

1911 Cambridge

»Ich hoffe, dass euch klar ist, welche Möglichkeiten ihr als Frauen in diesem Land habt.« Florence Keynes stand im Büro der *Charity Organisation Society* vor Eglantyne und Margaret. »Ja, auch wenn das Gesetz, mit dem die Rechte der Frauen ausgeweitet werden sollten, im letzten Jahr gescheitert ist.«

Eglantyne sah Margaret an. Sie waren gerade aus Guildford zurückgekehrt, wo sie zusammen mit Dorothy an einer Demonstration für die Rechte der Frauen und dieselben Rechte aller Menschen auf die Straße gegangen waren.

»Wir haben doch nur Plakate hochgehalten«, verteidigte sich Margaret. »Wir haben weder Schaufenster eingeworfen noch Bombenanschläge verübt.«

»Unsere Waffen sind Worte, Mrs Keynes«, fügte Eglantyne hinzu. Sie fand es wichtig, dass Frauen für ihre Rechte kämpften, aber das durfte nicht zu einem Krieg führen. Manche Suffragetten gingen auch ihr zu weit in dem Kampf um größere Anerkennung. Als sich 1908 Frauen an den Amtssitz des Premierministers in Downing Street 10 gekettet hatten, hatte sie mit Dorothy und Margaret auf die Aktion angestoßen. Sie waren jedoch alle drei entsetzt gewesen, dass nach der Ablehnung des Gesetzes 1910 Schaufenster eingeworfen, Landsitze geplündert und ein Bombenanschlag auf die Westminster Abbey verübt worden waren. Zumal diese Taten dazu führten, dass kurz darauf Frauen, die vor dem Unterhaus friedlich demonstrierten, von Polizisten niedergeschlagen und verhaftet wurden. Um zu zeigen, dass Frauen auch anders auf ihre Rechte hinweisen konnten, waren sie zu dritt nach Guildford gereist und hatten an einer Demonstration teilgenommen, die zum Glück genauso friedlich verlief, wie sie sich das gewünscht hatten.

»Wenn jemand ausfallend wurde, dann waren es die Männer«, sagte Margaret trotzig. »Ihre Buhrufe waren laut und wüst, und einige haben hämisch gelacht.«

»Am schlimmsten war aber, dass manche Frauen uns angespuckt und beschimpft haben. Immerhin kämpfen wir auch für sie.« Diese Reaktionen hingen Eglantyne bis heute nach. Sie konnte verstehen, dass Männer dagegen waren, dass Frauen wählen durften und auch sonst mehr als bisher zu sagen hatten. Sie kannte genug Ehen, in denen der Mann der Herr im Haus war. Nicht jede ihrer Freundinnen hatte so ein gutes Händchen bei der Partnerwahl bewiesen wie ihre Schwester Dorothy. Vom ersten Tag an hatte Charles Buxton seiner Frau alle Freiheiten gelassen und ihr sogar dabei geholfen, sich sozial und politisch zu engagieren. Davon hatte er allerdings nicht wenig profitiert, weil Dorothy ihn in jedem Wahlkampf unterstützt hatte und selbst dann zu ihm hielt, wenn er kein Mandat erlangte. Natürlich war es Dorothy, die 1906 die kleine Tochter auf die Welt brachte. Da das Paar jedoch gut situiert war, sorgten Kindermädchen und Haushälterin dafür, dass es Kind und Eltern an nichts fehlte. Gelegentlich sprang auch Tante Eglantyne ein.

»Es ist ja noch einmal alles gut gegangen, und ihr seid unversehrt von eurem Suffragetten-Ausflug zurückgekehrt«, lenkte Florence Keynes ein.

Eglantyne wollte schon aufbrausen, weil sie sich keinesfalls als Suffragette verstand, da sah sie das Lächeln in den Mundwinkeln ihrer Förderin und schwieg.

»Ist eigentlich das Verzeichnis der sozialen und wohltätigen Organisationen fertig?« Florence Keynes sah Eglantyne an, die unsicher wurde. Sie saß mit Margaret an der Einrichtung der Kartei der arbeitslosen Jungen, um das Verzeichnis der Wohltätigkeitsorganisationen kümmerten sich Kolleginnen. War Florence Keynes ihr doch noch böse, weil sie das Verzeichnis nicht als Erstes in Angriff genommen hatte, als sie bei der *Charity Organisation Society* eingestiegen war? Schon beim Erscheinen ihrer Studie hatte sie den Eindruck gewonnen, dass ihre Vorgesetzte das so nicht im Sinn gehabt hatte. Die Sache hatte sich verselbstständigt; Eglantyne fand damals, dass man erst einmal Erkenntnisse über die Situation in Cambridge brauchte, ehe weitere Maßnahmen initiiert werden konnten. Zum Glück waren Berichte im *Daily Telegraph*, der *Westminster Gazette*, *The Spectator* und sogar in einigen deutschen und italienischen Zeitungen über die Studie erschienen, dennoch war immer ein unsicheres Gefühl im Umgang mit Florence Keynes geblieben.

»Hier, es ist gerade gekommen.« Eglantyne nickte Margaret dankbar zu, die ihrer Mutter eines der Bücher überreichte. Wie war sie nur durchs Leben gekommen, ehe sie Margaret kennengelernt hatte? Seit sie sich gegenseitig täglich Briefe schrieben, verging kein Tag, an dem sie nicht miteinander sprachen oder voneinander lasen. Die Briefe waren Tagebuch und Austausch in einem. Es gab keine Geheimnisse zwischen ihnen. Jede wusste, wie die andere fühlte. Auch jetzt musste Eglantyne nichts sagen, weil Margaret ohnehin ahnte, dass die Frage ihrer Mutter die Freundin zurückwarf in das schwarze Loch, das sich aufgetan hatte, als die Studie abgeschlossen und als Buch erschienen war, sie aber noch kein neues Ziel gefunden hatte.

»Mutter meint das nicht so!« Margaret legte einen Arm um Eglantynes Schulter, als Florence Keynes mit dem Verzeichnis in der Tasche das Büro verließ. »Du kennst sie doch inzwischen auch ganz gut. Wenn sie ein Projekt im Kopf hat, ist kein Platz für anderes und andere. Ich frage mich bloß, was dieses Verzeichnis bewegen soll. Es kommt sowieso nicht bei den Menschen an, die es brauchten, sondern liegt ungenutzt in den Häusern der engagierten Damen und Herren herum. Mit ein bisschen Glück findet es einen Platz zwischen Büchern mit Lederrücken und Goldprägung, die womöglich auch nur verächtlich auf das Büchlein schauen würden, wenn sie Augen hätten.«

Eglantyne musste lachen. Wie so oft, wenn die Künstlerin in Margaret durchkam. »Das ist ein schönes Bild. Wer weiß, ob es in der Welt der Bücher nicht auch Snobs gibt.«

»Du solltest darüber etwas schreiben«, fand Margaret. »Ich habe schon so lange keine Gedichte und Erzählungen von dir mehr gelesen. Immer nur diese Registrierungsblätter hier. Das ist auf Dauer nicht erfüllend.«

Damit traf Margaret einen wunden Punkt. Tatsächlich spürte Eglantyne immer öfter das Gefühl, das sie schon nach ihrer Kündigung in Marlborough belastet hatte. Eine innere Leere, die sie mit viel Aktivität zu füllen suchte. Der Arzt hatte wiederholt angedeutet, dass es sich um Zeichen für eine Depression handeln könnte, doch davon wollte sie nichts wissen. Ja, sie war immer auf der Suche nach einem tieferen Sinn für ihr Leben, aber sie musste nicht arbeiten, sondern konnte ihren Unterhalt von dem bestreiten, was sie von ihrem Vater geerbt hatte und was ihre Mutter ihr zukommen ließ. Da ging es anderen Menschen viel schlechter. Die hatten einen Grund dafür, depressiv zu werden. Vor allem die Fabrikarbeiter, die am Fließband immer dieselbe stupide Arbeit tun mussten.

»Komm, wir gehen nach Hause und trinken einen schönen warmen Tee«, schlug Margaret vor. »Tee ist gut für die Seele und deinen Hals.«

Eglantyne nickte. Der Hals war seit Jahren ihre Schwachstelle. Wann immer sie erschöpft war, meldete er sich und forderte ihren Tribut. Als sie die Studie damals abgeschlossen hatte, waren es einige Wochen bei Dorothy und Charlie und eine Reise mit ihrer College-Freundin Ruth gewesen, die sie auf andere Gedanken gebracht und neue Energie gespendet hatten. Nun war es Margaret, die ihre Kraft mit ihr teilte.

Kapitel 15

1926 Genf

Am nächsten Tag ging Anni mit gemischten Gefühlen zum Frühstück. Im Stillen hoffte sie, dass ihre Gastgeberin wieder unterwegs war und sie allein essen konnte. Eine vergebliche Hoffnung. »Guten Morgen, Anni! Hast du gut geschlafen nach dem anstrengenden Tag gestern?« Eglantyne saß an ihrem Platz und hatte anscheinend nicht damit gerechnet, dass Anni so früh zu ihr stoßen würde. »Entschuldige, dass ich mit dem Frühstück bereits begonnen habe, ich bin morgens immer so hungrig.«
»Guten Morgen, Frau Jebb.« Anni ging zu dem Platz am anderen Ende des Tisches und suchte dabei verzweifelt ein Gesprächsthema. Nur nicht das Buch, das ihre Gastgeberin ihr am Vortag überreicht hatte. Sie hatte versucht zu verstehen, worum es ging. Aber es war auf Englisch, und sie hatte außer I, the und is schon auf der ersten Seite nichts verstanden. Vielleicht lag es daran, dass sie von dem Tag erschöpft war.

Nachdem Oberschwester Reinhild ihre Zustimmung gegeben hatte, dass Anni eine weitere Woche in Genf blieb, hatten sie eine neue Fahrkarte besorgt und mit einem Telegramm die Eltern benachrichtigt. Anschließend hatte Eglantyne ihr die Sehenswürdigkeiten der Stadt gezeigt. Anni war aus dem Staunen nicht herausgekommen, wie schön Häuser aussehen konnten. Das prunkvolle Theater und die ebenso imposante Victoria Hall, in der Konzerte stattfanden. Eglantyne Jebb hatte direkt zwei

Karten gekauft, damit Anni das Gebäude auch von innen kennenlernte. Danach gingen sie durch ein Museum, in dem Keramik und Glas ausgestellt waren. So viele wunderschöne Arbeiten, dass sie sich nicht sattsehen konnte und sich wünschte, sie könnte dieses Erlebnis mit ihrer Mutter teilen, die wie sie eine Vorliebe für schöne Dinge hatte. Selbst die Straße, in der Eglantyne Jebb lebte, war eine ganz besondere Straße mit vielen wunderschönen alten Villen, in denen teilweise wichtige Menschen gelebt hatten, wie Tafeln neben den Eingangstoren verrieten. In dem Haus, in dem sie gerade übernachtete, hatte der Gründer des Roten Kreuzes, Henry Dunant, die Genfer Gruppe der Christlichen Jungen Männer gegründet. In dem Anwesen mit der Nummer 11 gegenüber hatte Johannes Calvin gelebt, ein französischer Theologe, der mit dazu beigetragen hatte, dass es heute die protestantische Kirche gab. Eglantyne hatte sie auf ihr Lieblingshaus hingewiesen, das dem Schriftsteller George Elliot gehört hatte.

»Anni, hast du gehört, was ich gesagt habe? Lass doch dieses ›Frau Jebb‹!« Anni zuckte zusammen, so vertieft war sie in ihre Gedanken gewesen. Der seltsame Blick ihrer Gastgeberin ließ vermuten, dass sie seit Längerem auf eine Reaktion wartete. Nun bekräftigte sie erneut: »Ich bin Eglantyne. Wir wollen in den nächsten Tagen schließlich viel zusammen erleben, oder?«

Anni wusste nicht, wie sie reagieren sollte. Eglantyne war so alt wie ihre Mutter, die Oberschwester und die meisten Erwachsenen zu Hause. Niemand von denen hatte bisher von ihr verlangt, sie mit Vornamen anzusprechen. Die Geschwister der Eltern und deren Partner waren natürlich Tante und Onkel und die Nachbarin, die sie seit ihrer Kindheit kannte, redete sie mit Tante Ottilie an. Sie nahm sich vor, die Anrede einfach wegzulassen.

»Hast du schon in dem Buch gelesen?« Da lauerte die nächste Falle. Wie sollte Anni darauf antworten, wenn sie den Vornamen und das Du vermeiden wollte und außerdem etwas erfinden musste.

Eglantyne nahm einen Schluck Tee und sah ihren Gast an. Es war deutlich zu erkennen, dass Anni sich nicht wohl fühlte. Sie versuchte, ihr eine Brücke zu bauen. »Wenn dir das Buch nicht gefällt, kannst du es ruhig sagen.« Statt einer Erleichterung in den Gesichtszügen der jungen Frau bemerkte sie Tränen in ihren Augen. »Was ist denn los? Hast du Heimweh? Ach, wir hätten das nicht so schnell entscheiden dürfen, dass du eine weitere Woche bleibst. Warst du überhaupt jemals so lange von zu Hause weg? Sicher hast du Sehnsucht nach deinen Eltern und deinem Ferdinand.«

Je mehr sie sprach, umso tiefer sackte Anni in sich zusammen. Sie wollte ihre Unsicherheit hinter der Teetasse verbergen, doch als sie nach ihr griff, klapperte sie auf dem Teller.

»Was hast du denn, Kind?« Als sie das Zittern der Hand sah, sprang Eglantyne auf und ging zu Anni. Sie legte ihren Arm um die Schulter, und da konnte Anni ihre Tränen nicht zurückhalten. Sie schluchzte und konnte nicht aufhören. Eglantyne strich ihr ratlos über den Rücken.

Endlich beruhigte Anni sich ein wenig. »Entschuldigen Sie bitte.«

Eglantyne ging nicht darauf ein, dass die junge Frau sie nun doch siezte. Vielleicht hatte sie dem Mädchen zu viel zugemutet. In der Stiftung arbeiteten einige Frauen, die Jahrzehnte jünger waren als sie, und fast alle duzten sich untereinander. »Nun erzähl ganz in Ruhe, was dich bedrückt. Du darfst alles sagen. Du musst sogar alles sagen. Sonst nagen die Sehnsucht, die Angst und der Ärger in dir. Sie können dich von innen auffressen. Glaub mir, ich weiß, wovon ich spreche.«

Anni hatte bereits mitbekommen, dass ihre Gastgeberin nicht ganz gesund war, aber selbstverständlich nicht danach gefragt. Sie holte tief Luft. »Ich kann doch kein Englisch.« Mehr brachte sie nicht heraus, weil sich wieder ein Kloß in ihrem Hals ausbreitete. Sie schämte sich, dass sie nicht einmal eine Fremdsprache beherrschte, während sich Eglantyne Jebb mit ihr auf Deutsch unterhielt, als wäre sie im Reich aufgewachsen. Mit dem Personal der Eisenbahn hatte sie schnell und bestimmend Französisch gesprochen, und manchmal telefonierte sie auf Englisch. Anni selbst konnte gerade einmal Deutsch und kannte drei Worte auf Englisch. Gegen ihren Willen musste sie lachen. Ihr Vater pflegte auf die Frage, welche Sprachen er spreche, immer zu antworten: »Deutsch, Ruhrisch und über andere Leute.« Mehr war es bei ihr auch nicht, und über andere Leute hatte sie weniger zu sagen als er.

»Dass ich daran nicht gedacht habe!« Eglantyne stand auf und ging an ihren Platz zurück. »Als Engländerin gehe ich davon aus, dass jedermann Englisch sprechen und lesen kann. Bitte entschuldige. Ich hoffe, du hast es gar nicht erst versucht.«

Anni nickte. Antworten konnte sie nicht. Sie hatte es nicht probiert, aber dass sie das Buch nicht zu lesen vermochte, hatte sie die ganze Nacht beschäftigt. Sie war nicht deshalb so früh auf, weil sie rechtzeitig aufgewacht war, sondern weil sie nicht geschlafen hatte.

»Weißt du was, wir nutzen die Zeit, um dir ein bisschen Englisch und Französisch beizubringen. Was hältst du davon?« Eglantyne lachte, als sie Annis entsetztes Gesicht sah. »Keine Sorge, du bekommst keinen Unterricht. Aber manches sagen Charlene und ich auf Deutsch und auf Englisch oder Französisch, so hast du das schon mal gehört. Okay? Das heißt: in Ordnung?«

Ein Lächeln stahl sich in Annis bis dahin unglückliches Gesicht, als sie antwortete: »Oui.«

»Siehst du, das wichtigste Wort im Französischen kannst du schon. Und nun schieben wir die Sprachen erst einmal weg und die Bücher auch. Du hast mir immer noch nicht erzählt, wie es gekommen ist, dass du hierhergeschickt wurdest.« Ohne es zu wissen, half Eglantyne ihrem Gast damit, wieder auf sicheres Terrain zu gelangen.

»Es gab einen Wettbewerb«, erklärte Anni und fühlte, wie sie mit jedem Wort sicherer wurde. Immerhin hatte sie über einhundert, teilweise viel ältere Männer und Frauen hinter sich gelassen. »Wir mussten einen Aufsatz schreiben, wie wir uns die Zukunft der Säuglinge aus dem Säuglingsheim vorstellen und was sich dafür in der Welt ändern muss.«

»Was für ein wunderbares Thema!« Eglantyne brauchte die Begeisterung nicht zu spielen, sie war tatsächlich überrascht und erfreut über die Idee der Betreiber des Säuglingsheims, das sie in den ersten Jahren gefördert hatten. »Diese Geschichten hätte ich gerne gelesen. Bestimmt könnte auch *Save the Children* davon etwas lernen oder sich zu neuen Aktionen anregen lassen.«

So hatte Anni das noch nie gesehen. Wenn sie jedoch an ihren Aufsatz dachte, in dem sie sich wünschte, dass man auch darauf schauen sollte, was Kinder brauchten und wollten außer einem Dach über dem Kopf, Kleidung und Essen, dann passte das zur Stiftung ihrer Gastgeberin. »Ich habe meinen Aufsatz im Koffer.« Die Oberschwester hatte von ihr verlangt, den Text in schöner Schrift auf gutem Papier abzuschreiben, um ihn Eglantyne Jebb zu überreichen. Als Anni jedoch die vielen Bücher in der Wohnung gesehen hatte, hatte sie nur die Karte mit dem Bild weitergegeben.

»Ich würde mich sehr freuen, wenn ich ihn lesen dürfte.« Eglantyne lachte, weil Anni aufsprang, um den Umschlag zu holen. »Ich freue mich zwar darauf, aber es reicht, wenn ich den Aufsatz nach dem Frühstück bekomme. Jetzt essen wir, und du kannst mir vielleicht verraten, wer an dem Wettbewerb teilgenommen hat. Wie viele Aufsätze wurden denn eingereicht?«

»Einhundertdrei.« Als Anni die Zahl aussprach, wurde ihr wieder klar, was die Oberschwester ihr eingeschärft hatte: dass es etwas Besonderes war, dass sie diesen Preis bekommen hatte. »Ich war die Jüngste. Die meisten Leute, die Aufsätze geschrieben haben, waren Mütter oder Schwestern. Sogar ein Reporter von der Zeitung hat teilgenommen.«

»Dann ist dein Gewinn bedeutsamer, als ich dachte! Das ist schließlich so, als ob ein Spaziergänger bei einem Wettrennen einen Schnellläufer besiegt.« Eglantyne dachte nach. »Weißt du was, wir gehen gleich in die Stiftung und sprechen mit der Redakteurin unserer Zeitschrift. Es wäre schön, wenn du einen Aufsatz über deine Zeit hier bei mir schreiben würdest.« Sie zwinkerte Anni zu. »Dann bist du auch so etwas wie eine Reporterin.«

Anni erschrak. Der Aufsatz war ihr leicht aus der Feder geflossen, weil sie sich schon oft geärgert hatte, wie mühselig es war, als Kind oder mit einem Kind in Gelsenkirchen und seiner Umgebung zu leben. Allein die unebenen Böden und Straßen, die mit einem Kinderwagen kaum zu bewältigen waren, hatten sie jedes Mal geärgert, wenn sie mit einem Säugling draußen unterwegs war. Aber über sich selbst konnte sie nicht schreiben. Auf keinen Fall. Sie schüttelte den Kopf. »Das kann ich nicht!«

Eglantyne nickte verständnisvoll. »Wir sprechen mit Suzanne, und dann sehen wir weiter. Ich glaube nicht, dass jemand, der sich in einem solchen Wettbewerb durchsetzt, nicht auch andere Sachen schreiben kann.« Sie schmunzelte. »Ich habe auch nicht gleich mit einem Buch angefangen! Als Kind habe ich nur Gedichte und Geschichten geschrieben.«

Anni dachte an das Tagebuch mit dem Schloss, das sie von ihrer Großmutter zur Konfirmation bekommen hatte. Dort standen einige Gedichte, aber die würde sie niemals jemandem zeigen. Dann schon lieber ihren Aufsatz. Sie tupfte mit der Serviette ihren Mund ab und erhob sich. »Ich hole den Aufsatz.«

Eglantyne nickte lächelnd. Dieser jungen Frau würde sie helfen, ihren Weg zu finden, wie schon so manchem Mädchen, das nach der Schule in ihre Stiftung gekommen war, um Briefe einzutüten oder andere Zuarbeiten zu verrichten. Sie stand auf und ging in ihr Arbeitszimmer, um die Mappe mit ihren ersten Artikeln zu holen, die seit Jahren unbeachtet in der Schublade lagen. Dabei hatte ihre Mutter sich so viel Mühe gegeben, jeden Beitrag auszuschneiden und aufzukleben, den ihre Tochter verfasst hatte oder in dem sie erwähnt wurde. Auf den ersten Seiten fanden sich Berichte über beide Töchter, später tauchte fast nur Eglantynes Name auf. Vielleicht konnte sie dieses halbe Kind aus der Arbeiterstadt damit ermuntern, auf seine eigenen Kräfte zu vertrauen.

Als sie wieder in das Speisezimmer trat, war Anni noch nicht zurück. Ob sie einen Rückzieher machen würde? Eglantyne schlug die Mappe mit den abgedruckten Artikeln auf. Warum lag ihr Bericht über die Balkan-Reise obenauf? Es war nicht der erste und nicht der letzte Text, den sie für eine Zeitung geschrieben hatte.

Ihr Blick fiel auf eine Stelle in dem Artikel, den sie 1914 über eine Erkundungsfahrt für Charlies *Macedonian Relief Fund* veröffentlicht hatte:

Ich erinnere mich an die Worte eines Mannes, die ich, ohne, dass er es merkte, hörte. Er sagte: »Für die meisten von uns besteht die Zivilisation nur oberflächlich. Versetze einen beliebigen Mann in die Umstände eines Kriegs und Du kannst niemals sicher sein, ob er nicht zurückfällt in rohe Gewalt und Grausamkeit.« Ich kann nicht den ersten Stein werfen. Ich kann nicht sagen, meine Erlebnisse hätten mich davon überzeugt, dass alle Völker des Balkans barbarisch sind. Es ist der Krieg selbst, nicht seine Opfer, in dem die Barbarei liegt.

Es war nicht ihr erster und nicht ihr letzter Beitrag für eine Zeitung, aber vielleicht ihr wichtigster. Geschrieben in dem Jahr, in dem in Europa der große Krieg der Nationen ausbrach, der Leid über die Menschen und eine veränderte Ordnung der Welt mit sich brachte. Sie schämte sich bis heute, mit ihren fünfzig Lebensjahren, dass sie als Kind den Krieg verherrlicht hatte. Natürlich hatte sie als Neunjährige die ganze Dimension solcher Auseinandersetzungen nicht erfassen können. Aber sie hatte Fantasie, und sie wusste als Kind, das auf dem Land aufwuchs und fast täglich erlebte, wie Wildtiere mit Gewehren getötet wurden, welche Kraft Waffen innewohnte. In Mazedonien hatte sie schon vor dem Angriff Deutschlands auf die Nachbarstaaten erfahren, wie der Krieg eine Region in ihren Grundfesten erschütterte und Hass in den Menschen zurückließ.

Kapitel 16

1913 Mazedonien

Eglantyne ließ Margarets Brief, den sie sich für die Zugfahrt aufgehoben hatte, sinken. Tränen liefen ihr über die Wangen. Sie wischte sie rasch weg. Hätte sie mit dieser Nachricht gerechnet, hätte sie sich einen Platz abseits der anderen Reisenden gesucht. Zum Glück unterhielten sich die beiden Krankenschwestern, die sie auf ihrer Reise von Wien nach Belgrad begleiteten, angeregt. Von ihrem Gefühlsausbruch schienen sie nichts mitzubekommen. Nun musste sie die Fassung zurückgewinnen, was nicht leicht war. Natürlich war der Name Archibald Hill immer häufiger in den täglichen Briefen der Freundin aufgetaucht, seit der junge Physiologe Mitglied des Komitees wurde, das Margaret ehrenamtlich leitete. Er war freundlich und vor allem interessiert an sozialen Fragen, das gefiel Eglantyne. Aber das war es auch. Margaret hatte doch sie, sie liebten sich, sie vertrauten einander, sie wohnten zusammen und schrieben sich täglich. Hatte sie die Zeichen nicht gesehen oder nicht wahrhaben wollen, dass sie der Brief so aus der Fassung brachte?

Sie überflog die Seite erneut. »Meine Familie verbringt einige wunderbare Tage mit der Familie Hill in Salcombe. Ich bin die glücklichste Frau der Welt, ich habe nicht nur die besten Eltern und Brüder und die beste Freundin der Welt. Mit Archie werde ich außerdem den besten Ehemann der Welt bekommen.« Wieder wurden Eglantynes Augen feucht. Sie wandte sich ab. Weihnachten war noch keine Rede davon gewesen, dass Margaret diesen Wissenschaftler als möglichen Ehemann betrachtete. Überhaupt waren sie sich doch einig gewesen, dass ihr gemeinsames Leben nicht besser sein konnte. Sie unterstützten sich gegenseitig bei den Arbeiten. Margaret war die erste Leserin ihrer Artikel, Eglantyne gab ihr Tipps für das Büro für die Beschäftigung Jugendlicher, das sich aus dem Projekt der Jungenregistrierung entwickelt hatte. Sie sprachen stundenlang über ihre Träume für die Zukunft, und sie hatte immer das Gefühl gehabt, dass es dieselben Träume waren. Mit keinem Wort ging Margaret in ihrem Brief darauf ein. Hatte Eglantyne ihre Beziehung die ganze Zeit über falsch verstanden? Natürlich konnte sie kein Ehemann sein, aber doch eine Begleiterin durchs Leben, mehr als eine Freundin.

»Frau Jebb, möchten Sie etwas essen?« Schwester Hodges, deren Reise und Einsatz sie im Gegensatz zu der offiziellen Begleiterin Schwester McQueen aus ihren privaten Mitteln bezahlte, berührte ihre Schulter. Die junge Frau wusste, wer ihre Kosten für die Reise und die Arbeit übernahm, und fühlte sich deutlich in Eglantynes Schuld, auch wenn diese ihr das immer wieder auszutreiben versuchte. Doch Schwester Hodges wachte über sie wie eine Nanny über ein Kind. Sie hatte ja recht. Sie mussten sich ordentlich ernähren, solange dies möglich war. Ihr Ziel lag im Kriegsgebiet, und niemand wusste, ob die Anlaufstellen, für die Charlie ihr Referenzschreiben mitgegeben hatte, überhaupt noch existierten. Zwar hatte die Balkan-Allianz aus Serbien, Griechenland, Bulgarien und Montenegro im Krieg von Kumanow letztes Jahr Mazedonien befreit und rund um Skopje, ihren ersten Zielort, war es friedlich, aber der Krieg war nicht beendet. Das hatte sie nicht daran gehindert, sofort zuzusagen, als ihr Schwager sie gefragt hatte, ob sie in seinem Auftrag in der Region Informationen sammeln und falls nötig und möglich Unterstützung leisten könnte. Vermutlich ahnte er oder wusste von Dorothy, dass sie Ablenkung brauchte. Sicher hatten auch Em und Lill dazu beigetragen, ihr diese Reise vorzuschlagen; sie wussten am besten, dass Eglantyne bereits als Kind Abenteuer geliebt hatte, und diese Fahrt durch das Kriegsgebiet war ein Abenteuer. Das Visum, das dank Charlies Kontakten schon im Februar eintraf, erlaubte ihr, durch Bulgarien, Serbien, Griechenland und die Türkei zu reisen, Länder, in denen sie bisher noch nicht gewesen war. Als sie ihren Rucksack gepackt hatte, war sie sich wie ein abenteuerlustiges Kind vorgekommen. Außer Kleidung zum Wechseln, einem zweiten Paar Schuhe, Seife, Bürste und Spangen, um die Haare zu bändigen, hatte sie nur das Neue Testament und ihr Notizbuch samt Bleistift eingepackt. Der einzige Luxus waren die sechs Reservebleistifte und die Brosche, die sie bei einer Reise nach Tirol zusammen mit Margaret ausgesucht und gekauft hatte.

Eglantyne zwang sich, die Suppe und das Sandwich zu essen, die Schwester Hodges ihr reichte. Vielleicht war es sogar gut, dass sie jetzt nicht in Cambridge war. Der Gedanke daran, Margaret und Archie in vertrauter Geste zusammen zu sehen, schnürte ihr die Kehle zu. Sie bekam keinen Bissen herunter, da mochte ihre Begleiterin noch so betrübt dreinschauen. Zum Glück hielt der Zug an einem kleinen Bahnhof, und Schwester Hodges wurde von einem Neuankömmling im Abteil abgelenkt.

»Wanja Dimitrov!« Der Mann nahm beim Anblick der Frauen seine Schirmmütze ab.

»Schwester Hodges, und das ist Frau Jebb«, stellte Eglantynes Begleiterin sich und ihre Auftraggeberin vor. »Das ist Schwester McQueen.«

Eglantyne musste schmunzeln, auch wenn das unpassend war. Aber sie amüsierte sich darüber, dass die junge Frau so selbstverständlich davon ausging, dass der Neuankömmling ihre Sprache verstand. Eine typische Tochter des Vereinigten Königreichs. Die Vorstellung, dass jemand kein Englisch beherrschte, überstieg ihre Fantasie. Und sie hatte Glück, das verwunderte Eglantyne fast mehr als die Antwort dieses Herrn Dimitrov.

»Oh, Sie kommen aus Großbritannien?«, bemerkte er in fehlerfreiem Englisch, das durch einen leichten slawischen Akzent geprägt war. »Ich bin Offizier aus Bulgarien.«

Eglantyne war erleichtert. Nicht jeder, der Englisch mit slawischem Akzent sprach, war auf ihrer Seite. Aber Bulgarien gehörte zu den Staaten, mit denen der *Macedonian Relief Fund* zusammenarbeitete, den Charlie mit seinem Bruder Noel vor zehn Jahren gegründet hatte und für den sie diese Reise unternahm.

»Was macht eine englische Lady mitten im Kriegsgebiet?«, wollte Wanja Dimitrov wissen.

Sie überlegte, was sie diesem Mann anvertrauen konnte, um mehr über ihn zu erfahren. »Mein Schwager hat in England einen Hilfsfonds für Mazedonien gegründet, und ich soll mich in der Region informieren, welche Art von Hilfe benötigt wird.« Das war die Wahrheit, verriet nichts von ihren wirklichen Plänen und bot ihrem Gegenüber die Gelegenheit, Stellung zu beziehen. Mazedonien war im letzten Jahr nach fünfhundert Jahren von der Herrschaft der Türkei befreit worden, die der Bevölkerung den islamischen Glauben aufgezwungen hatte. Überrascht stellte sie fest, dass der Kloß aus ihrem Hals verschwunden war. Sie biss herzhaft von dem Sandwich ab, während sie gespannt auf die Reaktion des Bulgaren wartete.

»Mazedonien!« Der bulgarische Offizier verzog das Gesicht. »Das ist doch Bulgarien.«

Eglantyne ließ das Sandwich sinken, bei dem aggressiven Ton, den der bis dahin freundliche Mitreisende angeschlagen hatte, verging ihr der Appetit. Sie war froh, dass sie in einem Zugabteil saßen und der Offizier anscheinend kein Regiment bei sich hatte. Konnte es sein, dass Charlie und Noel nicht genügend recherchiert hatten? Seit sie die beiden kannte, sprachen sie davon, dass die Mazedonier von der Herrschaft durch das Osmanische Reich befreit werden müssten, um an ihre europäische Geschichte anzuknüpfen. Sie konnte sich nicht vorstellen, dass ein gewiefter Politiker wie Charles Buxton die Gefahren in der Region falsch eingeschätzt hatte, zumal sich Bulgarien mit den drei anderen Ländern verbündet hatte. Sie beschloss, sich dumm zu stellen.

»Oh, ich dachte, Mazedonien sei ein eigenes Land«, entgegnete sie und kramte aus ihrer Umhängetasche eine Landkarte heraus. Umständlich entfaltete sie den Plan vom Osmanischen Reich und bat Wanja Dimitrov, ihr zu erklären, wo Serbien, Bulgarien, Griechenland, Montenegro und Mazedonien lägen.

»Serbien, Griechenland!« Wieder spuckte der Mann die Ländernamen aus. »Auf dem Balkan gibt es nur zwei Gruppen, die Türken und die Bulgaren. Die Türken sind meine Feinde, aber es sind immerhin Männer. Anders als die Serben und Griechen, die keine menschlichen Gefühle kennen.«

Eglantyne schluckte. Sie konnte den Hass kaum ertragen, der ihr da entgegenschlug. Und das von einem Soldaten, der offiziell mit den Männern zusammen kämpfte, die er so verunglimpfte. Worauf hatte sie sich da eingelassen?

»Die Engländer und Bulgaren sind sich in vielem ähnlich, wir wollen, dass es aufwärtsgeht und dass Dinge, die nicht gut sind, verändert werden.« Wanja Dimitrov blickte Eglantyne an, als wartete er auf ihre Zustimmung. Doch der Kloß, der ihr dieses Mal im Hals steckte, rührte von der Furcht davor, etwas Falsches zu sagen. Sie wusste, Charlie hatte sie um diese Erkundungsreise gebeten, weil sie diplomatisch war und immer das richtige Wort fand. Aber mit einer solchen Begegnung hatte er wohl kaum gerechnet. Als sie nicht antwortete, fuhr der Bulgare fort. »Pah. Die Serben essen, trinken, schlafen. Sehen Sie sich doch an, was in fünfzig Jahren serbischer Unabhängigkeit geschehen ist! Nichts! Belgrad ist ein Dorf geblieben. Sofia dagegen ist eine

Stadt der Kultur, dort finden Sie Schulen, Hospitäler und viele andere Einrichtungen.«

»Ich bin auf dem Weg nach Belgrad«, erwiderte Eglantyne nach einer Pause. »Da kann ich mir selbst ein Bild machen. Danke, dass Sie mich auf die Probleme hingewiesen haben.« Sie zwang sich, ein amüsiertes Lächeln zu unterdrücken, als der Offizier ihr die Hand schüttelte und ihr dafür dankte, dass sie ihn verstanden hätte. Die Menschen waren überall auf der Welt unterschiedlich, aber wenn sie anderen zuhörten, blieben sie gleich – sie hörten nur das, was sie hören wollten.

Eglantyne war froh, dass dieser Wanja Dimitrov das Abteil beim nächsten Halt verließ. Sie konnte verstehen, dass er als Bulgare auf der Seite Bulgariens stand. Sie würde auch immer für England einstehen, wenn auch nicht mehr so unverbrüchlich, wie sie es als Kind getan hätte, als sie von dem Wunsch beseelt war, ihr Vaterland notfalls mit dem Leben zu verteidigen. Seit sie beim *Macedonian Relief Fund* erfahren hatte, welches Leid der Krieg über ein ganzes Land und die Menschen brachte, war sie über ihre kindliche Begeisterung immer wieder entsetzt. Sie wusste, dass in dem Gebiet, in das sie reiste, inzwischen Frieden herrschte, aber was sie dort wirklich erwartete, konnte sie sich nicht vorstellen.

»Was meinen Sie, Schwester, haben die Menschen in Belgrad und Skopje ein Dach über dem Kopf oder leben sie auf der Straße? In den Geschichten über den Krieg ist immer nur von Kämpfen auf fernen Schlachtfeldern die Rede.« Sie dachte an die Meldungen, die Charlie und Noel täglich von ihren Freunden auf dem Balkan bekamen. »Die Briefe aus den Städten klangen ganz anders. Und warum sollen wir dort ein Krankenhaus aufbauen? Es hat doch sicher schon immer eines gegeben. Oder sogar mehrere.« Es sei denn, dieser bulgarische Offizier hatte recht, dass die Serben sich um das Wohl ihres Volkes nicht gekümmert hatten.

»Ich war vor Jahren einmal dort und habe in dem Krankenhaus gearbeitet«, erzählte Schwester McQueen. »Damals habe ich mich mit anderen Schwestern angefreundet. Ich hoffe, dass ich sie wohlbehalten antreffen werde. Ich fürchte, der Krieg mit seinen Folgen ist nur eines der Probleme in der Region.«

Eglantyne sah sie erstaunt an. »Was gibt es dort sonst noch?«

Schwester McQueen nickte nachsichtig, und Eglantyne ahnte, was sie dachte. Als Studierte und Tochter aus gutem Haus hätte sie ohnehin keine Ahnung, was in der Welt geschah und wie die wahren Probleme aussahen. Auf gewisse Weise hatte ihre Begleiterin sogar recht. Ehe sie in den Slums von Marlborough gearbeitet hatte, hätte sie sich keine Vorstellung davon machen können, unter welchen Bedingungen manche Menschen leben mussten. Vielleicht war es auf dem Balkan ähnlich. Sicher war es so, deshalb hatten die Buxtons doch den *Macedonian Relief Fund* gegründet. »Sind die Menschen dort wirklich so arm?«

»Ja, aber das ist nicht das Schlimmste. Bisher haben die Menschen in der Region weitgehend in Frieden miteinander gelebt. Sie waren Nachbarn, Freunde und Kollegen. Doch seit dem Krieg zählen nur noch die Religion und die nationale Herkunft. Von den Albanern, die dort leben, sind zwei Drittel Moslems und ein Drittel Katholiken. Die Serben und Mazedonier hassen die Christen mehr als andere Feinde, und das führt zu Kämpfen, die immer wieder aufbrechen.« Schwester McQueen holte ihren Rosenkranz aus der Rocktasche und begann zu beten. »Mehr kann ich nicht tun. Beten und die Menschen pflegen, sobald ich dort bin.«

Eglantyne wusste nicht, was sie antworten sollte. Auch wenn sie selbst sich vom christlichen Glauben mal mehr und mal weniger leiten ließ, war es ihr doch fremd, Menschen wegen ihrer Religion oder Herkunft zu hassen oder abzulehnen. Sonst hätte sie diese Aufgabe nicht übernommen. Sie sollte und wollte allen Menschen helfen, und sie wusste, dass das im ersten Schritt muslimische Flüchtlinge sein würden, die aus ihren brennenden Häusern in Monastir geflohen waren.

Sie betrachtete Schwester McQueen von der Seite. Ob die Frau mit der Aufgabe fertigwerden würde – den Feinden der Christen zu helfen? Je tiefer sie in die Region reiste, umso bewusster wurde ihr, welche Herausforderung sie auf sich genommen hatte, und das als Engländerin, allein, unbewaffnet und ohne jeden Schutz. Was hatte sie nur dazu bewogen, Charlie, der wegen der inländischen Politik das Land nicht mehrere Monate verlassen konnte, vorzuschlagen, an seiner Stelle zu reisen?

Die Antwort lag in ihren Händen. Es war die Angst mitzuerleben, wie ihre geliebte Freundin sich mehr und mehr diesem Mann zuwandte. Immer häufiger war sie allein zu Hause gewesen, weil Margaret bei ihren Eltern übernachtete, um Archibald Hill näher zu sein. Eglantyne wurde derweil Nacht für Nacht von Träumen heimgesucht. Sie sah sich selbst als 13. Gast an der Hochzeitstafel wie die 13. Fee aus dem Märchen, nur dass sie die Gesellschaft nicht verzaubern konnte. In einem Traum erlebte sie sich selbst als einsame alte Frau, die nie wieder eine Liebe fand, weil sie aus Hoffnung auf ihre große Liebe alle anderen zurückgestoßen hatte. Sie war vor den realen Bildern und den nächtlichen Träumen geflohen in der Hoffnung, dass ihr die Erlebnisse in dem ehemaligen Kriegsgebiet und die Hilfe für Menschen, denen es wirklich schlecht ging, die Augen öffneten, wie gut sie es trotz allem im Leben getroffen hatte.

In Belgrad wurde Eglantyne auf dem Bahnhof von einer Frau empfangen, die sie niemals in einem vor Kurzem noch vom Krieg gepeinigten Gebiet erwartet hätte. Wohlproportioniert und gut genährt, mit modischem Haarschnitt und in Kleidung, wie sie die Frauen der gehobenen Schichten in Cambridge im Alltag trugen – praktische Schuhe, ein Kleid aus erkennbar gutem Stoff, ein Pelzmantel und ein Hut, der dafür sorgte, dass die Frau aus der Menge herausstach.

»Sind Sie Mrs Jebb? Ich bin Mrs Christitch und habe hier in Belgrad eine Organisation gegründet, um den Armen zu helfen.«

»Äh, guten Tag, Mrs Christitch.« Eglantyne ärgerte sich, dass sie leicht stammelte, aber sie war perplex. Sie hatte nicht damit gerechnet, in einem Gebiet, das gerade von der osmanischen Herrschaft befreit worden war, eine derart britisch wirkende Frau zu treffen, die dazu akzentfrei Englisch sprach? »Sind Sie von der Botschaft?« Anders konnte sie sich diese Begegnung nicht erklären.

»Nein, nein, ich kenne Botschafter Sir Paget nur sehr gut. Er hat mich gebeten, Sie zu empfangen, weil er dachte, es wäre Ihnen lieber, wenn eine Frau Sie erwartet als einer seiner Männer. Er selbst hat einen Termin, wir werden ihn nachher treffen.«

Wir werden ihn nachher treffen! Eglantyne wurde blass. Sollte das heißen, dass sie diese dominante Frau während ihres ganzen Aufenthaltes ertragen musste? Natürlich war es ihr recht, wenn ihr jemand in ihrer Muttersprache alles erklärte, aber neben dieser Frau fühlte sie sich klein, unbedeutend, sogar schlecht gekleidet und hässlich, worüber sie sich sonst nie Gedanken machte. Vor allem aber kam sie nicht zu Wort.

»Wissen Sie, ich kenne Sir Ralph – das ist der Botschafter, aber das wissen Sie ja sicher –, seit ich in Belgrad lebe. Mein Mann ist Serbe.« Frau Christitch seufzte. »Er ist ein so guter Mann, nicht einen Tag habe ich bereut, meine irische Heimat für ihn verlassen zu haben. Ich bin sicher, dass sich, sobald Ruhe eingekehrt ist, Serbien zum neuen Kern eines großen slawischen Staates außerhalb von Russland entwickeln wird. Mein Mann sagt immer, Serbien wird zum Piemont auf dem Balkan!«

Eglantyne trat von einem Fuß auf den anderen. Schwester Hodges und Schwester McQueen gaben ihr Zeichen, dass sie nun endlich aufbrechen sollten. Im März war es kalt in Belgrad.

Sie waren zwar darauf vorbereitet, aber ihre Schuhe waren nicht für langes Stehen in der Kälte gemacht. Sie öffnete den Mund, um Frau Christitch dezent darauf hinzuweisen, dass sie gerne ins Hotel wollten.

»Sie müssen wissen, in Serbien leben weniger als zwei Millionen Menschen. Zehn Millionen sind ausgewandert in andere Länder. Wenn sie alle zurückkommen, wird unser Land eine blühende Nation. Das werden Sie bald erleben, dann wird man Serbien und Italien in einem Atemzug nennen.«

Als wäre der Frau mit dem Wort Atemzug aufgefallen, dass der Atem deutlich vor den Gesichtern der anderen zu sehen war, wechselte sie abrupt das Thema. »Jetzt bringen wir Sie erst einmal unter. Ich habe bei mir im Haus für Sie, Mrs Jebb, das Gästezimmer herrichten lassen. Die Schwestern nächtigen ja sicher in einem Kloster.«

Puh! Wie sollte Eglantyne sich höflich aus dieser Situation befreien? Sie war erleichtert, als Schwester McQueen sich einmischte. »Soviel ich weiß, sind für uns Hotelzimmer gebucht, und ich denke, in Anbetracht der Lage sollten wir drei zusammenbleiben. Man erwartet uns in Skopje, und es wäre fahrlässig, wenn wir einander bei einem erneuten Angriff auf Belgrad erst suchen müssten.«

Frau Christitch verzog für einen Moment beleidigt das Gesicht, hatte sich aber schnell wieder im Griff. »Es wird keine Angriffe mehr auf Belgrad geben, das wüsste ich. Mein Mann ist Serbe, und Sie können mir glauben, er kennt sich aus.«

Fast musste Eglantyne lachen. Wenn jeder Bürger jedes Landes jederzeit wüsste, ob und wo es Angriffe auf sein Land gab, hätten sie längst Frieden auf der ganzen Welt. Sie ging jedoch nicht auf diese naive Weltsicht ein, die in derselben Weise auch viele der Frauen aus den Wohltätigkeitsvereinen, die sie in Cambridge kennengelernt hatte, äußern würden. »Ich denke auch, dass es besser ist, wenn wir zusammen nächtigen. Unsere Weiterfahrt ist morgen ganz früh geplant, und das Hotel liegt direkt am Bahnhof.« Gut, dass ihr das eingefallen war, davon gab sich Frau Christitch geschlagen. Allerdings blieb sie ihnen auf den Fersen, während sie zum Hotel gingen, und sie wartete in der Halle, als sie ihre Zimmer bezogen. Von ein paar Minuten Ruhe konnte keine Rede sein.

»Der Botschafter erwartet uns, Mrs Jebb«, empfing die Irin sie, als sie zu dritt die Hotellobby betraten.

Eglantyne schmunzelte. Die direkte Anrede zeigte deutlich, dass die Frau mit ihr allein in die Botschaft fahren wollte. Da hatte sie sich allerdings geirrt. Der *Macedonian Relief Fund* hatte ausdrücklich Schwester McQueen und Eglantyne als Abordnung ins Land geschickt; Schwester Hodges war zusätzlich dabei, aber sie waren eine Gruppe und würden als solche dem britischen Botschafter Sir Ralph Paget ihre Aufwartung machen.

Frau Christitch war erneut beleidigt, fing sich aber schnell wieder und sorgte dafür, dass sie sicher in die Botschaft gebracht wurden: »In meiner Kutsche ist zum Glück genug Platz.«

Dort empfing der Botschafter sie mit einem liebenswürdigen Lächeln und Gastgeschenken, von denen Eglantyne die Fahrkarte für freie Fahrt in der Eisenbahn am liebsten war. Je länger das Gespräch dauerte, umso unwohler fühlte sie sich jedoch.

»Es ist wirklich bedauernswert, dass die Türken das Land so schnell aufgegeben haben«, erklärte der Botschafter und schwärmte von den wunderbaren Möglichkeiten, die die Bevölkerung unter der Herrschaft des Großwesirs, der leider von Aufrührern aus dem eigenen Reich ermordet worden war, gehabt hätten.

Irgendwann tat Eglantyne so, als müsse sie ein Gähnen unterdrücken, und entschuldigte sich. »Die Fahrt im Zug war lang, und wir haben wenig Schlaf bekommen. Vielleicht können wir das Gespräch fortsetzen, wenn wir auf der Rückreise wieder hier Station machen. Dann kann ich Ihnen berichten, was wir in Skopje vorgefunden und erreicht haben.«

»Wie unaufmerksam von mir, dass ich daran nicht gedacht habe.« Sir Ralph Paget wirkte ehrlich betrübt. »Ich wünsche Ihnen eine gute Reise und bin neugierig, was Sie zu erzählen haben. Ich hoffe für Sie, dass die Infrastruktur, die unter türkischer Herrschaft aufgebaut wurde, erhalten blieb.«

Eglantyne nickte nur. Sie musste die Zusammenhänge erst einmal sortieren und hoffte, dass Charlie und Noel ihr über diese nationalen, kulturellen und religiösen Verflechtungen ein Dossier eingepackt hatten.

Kapitel 17

1926 Genf

Als Anni zurück ins Speisezimmer kam, saß Eglantyne Jebb auf ihrem gewohnten Platz. Das Frühstücksgeschirr war in die Mitte des Tisches geschoben, vor ihr lag eine dicke Mappe mit Zeitungsausschnitten. Was mochten das für Ausschnitte sein? Über die Stiftung? Sie zögerte. Würde es zu aufdringlich wirken, wenn sie einen Blick auf die Papiere warf? Sie war unschlüssig, ob sie an ihren Platz oder zu ihrer Gastgeberin gehen sollte.

»Da bist du ja wieder.« Ehe Anni sich entscheiden konnte, hatte Eglantyne bemerkt, wie sie verloren mitten im Zimmer stand. »Sieh mal, das ist ein Bericht, den ich über eine Reise nach Mazedonien geschrieben habe.«

Sie erkannte an der Miene der jungen Frau, dass diese nicht wusste, wo Mazedonien lag. Sicher wäre es ihr in dem Alter genauso gegangen. Damals bestand ihre Welt weitgehend aus Lyth und Tydraw. Erst die Kindermädchen vom Kontinent, vor allem Heddie aus dem deutsch-französischen Elsass, vermittelten ihr, dass es mehr gab als das britische Königreich. Und durch Ems Berichte aus Dresden war Eglantyne so richtig klar geworden, dass die Welt größer war als die britische Insel. Das hatte sie ihrem Gast voraus.

Sie schilderte Anni die Reise und ihre Eindrücke von den verfeindeten Menschen und bemerkte erstaunt, dass Anni nickte.

Bisher hatte sie das Gefühl gehabt, die junge Frau sei noch nicht über die Grenzen des Ruhrgebiets hinausgekommen.

»Das kenne ich«, erklärte Anni. »Als ich achtzehn war, rückten die Franzosen in unsere Stadt ein. Das war so schrecklich.« Sofort hatte sie die Bilder der Männer in Kampfanzügen mit Waffen unter dem Arm im Kopf.

»Aber der Weltkrieg war 1918 bereits beendet. Vor acht Jahren. Damals kannst du doch nicht achtzehn gewesen sein.« Eglantyne runzelte die Stirn.

Anni stand so unter dem Eindruck der Erinnerungen, dass sie nicht über diese Bemerkung lachen konnte. »Als der Krieg aus war, war ich dreizehn«, erwiderte sie knapp. »Während des Kriegs hatte ich vor allem Hunger. Männer mit Waffen tauchten bei uns erst 1923 auf, als die Franzosen das Ruhrgebiet besetzten, um die Kohle zu stehlen.«

Eglantyne holte tief Luft. Sie erinnerte sich gut an die Ruhrbesetzung, weil sie vor drei Jahren ihre ganze Planung durcheinandergebracht hatte. Statt in die Städte entlang der Ruhr hatten sie kurzfristig die bereits geordneten Lebensmittel in andere Regionen bringen müssen.

»Ich hasse die Franzosen!« Anni sprach so voller Hass, dass Eglantyne erschrak. Genauso hatte Wanja Dimitrov über die Serben geredet und mancher Serbe über die Bulgaren und die Mazedonier über die Albaner. Bis heute hatte sie die scharfen Schwingungen der Sprache im Ohr, wenn die einen die anderen erwähnten, obwohl sie kein Wort von dem verstanden hatte, was dort gesagt wurde.

»Weißt du, warum die Soldaten zu euch gekommen sind?« Sie dachte nach, wie sie Anni die wahren Hintergründe darlegen konnte. Erklärungen würden bei diesem Widerstand nicht reichen. In der Bibliothek des Völkerbundes wurden Zeitungen archiviert, darin gab es sicher Berichte über die Ereignisse, die Anni erlebt hatte, aus der Perspektive der Gegenseite.

»Sie wollten unsere Kohle klauen!«, antwortete Anni trotzig. Sie fühlte sich von Eglantyne nicht ernst genommen. Warum glaubte sie ihr nicht? Warum wollte sie wissen, weshalb die Franzosen bei ihnen aufgetaucht waren? »Mein Vater und die anderen Bergleute haben gestreikt. Alle Geschäfte wurden mit Brettern verbarrikadiert.« Sie lachte höhnisch. »Da haben die schön dumm geguckt.«

Puh! Eglantyne atmete tief durch. Ein solches Szenario hatte sie bei ihrer Reise nach Belgrad und Skopje erlebt. Sie musste Annis Hass brechen, schließlich befanden sie sich gerade im französischen Teil der Schweiz, wenn die junge Frau bei der Veranstaltung am Wochenende solche Äußerungen von sich gab, konnte sie sich und der Stiftung schaden. Vielleicht war die Idee, sie von ihrer Mission berichten zu lassen, doch nicht so gut.

Ihr fiel auf, dass sie noch immer vor der Mappe saß. Am besten sorgte sie dafür, dass die junge Frau sich entspannte. In dieser aufgeladenen Stimmung konnte sie kein Gespräch mit ihr führen. Aber möglicherweise öffneten ihr die Berichte aus dem mazedonischen Kriegsgebiet die Augen.

»Ich habe die Mappe mit meinen Aufsätzen geholt, wenn du magst, kannst du sie dir ansehen.« Eglantyne schlug sich mit der rechten Hand vor den Kopf. »Du kannst die Artikel ja gar nicht lesen. Sie sind auf Englisch. Obwohl …« Sie blätterte in der Mappe. »Vielleicht sind einige Berichte darunter, die in deutschen Zeitungen erschienen sind.«

Eglantyne dachte nach. »Komm, wir gehen in die Buchhandlung und fragen nach einem Nachschlagewerk für Englisch und Deutsch. Damit könntest du versuchen, meine Artikel und einige Sätze aus meiner Studie zu lesen. Das ist zwar etwas mühselig, aber dabei lernst du ganz nebenbei Englisch.« Sie lächelte zufrieden und klappte die Mappe mit den Aufsätzen zu.

Anni seufzte innerlich. Die Zeitungsausschnitte würde sie gerne lesen. Aber das Buch mit der Studie war so dick. Und waren Studien nicht etwas für Studierte? Sie hatte gerade mal einen Volksschulabschluss. Sicher würde sie nichts von dem verstehen, was dort stand, auch wenn sie sich Seite für Seite Wort für Wort mit einem Wörterbuch übersetzte. Ein Lächeln schlich sich in ihr Gesicht. Eglantyne hatte über den eigenen Artikeln ihren Aufsatz über die Zukunft vergessen, den sie hinter dem Rücken versteckte.

»Deinen Aufsatz lese ich, wenn wir zurückkommen«, versprach Eglantyne in dem Augenblick.

Anni nickte ergeben. Vielleicht fand ihre Gastgeberin den Aufsatz nicht gut genug, und sie ersparte ihr, den Bericht über ihre Zeit in Genf zu verfassen. Was sollte sie auch schreiben? Dass sie die Sprache der Menschen nicht verstand und das Leben anders war als bei ihr zu Hause? Als sie daran dachte, sehnte sie sich nach ihren Eltern, nach Klara, Maria, Johann, ihrer Freundin Helga und sogar nach Ferdinand, von dem sie sich doch eigentlich trennen wollte. Hätte sie nur nicht zugestimmt, eine Woche länger in der Fremde zu bleiben. Tränen stiegen ihr in die Augen bei dem Gedanken, noch sieben Tage durch Straßen zu gehen, in denen sie kein bekanntes Wort hörte. Nicht einmal auf dem Markt hatte man sie verstanden, als sie mit einem freundlichen »Guten Morgen!« einen Apfel kaufen wollte.

»Komm, ein kleiner Spaziergang wird uns guttun!« Eglantyne sah, dass Anni mit den Tränen kämpfte, und nahm ihr den Aufsatz aus der Hand. »Du wirst sehen, nach dem Besuch in einem Buchladen sieht die Welt immer besser aus.«

Anni ließ sich aus dem Raum schieben. An der Garderobe zwang sie sich, in die Jacke zu schlüpfen, die Charlene, die wie aus dem Nichts in der Eingangshalle erschien, ihr hinhielt. Die Neugier auf einen Laden voller Bücher schob das Heimweh beiseite. In Buer und Gelsenkirchen gab es viel weniger Läden als in Genf; nur einen Bäcker, einen Metzger, einen Zigarrenladen und die kleinen Geschäfte, in denen man alles kaufen konnte, was man für den Alltag brauchte. Und den Kolonialwarenladen, in dem es seltsame Früchte und Tiere, Kaffee und Tee gab; vieles davon hatte sie auch hier auf dem Markt gesehen. Höchstens das Kaufhaus Weyer war mit einem der hiesigen Geschäfte vergleichbar.

»So gefällst du mir.« Eglantyne hakte sich bei Anni unter. »Weißt du eigentlich, dass deine Augen leuchten, wenn du dich auf etwas Neues freust?«

Wieder einmal wunderte Anni sich über eine Bemerkung ihrer Gastgeberin. Sie kannte niemanden, der so etwas jemals gesagt hätte. Sie mochte kaum glauben, dass man so viel an den Augen ablesen konnte. Traurigkeit schon, aber Neugier? Doch Eglantyne lag richtig. Anni war neugierig, wie so ein Buchladen aussah. Ob die Bücher dort lagen wie die Fische im Kolonialwarenladen oder die Brötchen beim Bäcker? Sie versuchte, ihre Schritte denen von Eglantyne anzupassen, und musste unwillkürlich an die Oberschwester denken, die bei jeder Gelegenheit betonte, dass Frauen, vor allem Säuglingspflegerinnen, zwar schnell gehen durften, aber nur mit kleinen Schritten. Große Schritte schickten sich für Mädchen nicht. Anscheinend hatte es solche Ratschläge in Eglantynes Familie nicht gegeben. Sie stapfte mit raumgreifenden Schritten am Rand der Straße entlang, auf der Pferdefuhrwerke und Automobile rollten, und wich dabei geschickt entgegenkommenden Fußgängern aus oder Radfahrern, die sich ihrerseits nicht selten mit einem Schlenker vor Autos und Pferden retten mussten.

»Da ist sie!« Eglantyne deutete auf die gegenüberliegende Straßenseite. Vor lauter Kutschen, Omnibussen, Autos und Menschen konnte Anni den Laden nicht erkennen. Lediglich das Straßenschild Rue du Bourg-de-Four ragte über die Köpfe der Menschen und die Dächer der Fahrzeuge hinweg, wenn es nicht gerade von einem der hohen Busse verdeckt war. Wie sollten sie bei diesem Gewusel auf die andere Seite kommen? Jetzt erst bemerkte sie, dass an jenem Arm ihrer Gastgeberin, den sie nicht bei Anni eingehakt hatte, trotz des sonnigen Wetters ein Schirm hing. Eglantyne ließ Anni los und nahm den Schirm in die Hände. Sie spannte ihn auf, hielt ihn vor sich und schob ihn leicht auf und zu.

»Das klappt immer! Am besten gehst du dicht hinter mir, damit du nicht angefahren wirst, sollte einer der Männer nicht anhalten.«

Erst jetzt fiel Anni auf, dass auf dem Kutschbock und hinter den Lenkrädern der Autos ausschließlich Männer saßen. Als diese den Schirm flattern sahen, bremsten sie ab und hielten an, sodass Anni und Eglantyne die Straße überqueren konnten. Je näher sie der anderen Seite kamen, umso besser war der Buchladen zu sehen. Die dicke Mauer aus Sandstein war von Fenstern durchbrochen, die bis zum Boden reichten und oben abgerundet waren. Hinter dem Glas lagen und standen Bücher, ganz rechts war ein Fenster als Tür geöffnet.

Eglantyne schob den Schirm wieder zusammen. »Geh nur vor, ich kenne den Laden.«

Anni tat einen Schritt über die Türschwelle. Wo sie hinsah, waren Bücher.

»Bonjour, Mademoiselle! Bienvenue!« Ein junger Mann mit glänzenden Haaren, die aussahen, als seien sie am Kopf festgeklebt, trat auf sie zu und lächelte sie freundlich an.

»Äh, bonjour mister«, stammelte Anni und sah sich Hilfe suchend nach Eglantyne um. Lachte der junge Mann etwa über sie? Hatte sie etwas Falsches gesagt? Ihre Kolleginnen hatten ihr beigebracht, dass guten Tag »Bonjour« hieß. Sie wurde rot. Mister war ein englisches Wort. Warum hatte sie nicht den Mund gehalten? Was musste der freundliche Herr von ihr denken?

Über ihren Kopf hinweg prasselten französische Worte, von denen sie kein einziges verstand. »Ich habe dem Buchhändler erklärt, dass du aus Deutschland kommst und gerade erst zwei

Tage hier bist und wir ein Wörterbuch suchen«, übersetzte Eglantyne.

Der junge Mann lächelte Anni an und sagte mit dem seltsamen Klang in der Stimme, den die Menschen hier in Genf hatten: »Guten Tag, verehrtes Fräulein.« Dann drehte er sich um und huschte zwischen den Bücherregalen hindurch. Am Ende eines Regals blieb er stehen. Er nahm ein Buch heraus und winkte die beiden Frauen zu sich heran. Als sie ihn erreichten, strahlte er Anni an und deutete auf den Umschlag des Buches: Française – Allemagne, Deutsch – Französisch.

»Wir brauchen ein Wörterbuch Deutsch-Englisch und Englisch-Deutsch«, erklärte Eglantyne dem Buchhändler auf Französisch. Als sie sah, dass er seinen Blick nicht von Anni lassen konnte und die junge Frau errötete, während er ihr das Gewünschte reichte, fügte sie hinzu: »Und dann nehmen wir außerdem eines für Deutsch-Französisch.« Dabei zwinkerte sie Anni zu, die im ersten Moment darauf verweisen wollte, dass sie keine Artikel vom Deutschen ins Französische übersetzen musste. Doch das Funkeln in den Augen des Mannes hinderte sie daran. Sie nahm das zweite Buch entgegen, schlug es auf, blätterte mehrmals und sagte dann: »Merzi baukuup pur votre eide.« Es war nicht leicht, die Wörter auszusprechen. Sie war froh, dass Eglantyne ihr zu Seite sprang. »Ich habe mich mit dem Französischen auch immer schwergetan. Und gerade den Satz ›Merci beaucoup pour votre aide‹, vielen Dank für Ihre Hilfe, braucht man hier ständig.«

»Ich habe Sie gut verstanden«, beruhigte der junge Mann Anni. »Es war mir eine große Freude.«

Eglantyne verfolgte schmunzelnd, wie Anni durch die Buchhandlung ging und der Buchhändler ihr wie ein wohlerzogener Hund auf Schritt und Tritt folgte. Vielleicht erledigte sich der Hass auf die Franzosen bald von selbst. Matteo Sprüngli war zwar Schweizer, aber durch ihn bekam die französische Sprache in Annis Ohren einen anderen Klang.

Dennoch würde sie an ihrem Plan festhalten, Anni die Augen über die Hintergründe der Ruhrbesetzung zu öffnen. In jener Zeit hatte *Save the Children* in Berlin weiterhin Kakaostuben eröffnet und Küchen an zwei Charlottenburger Schulen betrieben, die davon profitierten, dass Spenden ins Ruhrgebiet nicht möglich waren.

»Hast du etwas gefunden, Anni?« Eglantyne wollte nicht darauf warten, bis ihr Gast sich von dem Buchhändler losriss. Fast beneidete sie die junge Frau darum, dass sie sich so spontan auf den Flirt einlassen konnte, auch wenn sie ahnte, dass ihr und dem Mädchen ein Katzenjammer bevorstand. Schließlich wartete zu Hause ein anderer junger Mann darauf, dass seine geliebte Freundin zurückkam. »Ich möchte dir das Büro des Völkerbundes zeigen«, erklärte sie die Unterbrechung. »Dort gibt es eine große Bibliothek mit deutschen Büchern und Zeitungen.«

»Wir haben auch deutsche Bücher«, ließ der Buchhändler pikiert verlauten. »Bei dem Regal waren wir nur noch nicht. Ich habe Mademoiselle Anni erst einmal die Bilderbücher und Märchen von Charles Perrault gezeigt.«

»Wir kommen wieder«, versprach Eglantyne. »Heute haben wir einiges zu erledigen, und ich weiß nicht, wie lange die Bibliothek im Völkerbund geöffnet war.«

Anni legte mit trotzigem Gesicht die Wörterbücher auf die Theke. Sie hätte gerne mehr Zeit mit dem freundlichen Buchhändler verbracht. Sie wagte jedoch nicht, ihrer Gastgeberin zu widersprechen oder gar anzubieten, dass sie verweilen und dann allein zurück zur Wohnung gehen würde.

Eglantyne bezahlte die Wörterbücher und beobachtete amüsiert, wie der Buchhändler Anni lange die Hand schüttelte, ehe er ihr den Einkauf übergab und ein sorgfältig ausgewähltes Lesezeichen dazulegte. Das konnte ja eine heitere Woche werden.

Erst einmal lenkte sie Anni in Richtung Völkerbundsgebäude. Wenige Minuten später nickte der Pförtner ihr zur Begrüßung zu. Sie führte Anni direkt in die Bibliothek, bat die Mitarbeiterin um die Zeitungen aus dem Jahr 1923 und blätterte schnell, aber sicher die Seiten durch. »Ruhrbesetzung!«, sprang ihr aus einer Schlagzeile entgegen.

Eglantyne überflog den Artikel, in dem sogar erwähnt wurde, dass in Buer und Gelsenkirchen die Oberbürgermeister von den Truppen verhaftet worden waren. Sie schob Anni, die mit finsterem Gesicht neben ihr saß, den Bericht hin. »Das hier kannst du lesen. Die Zeitung stammt aus dem deutschsprachigen Teil der Schweiz.«

»Da steht es doch: Ruhrbesetzung!« Anni konnte den leisen Triumph, den sie bei der Überschrift verspürte, nicht verhehlen. Diese Eglantyne Jebb war freundlich und kümmerte sich um sie, aber sie sorgte auch dafür, dass sie sich dumm und klein vorkam. Und dass sie sie aus dem Gespräch mit dem netten Buchhändler gerissen hatte, war unmöglich. Diese Frau war schließlich nicht ihre Mutter. Nicht einmal die hätte das gemacht. »Ich hab's doch gesagt.«

Eglantyne atmete tief durch. »Die Überschrift in einer Zeitung heißt Schlagzeile, sie ist immer besonders reißerisch formuliert, damit sie sich in die Augen der Betrachter schlägt. Die ganze Wahrheit steht in dem kleingedruckten Artikel.« Sie zwang sich zu einem sachlichen Ton, auch wenn die patzigen Antworten des Mädchens sie ärgerten, aber vermutlich hätte sie selbst in dem Alter ebenso reagiert, wenn jemand sie aus einem Flirt herausgerissen hätte.

Anni riss das große Buch mit den Zeitungen an sich und las den Bericht.

»Und?« Eglantyne zog den Zeitungsband wieder in die Mitte des Tisches. »Warum sind die Franzosen in das Ruhrgebiet einmarschiert? Wollten sie euch überfallen oder ausplündern?«

Anni druckste herum. Schon als Kind war es ihr schwergefallen, einen Fehler zuzugeben. Das hatte sich in der Schule nicht geändert. »Sie wollten unsere Kohle.« Das stand tatsächlich in dem Artikel. Allerdings hatte sie dort auch gelesen, warum das so war.

»Ja, sie wollten sich die Kohle holen, weil Deutschland die versprochene Menge nicht geschickt hat«, fügte Eglantyne hinzu. »Nachdem die deutsche Armee den Krieg in Europa begonnen hatte, wurde das Land nach Kriegsende verpflichtet, eine Wiedergutmachung zu leisten. Schließlich sind in vielen Ländern Menschen gestorben und Städte zerstört worden. Reparationen heißen diese Wiedergutmachungen, und Deutschland hat Anfang 1923 einfach nichts mehr geschickt.«

Anni presste die Lippen zusammen. Als ob sie das nicht gerade eben selbst gelesen hätte. Was musste diese Frau ihr das nun vorhalten? Sie konnte doch nichts dafür.

Eglantyne legte ihre Hand auf Annis Schulter und drehte sie zu sich. »Ich möchte dir nicht wehtun. Für mich zählen Menschen, nicht Nationen. Aber ich habe im Krieg erfahren, auf welche Art und Weise Politiker und Zeitungen die Völker beeinflussen. Damals habe ich mit meiner Schwester Zeitungen aus der ganzen Welt gelesen und Artikel zusammengetragen, die vor allem von Deutschland ein faires Bild zeigten. Nicht ein Bild, wie es bei dir über die Ruhrbesetzung angekommen ist. In meiner Mappe mit den Artikeln sind sicher auch aus jener Zeit einige Beiträge, die ich nicht geschrieben, sondern übersetzt habe. Vielleicht verstehst du dann besser, weshalb es wichtig ist, zu hinterfragen, was andere sagen.«

Kapitel 18

1917 London

»Ich kann das nicht mehr lesen!« Dorothy warf die Zeitung auf den Teller. Schnell zeichneten sich Fettflecken und Marmeladenreste von den Scones auf dem Papier ab. »Was ist denn los? Hat wieder jemand was Schlechtes über Charlie geschrieben?« Mitleid schwang in dem Blick mit, den Eglantyne ihrer Schwester zuwarf. Seit Dorothy vor zehn Jahren ihre große Liebe geheiratet hatte, hatte sie mit ihm Höhen und Tiefen erlebt. Die Geburt ihrer beiden Kinder und die Wahl zum Abgeordneten, aber eben auch die Niederlagen und Anfeindungen der politischen Gegner. Davon gab es genug, seit Charles Buxton sich für die Benachteiligten einsetzte und gar Spenden für Projekte auf dem Balkan sammelte, wo aus Sicht vieler Engländer eine Horde unzivilisierter Barbaren hauste. Dass die Menschen auf dem Kontinent kriegslustig waren, zeigte sich für die Briten jetzt wieder mit jeder Nachricht über den Krieg, den diese Germanen ausgelöst hatten.

»Ach, was unsere Schmierblätter über Charlie schreiben, juckt mich nicht. Mich stört, dass sie sich so massiv in die Kriegspropaganda einmischen.« Dorothy nahm mit spitzen Fingern die Zeitung von ihrem Teller, sorgfältig darauf bedacht, dass weder Sconekrümel noch Marmelade daran hängen blieben. »Da steht schon wieder, dass in Deutschland alle Menschen vom kleinsten Kind bis zum ältesten Mann danach streben, die Welt zu erobern. Kannst du dir vorstellen, dass die freundliche Wirtin, bei der Em in Dresden gewohnt hat, Krieg gegen uns führen will?«

Eglantyne nickte. Ihr ging es ähnlich, wenn sie die Zeitungen las. Überall wurden Deutsche und Österreicher als Monster dargestellt, die keinerlei Interesse daran hatten, den Krieg zu beenden. Bei ihren Reisen auf dem Balkan hatte sie Ähnliches erlebt. Hier in England beschrieben die Politiker und Zeitungen die Menschen in Mazedonien als Kriegstreiber oder gar Wilde, während die Menschen dort sich nach nichts mehr sehnten, als in Frieden und Freiheit mit ihren Liebsten zu leben und ihrem Land zum Aufschwung zu verhelfen.

»Wenn wir jemals wieder Frieden erreichen wollen, müssen wir etwas dagegen tun.« Dorothy knüllte die Zeitung zusammen und warf sie auf den Tisch. Eglantyne kannte diesen Ausdruck der Entschlossenheit im Gesicht ihrer kleinen Schwester. Schon als Kind hatte sie ihn gezeigt, wenn sie ihren Willen gegen die Eltern oder die älteren Geschwister durchsetzen wollte, da waren sie sich sehr ähnlich.

»Was hast du vor?«

»Wir müssen Informationen verbreiten, die ein anderes Bild von Deutschland und Österreich zeigen. In dem deutlich wird, dass auch dort Menschen leben, die dieselben Sehnsüchte und Träume haben wie wir.« Dorothy schob ihre Tasse und den Teller in die Mitte. Sie drehte sich auf ihrem Stuhl zu dem Sideboard hinter sich und holte aus der Schublade einen Notizblock. »Komm, wir überlegen uns, wie wir das angehen könnten.«

Eglantyne holte tief Luft. Sie bewunderte ihre Schwester für ihren Elan und ihre Energie und wünschte sich, sie könnte ihr davon etwas abgeben. Da mochte Dorothy hundert Mal sagen, dass sie während ihrer Arbeit bei der *Charity Organisation Society* dieselbe Energie gehabt hätte. Seit Margarets Heirat fehlte ihr der Halt. Die täglichen Briefe, die Zuneigung und das Wissen, dass immer jemand da war, der zu ihr stand und sie auch in schlechten Zeiten motivierte, hatten sie vorangetrieben. Sie seufzte. In den letzten Jahren hatte sie sich durch Reisen mit ihrer Mutter und für ihren Schwager von ihrem leeren Leben abgelenkt. Nachdem der Krieg ausgebrochen war, konnte es Charlies *Macedonian Relief Fund* nicht mehr riskieren, eine Frau auf den Balkan zu entsenden. Die Arbeit ruhte ohnehin, weil die Briten schlichtweg alle für Feinde hielten, deren Sprache sie nicht verstanden und die auf dem Kontinent lebten.

»Ich könnte Texte übersetzen.« Eglantyne wusste, dass Dorothy erst lockerlassen würde, wenn sie sich an ihrem neuen Projekt beteiligte. Das mochte jetzt eine vage Idee sein, aber wenn Dorothy sich etwas vornahm, würde sie es umsetzen.

»Wir brauchen deutsche Zeitungen, das ist klar.« Dorothy notierte ihren ersten Punkt auf der Liste der Dinge, die zu erledigen waren. Das war nicht nur der erste Schritt, sondern gleich einer der schwierigsten, denn die britische Regierung hatte mit Beginn des Kriegs die Einfuhr deutscher Zeitungen ins Königreich verboten. Eglantyne schmunzelte, bei der Vorstellung, wie ihre kleine Schwester vor der Tür des Premierministers stand, um eine Sondererlaubnis zu erwirken. Vielleicht brachte das Projekt tagsächlich wieder ein wenig Schwung in ihren eigenen Alltag. Womöglich fand sie darin sogar einen neuen Sinn für ihr nutzloses Leben.

»Am besten wäre es, wenn wir einen Verlag hätten, der unseren Artikeldienst veröffentlicht.«

Nun konnte Eglantyne das Lachen nicht mehr verbergen. »Typisch Dorothy, gerade noch kaum eine vage Idee und schon hat das Kind einen Namen.«

»Wenn man etwas erreichen will, muss man groß denken«, verteidigte Dorothy sich. »Sonst kann man es gleich sein lassen. Ich will dem Frieden auf den Weg helfen, Doey, das geht nicht im Kleinen.«

»Du hast ja völlig recht. Aber auch große Menschen waren einmal klein. Es ist keine Schande, erst einmal mit Kopien anzufangen. Die können wir an Menschen verteilen, die Einfluss haben und unsere Informationen weitergeben.« Sie dachte daran, wie aus ihrer kleinen Studie in Cambridge am Ende eine Stellenvermittlung für Jungen geworden war. Warum sollte aus ein paar übersetzten Texten, die zeigten, dass sich Friedensverhandlungen mit den Deutschen lohnten, nicht eine ganze Bewegung werden? »Charlie und Noel haben Kontakte nach Mazedonien und auf den Balkan. Vielleicht können sie von dort Zeitungen bekommen. Es kann doch nicht sein, dass die Presse der gesamten Welt nur auf den Deutschen herumhackt. Ja, sie haben den Krieg angezettelt, aber wenn sie immer weiter in die Ecke gedrängt werden, kommen wir da nicht wieder heraus, es sei denn, das gesamte Land und alle Menschen würden zerstört. Das kann niemand ernsthaft wollen.«

Dorothy lächelte ihre Schwester dankbar an. »Zusammen schaffen wir das, da bin ich ganz sicher. Charlie ist auf unserer Seite. Er ist zwar kein Pazifist wie wir, aber er unterstützt die Friedensbewegung von Lord Landsdowne, und der hat kürzlich erst gesagt, wie wichtig in Deutschland die öffentliche Meinung für den Erfolg der Verhandlungen ist. Nun, in Deutschland können wir nichts ausrichten, aber in unserem Land.«

»Dann lass uns gleich anfangen! Ich frage meine Freunde, die Kontakte nach Italien, Frankreich und in die Schweiz haben. Die Sprachen beherrsche ich, da erkenne ich schnell, welche Artikel unserem Ziel helfen könnten.« Eglantyne stand auf.

»Warte!«, bremste Dorothy sie. »Lass uns erst die Liste vervollständigen, damit ich weiß, wen wir ins Boot holen sollten. Wir können ja nicht die Zeitungen der ganzen Welt allein sichten und ins Englische übertragen.«

Eglantyne setzte sich wieder. »Wir könnten zweigleisig fahren. Einerseits sollten wir die wichtigsten Zeitungen aus dem

Deutschen Reich abonnieren, um zu erfahren, was dort geschieht. Andererseits sollten wir Freunde und Bekannte, Wissenschaftler und überhaupt alle, die Zeitungen lesen, bitten, uns passende Artikel zu schicken.«

»Vielleicht haben manche sogar entsprechende Beiträge aus früheren Ausgaben gesammelt, die sie wichtig fanden, und stellen uns diese zur Verfügung.« Dorothy notierte einen Namen nach dem anderen auf ihrem Block: Lord Lansdowne, Jerome K. Jerome, Philip Snowden, Charles Trevelyan, Thomas Hardy, Harold Buxton. Die Liste wurde immer länger.

Eglantyne ergänzte Namen aus ihrer Zeit beim COS und von ihren Reisen für den *Macedonian Relief Fund*. »Da haben wir viel zu tun«, stellte sie fest, als Dorothy erneut ein Blatt nach hinten klappte, um weitere Namen zu notieren. »Vergiss den Verleger Charles Kay Ogden nicht, vielleicht kannst du ihn überzeugen, deine Artikelsammlung als Beilage zu seinem *Cambridge Magazin* zu veröffentlichen.« Sie lachte. »Was sage ich, vielleicht. Ich bin sicher, du wirst ihn für deine Idee gewinnen.«

Dorothy lächelte und stand auf. »Jetzt können wir mit der Arbeit beginnen.«

»Es ist nicht zu fassen, dass du die Erlaubnis bekommen hast, fünfundzwanzig Zeitungen aus Ungarn, Deutschland und Österreich zu abonnieren.« Eglantyne starrte ungläubig auf den Stapel Papier, der sie im »Hauptquartier«, wie Dorothy die kleine Zentrale in ihrem Haus in Golders Green im Nordwesten Londons nannte, erwartete. »Was hast du gemacht, um das hinzukriegen?«

»Nichts!« Dorothys verschmitztes Lächeln verriet, dass sich ihr Nichtstun in diesem Fall von dem unterschied, was die meisten Menschen darunter verstanden.

»Was heißt das?« Eglantyne kannte ihre Schwester. Sie hatte oft genug nachgegeben, wenn Dorothy sich stur stellte und so lange sitzen oder stehen blieb, bis sie ihren Willen bekam.

»Ich habe dem Premierminister einen Besuch abgestattet. Charlie kennt ihn aus der Zeit, als er selbst in der liberalen Partei war.« Dorothy verteilte die Zeitungen aus dem Stapel auf den Tisch. »Charlie wollte das zuerst nicht, weil er als Abgeordneter der *Independent Labour Party* auf der anderen Seite steht. Aber ich hatte gute Argumente.«

Eglantyne wollte nichts über diese Argumente wissen, wobei sie es sich amüsant vorstellte, wie Dorothy sich weigerte, die Kinder morgens zu wecken, sich ums Essen zu kümmern und abends einen Gin mit ihrem Mann zu trinken. An die Argumente im Schlafzimmer mochte sie gar nicht erst denken. »Beim Premierminister wirken deine Argumente wohl kaum.«

Dorothy lachte. »Was du wohl gerade denkst! Beim Premierminister bin ich so lange sitzen geblieben, bis er seinem Sekretär die Anweisung für das Handelsministerium in die Feder diktiert hat.«

Eglantyne lachte. Das Bild, das sich in ihrem Kopf formte, war zu komisch: Dorothy in ihrem besten Kostüm mit Hütchen auf dem Kopf in dem tiefen Sessel in der Besprechungsecke des Premierministers, die Eglantyne nach ihrer Rückkehr aus dem Balkan kennengelernt hatte.

»Du kannst dir aussuchen, welche Blätter du durchsehen möchtest. Ich habe insgesamt einhundert Zeitungen bestellt. Charlie hat gesagt, dafür kriege ich in der nächsten Zeit kein neues Kleid. Aber ich habe genug anzuziehen. Frieden ist jetzt wichtiger.« Dorothy seufzte. »Ich möchte nicht, dass David später einmal Soldat werden muss, weil die herrschenden Männer sich nicht einigen können. Zumal niemand weiß, was die Deutschen eigentlich wollen. Das Reich ist so groß, was sollte dieser Überfall?«

Das verstand Eglantyne auch nicht. Bei ihren Besuchen in Deutschland hatte sie Land und Leute als kultiviert und zivilisiert erlebt. Nach Aufschwung strebend, aber den wollte doch jeder erreichen – mit Klugheit und Arbeit, nicht mit Gewalt und Tod.

Dorothy schob Eglantyne einige Zeitungen hin, obwohl sie keine ausgewählt hatte. Sie nahm sie ergeben an sich. Eine Diskussion lohnte nicht, und sie war neugierig, was in diesen Zeitungen über den Krieg stand.

»Ich habe sogar schon den ersten Abonnenten für den Artikeldienst gewonnen«, berichtete ihre Schwester, während Eglantyne die Zeitungen durchsah. Das war so typisch für Dorothy: Es war noch kein einziger Artikel übersetzt, aber sie hatte bereits die ersten Interessenten von ihrem Projekt überzeugt. »Wen denn?«

»Den Schriftsteller Jerome K. Jerome. Er findet, dass ihm so etwas helfen kann, zwischen den ganzen schreienden Schlagzeilen einen eigenen Standpunkt zu entwickeln.«

Eglantyne nickte anerkennend. Jerome war ein Bestseller-Autor; sie hatte nicht alles von ihm gelesen, aber der Roman »Drei Mann in einem Boot« hatte ihr über manch schwere Phase hinweggeholfen. »Das hört sich gut an, er wird dafür sorgen, dass sich deine Idee im Kreis der Künstler und Intellektuellen herumspricht.«

Sie hörte nicht mehr hin, als ihre Schwester weitere Namen nannte, die an einer Ausgabe des Magazins interessiert waren. Ihr Blick blieb an einem Artikel aus der Kölnischen Zeitung hängen. Obwohl ihr Deutsch sehr gut war, las sie jedes Wort einzeln und mehrfach, weil sie nicht glauben konnte, was der Redakteur dieses Blattes, das sicher eine strenge Zensur durchlaufen hatte, schrieb. Da war die Rede von einer Hungersnot, die durch den unsinnigen Krieg hervorgerufen würde: Mütter fänden keine Nahrung für ihre Babys und könnten sie nicht stillen, weil sie infolge des Hungers keine Milch hatten. Rasch setzte sie sich an eine der Schreibmaschinen, die Dorothy im Wohnzimmer und im Arbeitszimmer ihres Mannes aufgestellt hatte, und tippte die Übersetzung dieses Artikels.

Kapitel 19

1926 Genf

Anni zupfte an dem feinen Kleid, das Eglantyne ihr für das Fest in der Stiftung geschenkt hatte. Sie war es nicht gewohnt, solchen Stoff zu tragen, und die Rüschen kratzten am Hals, auch wenn sie im Spiegel wirklich allerliebst aussahen. Was wohl ihre Mutter zu diesem Kleid sagen würde? Eglantyne hatte ihre Schneiderin gebeten, das Schnittmuster für Annis Mutter zu kopieren, damit diese den Plan, den ihre Tochter für sie im Kopf hatte, umsetzen konnte. Aber noch war es nicht so weit.

Anni sammelte ihre Gedanken. In wenigen Minuten würde sie zum ersten Mal seit ihrer Prüfung zur Säuglingsschwester vor fremden Leuten sprechen müssen. Wie hatte sie sich nur darauf einlassen können? Am Ende waren es die Artikel aus Eglantynes Mappe, die sie überzeugt hatten. Die Menschen in Genf hatten sie freundlich aufgenommen, da konnte sie sich nicht beschweren. Aber es war immer das Gefühl geblieben, dass sie aus diesem Deutschland kam, das den Krieg angefangen und verloren hatte, und dazu aus dem Ruhrgebiet, jener Region, in der die Waffen für den Krieg geschmiedet wurden. Die jungen Frauen, die in der Stiftung arbeiteten, waren nicht anders als die Briten, die im großen Krieg nur den Zeitungen glaubten, die vom Kriegsministerium beeinflusst waren. Ihr Vater und ihre Mutter waren genauso gewesen. Im Archiv des Völkerbunds konnte sie deutsche Zeitungen aus dem Krieg einsehen. Da wurden die Briten,

Franzosen und Belgier als unwürdige Menschen bezeichnet, die bekämpft werden mussten, damit sie die deutsche Zivilisation nicht zerstörten.

»Du bist gleich dran!« Unbemerkt war Eglantyne neben Anni aufgetaucht und sah sie in dem Spiegel an. Zwei Frauen blickten ihnen entgegen. Die eine mit weißem Haar, streng zurückgekämmt, damit niemand ihr vorwerfen konnte, dass sie ihr Anliegen nicht ernsthaft vorantreiben wolle, und die andere mit roten Locken, die sich nicht einmal mit einem Glätteisen bändigen ließen. Anni hatte es mit einem Haarband passend zum Kleid versucht, damit die Männer ihr überhaupt zuhörten und sie nicht wegen der kindlichen Frisur als bedeutungslos erachteten.

»Los geht's!« Eglantyne nahm Anni in den Arm und tat, als würde sie ihr über die Schulter spucken. »Toi, toi, toi, so sagt man im Theater.« Sie lächelte. »Und wir sind hier im Theater. Das ganze Leben ist ein Theater.«

Anni ging mit unsicheren Schritten durch den Vorhang auf die Bühne zu dem Rednerpult, auf dem ihre Rede lag. Sie griff in die Taschen des Kleides, die sie sich gewünscht hatte. In der rechten Hand hielt sie nun das Stück Kohle von Ferdinand und die Papiertaube, die er ihr zum Abschied mitgegeben hatte und die sie aus dem zerknüllten Papier mühevoll wiederhergestellt hatte. Kohle und Taube bedeuteten für sie Heimat, und hier und heute wollte sie den Menschen ihre Heimat nahebringen. Sie hatten entschieden, dass für den Aufsatz, mit dem sie die Reise gewonnen hatte, dieses Fest nicht der passende Rahmen war. Stattdessen würde sie über ihre Heimat sprechen. In ihrer Muttersprache. Eglantyne würde ihre Worte ins Französische übersetzen.

Sie blickte auf das Blatt Papier mit ihrer Rede und begann abzulesen: »Sehr verehrte Damen und Herren, mein Name ist Anni Schlinkert.« Sie stockte. Als sie die Begrüßung aufgeschrieben hatte, klang sie wichtig und richtig, aber nun kam ihr schon der Satz »Mein Name ist Anni Schlinkert« fremd vor. »Ich bin

Anni Schlinkert«, sagte sie, »ich komme aus dem Ruhrgebiet, ich wohne in Buer und arbeite in Gelsenkirchen.« Während Eglantyne die kurze Vorstellung übersetzte, sah Anni in die Runde, ob in einem Gesicht ein Erkennen aufleuchtete bei dem Namen ihrer Heimatstadt. In der zweiten Reihe nickte eine Frau. »Kennen Sie eine der Städte?« Anni vergaß die anderen Gäste und blickte die Frau direkt an. »Waren Sie schon einmal dort? Wenn man in die Städte des Ruhrgebiets kommt, wirken sie schmutzig, und es riecht immer seltsam, anders als in anderen Orten. Hier bei Ihnen denke ich ständig, ich könnte den Schnee riechen, den ich dort oben auf den Bergen sehe.« Sie machte eine Pause. Was redete sie denn da? Schnee konnte man nicht riechen. Doch ihr Mund war schneller als ihre Gedanken, ehe sie sich eine Antwort gegeben hatte, fielen die nächsten Worte heraus. Sie lachte. »Ich könnte den ganzen Tag den weißen Schnee ansehen. Bei mir zu Hause ist Schnee eher grau wegen des Kohlestaubs in der Luft.«

Anni drückte das Kohlestück. Bisher hatte sie nichts Gutes über ihre Stadt gesagt. Was sollten die Leute denken? Sie hob das Stück Kohle in die Höhe. »So sieht Kohle aus, wenn sie aus dem Berg kommt. Meine Heimat steht auf riesigen Kohlefeldern. Es ist nicht leicht, die Kohle zu ernten. Deshalb wohnen bei uns nur mutige Menschen, die sich trauen, in einem Metallkorb weit in die Tiefe zu fahren. Dort holen sie die Kohle, damit wir alle es schön warm haben.« Als Bergarbeiterkind wusste Anni, dass Kohle für weit mehr genutzt wurde als dafür, die Stuben zu wärmen. Aber wie sollte sie das in wenigen Minuten erklären? Jeder kannte Kälte und das Gefühl zu frieren. So verstanden die Leute am besten, wie wichtig die Kohle und die Bergleute waren.

Sie legte die Kohle auf das Rednerpult und zeigte dem Publikum die Taube aus weißem Papier. »Die Menschen in meiner Heimat sind nicht nur mutig und arbeiten hart. Sie kümmern sich auch um andere und verschaffen einander schöne Momente.« Sie lachte, als ihr auffiel, dass man die Papiertaube auch falsch verstehen konnte. »Nicht dass sie denken, die Männer, die unter Tage mit dem Druckluftbohrer umgehen, falten über Tage Papierflieger. Sie züchten Tauben wie die Leute in anderen Gegenden Pferde. An manchen Tagen werden die Tauben weit weggefahren und freigelassen. Alle Tauben fliegen wieder nach Hause. So ist das auch mit den Menschen aus dem Ruhrgebiet. Wenn sie weit weggefahren werden, wollen sie wieder nach Hause.« Tränen stiegen ihr in die Augen. Sie ärgerte sich, dass sie sich nicht an die wunderbare vorformulierte Rede gehalten hatte, und war froh, dass sie Eglantyne Gelegenheit für die Übersetzung geben musste.

»Bitte entschuldigen Sie, dass ich weinen muss. Dabei geht es mir hier so gut. Frau Jebb hat mich wie eine Tochter bei sich aufgenommen, und in der Stiftung wurde ich als Freundin willkommen geheißen. Ich war nie zuvor so weit weg von zu Hause und habe noch niemals eine Stadt wie Genf gesehen. Ich glaube, wenn ich wieder zu Hause bin, freue ich mich, wieder in meiner Heimat zu sein, und hoffe auch darauf, dass ich wie die Tauben für das nächste Rennen bald wieder hierhergefahren werde.« Wie sollte sie nun weitermachen? Anni machte eine kleine Pause, um sich zu besinnen. Sie war erleichtert, als ihre Gastgeberin das Wort ergriff.

»Ich glaube, wir haben alle einen schönen Eindruck von den Menschen im Ruhrgebiet bekommen, nicht wahr?« Eglantyne sah ins Publikum und nickte zufrieden, als die Menschen applaudierten. »Wir würden uns natürlich freuen, wenn wir dich, liebe Anni, bald wieder einmal empfangen dürften.« Sie lächelte. »Aber bis dahin wirst du unsere Botschafterin im Ruhrgebiet.« Eglantyne hielt eine Urkunde in die Luft, auf der Anni ihren Namen erkannte. Damit hatte sie nicht gerechnet. Davon hatte niemand etwas gesagt. Sie, ein einfaches Arbeiterkind, konnte eine solche Aufgabe niemals erfüllen! Sie wusste zwar nicht, was von ihr erwartet wurde, aber der Begriff Botschafterin klang so bedeutsam, dass sie sicher war, dass er für sie mehrere Nummern zu groß war.

Kapitel 20

1919 London

»Hast du gelesen, was der Premier von sich gegeben hat?« Dorothy stürmte in das Arbeitszimmer und winkte mit einer Zeitung, während sie gleichzeitig Hut und Mantel in einen Sessel neben Eglantynes Schreibtisch warf. »Die hat mir der Zeitungsjunge gerade in die Hand gedrückt. Es war schrecklich, mit welcher Freude er die Schlagzeile ›Hängt den Kaiser‹ gerufen hat. Wir müssen was tun. Dieser Lloyd George soll sich bloß nicht einbilden, dass wir stillhalten, nur weil er uns einmal die Erlaubnis gegeben hat, deutsche Zeitungen zu lesen.«

Eglantyne war ebenso betroffen wie ihre Schwester von der Überschrift. Ausgerechnet jetzt, wo mit dem Waffenstillstandsabkommen, das Minister Erzberger als Vertreter des Deutschen Reiches unterzeichnet hatte, endlich Frieden einkehren könnte. Ein Neubeginn war zum Greifen nahe. Und dann heizte ihr Premierminister mit seinen Äußerungen erneut die Stimmung gegen die Deutschen an. Er war es auch, der darauf bestanden hatte, dass die britische Seeblockade weitergeführt wurde, um die ehemaligen Feindesländer auszuhungern. Es war nachvollziehbar, dass sich Lloyd George um seine Wiederwahl sorgte. Aber musste er diesen Kampf auf dem Rücken der arg gebeutelten deutschen Frauen und Kinder austragen?

Als Eglantyne nicht sofort reagierte, fauchte Dorothy sie an. »Hast du den ganzen Beitrag gelesen?« Sie wies auf eine Stelle.

»Wir werden die Deutschen ausquetschen, bis die Schweine quietschen! Das ist so menschenverachtend.«

»Du hast ja recht. Es ist kaum erträglich und menschenverachtend, aber bitte, versuch, objektiv zu bleiben. Da steht nicht ›pigs‹, sondern ›pips‹, also Kerne«, versuchte Eglantyne ihre Schwester zu besänftigen, auch wenn sie ihren Zorn gut verstand.

»Ach was, ich bin sicher, das Blatt hat sich nur nicht getraut, die wahre Äußerung dieses machtgierigen Politikers zu schreiben!« Dorothy war nicht zu bremsen. Sie griff nach ihrem Mantel. »Wir müssen etwas tun. Sofort! Ich habe schon das Komitee des *Fight the Famine Council* zusammengerufen; gut, dass wir das am Anfang des Jahres gegründet haben. Jetzt sind wir vorbereitet.«

Eglantyne nickte. Sie mussten sofort handeln. Das Komitee gegen Hungersnot hatte viel zu lange damit gezögert, konkrete Maßnahmen zu ergreifen. Premierminister Lloyd George war durch eine Intrige ins Amt geraten, er würde vor nichts zurückschrecken, um seinen Platz in Downing Street Nummer 10 und bei der Friedenskonferenz zu sichern. Mit seiner Blockade der besiegten Nationen zeigte er seinem Volk, dass er das Sagen hatte, und er schürte den Hass. Da passte es tatsächlich, dass Deutsche und Schweine in einem Atemzug genannt wurden. Sie stand auf. »Wo fangen wir an?«

Dorothy lachte. »Du hast recht, wir können nicht planlos auf die Straße laufen. Eigentlich sollten wir sogar abwarten, bis Charlie zu Hause ist und mit ihm besprechen, wen wir ins Boot holen. Aber so lange kann ich nicht warten.«

»Wir müssen das Komitee mobilisieren. Und dann lass uns mit den Leuten sprechen, die uns beim Magazin unterstützt haben«, schlug Eglantyne vor. »Da haben wir die besten Chancen, schnell eine größere Gruppe engagierter und einflussreicher Menschen zusammenzubekommen. Jerome hilft uns sicher auch.«

»Maynard wird unsere Initiative ganz bestimmt unterstützen.«

Dass Dorothy den Namen von Margarets Bruder erwähnte, versetzte Eglantyne einen Stich. Sie bemühte sich, den Schmerz zu verdrängen, der sie stets überkam, wenn sie an die Freundin dachte. Jetzt ging es nicht um sie und ihre Gefühle. »Ich denke, dass wir auch auf Margaret und Archie zählen können.«

»Es wäre gut, wenn wir Lord Parmoor gewinnen könnten.« Dorothy legte ihren Mantel wieder weg und setzte sich. »Er ist nicht nur Politiker, sondern auch ein bekannter Anhänger der Kirche und hat unmittelbaren Kontakt zum König. Charlie kennt ihn ganz gut, weil er im Gegensatz zu anderen Politikern die Ziele der *Independent Labour Party* anerkennt.«

»Dann sollte am besten Charlie mit ihm sprechen.« Eglantyne ließ sich ebenfalls wieder auf den Stuhl fallen. Gut, dass Dorothy ruhiger geworden war. Aktionismus half in diesem Moment nicht. »Wir könnten endlich die Vorträge halten, die wir ohnehin geplant hatten, und von unseren Erlebnissen in Deutschland kurz nach dem Krieg berichten. Das überzeugt die Menschen sicher davon, wie wichtig Spenden für die hungernden Menschen sind.«

Nachdem sich Eglantyne und Dorothy entschlossen hatten, mit Vorträgen in Kirchen und Gemeinden für Spenden gegen die Hungersnot in Deutschland zu werben, reisten die beiden Frauen durch ihre Heimat, um die Briten aufzurütteln und zum Spenden für ihre Organisation *Fight the Famine Council* zu animieren. Eglantyne berichtete wieder und wieder, wie verzweifelt die deutschen Frauen waren, wenn sie ihre toten Babys begraben mussten, und Dorothy beschrieb, was die Blockade der Kriegsverlierer für die Menschen in den Ländern bedeutete.

»Dürfen wir die Unschuldigen sterben lassen? Dürfen wir sie für die Sünden ihrer Herrscher bestrafen? Sind wir nicht unseres Bruders Hüter?« In der Kathedrale, in der Dorothy ihre heutige Ansprache beendete, war kein Geräusch zu hören. Die Menschen in den Bänken wirkten betroffen von den Bildern, die Eglantyne ihnen beschrieben hatte, und Dorothys Appell. Beim Verlassen der Kirche warfen sie Münzen und Scheine in die Spendendose.

»Das reicht alles nicht!«, klagte Dorothy, als sie die Spenden zählten, nachdem die Zuhörer die Kirche verlassen hatten. »Damit meine ich nicht bloß das Geld hier. Die Politiker in Versailles kümmern sich nur darum, wie sie für sich und ihre Nation Entschädigungen herausschlagen können. Niemand denkt an die Menschen in den Ländern, die ihre Heimat verlieren und nichts zu essen haben.«

»Man müsste Essen direkt zu den Menschen bringen.« Eglantyne sah nachdenklich in die Dose, in der sie Spenden gesammelt hatten. Wann immer sie irgendwo auftraten, kamen sie mit einem stattlichen Geldbetrag nach Hause. Das zeigte, dass sie die Herzen der Menschen erreichten. Ob auch in ihren Köpfen ankam, dass die Hilfe eine andere Politik und andere Politiker benötigte, würde sich erst bei der nächsten Wahl zeigen. Bis dahin würden viele Kinder sterben.

»Das ist es überhaupt!« Dorothy strahlte. »Warum haben wir daran nicht gleich gedacht. Wir organisieren Essenslieferungen. Ha!« Sie grinste. »Der Premier soll sich warm anziehen. Bald stehe ich wegen eines Sondererlasses zur Ausfuhr von Lebensmitteln vor seiner Tür.« Als hätte jemand sie aufgezogen wie ein Spielzeug, sprang sie auf und riss Eglantyne mit sich. »Komm, wir müssen sofort nach Hause, um das zu organisieren.«

Auf der Rückfahrt in der Bahn war Dorothy kaum zu halten. Eglantyne musste sie immer wieder auf ihren Platz ziehen, weil sie andauernd aus dem Fenster schaute, um zu prüfen, ob sie nicht bald zu Hause waren. »Statt ständig aufzuspringen, lass uns überlegen, wie wir die Hilfe am besten bewerkstelligen. Wir brauchen auf jeden Fall noch mehr Spenden.« Sie klopfte auf ihre Tasche. »Das Geld wird nicht reichen. Wir müssen die Nahrungsmittel bezahlen und deren Transport. Aber was ist dann? Wir können nicht einfach einen Wagen mit Milch und Brot auf einen Marktplatz stellen. Und ich glaube nicht, dass wir viele Spenden bekommen, wenn wir erklären, dass die für die deutsche Bevölkerung sind. Denk an die Schlagzeilen, die Lloyd George ausgelöst hat.«

»Wir brauchen Verbündete vor Ort.« Dorothy starrte aus dem Fenster, als könnte sie diese dort finden.

»Das ist das eine.« Eglantyne ging in Gedanken bereits die gut betuchten Freunde durch, von denen sie Spenden erwarten konnten. »Wir sollten uns auf die Hilfe für Kinder beschränken. Denen kann niemand vorwerfen, dass sie im Krieg an der Front oder zu Hause gekämpft hätten. Kinder sind der Frieden.«

»Das ist gut.« Dorothy warf sich auf den Platz gegenüber ihrer Schwester.

Nun wippte Eglantyne unruhig in ihrem Sitz. Die Idee war so einzigartig, dass sie sich wunderte, dass bisher niemand auf den Gedanken gekommen war. »Für Kinder gibt es Anlaufstellen! Alle Kinder gehen zur Schule, auf jeden Fall in Österreich und Deutschland. Dort erreichen wir sie ohne Umwege.«

»Erinnerst du dich an Dr. Ferrière? Er wurde in einem Artikel erwähnt, den wir übersetzt haben. Er war auch in Wien aktiv.« Dorothy stutzte. »Er ist beim Roten Kreuz und. Sicher kann er uns Tipps geben, wie wir am besten anfangen.«

Für einen Moment vergaß Eglantyne das ernsthafte Thema. »Du möchtest doch nur nach Wien reisen, oder?«, neckte sie ihre kleine Schwester, die, seit Eglantynes Reise sie über Wien auf den Balkan geführt hatte, immer wieder davon schwärmte, auch einmal die Märchenstadt zu besuchen.

Dorothy lächelte. »Da kann ich das Nützliche mit dem Angenehmen verbinden.«

Als Dorothy wenige Wochen später aus Wien zurückkehrte, war ihr das Scherzen vergangen. »Du kannst dir das nicht vorstellen,

Doey! Die Babys schreien sich die Lunge aus dem Leib, bis sie vor Erschöpfung und Hunger einschlafen und oft nicht wieder aufwachen.« Sie wischte sich über die Wangen.

Auch Eglantyne traten Tränen in die Augen. Sie hatte nie selbst ein Kind bekommen, aber sie sah ihre Nichten und Neffen vor sich, wie sie satt und zufrieden in ihren Stubenwagen gelegen hatten. Sobald sie schrien oder auch nur vor unerklärlicher Freude glücklich krähten, waren ihre Mütter oder Kindermädchen zur Stelle. Ihre Vorstellungskraft reichte nicht aus, sich diese niedlichen Menschlein abgemagert und geschwächt vorzustellen.

»Es war ein Reporter dort, der die Kinder fotografiert hat.« Dorothy putzte sich die Nase und tupfte mit dem Taschentuch die Augen trocken. »Das hätte ich niemals übers Herz gebracht. Es war so fürchterlich. Die Mütter klammerten sich an die Ärzte und Schwestern in der Hoffnung, dass die Todesnachricht nur ein Irrtum war.« Sie fiel ihrer Schwester um den Hals. »Das möchte ich niemals wieder erleben! Wir müssen was tun!«

Eglantyne strich Dorothy beruhigend über den Rücken. »Es ist wirklich kaum zu glauben, dass so etwas im 20. Jahrhundert möglich ist. Wir können durch die Welt reisen und mit Menschen am anderen Ende der Erde über das Telefon sprechen. Telegramme werden zwischen Kontinenten geschrieben und zugestellt. Und auf der anderen Seite wird nichts getan gegen dieses Leid.«

Dorothy trocknete die Tränen und setzte sich wieder. Sie holte eine Karte aus ihrer Handtasche. »Das ist der Name des Fotografen. Er hat mir versprochen, dass er uns Bilder schickt. Er hat genau das Gleiche gesagt, wie du gerade eben: dass man die Menschen aufrütteln muss, damit das Töten und die Zerstörung aufhören. Schlimm genug, wenn man sich vorstellt, dass mehr als neun Millionen Männer im Krieg in Kämpfen gestorben sind. Aber über die unzähligen Frauen und Kinder, die durch die wirtschaftlichen Folgen sterben, spricht niemand.«

Ihre Hand zitterte, als sie Eglantyne die Karte hinhielt. Kaum waren ihre Finger leer, griff sie wieder nach dem Taschentuch, um ihre Tränen zu trocknen. »Stell dir vor, ich habe ein Kind gesehen, drei Jahre jünger als David, das aussah wie ein Baby, weil es nie genug zu essen bekommen hat.«

Ihre Nichte war inzwischen dreizehn und ihr Neffe David neun Jahre alt. Das Kind, von dem Dorothy sprach, war im Einschulungsalter. Diese Kinder kannte Eglantyne von ihrer Arbeit als Lehrerin. Selbst in Marlborough, wo die Familien wahrlich nicht mit weltlichen Gütern gesegnet waren, hatten die Schulanfänger runde Wangen und manche sogar ein kleines Bäuchlein, wenn sie, statt draußen zu toben, in der Stube der Mutter bei der Heimarbeit halfen. Und sie waren allesamt mehr als doppelt so groß wie ein Säugling.

Eglantyne nahm die Karte des Fotografen. »Ich schreibe ihm sofort, damit er uns möglichst bald Fotos schickt. Ich denke, die meisten Leute können sich nicht vorstellen, wie sich die Blockade auswirkt. Dazu reicht die Fantasie nicht aus.« Sie wandte sich der Schreibmaschine zu und zog den angefangenen Brief an Robert Smillie, den Präsidenten der Gewerkschaft der Bergarbeiter heraus. Das hier war wichtiger. Fotografien wohnte eine Macht inne, die Worte niemals haben würden. Sie tippte hastig und scherte sich nicht um etwaige Fehler, weil sie spürte, dass hierin ein Schlüssel lag, um die Herzen der Briten zu erreichen.

Kapitel 21

1926 Genf

»Ich kann das nicht! Ich bin nur eine Säuglingspflegerin. Ich habe nicht studiert und nie gelernt, wie man Botschafterin ist.« An ihrem letzten Abend in Genf versuchte Anni ein letztes Mal, Eglantyne auszureden, ihr die Aufgabe als eine Botschafterin für *Save the Children* zu übertragen.

Sie hatte sich sogar mit gemischten Gefühlen früher als geplant von Matteo Sprüngli verabschiedet, der für ihren letzten Abend nach dem Dinner in dem exquisiten Restaurant eine Fahrt auf dem Genfer See nur für sie beide vorbereitet hatte. Sie wollte unbedingt mit ihrer Gastgeberin sprechen und außerdem verhindern, dass Matteo ihr auf dem Schiff einen Antrag machte. In den wenigen Tagen, seit sie sich begegnet waren, hatte er sie mit Geschenken und Einladungen überhäuft und immer wieder betont, dass sie die Frau seines Lebens sei. Jeden Morgen war ein neuer Blumenstrauß eingetroffen, sodass selbst Eglantyne irgendwann die Mutmaßung geäußert hatte, dass der junge Mann wohl ernste Absichten habe. Ja, das schmeichelte ihr, und es gefiel Anni, mit ihm zusammen zu sein, aber ihr Kopf war so voller neuer Eindrücke, dass sie nicht wusste, ob ihre Gefühle echt waren oder sie einfach mitgerissen wurde von dem Glanz dieser anderen Welt, die im Wortsinn heller war als ihre Heimat.

Während Anni in Gedanken versunken war, hatte Eglantyne eine Mappe mit Fotos aus dem Sideboard geholt. »Manche Bilder kennst du bereits, aber hier siehst du einige Beispiele dafür, wie wir Spenden gesammelt haben.« Sie deutete auf eine Fotografie, die sie selbst zusammen mit zwei Männern und einer Frau zeigte. »Da haben wir eine Ausstellung von Bildern eröffnet, die Kinder aus Wien gemalt haben. Dorothys Schwager, Bertram Hawker, war damals zusammen mit unserer Mitarbeiterin Francesca Wilson in der Stadt. Das war ganz am Anfang.« Eglantyne lachte. »Ich kann selbst nicht glauben, dass es *Save the Children* erst seit sieben Jahren gibt – in dieser Zeit ist so viel passiert. Francesca und Bertram haben mitten in der Hungersnot Professor Cizek kennengelernt, der in Wien eine Malklasse für Kinder leitete. Dabei ging es allerdings nicht darum, dass die Kinder Maltechniken oder Perspektiven erlernten, sie sollten ihre Erlebnisse aus dem Krieg in den Gemälden verarbeiten.«

»Sind das die Bilder, die in Ihrem Flur hängen?«, unterbrach Anni ihre Gastgeberin. »Ich wollte die ganze Zeit schon danach fragen.«

»Ja, einige der Bilder stammen aus dieser Ausstellung, die anderen aus einem Malwettbewerb, den wir vor zwei Jahren ausgeschrieben haben. Aber dazu findest du Informationen in den Unterlagen, die ich dir gestern gegeben habe.«

Ohne es zu beabsichtigen, hatte Eglantyne damit Annis Sorge berührt. »Ich kann nicht Botschafterin sein«, wiederholte sie und merkte selbst, dass sie nicht mehr so überzeugend klang. Die Vorstellung, einen Malwettbewerb zu organisieren und die kahlen Wände des Säuglingsheims mit den Ergebnissen zu verschönern, gefiel ihr.

Eglantyne legte die Fotomappe beiseite, sie drehte Anni an den Schultern so, dass sie ihr ins Gesicht sehen musste, wollte sie nicht wie ein trotziges Kind den Kopf wegdrehen. »Hör mir bitte zu, Anni. Ich habe mir das nicht einfach so ausgedacht. In den letzten Tagen habe ich dich beobachtet, und wir haben viel miteinander gesprochen. Ich habe bemerkt, dass du viel mehr kannst, als du dir zutraust. Ich bin sicher, wärest du als …«, sie überlegte kurz, »… als Schwester von Matteo zur Welt gekommen, würdest du heute studieren oder eine Buchhandlung leiten oder«, sie schmunzelte, »für deine Mutter Nähkurse organisieren. Ich habe mit Suzanne gesprochen und den jungen Frauen im Büro. Wir waren uns einig, dass die ehrenamtliche Tätigkeit als Botschafterin für *Save the Children* einerseits uns hilft, weil wir dann jemanden haben, der uns in dem großen Gebiet zwischen Rhein und Ruhr vertritt. Andererseits hilft die Aufgabe dir, herauszufinden, was du alles kannst, außer Windeln zu wechseln und Fläschchen zu geben. Als Botschafterin kannst du machen, was du willst. Du kannst dich treiben lassen von dem, was dir einfällt oder was andere dir vorschlagen. Wenn du am Ende feststellst, dass du lieber Säuglingspflegerin bleibst und mit Matteo, Ferdinand oder einem anderen jungen Mann eine Familie gründen möchtest statt für *Save the Children* umherzureisen, ist das auch gut. Wichtig ist, dass du versuchst, dich und deine Herzenswünsche zu entdecken.«

Anni schwieg. Sie wusste nicht, was sie denken und fühlen sollte. Manchmal hatte sie in den Tagen in Genf gedacht: *Wäre ich doch nur zu Hause geblieben.* Bisher war sie mit ihrer kleinen Welt zufrieden gewesen, auch ohne weißen Schnee und ohne Abendessen in luxuriösen Restaurants. Wäre sie zu Hause geblieben, hätte sie sich bestimmt längst mit Ferdinand zusammengerauft, und sie würden gemeinsam über Namen für ihre künftigen Kinder nachdenken. Allerdings hätte Ferdinand weiterhin seine Glücksmomente mit den Tauben und sie ihre Arbeit, ihre Familie, ein Treffen mit Helga und sonst nichts. Wenn sie nun nach Hause fuhr, hatte sie eine Aufgabe, die sicher nicht leicht war, aber auch Ferdinand klagte manchmal darüber, wie lästig es war, den Taubenschlag sauber zu halten. Sie nahm ein Foto von der Ausstellung der Wiener Kinderbilder in die Hand. Auf einem war eine helle Sonne über einer dunklen Stadt zu sehen.

»Professor Cizek hat bei der Ausstellungseröffnung erklärt, dass die kleine Malerin damit zeigen wollte, wie sie sich fühlte, als sie endlich wieder etwas zu essen bekommen hat. Die Sonne ging auf, auch wenn alles andere noch dunkel war. Dieses Essen haben ihr unsere Spenden ermöglicht.« Eglantyne verzichtete darauf zu erwähnen, dass in einem anderen Krieg Kinder mit Spenden, die Anni für sie sammelte, dieses Erlebnis haben würden.

Anni konnte nichts sagen. Sie hatte einen Kloß im Hals, weil sie sich ihre kleine Schwester Klara vorstellte, die kurz nach dem Krieg zur Welt gekommen war, aber zwei Jahre früher auch hätte hungern müssen und das vielleicht nicht überlebt hätte. Um sich abzulenken, blätterte sie die anderen Bilder in der Schachtel durch und blieb an den Fotografien von darbenden Kindern hängen, die im Original viel erschreckender wirkten als auf den Handzetteln und in den Anzeigen, die Eglantyne ihr im Büro von *Save the Children* gezeigt hatte. »Woher stammen die?« Sie sah ihre Gastgeberin fragend an.

Kapitel 22

1919 London

Während Eglantyne und Dorothy auf die Aufnahmen aus Wien warteten, stürzten sie sich in die Arbeit. Sie besuchten alle Männer und Frauen aus ihrem Bekanntenkreis, von denen sie sich Unterstützung erhofften, und schrieben Briefe an weit entfernte Freunde, Kollegen und Weggefährten.

»Es ist zum Verzweifeln.« Dorothy warf den Brief, den sie gerade geöffnet hatte, auf den Tisch. »Ich hatte fest auf Frederick gesetzt. Er denkt sonst so fortschrittlich, immerhin hat er vor Jahren die Frauenbewegung unterstützt. Und welcher Mann im Königreich, ach was, auf der ganzen Welt hat sonst freiwillig bei der Hochzeit wie seine Frau einen Doppelnamen angenommen?«

Eglantyne schmunzelte bei dieser Bemerkung. Sie erinnerte sich gut an die Diskussion, die es Anfang des Jahrhunderts ausgelöst hatte, dass ein Baron, zudem Professor und Verleger, nach seiner Heirat den Familiennamen seiner Frau dem eigenen vorangestellt hatte: Pethick-Lawrence. Wer es wagte, ihn nur mit Lawrence anzusprechen, brauchte nicht mehr mit seiner Unterstützung zu rechnen. Als Dorothy und Charlie 1904 heirateten, hatte Eglantyne die beiden in große Verlegenheit gebracht, als sie nachfragte, ob sie sich an dem Baron ein Beispiel nehmen würden. »Und was ist daran zum Verzweifeln?«

»Er meint, ihm würde unsere Initiative gefallen, aber er

könnte höchstens hundert Pfund spenden. Einhundert Pfund – das ist gar nichts für ihn!« Dorothy nahm das Schreiben und zerriss es. »Dann soll er sein Geld behalten!«

»Dora, denk nach. Wie viel Brot und Milch kannst du für hundert Pfund kaufen? Das ist besser als nichts. Wenn jeder Engländer hundert Pfund spendete, wäre der Hunger auf der ganzen Welt besiegt.« Eglantyne holte die beiden Hälften des Briefes aus dem Papierkorb und legte sie zu sich auf den Tisch. Das Dankschreiben würde sie besser selbst aufsetzen. So sehr sie Dorothys Erregung verstand, sie durften es sich mit niemandem verscherzen. Vielleicht änderte Professor Pethick-Lawrence seine Meinung, wenn er erfuhr, dass andere Männer im Land sich großzügiger zeigten als er.

»Es reicht einfach nicht, wenn wir beide allein versuchen, Geld zu sammeln. Wir brauchen Unterstützung.« Dorothy lehnte sich in ihrem Sessel zurück und sah ihre große Schwester an. »Du hast diese Kinder in Wien nicht gesehen, das bricht einem das Herz. Die Vorstellung, nicht mehr zu tun, kann ich nicht ertragen.«

»Du hast ja recht. Ich habe zwar nicht die Kinder in Wien gesehen, aber in Deutschland. Ihr Leid ist mir auch ans Herz gegangen. Wir müssen eine Organisation ins Leben rufen, die sich speziell um die hungernden Kinder kümmert«, fand Eglantyne. »Die Arbeitsgruppe des *Fight the Famine Council* reicht nicht aus. Da wird in der Öffentlichkeit zu wenig deutlich, dass wir die Kinder retten wollen. Übermorgen trifft sich das Komitee, da könnten wir fragen, wer sich an unserer Initiative beteiligen würde.« Sie öffnete nebenher einen dicken Umschlag von dem Poststapel. Triumphierend winkte sie mit Fotografien. »Und damit werden wir die Menschen überzeugen!«

Dorothy sprang auf und riss ihrer Schwester die Bilder aus der Hand. »Da, das kleine Mädchen habe ich selbst gesehen. Guck dir das an!«

Eglantyne war schockiert. Sie hatte auf dem Balkan und in Deutschland einiges gesehen, aber dieses Foto ging weit darüber das hinaus. Der Kopf des Mädchens hatte die normale Größe einer etwa Zweijährigen, aber der Körper sah aus wie der eines vielleicht einjährigen Säuglings.

Dorothy blätterte in ihrem Notizbuch. »Hier, ich habe es aufgeschrieben. Das Mädchen ist zwei Jahre alt und wiegt etwa zwölf Pfund. Das ist weniger als die Hälfte dessen, was ein Kleinkind normalerweise in dem Alter wiegt.«

»Unfassbar!« Eglantyne verspürte eine unbändige Wut auf die Menschen, die das verursacht hatten. Das waren die kriegstreibenden Herrscher, aber es waren jetzt nach dem Waffenstillstand vor allem die britischen Politiker, die das deutsche Volk mit ihrer Blockadepolitik straften. Es traf wieder einmal die Schwächsten, die nicht für sich selbst sorgen konnten, die Kinder. Sie riss das Papier aus der Schreibmaschine, ohne darauf zu achten, was und wem sie hatte schreiben wollen, und spannte ein neues Blatt ein. Sie kurbelte, bis sie das untere Drittel des Blattes erreicht hatte, begann zu tippen und sprach dabei laut, damit ihre Schwester wusste, was sie verfasste: »Dieses Kind ist zweieinhalb Jahre alt, und es wiegt nur zwölf Pfund. Das normale Gewicht eines Kindes in dem Alter ist ...« Sie hielt im Schreiben inne. »Was wiegt ein Kind in dem Alter üblicherweise?«

»Irgendwas um die dreißig Pfund«, antwortete Dorothy. »Schreib achtundzwanzig, so viel hat David in dem Alter gewogen. Lach nicht, vielleicht war es etwas mehr oder weniger, aber als ich ihn auf die Waage gestellt habe, wog er an einem 28. Dezember achtundzwanzig Pfund.«

»Das normale Gewicht eines Kindes in dem Alter beträgt achtundzwanzig Pfund. Die Größe des Kopfes steht in keinem Verhältnis zum Körper, weil sich durch die Unterernährung und den Hunger Körper und Gliedmaßen nicht entwickelt haben. Es gibt Millionen solcherart darbender Kinder heutzutage.

Der einzige Weg, den Hunger in Europa zu beenden, ist, die Blockade zwischen den Nationen aufzuheben und den Ländern zu erlauben, ihren Menschen Nahrung zu beschaffen.« Eglantyne zog das Blatt aus der Schreibmaschine. »Hier oben muss die Druckerei in großer Schrift schreiben: ›Verhungerndes Kind‹. Dann kommt das Bild und darunter der Text. Was meinst du, Dorothy?«

Dorothy betrachtete die Fotos und Eglantynes Entwurf für das Flugblatt. »Das können wir bei unseren Vorträgen verteilen.«

»Wir müssen die Flugblätter noch irgendwie anders unter die Leute bringen.« Eglantyne starrte ihren Entwurf missmutig an. »Es reicht nicht, wenn wir nur die Leute ansprechen, die wir kennen oder die zu unseren Vorträgen kommen.«

»Wir müssen klein anfangen, anders geht es nicht«, erinnerte Dorothy sie daran, was sie ihr immer predigte. »Wenn wir tausend Pfund zusammenkriegen, können wir viel erreichen. Oder – was hältst du davon, wenn wir nicht jeden einzeln ansprechen, sondern alle einladen.«

»Am besten in die Royal Albert Hall!« Eglantyne war begeistert von der Idee.

Dorothy lachte. »Ich weiß nicht, ob wir die füllen würden. Wenn ich es richtig im Kopf habe, hat sie über fünftausend Sitzplätze.«

»Wenn jeder für seinen Sitzplatz zehn, zwanzig oder fünfzig Pfund bezahlt, kommt einiges Geld zusammen«, entgegnete Eglantyne. »Wir brauchen vorher eine gute Presse, damit die Leute neugierig werden. Und dazu benötigen wir Hilfe.« Sie nahm ihrer Schwester den Entwurf des Flugblatts aus der Hand. »Ich glaube, ich habe da eine Idee.«

»Was hast du vor?« Dorothy sah sie misstrauisch an.

Eglantyne schüttelte den Kopf. »Ich muss darüber nachdenken.« Obwohl Dorothy schmeichelte und quengelte, schwieg sie und öffnete den nächsten Umschlag, als hätte es die letzten fünfzehn Minuten nicht gegeben. »Schau mal, hier habe ich die Antwort von Robert Smillie. Er will uns unterstützen.«

»Vielleicht können wir ihn als Redner für unsere Veranstaltung gewinnen!«

Eglantyne lachte. »Du bist unmöglich, Dorothy. Nun lass uns erst einmal klären, ob wir die Halle überhaupt mieten können und was das Komitee von der Veranstaltung hält.«

»Einige von ihnen sind sicher bereit«, widersprach Dorothy, »außerdem haben wir viele andere Unterstützer. Lewis Golden zum Beispiel, den könnte ich mir gut als Generalsekretär einer Kinderorganisation vorstellen.«

»Du hast ja recht.« Eglantyne nickte. »Maude, Kate, Ethel, Mosa und die anderen Frauen vom Artikeldienst müssen wir nur um Hilfe bitten. Nicht zu vergessen, Henrietta, vor allem seit sie beim *Daily Herald* arbeitet.«

Dorothy zwinkerte ihr zu. »Sie wird uns auch wunderbar dabei unterstützen, die Veranstaltung bekannt zu machen. Vielleicht kommen wir über sie sogar an Henry Noel Brailsford heran, den Journalisten, der in seinen Artikeln über die Hungersnot und das Leid in Berlin und Wien berichtet hat.«

»Das ist eine gute Idee. Wenn er den Gästen die Situation vor Ort beschreibt, wirkt das stärker, als wenn nur wir wieder unsere Geschichten erzählen.« Eglantyne gewann zunehmend Freude an dem Gedanken, bei einer großen Veranstaltung vielen Menschen gleichzeitig zu vermitteln, weshalb ihre Spenden gerade jetzt so wichtig waren. »Klärst du das mit dem Komitee? Dann kümmere ich mich um die Flugblätter!«

Dorothy sah sie verwundert an. »Sonst sind diese Abstimmungen doch immer deine Sache. Was hast du vor?«

»Die Veranstaltung war deine Idee, du hast sie in Gedanken schon geplant und siehst auf jedem Stuhl einen wichtigen Menschen sitzen. Du kannst das viel besser erklären als ich.« Eglantyne nahm einige Fotos und ihren Entwurf für das Flugblatt an sich. »Ich bringe das rasch in die Druckerei. Ein bisschen frische Luft wird mir guttun. Du kannst solange meine Schreibmaschine benutzen.«

Ehe ihre Schwester etwas erwidern konnte, war Eglantyne schon vor der Tür. In ihrem Kopf nahm eine Idee Form an, von der sie Dorothy lieber nichts erzählen wollte. Ihre Schwester hatte es schwer genug mit einigen Gegnern in der Partei ihres Mannes, die keineswegs begeistert von ihrem Engagement im früheren Kriegsgebiet waren und Charles dies bei jeder Gelegenheit vorhielten. Da war es besser, wenn Dorothy sich nicht auch noch öffentlich in einer Weise exponierte, die ganz sicher für Aufregung sorgen und vielleicht sogar gravierende Konsequenzen haben würde.

Eglantyne gab das Flugblatt in der Druckerei ab und bat darum, ein Muster zu setzen. Von dort aus führte ihr Weg sie zu Barbara Ayrton-Gould, die sie als eine engagierte Kämpferin für die Frauenrechte kennengelernt hatte, die auch vor außergewöhnlichen Maßnahmen nicht zurückschreckte, um auf ihre Ziele aufmerksam zu machen. Vor einigen Jahren war sie sogar kurze Zeit im Gefängnis gewesen, weil sie bei einer Aktion für das Frauenwahlrecht Fensterscheiben eingeworfen hatte. Nicht dass Eglantyne etwas Ähnliches plante. Ihr Vorhaben war nicht zerstörerisch, aber es verlangte Mut, und es konnte durchaus vor einem Richter enden. Das wollte sie ihrer Schwester nicht zumuten, da es auf Charles Buxton und seine politische Karriere zurückfallen würde. Allein wagte sie den Plan aber nicht umzusetzen. Sie brauchte Unterstützung.

»Ich bin dabei!«, lautete Barbaras spontane Antwort, als Eglantyne ihr den Plan schilderte. »Ich habe lange nichts Aufregendes unternommen, und für euren Kampf zur Rettung verhungernder Kinder sollte man ruhig ein Risiko eingehen.« Sie sah Eglantyne ernst an. »Du weißt, dass du dafür verhaftet werden kannst?«

Eglantyne nickte. »Das ist es mir wert. Dann müssen die Zeitungen über unsere Initiative schreiben.« Sie schilderte ihre Begegnungen mit den Journalisten in den letzten Wochen. »Die meisten haben uns für verrückt und größenwahnsinnig erklärt. Wenn sie jetzt noch hören, dass wir die Royal Albert Hall mieten, fühlen sie sich in dieser Meinung bestätigt.«
»Männer eben!« Barbara Ayrton-Gould grinste. »Da könnte ich dir Geschichten erzählen. Es wird Zeit, dass Frauen auch in den Zeitungsredaktionen stärker vertreten sind. Aber jetzt kümmern wir uns erst einmal darum, dass die Halle voll wird. Wann sind die Flugblätter fertig?«
»In drei bis vier Tagen«, antwortete Eglantyne.
Barbara Ayrton-Gould blickte auf die Zeiger der Standuhr und schmunzelte. »Dann treffen wir uns am Samstag, dem 12. April, Punkt zwölf Uhr vor der Nelson-Statue am Trafalgar Square. Ich hole heute Abend meine große Tasche für Flugblätter heraus. Mach dir keine Gedanken, das kriegen wir schon hin.«

Am nächsten Samstag trafen sich die beiden Frauen pünktlich auf dem Trafalgar Square. Jedem Passanten drückten sie mit einem freundlichen Lächeln ein Flugblatt in die Hand, von dem ein abgemagertes Kind die Betrachter mit flehendem Blick ansah. Der Blick des Kindes bohrte sich in die Herzen vieler Frauen und Männer, die an ihnen vorbeikamen. Eglantyne und Barbara hielten sich nicht mit langen Gesprächen auf, sondern verwiesen auf die Veranstaltung am 19. Mai in der Royal Albert Hall, für die Dorothy eine Zusage von der Hallenleitung und grünes Licht vom Vorstand des *Fight the Famine Council* bekommen hatte. »Dort erfahren Sie mehr darüber, was wir vorhaben«, erklärten sie wieder und wieder, bis sich zwei Polizisten vor ihnen aufbauten.
»Sie wissen sicher, dass Betteln und das Verteilen von Werbe-

zetteln auf dem Trafalgar Square verboten ist!«, herrschte einer der Uniformierten sie an.

»Wir beobachten schon eine ganze Weile, dass Sie die Passanten belästigen«, ergänzte der andere scharf.

Eglantyne kam es vor, als führten die beiden ein kleines Theaterstück auf. Sie war so voller Energie, die sich durch die positiven Rückmeldungen aufgebaut hatte, dass sie die beiden nicht ernst nahm.

»Wir müssen Sie bitten, mit uns zu kommen!«, erklärte einer der beiden.

»Warum das denn?« Eglantyne schüttelte die Hand des Polizisten von ihrem Arm. »Hier nehmen Sie, wir tun nichts Unrechtes. Wir wollen nur die Kinder retten.«

Der andere Polizist seufzte, als er das Foto sah. »Das ist wirklich schlimm, ich habe selbst ein kleines Kind. Aber Sie dürfen hier nichts verteilen. Entweder gehen Sie von selbst oder wir müssen Sie verhaften.«

»Wir bleiben!«, mischte sich Barbara Ayrton-Gould ein. »Verhaften Sie uns doch.« Sie stellte sich dicht neben Eglantyne und flüsterte: »Das bringt eine gute Presse. Komm, wir wehren uns ein bisschen.« Sie wandte sich an die Passanten, die vorbeigingen und die Szene beobachteten. »Hilfe! Wir werden angegriffen! Wir haben nichts getan!«, rief sie. »Das ist Polizeiwillkür.«

Je lauter sie rief, umso mehr Menschen blieben stehen. Die Polizisten versuchten, die Frauen sanft zu ihrem Wagen zu schieben, doch die beiden wehrten sich. Erst als ein Fotograf kam, ließen sie sich abführen.

Eglantyne fühlte sich unwohl in dem Polizeiwagen. Sie hatte das Gefühl, dass alle Londoner versuchten herauszufinden, wer hinter den vergitterten Scheiben durch die Stadt gefahren wurde. Fast war sie erleichtert, als der Wagen anhielt. Diese Erleichterung hielt jedoch nur so lange, bis sie und Barbara direkt in eine Gefängniszelle geführt wurden. Wie Schwerverbrecherinnen.

Eine Nacht mussten sie dort verbringen, bis der Anwalt, den ihr Schwager engagiert hatte, erreichte, dass sie bis zur Verhandlung auf freien Fuß kamen.

Fünf Tage vor der großen Veranstaltung in der Royal Albert Hall stand Eglantyne mit Barbara Ayrton-Gould in dem Gerichtssaal, den sie von den Prozessen gegen befreundete Suffragetten kannte. Hinter dem Richtertisch saß ein älterer Mann, Sir Badkin, wie das Schild vor ihm verriet.

»Was haben wir denn heute zu verhandeln?«, erscholl die tiefe Stimme des bärtigen Richters.

Erwartete er darauf eine Antwort von ihr? Eglantyne sah den Mann in der Robe an und zog dann einen der Handzettel aus der Handtasche. Sie legte dem Richter das Bild auf den Tisch. »Das ist ein zweijähriges Kind in Österreich, das meine Schwester Dorothy, die Ehefrau des Abgeordneten Charles Buxton, in Wien gesehen hat.« Das Nicken des Richters bei der Erwähnung von Charlies Namen ermutigte sie weiterzusprechen. »Sie können sich nicht vorstellen, wie viele Kinder in Österreich und Deutschland verhungern. Meine Schwester und ich möchten etwas dagegen tun. Wie können wir ruhig schlafen, wenn wir wissen, dass diese Kinder langsam sterben. Wir haben versucht, Spenden zu sammeln, aber die Leute sind alle so wohlgenährt und geizig. Ich dachte, mit dem Bild werden sie aufgerüttelt.«

»Was ja auch geklappt hat«, bemerkte der Richter trocken. »Das ist wirklich erschütternd!«, stimmte er ihr zu und legte das Papier beiseite. »Meine Enkelin ist genauso alt wie das Mädchen auf dem Bild. Aber sie ist tatsächlich wohlgenährt mit roten Bäckchen und einem Mund, der immer plappert und lacht. Wenn ich mir vorstelle, dass meine Tochter dem Kind nichts mehr zu essen geben könnte, weiß ich nicht, was ich tun würde. Fast muss man sich wundern, dass nichts von Straßenkämpfen in Österreich und Deutschland bekannt wird.«

»Die Frauen haben wahrlich nicht die Kraft dafür«, mischte sich Barbara Ayrton-Gould ein. »Sie brauchen ihre Energie, um ein paar Baumrinden oder Wassertropfen für ihre Kinder zu finden. Oder um den Schmerz über deren Tod auszuhalten.«

Eglantyne berichtete von ihren Erlebnissen in Deutschland. »Meine Schwester hat kürzlich in Wien Ähnliches und Schlimmeres erlebt. Dorothy Buxton, vielleicht kennen Sie meinen Schwager, den Abgeordneten Charles Buxton, der sich zusammen mit seinem Bruder Noel vor sechs Jahren für die hungernden Menschen in Mazedonien eingesetzt hat.«

»Natürlich habe ich von Ihrem Schwager gehört. Und Sie möchten also jetzt etwas Ähnliches wie den *Macedonian Relief Fund* im Land des Feindes initiieren? Habe ich das richtig verstanden?«

Eglantyne konnte den Blick des Richters nicht deuten. War das echtes Interesse oder eine rhetorische Frage? Wie sollte sie darauf reagieren? Wenn sie zugab, dass die Verteilung der Flugblätter nicht mit Dorothy und den anderen Mitgliedern des *Fight the Famine Council* abgestimmt war, konnte es sein, dass sie als verrückte Einzelkämpferin abgestempelt wurde. Aber sie durfte auch Charlie nicht in politische Gefahr bringen. »Meine Schwester und ich wollen eine Organisation gründen, die Kinder in ganz Europa vor dem Hungertod bewahrt.« Als sie das ausgesprochen hatte, wusste sie plötzlich, wie sie sich verteidigen musste. »Am 19. Mai werden wir die Einrichtung in der Royal Albert Hall im Rahmen einer Veranstaltung gründen. Nachdem die Zeitungen kein Interesse daran gezeigt haben, hatte ich den Einfall, am Trafalgar Square die Flugblätter zu verteilen. Frau Ayrton-Gould hat damit nichts zu tun. Sie hat mir nur beigestanden.« Als sie das sagte, fiel ihr auf, dass sie dabei die zeitliche Abfolge etwas in ihrem Sinne zurechtrückte. Sie stockte nur kurz; hatte sie nicht als Kind gelernt, dass Notlügen nur kleine Sünden seien und im Krieg alle Mittel erlaubt waren?

»Ach, und Sie denken, weil Sie auf dem Trafalgar Square ein paar Zettel verteilen, kommen die Leute zu Ihrer Gründungsversammlung?« Der Richter beugte sich vor und sah sie mit einem Stirnrunzeln an. »Für so naiv hätte ich Sie nicht gehalten.« Eglantyne grinste. »Auf die paar Frauen und Männer, die wir angesprochen haben, kommt es nicht an, Euer Ehren. Aber ich bin sicher, dass morgen in jeder Zeitung stehen wird, dass die Gründerin einer Hilfsorganisation verurteilt wurde, weil sie Bilder eines sterbenden Kindes verteilt hat. So etwas mögen die Zeitungen. Ab morgen hat der vermeintliche Feind ein neues Gesicht. Es ist nicht mehr der Soldat mit der Pickelhaube, sondern das unterernährte Kind, das mit letzter Kraft den Kopf hebt und den Fotografen und die Betrachter des Fotos auf der ganzen Welt ansieht.« Sie spürte, wie sich die Härchen auf ihren Armen bei diesen Worten aufstellten und ein Schauer über ihren Rücken lief. Das war es. Dieses Kind war das Symbol für die Unsinnigkeit des Kriegs, es bewies, dass am Ende immer die Menschen die Leidtragenden waren.

Der Richter wandte sich ab und schnäuzte sich in ein großes weißes Taschentuch. Als er Eglantyne wieder ansah, hatte sie den Eindruck, dass seine Augen gerötet waren. Er holte tief Luft. »Mich haben Sie überzeugt, und ich wünsche Ihnen, dass Sie bei Ihrer Veranstaltung viele weitere Herzen erweichen können. Ich muss heute trotzdem ein Urteil fällen, denn was Sie getan haben, war eine Straftat. Aber ich denke, dass diese mit einer Geldstrafe von fünf Pfund ausreichend gesühnt ist. Ersatzweise können Sie zwei Tage ins Gefängnis gehen.«

Eglantyne nickte, als sie das Urteil vernahm. Sicher würden Charles oder einer ihrer Brüder ihr die fünf Pfund leihen. Aber damit wäre ihr Versuch, die Presse zu mobilisieren, beendet. »Ich gehe ins Gefängnis!«, erklärte sie mit fester Stimme und erschrak über diese Antwort, als ihr die fürchterliche Nacht in der Zelle einfiel. Aber nun musste sie zu ihrem Wort stehen. Schließlich ging es darum, Aufmerksamkeit für ihre Initiative zu gewinnen und Spenden zu sammeln.

Der Richter sah sie überrascht an und versuchte, sie zu überzeugen, die Geldstrafe zu zahlen. »Bedenken Sie, wie es für eine Dame Ihres Standes im Gefängnis sein wird!«

Eglantyne erhob sich und ging zu dem Richtertisch. Als sie auf Augenhöhe mit dem Richter war, sagte sie: »Euer Ehren! Für fünf Pfund können wir Babynahrung für eine ganze Menge Kinder kaufen. Glauben Sie wirklich, dass ich den Kleinen ihr Essen stehlen würde, nur um zwei Nächte in meinem warmen Bett zu schlafen? Ich habe als Lehrerin bei sehr armen Familien gespeist und auf dem Balkan bei Menschen übernachtet, für die ein britisches Gefängnis ein Palast wäre. Da werde ich diese zwei Nächte auch überstehen!« Sie sah sich zu dem Gerichtsdiener um. »Bringen Sie mich sofort in Gewahrsam, oder kann ich mir Kleidung zum Wechseln holen?«

Der Richter wartete, bis sich alle Anwesenden erhoben hatten, und verließ seinen Richtertisch. Am Rand legte er seine Robe ab und ging auf Eglantyne zu. Er zog seine Geldbörse aus der Hosentasche und nahm einen Fünf-Pfund-Schein heraus. »Ich bin beeindruckt von Ihrem Engagement und möchte nicht, dass Sie noch einmal zwischen Huren und Taschendiebinnen nächtigen müssen.«

»Danke, Euer Ehren.« Eglantyne nahm den Geldschein entgegen und schob ihn in ihre Tasche. »Das wird das Startkapital für unsere Organisation sein.«

Der Richter drückte lange ihre Hand und ging kopfschüttelnd aus dem Zimmer, während der Gerichtsdiener sich anschickte, Eglantyne abzuführen.

Da tauchte Dorothy unversehens vor den beiden auf. »Halt! Mein Name ist Dorothy Buxton, ich bin die Schwester von Frau Jebb. Kann ich sie sprechen?«

Der Mann nickte. »Aber nur ein paar Minuten.«

Dorothy zerrte Eglantyne zur Seite. »Ich weiß, dass du uns helfen willst, aber das kann nach hinten losgehen.« Sie rückte näher an ihre Schwester heran und flüsterte: »Heute ist das Staatsbegräbnis von Edith Cavell, der Krankenschwester, die vor vier Jahren von einem Deutschen in Brüssel hingerichtet wurde, weil sie zweihundert unserer Soldaten bei der Flucht aus dem Gebiet der Deutschen geholfen hat. Wenn du jetzt ins Gefängnis gehst, werden die Zeitungen dich so darstellen, als ob du Ediths Mörder retten wolltest.«

Eglantyne lehnte sich an die Wand. Das war ihr neu. In den letzten Wochen und Tagen war sie nur mit den Vorbereitungen für die Veranstaltung und die Gründung der geplanten Kinderhilfsorganisation beschäftigt gewesen.

Dorothy hatte recht. Ihre Idee, mit der Haft die Öffentlichkeit aufzurütteln, war gut. Wenn aber die Gräueltaten der Deutschen gleichzeitig mit dem aufopfernden Verhalten einer Märtyrerin in den Zeitungen standen, konnte das nur schaden. Sie wandte sich an den Gerichtsdiener. »Meine Schwester hat mich überzeugt, ich zahle die fünf Pfund und gehe nicht ins Gefängnis.« Fast kam es ihr so vor, als atme der Mann erleichtert aus. Er verließ eilig den Raum, um den Richter zu holen, der wenig später kopfschüttelnd wieder eintrat.

»Mich würde interessieren, wie es zu diesem klugen Sinneswandel kam«, sagte Sir Badkin, während er die Haftanordnung zerriss und die Zahlungsaufforderung ausstellte. »Am besten zahlen Sie das gleich an der Gerichtskasse.«

»Ich habe so viel Geld dabei«, rief Dorothy und winkte mit einer Fünf-Pfund-Note.

»Dann haben wir das also erledigt.« Der Richter wirkte sichtlich erleichtert. »Bitte tun Sie mir einen Gefallen und denken Sie künftig vorher nach, was Ihre Aktionen auslösen können. Ich möchte Sie hier nicht ein zweites Mal sehen.«

Kapitel 23

1926 Genf – Gelsenkirchen – Buer

»Vielen Dank für deinen Besuch!« Eglantyne fasste Anni an beiden Schultern und küsste sie rechts und links auf die Wangen. Im ersten Moment wollte Anni zurückschrecken; bei dieser Art des Abschiednehmens, die sie vor ihrem Aufenthalt in der Schweiz nie erlebt hatte, war ihr noch immer unwohl. Der Erste, der sich so von ihr verabschiedet hatte, war Matteo, nachdem er sie in ein exquisites Restaurant ausgeführt hatte, in dem sie sich mit ihrem hübschen, aber einfachen selbst genähten Kleid völlig fehl am Platze fühlte. Irgendwie hatte sie sich in seiner Schuld gesehen und die Wangenküsse über sich ergehen lassen. Erleichtert hatte sie am nächsten Tag erlebt, dass auch Eglantyne Menschen auf diese Weise begrüßte. Dennoch würde sie diesen Brauch ganz sicher nicht mit ins Ruhrgebiet nehmen.

»Danke, dass Sie mich so freundlich aufgenommen haben, Frau Jebb«, antwortete Anni und hielt ihrer Gastgeberin die Hand hin, wie es bei ihnen zu Hause üblich war.

Eglantyne lachte, streckte dann aber doch ihre Hand aus und schüttelte sie. »Vielleicht ist es ganz gut, dass wir dir deine Gewohnheiten nicht ausgetrieben haben. Aber bitte nenn mich nun wirklich beim Vornamen. Sonst fühle ich mich so alt.«

Anni nickte nur und war froh, dass der einfahrende Zug endlich stehen blieb und sie einsteigen musste.

»Wir haben noch Zeit«, beruhigte Eglantyne sie. »Erst wenn

der Schaffner pfeift, geht es weiter. Aber such dir nur in Ruhe einen Platz, ich winke dir zu.«

In Ruhe einen Platz suchen? Das war leicht gesagt. Obwohl in Genf keine Flüchtlinge eintrafen wie in Gelsenkirchen, war auf dem Bahnhof viel mehr los als in ihrer kleinen Ruhrgebietsstadt. Dabei hatte dieser Ort weniger Einwohner als Buer oder Gelsenkirchen. Aber der Völkerbund zog viele Menschen aus der ganzen Welt an, dadurch ging es hier zu wie in Ferdinands Taubenschlag. Der Gedanke an ihren Freund versetzte ihr einen Stich. Sie hatte ihn in den letzten Tagen völlig vergessen, die Papiertaube und das Stück Kohle waren hoffentlich irgendwo in der Umhängetasche, sie hatte beim Einpacken ihrer Sachen nicht darauf geachtet. Ohnehin ging der Koffer kaum zu mit der Puppe für ihre kleine Schwester Klara, den Wörterbüchern, dem Stoff für Eglantynes Nachthemden und dem neuen Kleid.

»Geht das heute noch voran?!« Eine griesgrämige Frau erinnerte Anni daran, dass sie im Gang stand und die Reisenden aufhielt. Rasch schob sie sich in ein Abteil, in dem ein Platz zum Gang frei war. Lieber hätte sie wieder aus dem Fenster gesehen, aber sie wollte keine Unruhe auslösen. Sie stellte den Koffer auf den Sitz und schaute ratlos zu dem Gepäcknetz hinauf. Wie sollte sie den Koffer dort hinaufheben? Sie hatte zwar gut gegessen in den letzten Tagen und sicher ein paar Kilogramm zugenommen, aber wohl kaum an Muskelkraft gewonnen. Da klopfte auch noch jemand vom Bahnsteig an die Scheibe und rief ihren Namen. Das war nicht Eglantynes Stimme! Sie merkte, dass ihr Gesicht rot anlief. Was sollte ihre Gastgeberin denken, wenn sie sah, dass Matteo zum Bahnhof gekommen war? Und das nicht einfach so, sondern mit einem Strauß roter Rosen. Wie sollte sie den ihrer Familie erklären? Anni schluckte.

»Warten Sie, ich helfe Ihnen!« Ein Mann mittleren Alters in einem feinen Anzug stand auf, kletterte über die Beine der Mitreisenden in dem Abteil, nahm den Koffer und hievte ihn in das

Gepäcknetz. »Haben Sie ein Stück der Alpen als Andenken mitgenommen?«, scherzte er.

Im ersten Moment wusste Anni nicht, was sie darauf sagen sollte. Was wollte der Mann ihr damit sagen? Dann lächelte sie. »Es tut mir leid. Der Koffer ist wirklich schwer. Aber ich habe in Genf Wörterbücher bekommen, damit ich mich verständigen kann, und die nehme ich mit nach Hause.«

»Wohin fahren Sie denn? Vielleicht haben wir dasselbe Ziel, dann kann ich Ihnen den Koffer heraustragen.«

Ein erneutes Klopfen gegen die Scheibe ersparte Anni die Antwort. Matteo deutete von außen auf das Fenster. Sie sollte es öffnen, tat aber so, als verstünde sie das Zeichen nicht, lächelte nur und winkte Eglantyne und Matteo zu, froh, dass sich der Zug in dem Augenblick in Bewegung setzte.

»Ihr Freund sieht aber nicht glücklich aus«, stellte der Mann in dem Fenstersitz fest.

Da tat Anni ihr Verhalten schon leid, aber sie war trotzdem erleichtert, dass die Rosen nicht den Weg ins Abteil gefunden hatten. Rote Rosen übermittelten eine Botschaft, die sie ihren Eltern nicht hätte erklären wollen. Sie richtete sich auf ihrem Platz ein und fragte sich, wie sie eigentlich die lange Zeit der Hinfahrt verbracht hatte.

Irgendetwas musste sie tun, um sich abzulenken und Matteos enttäuschtes Gesicht und Eglantynes überraschten Blick aus dem Kopf zu bekommen. Aus dem Fenster sehen konnte sie nicht, dann hätte sie in die Richtung des Mannes schauen müssen, was er sicher wieder als Aufforderung zum Gespräch gedeutet hätte. Die vier jungen Burschen, die die anderen Plätze besetzten, hielten die Augen geschlossen und schliefen oder dösten. Vielleicht hatten sie in der Nacht gefeiert. Womöglich waren sie schon zwei Tage unterwegs und hatten ihr Ziel bald erreicht.

»Um diese Zeit ist immer viel los am Genfer See!«, sagte der Mann völlig unvermittelt. Was sollte das nun wieder bedeuten?

Am liebsten hätte Anni das Abteil gewechselt, was der schwere Koffer im Gepäcknetz verhinderte. Sie schloss die Augen, vielleicht wurde dadurch deutlich, dass sie ihre Ruhe haben wollte. Doch hinter den geschlossenen Augenlidern tauchte Matteo auf. Sein feines Antlitz mit den scharf geschnittenen Koteletten mischte sich mit Ferdinands Gesicht, in dem immer irgendwo Kohlestaub klebte. Sie rief sich Eglantyne in Erinnerung, die ihr beim Frühstück als letzten Ratschlag für ihre Tätigkeit als Botschafterin eingeschärft hatte, dass sie einfach immer und überall über *Save the Children* reden sollte. Anni sah das Lächeln im Gesicht ihrer Gastgeberin, als sie ihr erklärte, dass sie von nun an in jeder Situation ein Gesprächsthema hatte. Sie öffnete ihre Augen und sah aus dem Fenster.

»Ich bin nie zuvor in Genf gewesen«, erklärte Anni und griff dann auf, was Eglantyne ihr empfohlen hatte. »Ich war dort, um der Gründerin von *Save the Children* einen Gruß zu überbringen. Vielleicht kennen Sie sie, Eglantyne Jebb. Sie ist als die Mutter der Kinderrechte bekannt, seit sie vor zwei Jahren dafür gesorgt hat, dass der Völkerbund die Charta der Kinderrechte verabschiedet hat.« Sie suchte in ihrer Umhängetasche nach den Postkarten, die sie mitgenommen hatte, um sie in Buer und Gelsenkirchen zu verteilen. Vielleicht konnte sie hier schon eine Karte loswerden. Während sie in der Tasche kramte, wunderte sie sich über sich selbst. Wie kam es, dass sie plötzlich, ohne zu stottern und rot zu werden, diesem fremden Mann etwas erklärte? Sie dachte an die Hinfahrt, als sie im Gespräch mit dem alten Mann nur langsam aufgetaut war.

Der Mitreisende schien ebenfalls überrascht. »Ich dachte schon, Sie könnten nicht sprechen«, scherzte er. »Aber Sie haben natürlich recht. Es ist immer besser, sich fremden Menschen gegenüber vorsichtig zu verhalten. Gestatten Sie, dass ich mich vorstelle. Ferrière, Dr. Frédéric Ferrière. Dann habe ich mich doch nicht getäuscht, als ich dachte, ich hätte Frau Jebb auf dem

Bahnsteig gesehen. Ich kenne sie und freue mich, dass sie mit Ihnen eine so tüchtige Fürsprecherin gewonnen hat.«

Anni erschrak, als sie den Namen hörte. Ferrière, so hieß auch Suzanne, die Mitbewohnerin Eglantynes, die während ihres Aufenthalts verreist war. Aber an der Türklingel hatte sie den Namen gelesen. Ihr wurde heiß. Hoffentlich hatte sie nichts Falsches gesagt.

»Sie sind bestimmt das junge Mädchen, das einige Zeit bei Eglantyne in der Wohnung meiner Nichte gewohnt hat«, fuhr der Mann fort. »Ich hoffe, Sie hatten eine schöne Zeit. Aber da bin ich sicher. Eglantyne kümmert sich immer rührend um ihre Gäste. Schade, dass ich in Basel umsteigen muss. Sonst hätten Sie mir erzählen können, was Sie in Genf erlebt haben, und ich hätte Ihnen bei den Zollformalitäten helfen können.«

Bei dem Hinweis auf den Zoll bedauerte auch Anni, dass der Mann nicht länger mit ihr zusammen reisen würde. Ansonsten war sie froh, denn er machte einen so bedeutenden Eindruck, dass sie sich die ganze Zeit unwohl gefühlt hätte.

In diesem Augenblick erwachten die jungen Leute und fingen sofort an durcheinanderzureden, sodass an ein Gespräch nicht mehr zu denken war. Herr Ferrière versuchte noch, den jungen Mann am Fenster zu bitten, mit Anni die Plätze zu tauschen, doch dieser beharrte auf seinem Sitz und stand nur kurz auf, um aus seinem Koffer eine Tüte mit Gebäck zu holen, das er an die drei Begleiter verteilte. Anni und Dr. Ferrière blieb nur, sich mit Blicken zu verständigen.

Als der Halt in Basel ausgerufen wurde, sagte Dr. Ferrière: »Nehmen Sie doch meinen Platz, junge Frau. Da können Sie gut aus dem Fenster sehen.« Er wartete auf dem Gang, bis Anni sich über die Beine der jungen Männer ans Fenster gehangelt hatte. Dann warf er den Mitreisenden einen scharfen Blick zu. »Sollte der Zollbeamte den Koffer der jungen Frau sehen wollen, werden Sie ihr doch bestimmt helfen, den herunterzuholen.« Dabei nahm seine Stimme einen derart bestimmenden Ton ein, dass die Jugendlichen sich aufrecht hinsetzten und eifrig nickten.

Anni war sich nicht sicher, ob sie ihre Zusage einhalten würden. Und wenn schon! Sie hatte einen Mund und konnte den Schaffner oder Mann vom Zoll um Hilfe bitten. Ihre Papiere waren in der Umhängetasche zusammen mit einer Übersicht der Dinge, die sich im Koffer befanden. Eglantyne hatte sie auf einem Briefbogen von *Save the Children* aufgelistet und unterschrieben, damit Anni sich wegen der zusätzlichen Gepäckstücke keine Sorgen machen musste.

Sie lächelte Dr. Ferrière zu und wünschte ihm eine gute Weiterreise. Obwohl sie nun allein in dem Abteil war mit den vier jungen Männern, die laut sprachen und Witze austauschten, die sie sonst nur vom Stammtisch des Vaters kannte, fühlte sie sich sicher. Als der Grenzbeamte die Papiere sehen wollte, begrüßte sie ihn freundlich mit: »Grüezi« und »Guten Tag«. Sie hielt ihm den Reisepass hin und erklärte: »Ich habe nichts zu verzollen, der Koffer da oben gehört mir. Er ist zwar schwer, weil ich zwei Wörterbücher und viele Geschenke darin habe, aber wenn Sie möchten, können Sie hier auf der Liste nachschauen. Ich bin Botschafterin für *Save the Children*.« Sie staunte, wie selbstverständlich ihr das über die Lippen ging.

Der Grenzbeamte lächelte und blickte auf die Fahrkarte. »Wie schön, dass sie sich künftig im Ruhrgebiet für die Kinder einsetzen. Kinder sind das Herz der Welt. Wer sich um sie bemüht, kann nicht schlecht sein. Ich wünsche Ihnen eine angenehme Reise.«

»Danke schön, Ihnen auch einen schönen Tag«, erwiderte Anni, ohne nachzudenken. Sie lächelte, als sie sah, dass die Münder der jungen Männer offen standen, und war nun doch froh, dass Eglantyne sie überredet hatte, die Aufgabe als Botschafterin für die Stiftung anzunehmen, die gerade so alt war wie ihre kleine Schwester Klara und doch schon so viel bewegt hatte.

Kapitel 24

1919 London

Am 19. Mai traten Eglantyne und Dorothy gemeinsam auf die Bühne der Royal Albert Hall. Wie sie es erwartet hatten, hatten sich beim *Fight the Famine Council* einige Mitstreiter für eine Initiative zur Rettung der hungernden Kinder gefunden. Anders, als sie es befürchtet hatten, waren diese Feuer und Flamme für die zentrale Auftaktveranstaltung in der Royal Albert Hall – bevor sie von Eglantynes unabgestimmter Flugblattaktion erfuhren.

Hätte sich Richter Badkin nicht so entgegenkommend verhalten, wären vermutlich die meisten abgesprungen, dachte sie, während sie verfolgte, wie die Komiteemitglieder in der ersten Reihe Platz nahmen. Vermutlich lockte sie die historische Halle, die seit fast fünfzig Jahren der bedeutendste Ort für große Veranstaltungen außerhalb des königlichen Palasts in London und vermutlich sogar im gesamten Königreich war. Es traf sich gut, dass der Namensgeber der Halle eine Brücke bildete zu ihrem Vorhaben, Spenden für Kinder in Deutschland und Österreich zu sammeln. Die Royal Albert Hall war als Gedenkstätte für Prinz Albert von Sachsen-Coburg und Gotha, den Ehemann von Königin Victoria, erbaut worden und der hatte, wie auch seine Frau, deutsche Wurzeln. Wo also konnte ein Aufruf, deutschen Kindern zu helfen, besser wirken als in dieser Halle? Dank der guten Kontakte ihres Ehemanns hatte Dorothy kurzfristig einen Termin für die Veranstaltung vereinbaren können. Zusammen mit einigen Unterstützerinnen ihrer Initiative hatten sie dann Einladung um Einladung geschrieben.

Die Sorge, dass nicht alle Plätze besetzt würden, war schnell verflogen. Zu schnell, dachte Eglantyne, als sie auf die sich füllenden Stuhlreihen blickte. Sie hatten alle Leute angesprochen, die sie kannten und diese gebeten, ihrerseits weitere Gäste mitzubringen, wodurch sie kaum noch eine Kontrolle hatten, wer da in den Sesseln saß. Leider ließen Äußerungen in der Presse befürchten, dass nicht jeder Gast ein Unterstützer sein würde. In den letzten Tagen war kaum ein Gespräch vergangen, ohne dass Dorothy und sie sich darüber berieten, welche Kleidung am besten vor den faulen Tomaten und rohen Eiern schützen könnte, die von den Journalisten prophezeit wurden. Sie hatten Ordner am Eingang positioniert, aber die wagten es nicht, die Begleiter von Gästen zu kontrollieren, die wichtig aussehend mit Zylinder und Cut oder in Abendrobe die Treppe hinaufschritten.

»Wir freuen uns, dass Sie so zahlreich unserer Einladung gefolgt sind«, begrüßte Eglantyne die vielen Menschen vor ihr.

»Wir wissen, dass unser Anliegen in der heutigen Zeit schwierig ist, aber wir haben in den letzten Wochen auch erfahren, dass die meisten Menschen unser Anliegen verstehen, wenn wir es ihnen erklären. Deshalb sind wir dankbar, dass Sie uns die Gelegenheit dafür geben. Wir alle sind Menschen, es darf nicht sein, dass wir zulassen, dass unschuldige Kinder für die Fehler der Erwachsenen bestraft werden.«

Die erste Hürde war ohne Wurfgeschosse genommen. Erleichtert trat sie zur Seite, um Dorothy das Rednerpult zu überlassen.

»Auch ich danke Ihnen, dass Sie gekommen sind, um uns zuzuhören.« Dorothy schaute in den Zuschauerraum und versuchte, die Blicke möglichst vieler Anwesender einzufangen. »Die Zeitungen haben uns gewarnt, dass manche von Ihnen Tomaten oder faule Eier werfen würden.« Sie zeigte auf ihr cremefarbenes Kleid. »Wie Sie sehen, habe ich trotzdem mein schönstes Kleid angezogen. Was ist ein sauberes Kleid auch gegen das Gefühl, das Leben von Kindern zu retten.«

Eglantyne rieb sich die Arme. Sie hatten keine Zeit gehabt, sich über ihre Ansprachen im Detail abzustimmen. Nur bei der Auswahl der Garderobe hatten sie darauf geachtet, beide in hellen Kleidern zu erscheinen, um möglichen Rüpeln zu zeigen, dass sie keine Angst vor ihnen hatten. Dass Dorothy diese Entscheidung so geschickt erwähnte, war ein Geniestreich. Wer konnte es jetzt noch wagen, sie mit Abfall zu bewerfen.

»Ich möchte Ihnen erzählen, was ich in Wien Anfang des Jahres erlebt habe.« Dorothy schilderte ihre Erlebnisse in Wien. »Aber was sind meine Worte gegen die Bilder und Berichte eines Mannes, der in den letzten Wochen und Monaten miterlebt hat, wie es den Menschen in Berlin und Wien in diesen Tagen wirklich ergeht? Wir danken dem Journalisten Henry Noel Brailsford, dass er sich die Zeit nimmt, Ihnen seine Eindrücke zu schildern.«

Ein dunkelhaariger Mann betrat die Bühne und blickte die Menschen in den weichen Sesseln der Royal Albert Hall durch seine Brille an. Eglantyne schien es, als gelänge es ihm, jeden einzelnen Blick auf sich zu ziehen.

»Ich danke Ihnen, dass ich meine Erfahrungen schildern darf.« Henry Noel Brailsford nickte Dorothy und Eglantyne zu, die sich in die erste Reihe gesetzt hatten. »Seit Kriegsende reise ich durch die Länder, deren Herrscher den großen Krieg angezettelt haben. Ich will hier nicht von den hungernden und sterbenden Kindern reden, die Bilder kennen Sie dank Frau Buxton und Frau Jebb inzwischen alle. Ich möchte Ihnen erzählen, was ich erlebt habe.« Er trank einen Schluck Wasser aus dem Glas, das Eglantyne ihm auf das Rednerpult gestellt hatte. »Ich weiß nicht, in welcher Stadt es war. Vielleicht Wien, vielleicht Berlin. Ich sah eine Gruppe unbewaffneter Männer, die einen Polizisten von seinem Pferd zogen. Sie haben ihm nichts getan – dem Polizisten. Aber das Pferd haben sie an Ort und Stelle getötet und unter sich aufgeteilt.« Er rieb sich die Arme. »Ich bekomme noch jetzt eine Gänsehaut, wenn ich daran denke. Ich habe einen der Männer gefragt, warum sie das getan haben. Wissen Sie, was er darauf antwortete?« In der Kunstpause, die der Frage folgte, war kein Laut von den fünftausend Menschen im Saal zu hören. »Er sagte: ›Ich möchte nicht, dass meine Kinder verhungern!‹ Und nun frage ich Sie, vor allem die unter Ihnen, die klagen, dass England selbst so viele Probleme und arme Kinder hat: Hat ein Vater bei uns je ein Polizeipferd töten müssen, um seine Kinder zu ernähren?« Damit ging er von der Bühne, ohne die Reaktion der Zuhörenden abzuwarten.

Eglantyne wusste nicht, was sie tun sollte. Es kam ihr so unpassend vor, als Antwort auf diese Frage zu klatschen. Ähnlich wie ihr schien es den anderen Menschen zu gehen. Manche brachten ihre Hände in Bereitschaft zum Beifall, doch niemand wagte den ersten Schlag. Erleichtert sah sie, dass Robert Smillie ans Rednerpult trat.

»Ja, wie soll man auf diese Frage reagieren?«, sagte er. »Ich kann es Ihnen sagen: Spenden! Öffnen Sie Ihre Geldbeutel und spenden Sie, damit die Kinder auch in den besiegten Gebieten Gemüse statt Pferdefleisch und Milch anstatt Pferdeblut bekommen.« Er nickte Eglantyne zu. »Ich habe vor einiger Zeit mit Frau Jebb gesprochen. Ihr Engagement und das ihrer Schwester ist eine Reaktion auf den Aufschrei: Wir müssen etwas tun! Nun kann nicht jeder ein Brot oder Porridge nach Deutschland, Österreich oder Ungarn bringen. Aber den Schwestern gelingt das! Sie brauchen nur Geld, um Brot und Milch zu kaufen.« Er zwirbelte seinen Schnauzbart, während er in die Menge starrte, als könnte er jeden einzelnen Blick einfangen. Eglantyne war beeindruckt von seiner Fähigkeit, das Publikum zu fesseln. Er war zurecht der Führer der Gewerkschaft der Minenarbeiter.

»Wir haben den Damen dreißigtausend Pfund zugesagt!«, rief Robert Smillie nach der kurzen Pause. »Und das reicht nicht.« Er lächelte. »Ich weiß aus sicherer Quelle, dass Frau Jebb erst kürzlich dem amerikanischen Präsidenten geschrieben hat, dass mindestens zwanzig Millionen Pfund nötig sind, um alle Kinder zu retten. Das erscheint im ersten Moment viel, aber wenn jeder ein bisschen gibt, ist auch solch eine Summe schnell beisammen. Und wenn jemand von Ihnen denkt, jedes tote Kind eines Feindes sei ein gutes Kind, dann muss ich widersprechen: Jedes gerettete Kind im Feindesland ist ein Träger des Friedens. Und denjenigen, die eher ökonomisch denken, möchte ich sagen: Jedes gerettete Kind ist ein möglicher Kunde für Waren von der Insel! In diesem Sinne: Spenden Sie und knausern Sie dabei nicht!« Bei seinem Abgang klatschten die Menschen und geleiteten mit ihrem Applaus Eglantyne und Dorothy auf die Bühne.

Dorothy ergriff zuerst das Wort. »Ich hoffe, dass Ihnen die beiden Reden gezeigt haben, wie ernst die Lage auf dem Kontinent ist. Ja, die Regierung muss ihre Blockadepolitik überdenken. Aber bis sie sich bewegt, sollten wir alle auch etwas tun, damit wir uns auch in einigen Jahren noch im Spiegel anschauen können, ohne dort kleine verhungerte Kinder zu sehen. Ich stehe heute hier, um Sie um das Leben der Kinder zu bitten. Lassen Sie uns gemeinsam diese Kinder retten. Lassen Sie uns nicht vergessen, wie schrecklich es für Hunderte und Tausende Eltern ist, wenn sie ihre Kinder heute Abend ohne ein Stück Brot oder einen Löffel Suppe ins Bett schicken müssen. Wie schlimm es ist, immer in Sorge sein zu müssen, ob die Kleinen am nächsten Morgen aufwachen. Denken Sie an Ihre eigenen Kinder, und denken Sie daran, dass jede Packung mit Babynahrung, die wir an die Kinder der einstigen Feinde schicken, zugleich Botschaften einer neuen, glücklicheren Welt sind – für die Kinder, für deren Eltern, für uns alle.«

Der Applaus, der auf ihre Worte folgte, wollte nicht enden. Er ebbte erst ab, als Eglantyne erneut an das Rednerpult trat.

»Wir danken Ihnen für diese Ermunterung«, sagte sie und: »Wenn Sie nicht so viel Geld bei sich haben, wie Sie spenden möchten, sprechen Sie mit uns. Wir nehmen auch in den nächsten Tagen und Wochen jede Unterstützung dankend an. Für uns ist der heutige Tag der Start unserer Organisation *Save the Children*. Wir haben dieses Ziel gewählt, weil wir gut verstehen, dass Sie nicht für erwachsene Menschen im früheren Feindesland spenden können. Die Vorstellung, dass ihr und unser hart erarbeitetes Geld womöglich dem Mörder eines britischen Vaters zu einem glücklichen Leben verhilft, ist auch für uns schwer erträglich. Kinder hingegen sind unsere Zukunft und die Zukunft der ganzen Welt. Wenn sie satt, behütet und in dem Wissen, dass alle Menschen sich in der Not gegenseitig helfen, aufwachsen, wird in ihnen der Keim gelegt, für den Frieden in der Welt zu kämpfen. Wer die Kinder rettet, rettet die Welt.« Sie machte eine Pause und sah in einzelne Gesichter im Publikum. »Wir haben heute den 19. Mai. Vor fünf Tagen wurde hier in London mit einem Staatsbegräbnis jene tapfere Krankenschwester beigesetzt, die vor vier Jahren in Brüssel von den Deutschen getötet wurde, als sie britischen Soldaten und ihren Verbündeten die Flucht aus dem Kriegsgebiet ermöglichen wollte.«

Eglantyne hörte, dass Dorothy neben ihr die Luft einsog. Sie wusste, was sie dachte: Warum musst du das hier erwähnen? Aber sie hatte lange darüber nachgedacht. Das Begräbnis war mit Schlagzeilen voller Hass mehrere Tage Hauptthema in allen Zeitungen gewesen. Die Menschen hatten den Vorfall im Kopf. Der Gedanke daran konnte zu einer Sperre werden, die verhinderte, dass sie spendeten. Es war besser, diese Sperre zu lösen, als sie nicht zu beachten.

»Die letzten Worte Edith Cavells, die ich leider nie persönlich kennenlernen durfte, lauteten: ›Ich denke, Patriotismus reicht nicht aus. Wir müssen dafür sorgen, dass Hass und Bitterkeit in unseren Herzen gegenüber jedem Menschen verschwinden.‹ Ich bitte Sie: Lassen Sie uns diese Botschaft in die Tat umsetzen, indem wir die Kinder Europas retten, ganz gleich welcher Nation sie angehören.«

Eglantyne trat vom Rednerpult zurück und griff nach Dorothys Hand. Jetzt kam es darauf an. Hatten ihre Worte die Menschen erreicht? Würden sie applaudieren und spenden, oder würden sie sie mit Häme, Tomaten und faulen Eiern überhäufen?

Zunächst herrschte Stille in dem Saal, als müssten alle erst einmal nachdenken, was sie von diesem Appell halten sollten. Dann erhob sich Robert Smillie und klatschte. Viele andere folgten seinem Beispiel oder sie winkten mit ihren Geldbörsen.

Dorothy und Eglantyne sahen einander an und umarmten sich. Die Anspannung der letzten Wochen fiel von ihnen ab. Nach wenigen Sekunden fassten sie sich wieder, und Eglantyne wandte sich an das Publikum. »Wir danken Ihnen von ganzem Herzen und versprechen Ihnen: Gleich morgen beginnen wir mit der Arbeit. Hungernde Kinder können nicht warten!«

Kapitel 25

1926 Gelsenkirchen – Buer

»Wie ist es in der Schweiz?«, »Gab es im Zug was zu essen?«, »Hast du mich vermisst?« Als Anni nach fast zwei Tagen Bahnfahrt in Gelsenkirchen aus dem Zug stieg, sah sie sich sofort umringt von ihren Eltern und den Geschwistern, die sie mit Fragen bestürmten. Die Oberschwester hatte ihr von der Presseabteilung ausrichten lassen, dass vom Säuglingsheim niemand käme, damit sie zuerst einmal ihre Familie in Ruhe begrüßen konnte. Am Ende des Bahnsteigs bemerkte sie Ferdinand, der ihr schüchtern einen Luftkuss zuwarf. Ihr Herz klopfte, gleichzeitig meldete sich das schlechte Gewissen, weil sie sich neben dem Bergbauburschen Ferdinand den Stadtmenschen Matteo vorstellte. Wie sollte sie zwischen so unterschiedlichen Männern wählen?

»Anni!« Ihre Schwester Klara riss sie aus den Gedanken, indem sie an dem schönen Rock zog, den Eglantynes Schneiderin aus einem robusten Stoff extra für die Reise angefertigt hatte. Auch dafür trug sie das Schnittmuster in ihrem Rucksack. Am liebsten hätte sie es sofort herausgeholt und übergeben. Aber sie kannte ihre Mutter gut genug. Man durfte sie nicht überrumpeln, und am besten war es, ihr das Gefühl zu vermitteln, eine Idee stamme von ihr. Wer ihr etwas überstülpen wollte, erntete schnell eine Abfuhr, an der sich dann selbst durch gutes Zureden nichts mehr ändern ließ. Als sie mit Eglantyne über ihr Dilemma gesprochen hatte, war ihr ein großartiger Einfall gekommen. Und so holte Anni nun statt des Schnittmusters eine Puppe aus ihrem Rucksack.

»Ist die für mich?« Klara riss ihr die Puppe fast aus den Händen. »Oh, die hat ja denselben Rock an wie du.« Sie presste das neue Puppenkind an sich.

»Ja, die ist für dich.« Anni lächelte, weil ihre Mutter die Puppe interessiert betrachtete und so reagierte, wie sie es erwartet hatte. »Die Kleider sind extra für sie genäht worden. Von Frau Jebbs Schneiderin.« Dabei warf sie Gertrud Schlinkert einen Blick zu. Reagierte sie auf den Köder? Sie versteckte ein zufriedenes Grinsen vor den anderen, indem sie vermeintlich etwas Wichtiges im Rucksack suchte. Der erste Schritt für ihren Plan war getan. Sie kannte ihre Mutter, einer Magie wie dem doppelten Rock konnte sie nicht widerstehen.

»Einmal recht freundlich bitte?« Ehe Anni realisiert hatte, wer sie von der Seite ansprach, wurde sie von grellen Blitzen geblendet. Woher kamen die Fotografen? »Was machen Sie hier?« Was für eine unsinnige Frage! Sie wollte wissen, wer die Männer davon in Kenntnis gesetzt hatte, dass sie mit diesem Zug aus der Schweiz zurückkehren würde.

»Die Pressestelle der Stadt hat uns benachrichtigt, dass Sie heute von Ihrer Mission in Genf zurückkehren, und die Stiftung *Save the Children* hat ebenfalls eine Meldung geschickt.«

Anni ärgerte sich. Weder die eine noch die andere Stelle hatte sie darauf vorbereitet. Hätte sie nur niemals eingewilligt, Botschafterin für diesen Verein zu werden!

»Wie fühlen Sie sich hier im Revier nach den Tagen in der Schweiz?« Neben den Fotografen tauchte ein Mann mit gezücktem Ringblock und Stift auf. Was sollte sie ihm erzählen? Sie freute sich, ihre Familie zu sehen, und sogar Ferdinands Luftkuss war ihr ans Herz gegangen. Aber diese grauen Häuser und der Himmel voller Ruß? Das war völlig anders als die klare Luft,

Berge und Seen in Genf. Sie atmete zum ersten Mal seit dem Verlassen des Zuges tief ein. Trotzdem, die Luft hier roch nach Heimat. Das sagte sie dem Journalisten auch. »In der Heimat ist es doch am schönsten.« Während sie dies erklärte, flackerte vor ihrem inneren Auge ein Haus am Genfer See auf. Das Zuhause von Matteo Sprüngli mit Privatzugang zum See und einem Garten, größer als der Park von Schloss Berge, in dem sie hier sonntags spazieren gingen.

Sie wollte sich abwenden und mit ihrer Familie zum Ausgang gehen, als aus der Gruppe, die sich inzwischen um sie herum gebildet hatte, ein älterer Mann rief: »Kümmern Sie sich doch nicht um die Freundin der Froschfresser. Das sind alles Mörder!«

Anni bückte sich, weil sie befürchtete, er könne mit etwas werfen, bis sie bemerkte, dass es nur seine Hand mit dem Krückstock war, die in der Luft wedelte. Sie stellte sich gerade hin und sah auf den Platz zwischen ihren Füßen, wie Eglantyne es ihr vor dem Auftritt beigebracht hatte. Sie konzentrierte sich und hob dann den Kopf. Fast war es so, als wären alle Eindrücke in ihrem Gehirn gelöscht. Mit diesem Blick trat sie dem Reporter entgegen. »Soviel ich weiß, ist für den späten Nachmittag eine Pressekonferenz im Säuglingsheim geplant.« Dabei sah sie jedoch nicht den Reporter an, sondern den alten Mann hinter ihm, wie er seinen Arm mit dem Krückstock einzog und wegging.

Ihr Vater zerrte sie aus der Menge. »Sie können meine Tochter nachher befragen«, rief er den Journalisten zu. Ehe Anni reagieren konnte, hatte er sie bereits auf das Pferdegespann geschoben und seine Frau neben die Tochter platziert. Als Klara, Johann und Maria auf das Fuhrwerk gesprungen waren, gab er dem Kutscher ein Zeichen; der schnalzte unverzüglich mit der Zunge und signalisierte dem Pferd, dass es losging.

Anni war froh, dass ihr Vater sie aus der Situation gerettet hatte. Sie hatte sich so auf ihre Heimat gefreut, und dann dieser

Empfang. Die Journalisten, Ferdinand und der alte Mann, dessen verbitterter Ausdruck in dem faltigen Gesicht ihr in Erinnerung bleiben würde.

»Warum isst Ferdi Frösche?«

Anni starrte ihre kleine Schwester an. »Wie kommst du darauf?«

»Das hat der Mann doch gesagt. Du bist die Freundin von dem Froschfresser. Das kann doch nur Ferdi sein.« In Klaras Blick lag keinerlei Häme, das Mädchen hatte lediglich eins und eins zusammengezählt.

Anni legte den Arm um Klaras Schulter. »Weißt du, in Frankreich essen die Menschen nicht nur wie wir Kaninchen, Tauben, Schweine, Rinder und Pferde, sondern auch andere Tiere. Frösche zum Beispiel. Deshalb nennen manche Leute die Franzosen Froschfresser. Dafür werden wir in anderen Ländern Kartoffeln oder Kartoffelfresser genannt, weil wir gerne Kartoffeln essen.«

»Aber Ferdinand wohnt nicht in Frankreich«, stellte die Kleine fest.

»Eben, deshalb ist er auch kein Froschfresser. Der Mann wollte mich nur ärgern.« Sie spielte mit den Zöpfen der Kleinen. »Da, wo ich jetzt war, sprechen die Menschen wie in Frankreich. Das hat der Mann durcheinandergebracht.«

»Im Krieg haben die Männer aus Frankreich gegen die Männer aus Deutschland gekämpft«, mischte sich die Mutter ein. »Darüber ärgern sich manche bis heute, und dann beschimpfen sie die Menschen aus Frankreich als Froschfresser.«

»Das ist blöd!«, fand Klara und wandte sich der Puppe zu. Für das Kind war das Thema abgeschlossen, aber Anni war sich nicht sicher, ob für sie diese Anfeindungen damit ausgestanden waren. Sie dachte daran, was Eglantyne ihr über die Anfänge ihrer Stiftung erzählt hatte. Dass sie damals als »Kartoffelfreundin« beschimpft worden war. Nur weil sie sich davon nicht hatte beirren lassen, gab es heute das Säuglingsheim, nur dadurch hatte sie dort ihre Ausbildung machen können und die Gelegenheit bekommen, nach Genf zu reisen, Eglantyne Jebb kennenzulernen und so viele neue Anregungen für das Leben im Revier zu sammeln. Sie wollte sich gerade hinsetzen, um sich selbst mehr Rückgrat zu verleihen, als die Kutsche vor dem kleinen Haus der Eltern in der Schüngelberg-Siedlung hielt. Wie hatte sie diesen Anblick vermisst! Die Häuser in Genf mochten höher und schöner sein, kostbarer eingerichtet und einen Blick auf die weißen Spitzen der Berge gewähren. Das alles war nichts gegen diesen Duft eines Zuhauses, wenn sie den Flur betrat, die Schuhe der Geschwister, über die man im Flur beinahe stolperte, die kleine Küche, in der man mit wenigen Schritten Festmahlzeiten zubereiten konnte, und das kleine heimelige Wohnzimmer, das den Kohleofen nur im Winter brauchte, weil sonst die Wärme der Familienmitglieder den Raum genug heizte. Ferdinand kam ihr in den Sinn. Wo mochte er abgeblieben sein?

Ihre Mutter schloss die Tür auf, während der Vater den Kutscher entlohnte. Als die Tür sich öffnete, bemerkte Anni als Erstes eine Girlande aus holprig ausgeschnittenen Buchstaben: Herzlich willkommen. Tränen traten ihr in die Augen. Erst jetzt wurde ihr klar, wie sehr sie sich in dem ungewohnten Luxus mit dem dicken, weißen, warmen Oberbett, dem Hausmädchen, das den Tisch aufdeckte und abräumte und sich ohne ein Wort um die Wäsche kümmerte, hierher gesehnt hatte.

»Das habe ich gebastelt!« Klara hüpfte vor ihr auf und ab. »Das war ganz schön schwer. Mama hat die Buchstaben geschrieben. Aber ich habe alles ausgeschnitten. Dann hat Mama eine Kette daraus gemacht, und Papa hat sie aufgehängt.« Das kleine Mädchen schlang die Arme um Anni und drückte den Kopf an ihren Bauch. »Ich habe dich sooo vermisst!«

Anni umarmte ihre kleine Schwester und küsste ihr Haar, um ihre Rührung zu verbergen. Als sie sich zu der Reise entschieden und den Aufenthalt verlängert hatte, hatte sie nur ihre eigenen

Ängste im Kopf gehabt und nicht darüber nachgedacht, wie es ihrer Familie mit diesem Entschluss ging.

»Wir haben dich alle vermisst!«, stimmte ihre Mutter zu. »Aber das ist doch gut. Stell dir vor, Klara hätte gesagt, ich habe dich gar nicht vermisst, weil ich jetzt endlich die Kuchenschüssel auskratzen durfte und auf dem schönen Platz sitzen, der sonst immer für dich reserviert ist.«

Die ganze Familie lachte, sodass Anni aus der rührseligen Stimmung gerissen wurde. Dankbar lächelte sie ihre Mutter an, die immer wusste, wie sie ihre Familie im Gleichgewicht hielt. Auch jetzt schob sie Anni in die Küche, wo der Esstisch bereits mit dem Alltagsgeschirr gedeckt war. Im ersten Moment war Anni enttäuscht, dass ihre Rückkehr anscheinend nicht das gute Service wert war, dann überwog die Erleichterung. In den letzten Tagen hatte sie ihre Tasse immer ganz besonders vorsichtig abgesetzt, damit nur nichts entzweiging. Sie hatte auch kaum gewagt, mit Messer und Gabel auf dem kostbar wirkenden Teller zu schneiden. Endlich konnte sie wieder unbeschwert zugreifen, und der Zitronenkuchen auf dem Tisch ließ ihr Herz höherschlagen.

Gertrud Schlinkert ging an den Herd und zog den Wasserkessel auf die Platte, unter der wie immer eine Flamme aus der Kohle hervorlugte. Anni fragte sich unvermittelt, wie wohl in Eglantynes Küche gekocht wurde. Sie hatte sich nie darum gekümmert. Nun ärgerte sie sich, dass sie alles, was für sie und ihre Familie alltäglich war, nicht erkundet hatte. Sie hatte sich von dem guten Leben der Engländerin anstecken lassen, hatte lange geschlafen, das Frühstück auf dem Tisch als selbstverständlich angesehen und in den Tag hineingelebt. Unglaublich, wie schnell sie sich an das Leben gewöhnt hatte. Matteos Gesicht schob sich in ihre Erinnerung. Bei ihm würde sie immer ein solches Leben führen. Wollte sie das?

»Nun erzähl aber mal!«, bat ihre Mutter. »Ich kann zuhören, während ich den Kaffee aufschütte.«

»Ja, wie war es? War die Frau nett, bei der du gewohnt hast? Wie sah es in der Wohnung aus? Wen hast du kennengelernt?« Ihre ältere Schwester Maria hörte nicht auf mit ihren Fragen. Dabei hatte Anni in einem langen Brief an die ganze Familie alles genau beschrieben.

»Ach, Papier ist geduldig!«, fand ihr Vater, als Anni auf den Brief verwies. »Da schreibt doch niemand, wie es wirklich ist. Man weiß ja nie, wer so einen Brief in die Finger bekommt.« Die Stimmung drohte zu kippen. Alle dachten an die Tage, als der Vater im Gefängnis saß, weil er angeblich mit den französischen Soldaten kollaboriert hatte. Er hatte versucht, seinen Lieben eine Nachricht zu übermitteln, aber ihm war gesagt worden, dass der Brief zuerst an die Zensurstelle gehen würde. Also stand in dem Brief nur, dass es ihm gut ginge, obwohl er in Wahrheit allein in einer kalten zugigen Zelle saß. Ausgerechnet der Vater, der die Geselligkeit so liebte.

»Sag erst einmal, wie Frau Jebb aussieht!« Die Mutter setzte sich an den Tisch und brachte das Gespräch wieder in Gang.

Anni sprang auf. »Ich habe ein Foto von ihr bekommen.« Sie lief in den Flur, wo sie den Koffer und ihre Umhängetasche abgestellt hatte, und holte aus dem Fach für die Papiere eine Aufnahme hervor. Als sie an den Tisch zurückkehrte und das Bild hochhielt, kicherte sie. »Die Mädchen in der Stiftung nennen Eglantyne die weiße Flamme.«

»Du hast aber Frau Jebb nicht einfach beim Vornamen genannt, Kind?« Ihre Mutter wirkte so entrüstest, dass Anni das Bild hinlegte und erklärte, wie es dazu gekommen war, dass sie statt Frau Jebb Eglantyne sagte. »In England ist das alles anders als bei uns. Da sagt man ja auch immer du.«

Ihr Vater runzelte die Stirn. »Da wollte ich nicht leben. Ich bin froh, dass ich den Zechenbesitzer und unseren Herrn Pfarrer mit Sie ansprechen kann.«

Anni lachte. Ihr Vater hatte sich am meisten gegen ihre Reise gesträubt, weil er von der Fremde nach Krieg und Ruhrbesetzung die Nase voll hatte. Das konnte sie sogar verstehen, aber die Oberschwester hatte ihr erklärt, dass Genf in der Schweiz lag und das Land nie Kriegspartei gewesen war.

»Frau Jebb«, sie nickte ihrer Mutter mit einem Lächeln zu, »ist größer als ich. Vielleicht so groß wie du, Papa. Obwohl sie schon fünfzig ist, hält sie sich sehr gerade und ist ganz schön beweglich. Nicht so wie Frau Piepenstock oder Frau Baumann hier in der Siedlung. Allerdings kleidet sie sich wie die älteren Frauen hier vorwiegend in Braun. Aber zusammen mit den weißen Haaren wirkt das trotzdem irgendwie besonders.«

»Wie sah es in ihrer Wohnung aus?« Maria ließ nicht locker.

»Das habe ich doch ausführlich geschrieben. Aber stellt euch vor, ich habe am Sonntag auf einer Bühne vor ganz vielen Menschen vom Ruhrgebiet erzählt.« Anni konnte es kaum fassen, dass ihr das gelungen war, wo sie als Kind schon dabei versagt hatte, wenn sie dem Nikolaus ein Gedicht vortragen sollte.

»Das glaube ich nicht!«, war denn auch die erste Reaktion ihres Vaters. »Im Leben nicht. Wenn ich daran denke, wie wir dir zugeredet haben, auf der Silberhochzeit meiner Eltern ein Gedicht aufzusagen. Nicht einmal die Schokolade, die wir dir versprochen haben, konnte dich überzeugen.«

Aber Anni war vorbereitet. Nicht, um ihrem Vater, sondern um sich selbst zu beweisen, dass sie auf der Bühne gestanden hatte, hatte sie um eine Fotografie von ihrem Auftritt gebeten. Die holte sie nun aus der Mappe, in der sie Eglantynes Foto aufbewahrte. Dabei fielen andere Aufnahmen heraus, die sie geschenkt bekommen hatte.

»Was ist das?« Ihre Mutter fischte ein Bild aus der Mappe, auf dem eine große Halle mit Kunsthandwerk zu sehen war.

»Das wollte ich dir erst später zeigen.« Anni ärgerte sich, dass sie nicht besser achtgegeben hatte. Sie hatte sich einen Plan zurechtgelegt, wie sie ihrer Mutter die Idee nahebringen wollte.

Zuerst würde sie über das Puppenkleid passend zu ihrem Kleid sprechen, dann über Eglantynes Mutter und ihre Kurse, schließlich den Auftrag für die Nachthemden erwähnen und am Ende vorschlagen, dass ihre Mutter ebenfalls Kurse anbieten könnte. Sie sah ihrer Mutter jedoch an, dass sie sich nicht vertrösten ließ.

»Die Zeichnung zeigt eine Ausstellung, die Eglantynes, also Frau Jebbs, Mutter in London organisiert hat. Vor dreißig Jahren!«, antwortete sie ausweichend in der Hoffnung, das Thema auf einen passenden Moment zu verschieben, um ihre Mutter geschickt dahin zu bringen, dass sie auch Nähkurse anbieten könnte.

»Und warum hast du dies Bild?«

Anni kam sich vor wie in einem Kreuzverhör. So musste sich Eglantyne gefühlt haben, als sie wegen der Flugblätter vor dem Richter gestanden hatte. »Frau Jebb hat es mir geschenkt. Ich war so begeistert davon, was ihre Mutter da vor Jahren ins Leben gerufen hat.« Ihr blieb nichts anderes übrig, als zumindest diesen Teil ihres Plans jetzt umzusetzen. »Sie hat für Arbeitslose und Fabrikarbeiter, die unglücklich mit ihrer Arbeit waren, Kurse in verschiedenen Handwerken eingestielt. Das war so erfolgreich, dass diese Kurse bald im ganzen Land durchgeführt wurden und viele Männer eine neue Arbeit gefunden haben, in der sie glücklich waren.«

»Ich weiß ja nicht, Arbeit soll nicht glücklich machen, sondern das Essen auf den Tisch bringen!« Ihr Vater schüttelte den Kopf und schob sein Gedeck nach vorne, um sich das Bild dennoch genau anzusehen. »Aber ich muss sagen, die Sachen, die die Leute gemacht haben, sehen ordentlich aus. Wo wurden die gezeigt?«

»In der Royal Albert Hall, das ist eine berühmte Halle in London. Ich dachte, vielleicht könnte es hier auch so etwas geben.«

Ihr Vater lachte laut. »Und was soll da gezeigt werden? Kohle oder Kohle oder vielleicht Kohle?«

Anni dachte an Ferdinands Papiertaube, die irgendwo in ihrer Umhängetasche steckte. »Vielleicht gibt es Menschen, die mit Kohle malen oder die Tauben basteln oder schöne Sachen nähen. Hier«, sie zeigte auf eine Ecke in dem Bild, in der eine Puppe mit einem Ballkleid zu sehen war. »Es gab auch Nähkurse, und in der Ausstellung wurden dann kleine Modelle gezeigt.«

»Ach, deshalb hast du Klara die Puppe mit dem Rock mitgebracht, wie du einen trägst. Gib mir mal die Puppe, Klärchen!«, bat ihre Mutter. »Das ist wirklich ein schöner Einfall«, sagte sie, als sie die Puppe in den Händen hielt. Sie lachte. »Es kommt oft vor, dass eine Frau möchte, dass ich genau das Kleid nähe, das ich selbst trage oder das sie an euch Mädchen gesehen hat. Aber wenn ich Kleider für Feste nähe, hängen die anschließend im Schrank, und niemand sieht sie. Ich könnte beim Nähen gleich ein Puppenkleid dazu fertigen.«

»Siehst du, schon haben wir das erste Stück für eine Ausstellung hier bei uns.« Anni blickte ihren Vater triumphierend an. Das Gespräch entwickelte sich zwar nicht so, wie sie es vorgesehen hatte, aber dieser Weg war auch nicht schlecht. »Für die Ausstellung leihen wir uns die Puppen aus der Nachbarschaft; es haben sowieso alle Mädchen die gleiche Puppe. Und in der Schule gibt es auch ein paar, mit denen wir Babys baden und wickeln geübt haben. Ich bin sicher, dass die Lehrerin uns die Badepuppen ausleiht.« Bei dem Gedanken an die Lehrerin fiel ihr der Termin in der Schule wieder ein. Sie blickte auf die Wanduhr. »Ich muss mich auf den Weg machen. Schwester Reinhild hat die Zeitungen eingeladen. Ich soll dort von meiner Reise erzählen.« Sie zwinkerte ihrer Mutter zu. »Das passt doch gut, da berichte ich gleich von der Ausstellung und dass ich so etwas in Gelsenkirchen oder Buer plane. Wir backen Kuchen wie fürs Gemeindefest und verkaufen ihn gegen eine Spende. Das ist dann meine erste Aktion als Botschafterin von *Save the Children* hier.«

»Und ich male Bilder von Puppen«, bot Klara an.
»Ich nähe Taschen«, schlug Maria vor.
Anni strahlte. Ihr Plan verlief zwar anders als gedacht, aber das klang alles so rund, dass sie mit einem sicheren Gefühl zur Schule radeln konnte. Sie hatte den Journalisten auf jeden Fall einiges zu erzählen.

Kapitel 26

1919 Rom

»Ich hätte nicht gedacht, dass es in Rom kälter ist als in London.« Eglantyne verschränkte die Arme vor der Brust, um sich zu wärmen, und sah ihren Begleiter an, der nur einen dünnen Mantel über dem Anzug trug, aber warme Schuhe und einen Hut. »Haben Sie keinen wärmeren Mantel, Dr. Munro? Sie müssen doch fast erfroren sein.«

Hector Munro winkte mit roten Händen ab. »Was mich nicht umwirft, stärkt mein Immunsystem.«

Eglantyne verdrehte die Augen. Solche Äußerungen hatte sie auf der Reise ständig gehört. Ihr Begleiter war nicht nur ein überzeugter Sozialist, sondern auch ein Verfechter der Naturmedizin. Aber das war keiner der Gründe, weshalb sie ausgerechnet ihn und nicht ihren Schwager Charles Buxton gebeten hatte, sie zu dem wichtigen Termin im Vatikan zu begleiten. Niemandem eilte ein vergleichbarer Ruf als Menschenfreund voraus als jemand, der seine eigenen Interessen zugunsten des Wohls anderer zurückstellte. Als die deutschen Soldaten 1914 in Belgien einmarschiert waren und der Arzt von den Verwundeten dort gehört hatte, hatte er auf eigene Kosten eine mobile Ambulanz eingerichtet, um die Männer zu verarzten und nicht wenige vor dem Tod zu retten. Diese Geschichte war ganz sicher auch im Vatikan bekannt, und wenn nicht, würde sie gleich bei der Vorstellung dafür sorgen, dass jeder wusste, wen er vor sich hatte.

Sie selbst konnte nicht mit solchen Heldentaten aufwarten. In ihrem Gepäck hatte sie Bilder von verhungernden Säuglingen und Fotografien von strahlenden Kindern, die unter anderem dank der Milch von Kühen, die die Stiftung nach Wien geschickt hatte, aufgepäppelt wurden und neuen Lebensmut fanden.

»Wie lange wollen Sie hier stehen bleiben?«

Eglantyne ließ ihre Arme los und sah Dr. Munro an. Neben ihrem Begleiter stand ein Priester in einer schwarzen Soutane, die dem Talar der Geistlichen der anglikanischen Kirche ähnlich war. »Bitte entschuldigen Sie.« Sie schmunzelte. »Ich habe mir warme Gedanken gemacht; ich hatte nicht damit gerechnet, dass es im Süden des Kontinents so kalt sein könnte.«

»Gestatten Sie, dass ich vorgehe?« Eglantyne und Hector Munro folgten dem Priester durch ein Tor und über den Petersplatz zu einem prunkvollen Palast. »Ihre Audienz mit Seiner Heiligkeit findet in der Päpstlichen Privatbibliothek statt«, erklärte der Priester, als sie vor dem Portal des Palastes stehen blieben.

Eglantyne holte tief Luft. Seit der Gründung ihrer Stiftung hatte sie so viel erreicht, sogar diese private Audienz mit dem Oberhaupt der katholischen Kirche, obwohl sie als Angehörige des anglikanischen Glaubens nicht einmal ein Teil dieser Gemeinschaft war. Hätte sich Randall Davidson, der Erzbischof von Canterbury, im Gegensatz zu anderen Kirchenoberhäuptern im Königreich nicht so vehement geweigert, ihren Spendenaufruf zu unterstützen, hätte sie den Papst niemals angeschrieben. Aber die Arroganz, mit der der Erzbischof ihre Bitte abtat, in den Kirchen zu einer Spende für die verhungernden Kinder in Österreich, Ungarn und Deutschland aufzurufen, hatte ihren Widerspruchsgeist geweckt. Sie freute sich darauf, ihm nach ihrer Rückkehr von der Begegnung zu berichten, die nun kurz bevorstand. Dass dabei ausgerechnet ein Sozialist an ihrer Seite war, würde Randall Davidson zusätzlich ärgern.

»Entschuldigen Sie, aber wie spreche ich den Papst an?« Die Frage war Eglantyne unangenehm, aber immer noch besser, sie blamierte sich vor dem Priester als dem Papst gegenüber. »Ich habe mich in den letzten Wochen nur darum gekümmert, Spenden einzutreiben und gleich wieder auszugeben, um Kinder vor dem Verhungern zu retten. Die Einladung zu dieser Audienz kam so überraschend und kurzfristig, dass ich keine Zeit hatte, mich angemessen darauf vorzubereiten.« Das war nicht geschwindelt, die Nachricht hatte sie wenige Tage vor Weihnachten erreicht, und sie hatte die meiste Zeit damit verbracht, einen passenden Begleiter zu finden. Da sie selbst fließend Italienisch sprach, war sie bei der Verständigung in der Heiligen Stadt und im Vatikan nicht auf Hilfe angewiesen, aber sie wollte die Reise über das Meer im Winter so kurz nach dem Krieg nicht allein wagen, zumal es immer möglich war, dass ihr Herz oder die Schilddrüse ihre Pläne durchkreuzten.

»Wichtig ist, dass Sie sich hinknien, wenn der Heilige Vater Sie begrüßt. Wenn er Ihnen die Hand reicht, müssen Sie seinen Ring küssen, den Fischerring, das Symbol für seine Aufgabe als Menschenfischer. Wenn Sie ihn ansprechen, lautet die korrekte Bezeichnung Heiliger Vater oder Eure Heiligkeit.«

Eglantyne schwirrte der Kopf. Sie sah, dass auch Dr. Munro blass geworden war. Also war sie nicht die Einzige, die sich über solche Details keine Gedanken gemacht hatte. Dabei hätte Sie es wissen können, schließlich gab es in ihrer Heimat präzise Vorschriften für ein Zusammentreffen mit dem König.

Inzwischen hatten sie einen kleinen Saal mit vielen Türen und Stühlen an den Wänden erreicht. »Bitte warten Sie hier, bis Sie abgeholt werden«, bat der Priester und verließ den Raum.

»Jetzt werde ich nervös«, flüsterte Hector Munro.

Eglantyne erschrak, weil der kurze Satz aus allen Ecken als Echo widerhallte. Sie wagte nicht, etwas zu sagen, sondern nickte nur. Während sie sich fragte, hinter welcher der vielen Türen sich der Heilige Stuhl des kirchlichen Staatsoberhauptes befinden mochte, trat ein Mann ein und versuchte Ihnen etwas in einer Mischung aus Italienisch und Englisch zu vermitteln. Trotz ihrer Sprachkenntnisse verstand sie nur »Come«. Sie folgten ihm durch die verschlungenen Gänge des Palastes, bis sie eine prunkvolle Tür erreichten, die von zwei Männern bewacht wurde. Nach kurzem Warten wurden sie eingelassen. Zunächst sah sie niemanden, allerdings unterschied sich die Bibliothek mit ihrer besonders prunkvollen Ausstattung von den anderen Räumen, die sie durchquert hatten. Dann fiel ihr ein kleiner, schmächtiger Mann in weißem Gewand auf, der in dem weiträumigen Saal wie ein Zwerg wirkte. Sie erkannte ihn sofort: Papst Benedict XV., der sich durch seine neutrale Haltung im Bemühen um ein Ende des großen Kriegs den Beinamen Friedenspapst erworben hatte. Wo sollte sie sich hinknien? Wie dicht durfte sie an ihn herantreten? Wieso hatte der Priester keine genauen Angaben gemacht? Sie schob die Anweisungen beiseite und stellte sich vor, der kleine Mann sei nicht der Papst, sondern der britische König. Dann würde sie vor ihm einen tiefen Knicks machen.

Als sie in die Knie ging, trat der Mann zu ihr, nahm ihre beiden Hände und führte sie zu einem Stuhl. Gleichzeitig bat er Dr. Munro näher zu treten, der den tiefsten Diener machte, den Eglantyne je gesehen hatte. Dass er dabei nicht nach vorne kippte, wunderte sie, aber sie kam sich ohnehin vor wie in einer anderen Welt. Sie taute erst auf, als der Papst sie begrüßt und ihnen für ihren Einsatz für hungernde Kinder gedankt hatte.

»Miss Jebb hat einige Fotos mitgebracht«, sagte Hector Munro. »Ich war selbst vor Kurzem in Österreich und Ungarn. Man kann sich die Situation dort nicht vorstellen, wenn man das Leid nicht gesehen hat. In den Straßen lagen tote Kinder. Im Allgemeinen Krankenhaus quälten sich Frauen, weil ihre Hüftknochen infolge der Mangelernährung bei der Geburt gebrochen waren. Die Säuglinge, die überlebt hatten, wurden in Papier gewickelt, weil es keine Kleidung gab, und in den Krankenhäusern, das hat mir als Arzt ganz besonders wehgetan, fand sich kein Material, um Wunden zu verbinden.«

Eglantyne überreichte dem Papst die Bilder von ihren und Dorothys Besuchen im Land der früheren Kriegstreiber und von Dr. Munros Reisen durch Österreich und Ungarn. Sie sah, dass der Heilige Vater erstarrte und beim Anblick der mageren Kinder mit den großen Köpfen Tränen in seine Augen traten. Nach einer Weile der Stille sagte er leise: »Ich denke, ich muss diese Bewegung unterstützen. Ich werde veranlassen, dass die Kollekte in unseren Kirchen zweimal im Jahr zu Ihren Gunsten erfolgt, bis die Hungersnot vorbei ist.«

»Sie sollten aber wissen, dass die römisch-katholische Kirche nicht in unserer Organisation vertreten ist«, sagte Eglantyne.

»Das macht nichts«, wehrte Papst Benedict XV. ab, »wir wollen Kinder retten und nicht Katholiken!« Dr. Munro überredete ihn dennoch, eine vertraute Person für den Vorstand der Stiftung zu benennen, damit niemand in seiner Kirche ihm vorwerfen konnte, leichtfertig zu handeln. Eglantyne hielt sich dabei zurück, ihr war das nicht so wichtig. Allerdings freute sie sich diebisch darauf, dem Erzbischof von Canterbury mitzuteilen, dass der Heilige Vater aus seiner Privatschatulle fünfundzwanzigtausend Pfund zur Verfügung stellte, und ihm zudem die katholischen Verleger Burns und Oates als neue Verbündete im Kampf für die hungernden Kinder zu präsentieren.

Unbemerkt war der Priester, der sie zum Palast geführt hatte, aus einer unscheinbaren Seitentür in die Bibliothek gekommen. Der Papst winkte ihm zu und diktierte ihm einen Brief, der am 28. Dezember, dem katholischen Tag der unschuldigen Kinder, in allen römisch-katholischen Kirchen auf der ganzen Welt verlesen werden sollte, damit die Gläubigen für die Arbeit für *Save the Children* spendeten.

Kapitel 27

1926 Gelsenkirchen – Buer

Abgehetzt und müde erreichte Anni das Pfarrhaus der katholischen Kirchengemeinde St. Urbanus, das sie auf Empfehlung von Schwester Reinhild besuchen wollte. Als sie zugestimmt hatte, Botschafterin für *Save the Children* zu werden, hatte sie nicht daran gedacht, dass sie nach ihrer Rückkehr aus Genf wieder im Säuglingsheim arbeiten würde. Ihre Tage waren seither sehr lang, oft ging sie morgens im Dunkeln aus dem Haus und fiel nach ihrer Heimkehr im Dunkeln abends sofort ins Bett.

Unter dem Eindruck der Lebensart von Eglantyne Jebb, die ihren Tag frei einteilen und teilweise sogar zu Hause arbeiten konnte, hatte sie schlichtweg vergessen, dass auf sie jeden Tag zwei Wege von dreißig Minuten Dauer und zehn Stunden Säuglingspflege auf der Station warteten. Meist stand ihr nur die kurze Zeit nach der Arbeit zur Verfügung, in der sie Menschen um Unterstützung bitten oder mit Reportern sprechen konnte. Letzteres mied sie jedoch. Die Erfahrung nach ihrer Rückkehr aus Genf steckte ihr noch in den Knochen.

Vor ihrer Abreise hatte sich die Presse lobend über ihren Wettbewerbsbeitrag und ihren Mut geäußert. »Krankenschwester vertritt Gelsenkirchen in der Schweiz«, hatte in dicken Buchstaben auf den ersten Seiten der Zeitungen im Revier gestanden. Sie wusste nicht, was die Wendung hervorgerufen hatte. Vielleicht hätte sie nicht von dem Französisch-Wörterbuch erzählen dürfen.

Dadurch war dem Reporter und den Menschen in Gelsenkirchen erst klar geworden, dass es neben der deutschsprachigen Schweiz einen Teil gab, in dem Französisch gesprochen wurde, die Sprache der verhassten Kriegsgewinner und Ruhrbesetzer. Statt weitere Zeitungen im Revier anzusprechen, hatte sie Eglantynes Idee aus den Anfängen der Stiftung aufgegriffen und nach und nach die evangelischen Pfarrer in der Gegend aufgesucht. Bisher war sie zufrieden mit dem, was sie erreicht hatte. Die Pfarrer hatten versprochen, ihre Gemeindemitglieder auf ihre Pflicht zur Hilfe als Dank für die erhaltene Unterstützung hinzuweisen.

Mit dieser Motivation klingelte Anni nun an der Tür des katholischen Pfarrers von St. Urbanus. In wenigen Wochen war Weihnachten und der 28. Dezember. An dem Tag wurde in den katholischen Kirchen besonders an die Kinder gedacht, teilweise fanden Kinderfeste statt und in manchen Gemeinden wurde sogar ein Kinderbischof gewählt. Dabei war die Geschichte, auf der das Fest der unschuldigen Kinder gründete, eine ganz grausame. Anni erinnerte sich daran, dass sie ihr über Wochen den Schlaf geraubt hatte, als sie sie zum ersten Mal in der Schule gehört hatte. Nachdem sich herumgesprochen hatte, dass Jesus geboren war, bekam König Herodes Angst um seine Macht. Er entschied, dass alle Jungen unter zwei Jahren getötet werden mussten, damit sichergestellt war, dass dieser Jesus nicht überlebte. Selbst heute in ihrem warmen Mantel mit Schal und Mütze fror sie bei dem Gedanken daran. In diesem Augenblick wurde die Tür zum Pfarrhaus von einem großen kräftigen Mann in einem bis zum Boden reichenden schwarzen Gewand geöffnet.

»Ja, bitte?«

Anni konnte nicht einschätzen, ob die Begrüßung abweisend oder freundlich gedacht war. Sie entschied sich, die Worte als Aufmunterung zu verstehen. Schließlich stand sie vor einem Pfarrhaus, und Christen sollten ihre Nächsten lieben wie sich selbst.

»Guten Tag, mein Name ist Anni Schlinkert, ich bin Botschafterin für die Stiftung *Save the Children* und möchte Sie bitten, mich zu unterstützen.« Anni hatte sich vorher genau zurechtgelegt, was sie sagen wollte, damit sie nicht stammelte; das hätte so gar nicht zu ihrem Bild von einer Botschafterin gepasst. Nun beobachtete sie, wie der Pfarrer zunächst die Stirn runzelte und dann doch lächelte.

»Guten Tag, junges Fräulein, ich bin Pfarrer Westendonck, wie kann ich dich denn unterstützen?« Nach einem kleinen Zögern trat er zurück, deutete in den Hausflur und ließ sie an sich vorbeigehen. »Vorne rechts«, sagte er bestimmt.

Obwohl Anni sich ärgerte, weil der Mann sie wie eine Jugendliche behandelte und einfach duzte, ging sie durch die geöffnete Tür in einen Raum mit Schreibtisch und Büchern. Der Pfarrer schloss rasch die Tür hinter sich, aber sie hatte längst den Duft von Braten gerochen, der bei ihnen nur an Sonntagen aufgetischt wurde. Pfarrer konnten sich wohl auch am Dienstag Sonntagsessen leisten. Motiviert von dem Gedanken, dass die Geistlichen deutlich mehr Geld hatten als ihre Familie, berichtete sie von Eglantyne und ihrem Besuch beim Papst.

»Frau Jebb hat es geschafft, dass in jeder Kirche auf der ganzen Welt Geld für hungernde Kinder gesammelt wurde, stellen Sie sich das vor.« Anni war immer wieder beeindruckt und begeistert von dieser Leistung. Ihr wäre niemals eingefallen, dass jemand das anders sehen könnte. Bis das Lächeln im Gesicht des Pfarrers einem verkniffenen Ausdruck wich.

»Ich erinnere mich gut daran! Das war die größte Fehlleistung, die der Heilige Vater jemals vollbracht hat. Unglaublich. Geld zu sammeln für Heidenkinder! Als Friedenspapst hat Benedikt XV. sich große Verdienste erworben, aber manchmal ist er wirklich zu weit gegangen. Da ist sein Nachfolger Pius XI. doch ganz anders.« Er schüttelte den Kopf immer wieder, sodass Anni sich fragte, ob Köpfe vom Schütteln abfallen könnten.

Diesem Mann würde sie das wünschen. Erst recht, als er fortfuhr: »Was ist denn mit dir? Bist du überhaupt katholisch? Ich habe dich noch nie in meiner Kirche gesehen!«

Anni musste sich zusammenreißen, um keine freche Antwort zu geben. Dass er sie wie ein Schulmädchen ansprach, war eine Unverschämtheit. »Ich bin evangelisch und gehe in die Christus-Kirche. Ich hätte nicht gedacht, dass es Unterschiede gibt, wem eine Kirche hilft.« Sie verhaspelte sich immer mehr und wusste nicht, wie sie aus dieser Situation herauskommen sollte. »Aber der Papst hat doch damals gesagt, dass zweimal im Jahr in seinen Kirchen Spenden gesammelt werden, so lange, bis es keine hungernden Kinder mehr gibt.« Sie dachte daran, wie Eglantyne ihr erzählt hatte, dass es den Kindern in Europa inzwischen so gut ging, dass die Stiftung sie nicht mehr unterstützen musste. Aber in Afrika verhungerten jeden Tag Kinder. Das berichtete sie dem Pfarrer.

»Mein Kind, um diese ungläubigen Armen kümmern sich unsere Missionare!« Der Pfarrer stand von seinem Stuhl hinter dem Schreibtisch auf. »Wenn wir Spenden sammeln, dann gehen die dorthin. Da wissen wir, dass sie angehende Christen erreichen.«

Anni blieb nichts anderes übrig, als aufzustehen und Pfarrer Westendonck in den Flur zu folgen. Dort roch sie wieder den Braten und konnte es sich nicht verkneifen zu fragen, ob denn der Pfarrer vielleicht wenigstens persönlich etwas spenden könne. »Sie sind ja sicher reich, wenn sie am Dienstag Braten essen. Bei uns und allen Familien, die ich kenne, gibt es solches Essen nur sonntags.«

Sie sah, wie das Gesicht des Pfarrers rot anlief, und huschte an ihm vorbei zur Tür. Dort knickste sie halbherzig und verließ ohne Gruß das Haus. Sie ging rasch ein paar Schritte die Straße hinunter und lehnte sich an eine Hauswand, um ihre Gedanken zu sortieren.

»Ist alles in Ordnung mit Ihnen, Fräulein Schlinkert?« Als Anni aufsah, stand vor ihr eine junge Frau, die an der Pressekonferenz nach ihrer Rückkehr teilgenommen hatte.

»Ich bin Renate Grundmann. Erinnern Sie sich? Ich arbeite bei der *Buerschen Volkszeitung*. Wir haben uns im Säuglingsheim gesehen, als sie aus der Schweiz zurückkkamen.«

Zum Glück redete die Frau viel und schnell, das gab Anni Zeit, sich zu beruhigen. Sie spürte, dass ihr Puls und die Gesichtsfarbe wieder normal waren. »Danke, mir geht es gut.«

Damit ließ sich Renate Grundmann jedoch nicht abspeisen. »Sie waren so blass, dass ich dachte, ich müsste die Rettung rufen. Was war denn los? Bei der Pressekonferenz haben Sie sich damals trotz der schweren Fragen gut geschlagen. Ich kann mir nicht vorstellen, dass in Gelsenkirchen jemand schärfere Geschütze auffährt gegen eine junge engagierte Frau. Wo waren Sie denn?«

Anni deutete mit dem Kopf auf die Kirche. »Beim Pfarrer. Er hat mir erklärt, dass er mir nicht helfen kann.«

»Oh«, Renate Grundmann zeigte sich betroffen. »Ist das der Pfarrer Ihrer Gemeinde?«

»Nein, nein, ich bin evangelisch«, bemühte sich Anni, das Missverständnis aufzuklären. »Aber Frau Jebb hat nach der Gründung der Stiftung den Papst als Unterstützer gewonnen und da dachte ich, ich könnte auch katholische Pfarrer fragen. Die Oberschwester hat gesagt, ich solle hier anfangen.«

»Das ist eine gute Idee, St. Urbanus ist als Propsteikirche die wichtigste katholische Kirche in Buer. Aber wie hat der Papst Frau Jebb geholfen? Das klingt nach einer guten Geschichte für die Zeitung.« Renate Grundmann bot Anni an, sie nach Hause zu begleiten, um mehr über diesen Vorfall zu erfahren. »Wir können aber auch in die Redaktion gehen. Die ist nicht weit weg.«

Anni nickte erleichtert. Ihr kleines Haus an der Gertrudstraße war um diese Zeit voll, die ganze Familie fand sich kurz vor dem

Abendessen ein. Das würde sie zwar verpassen, aber ihre Mutter wusste, dass sie unterwegs war als Botschafterin.

In der Redaktion schilderte sie Renate Grundmann, was sie bei Pfarrer Westendonck erlebt hatte und was Eglantyne Jebb ihr über den Aufenthalt in Rom, die Audienz beim Papst und ihre Rückkehr nach London erzählt hatte.

Kapitel 28

1920 London

Dorothy war beeindruckt, als Eglantyne ihr am Neujahrstag von dem Besuch im Palast des Papstes berichtete. »Das musst du unbedingt den Journalisten erzählen, die ich für morgen zu einer Pressekonferenz bestellt habe.« Sie zwinkerte ihrer Schwester zu. »Es hat sich sogar ein Vertreter der *Times* angemeldet. Der Brief, den du vor Weihnachten dorthin geschickt hast, scheint zu wirken.«

»Ich lasse mich überraschen und glaube das erst, wenn der Journalist vor mir sitzt«, unkte Eglantyne anfangs und lächelte schließlich. »Aber dann schildere ich ihm gerne, wie freundlich uns das Oberhaupt der katholischen Kirche empfangen hat, im Gegensatz zu manchem Verleger und Erzbischof hier in London.«

Dorothy lehnte sich zurück und zog an ihrer Zigarette. »Ich denke, die Nachricht, dass am 28. Dezember in allen katholischen Kirchen für unser Projekt gesammelt wurde, wird der Presse genügend Stoff bieten. Habe ich dir übrigens erzählt, dass Herbert Hoover über die *American Relief Administration* viertausend Pfund angekündigt hat?« Sie suchte in ihren Unterlagen und las aus dem Telegramm vor. »Die USA führt keinen Krieg mit deutschen Kindern, meinte er.«

»Wunderbar! Das wird unseren Kritikern den Wind aus den Segeln nehmen. Daran sehen sie, dass die Welt hinter uns steht.«

Eglantyne stand auf und holte einige beschriebene Blätter Papier aus der Schublade ihres Schreibtischs. »Das sind die ersten Reaktionen von Bischöfen aus Italien, Portugal und Polen zu der Kollekte am 28. Dezember, die mir der Sekretär des Papstes durchgegeben hat.« Sie hielt ihrer Schwester die Notizen hin. »Alle beschweren sich darüber, dass die katholische Weltkirche einen nationalen Verein aus Großbritannien unterstützt.« Ihr war immer klar gewesen, dass das Vereinte Königreich nicht auf der ganzen Welt beliebt war. Die einen kritisierten, dass sich der König so viele kleine Länder und Regionen einverleibt hatte, die anderen störten sich an der Monarchie als Staatsform, die man in manchen Gegenden seit der Französischen Revolution für obsolet hielt. Die kirchlichen Herrscher schließlich beklagten, dass überall, wo der englische König herrschte, die traditionellen Kirchen an Macht verloren und die anglikanische Kirche die geistige Führung übernahm.

»Ich wusste bis zu deinem Besuch in Rom nicht, dass unsere Kirche vor einigen hundert Jahren den Papst als Oberhaupt abgelehnt und stattdessen dem König das Amt angetragen hat«, gab Dorothy zu, als sie die Papiere zurück in die Schublade legte. »Und jetzt hat ein Papst versprochen, dass seine Kirchen für die Nachfahren der Abtrünnigen spenden. Kannte er diese Geschichte denn nicht?«

»Ich vermute, dass er beim Anblick meiner Fotos verhungernder Kinder alles andere vergessen hat. Seine Reaktion kam ganz spontan. Dr. Munro und ich waren beide sprachlos. Wir hatten gehofft, dass er sich öffentlich äußert, dass die Menschen spenden sollen, aber so etwas hat niemand erwartet. Hast du eigentlich etwas von Hilda Clark gehört? Wie ist der aktuelle Stand unserer Aktion ›Kühe für Wien‹?«

»Erst gestern kam ein Brief von Hilda mit einem Bericht über die Aktivitäten im letzten Jahr.« Dorothy hielt ihr ein Schreiben hin. »Fazit: Unsere Idee war gut, die Kühe aus der Schweiz und den Niederlanden wurden bei Bauern am Rand von Wien untergebracht, allerdings war es schwierig, Futter für die Tiere zu beschaffen, weil die Landwirte nicht darauf vorbereitet waren. Dieses hat Hilda in der Tschechoslowakei aufgetrieben. Aber: Dank der Milch unserer Kühe geht es vielen Kindern in Wien besser.«

Eglantyne überflog den Bericht. »Unfassbar, 900 000 Liter Milch werden allein in Wien benötigt, und bis zu unserer Aktion standen 72 000 Liter zur Verfügung.«

»Ich denke, mit Hilda vor Ort läuft das«, fand Dorothy. »Wir sollten uns jetzt verstärkt um die deutschen Kinder kümmern. Emily Hobhouse erinnert ständig daran, dass nicht nur bei ihr in Leipzig Not herrscht.«

»Nimmst du das in die Hand, Dora? Du hast die Briefe der Einrichtungen, die uns um Hilfe bitten. Allerdings sehe ich das Dilemma mit den Kirchen etwas anders als du. Ich denke, kurzfristig blieb den Kirchen auf der ganzen Welt nichts anderes übrig, als den Brief von Papst Benedikt zu verlesen und die Spenden an uns zu transferieren. Aber sie werden sich das nicht weiterhin gefallen lassen. Wir hatten ja schon früher die Idee, *Save the Children* international aufzustellen. Dr. Munro und ich fanden, dass jetzt der richtige Zeitpunkt ist, das habe ich dir und Charlie ja schon telegrafiert. Hector hat umgehend seine Kontakte spielen lassen, und ich habe noch aus dem Hotel Telegramme an Freunde und Unterstützer geschickt, damit wir möglichst schnell beginnen können. Ehe der Unmut zu groß wird. Später können wir auch die nationalen Bewegungen wie *Rädda Barnen* in Schweden in die internationale Stiftung einbinden. Jetzt starten wir erst mal mit Leuten, die kurzfristig bereit sind, die Gründung voranzutreiben.« Eglantyne suchte in den Zeitungsartikeln, die vor ihr auf dem Tisch lagen. Sie hielt Dorothy einen Bericht hin. »Demnächst soll der Völkerbund in Genf seine Arbeit aufnehmen. Die Schweiz ist im Krieg neutral geblieben, sie ist der optimale Sitz für eine Institution, die alle Nationen zusammenführen möchte.«

»Ohne mich!« Dorothy schüttelte den Kopf. »Ich habe hier genug zu tun mit meinen Kindern und Charlies politischer Laufbahn.«

»Du musst natürlich in London bleiben«, stimmte Eglantyne ihr zu. Sie grinste. »Jemand muss die anglikanische Kirche im Blick behalten. Ich bin nicht sicher, ob Randall Davidson sein Versprechen einhält.«

Nach ihrer Rückkehr aus Rom war der Erzbischof von Canterbury plötzlich wie ausgewechselt gewesen. Er hatte versprochen, künftig mehrmals im Jahr zu Spenden für *Save the Children* aufzurufen. Allerdings war sie skeptisch, ob er diese Zusage auch tatsächlich einhalten würde, wenn ihn nicht jemand daran erinnerte. »Ich werde nach Genf gehen. Zumindest am Anfang. Wichtig ist erst einmal, dass wir die Organisation gründen. Alles andere wird sich dann ergeben.«

Dorothy seufzte. »Du bist unglaublich! Wie kommt es, dass der Völkerbund sein Büro in Genf hat?«

Eglantyne überflog den Zeitungsartikel in ihrer Hand. »Tatsächlich sollte man denken, dass er in Amerika seinen Sitz nimmt, schließlich war es der amerikanische Präsident Woodrow Wilson, der die Gründung vorangetrieben hat.« Sie legte den Ausschnitt auf den Tisch und lächelte zufrieden. »Allerdings hat sich der frühere Schweizer Präsident für Genf als Sitz des Völkerbundes stark gemacht. Gustave Ador war gleichzeitig Präsident des Internationalen Roten Kreuzes und konnte damit argumentieren, dass in Genf bereits eine international erfahrene und anerkannte Institution angesiedelt ist.«

»Das ist ja hervorragend! Wir hatten in Wien schon mit Dr. Ferrière vom Internationalen Roten Kreuz Kontakt, er wird uns sicher helfen, in Genf ein Büro für *Save the Children* aufzubauen.« Dorothy ließ sich wieder in ihren Sessel fallen und zündete eine neue Zigarette an. Als Eglantyne sie verwundert ansah, erklärte sie mit einem verschmitzten Lächeln: »Das scheint etwas Größeres zu werden.«

»Aber Dr. Munro und ich haben schon vorgearbeitet. Hector hat, soweit ich weiß, auch mit Herrn Ferrière gesprochen, und dieser hat seine Unterstützung zugesagt.« Eglantyne lachte. »Er war so begeistert, dass ich mich nicht wundern würde, wenn er bereits einen Büroraum freigeräumt hätte.« Sie war nicht zu bremsen. »Ich lasse mir direkt eine Fahrkarte und eine Übernachtungsmöglichkeit organisieren. Wie heißt es immer so schön: Man muss das Eisen schmieden, solange es heiß ist. Jetzt schreiben die Zeitungen darüber, dass der Papst eine Organisation aus dem Land der Abtrünnigen unterstützt. Diese Gelegenheit sollten wir nutzen.«

Dorothy drückte ihre Zigarette aus und stand auf. »Dann melde ich sofort ein Gespräch mit Dr. Ferrière an und frage ihn, wie weit er ist.« Sie grinste. »Ich bin auch gespannt, in Wien hat er damals in kurzer Zeit Unglaubliches bewegt.«

Eglantyne nickte nur, sie schrieb bereits eine Notiz für die Mitarbeiterin des Abgeordnetenbüros ihres Schwagers. Leider hatte sie keine Assistentin außer sich selbst und ihrer Schwester. Nur gelegentlich halfen ihre Mutter, die sich um die Reisen kümmerte, und Charlies Mitarbeiterin aus. Wenn sie erst mal in Genf arbeitete, war sie bereits auf dem Kontinent, und es würde wesentlich leichter sein, in einen Zug zu steigen und durch Europa zu reisen. Dank der mehrsprachigen Erziehung in ihrer Familie musste sie sich über die Verständigung mit den Menschen keine Gedanken machen, bisher hatte sich immer eine gemeinsame Sprache gefunden – im wörtlichen wie im übertragenen Sinne. Die Augen leidender Kinder waren universell, ihre Not verstand man in jeder Sprache der Welt.

Kapitel 29

1926 Gelsenkirchen – Buer

Seit Renate Grundmanns Artikel über Anni und ihre Erfahrungen bei der Spendensuche in der *Buerschen Zeitung* erschienen war, radelte Anni jeden Morgen mit gemischten Gefühlen durch die Stadt. Sie war froh, dass sie die Reporterin überredet hatte, nicht nur über die Begegnung mit Pfarrer Westendonck zu schreiben. Das wäre ungerecht gewesen. Sie hatte so viel Zuspruch bekommen, dass die eine unangenehme Begegnung kaum ins Gewicht fiel. Es waren vor allem die unter dem Eindruck des Bratendufts ausgesprochenen Worte des Priesters gewesen, die sie so getroffen hatten, als sie mit ihrem Bild des völlig abgemagerten Kindes vor ihm stand.

Renate Grundmann hatten ihre eigenen schlechten Erfahrungen mit der Kirche, die sie als minderjährige Mutter verstoßen hatte, zu dem Artikel angetrieben. Die Geschichte der Reporterin hatte Anni vor Augen geführt, wie schnell die Träume von Frauen durch Männer zerstört werden konnten. Für einen Mann war eine Liebesnacht ein mehr oder weniger schönes Erlebnis, das er schnell vergaß. Für Frauen konnte dieselbe Nacht das ganze Leben für immer verändern. Im Säuglingsheim wurde über Mütter getuschelt, die keinen Besuch von einem Ehemann bekamen und oft nicht einmal von Eltern oder Geschwistern. Anni hatte nie darüber nachgedacht; ihre Aufgabe war es, die Kinder zu pflegen und zu versorgen. Renate Grundmann hatte ihr die

Augen geöffnet. Sie war froh, dass sie Ferdinand ohnehin auf Abstand hielt. Sie war immer noch nicht sicher, wie sie sich entscheiden sollte. Auch drei Monate nach ihrer Rückkehr tauchte Matteo manchmal unvermittelt in ihrem Kopf auf!

»Na, träumst du wieder?«

Anni war so in Gedanken vertieft, dass sie nicht mitbekommen hatte, dass Oberschwester Reinhild sich mit ihrem Fahrrad neben sie geschoben hatte. »Ich überlege, wie ich an weitere Spenden für *Save the Children* kommen kann«, schwindelte Anni. Darüber dachte sie zwar oft nach, aber gerade eben waren es keine hungernden Kinder, sondern sehr lebendige junge Herren, die in ihrem Kopf herumspukten.

»Du tust schon so viel. Mittlerweile hast du sicher jeden Pfarrer in Buer und Gelsenkirchen besucht, oder?« Die Oberschwester trat in die Pedale, um Annis Tempo zu halten.

»Ich war inzwischen überall, und die meisten Priester waren sehr freundlich. Den Rest kennen Sie ja. Ich weiß nicht, wo ich jetzt weitermachen soll.« Anni verlangsamte ihr Tempo, als sie sah, dass Schwester Reinhilds Gesicht vor Anstrengung rot wurde. Auch wenn die Oberschwester oft streng war, verdankte sie ihr doch eine Menge, da war es nur recht und billig, dass sie sie in ihre Überlegungen einbezog. Im Säuglingsheim fehlte die Zeit für solche Gespräche. Erst jetzt fiel ihr auf, dass sie ihre Vorgesetzte zum ersten Mal auf dem Weg zur Arbeit traf. »Wieso fahren Sie eigentlich hierher? Ich habe Sie morgens noch nie gesehen.«

Schwester Reinhild lachte schnaufend. »Ich habe extra einen Umweg gemacht, weil ich einmal in Ruhe mit dir sprechen wollte. Ich kenne den Pfarrer, der dich so brüsk behandelt hat, und habe mit ihm geredet. Es tut ihm leid, dass er deinen Einsatz nicht richtig gewürdigt hat. Ich soll dir ausrichten, dass du bitte wiederkommen sollst.«

Anni schnaubte. Das fehlte noch, dass sie sich erneut von diesem überheblichen Dienstagsbratenesser abkanzeln ließ.

Lieber sparte sie sich Geld vom Mund ab, um es für die Kinder zu spenden.

Schwester Reinhild sah sie von der Seite an. »Ich weiß, was du denkst. Pfarrer Westendonck ist ein schwieriger Mann, und ich frage mich auch manchmal, wieso er ausgerechnet diesen Beruf gewählt hat. Aber in seiner Gemeinde gibt es viele Menschen, die auf ihn schwören und auf das hören, was er sagt. Du bist jung, da steht man sich oft selbst im Weg und hält den Schatten, über den man springen müsste, für eine hohe Mauer. Aber manche Mauern sind nur Attrappen.«

»Wenn ich gehe, dann nur Ihnen zuliebe!« Anni konnte nicht verhindern, dass ihre Stimme trotziger klang, als beabsichtigt. »Wie der mich behandelt hat!«

»Ich mache dir einen Vorschlag.« Die Oberschwester bremste und hielt neben dem Säuglingsheim, wo die Mitarbeitenden ihre Fahrräder abstellen konnten. »Wenn du zum Pfarrer gehst, setze ich mich dafür ein, dass im Säuglingsheim die Ausstellung stattfinden darf, von der du seit Monaten sprichst.«

Anni schob ihr Rad in den Radständer. Das Angebot war verlockend. Seit sie Klara am Tag ihrer Rückkehr die Puppe geschenkt hatte, nähten ihre Mutter und Maria Puppenkleider nach Modellen, die die Mutter zuvor für Kundinnen entworfen und geschneidert hatte. Mit der Idee, dass ihre Mutter Geld mit Nähkursen verdienen könnte, war sie nicht vorangekommen, aber wenigstens hatte Eglantynes Einfall Früchte getragen. Bisher lagen die Puppenkleider allerdings in Geschirrtücher eingeschlagen in einem Pappkarton, den Maria dem Krämer abgeschwatzt hatte.

»Also gut, ich gehe ein zweites Mal zu Pfarrer Westendonck«, versprach Anni.

»Dann frage ich heute sofort bei der Stadtverwaltung nach, ob wir die Ausstellung in unseren Räumen durchführen dürfen.« Schwester Reinhild lächelte. »Inzwischen hat unser Oberbürgermeister sicher auch verstanden, dass du deine Rolle als Botschafterin für *Save the Children* ernst nimmst.« Die Oberschwester zwinkerte ihr zu.

Anni grinste. Sie wusste genau, worauf Schwester Reinhild anspielte. Bei der Pressekonferenz nach ihrer Rückkehr hatte Oberbürgermeister von Wedelstaedt sie zunächst für ihren Plan, Spenden für Kinder in ärmeren Ländern zu sammeln, gelobt, aber dann rasch darauf verwiesen, dass sie nicht vergessen solle, sich um einen Ehemann und die Aussteuer zu kümmern, damit sie bald das Säuglingsheim von der Mutterseite erleben könne.

»Dann wollen wir mal!« Oberschwester Reinhild zog die Eingangstür auf und ließ Anni vorausgehen. »Wer weiß, welche Überraschungen dieser Tag wieder bereithält.«

Die größte Überraschung für Anni brachte an diesem Tag der Postbote, der zugleich für Gesprächsstoff im gesamten Säuglingsheim sorgte. Der dicke Brief, der an Fräulein Anni Schlinkert privat adressiert war, stach aus der Geschäftspost heraus, die der Briefträger am Empfang abgab. Durch die Flugpostmarke und die großen bunten Briefmarken der Schweizer Post mit dem Schriftzug *Helvetia* fiel der Umschlag jedem auf, der an der Theke vorbeiging, und lud zu Spekulationen ein.

»Fräulein Anni, da ist ein Brief für Sie!«, schallte die Stimme Herrn Wischnewskis, der hinter dem Empfangstresen dafür sorgte, dass nicht jeder einfach so in das Säuglingsheim ging, durch Erdgeschoss und Treppenhaus.

Anni konnte sich nicht daran erinnern, dass jemals ein Brief direkt an eine Mitarbeiterin adressiert war. Nicht einmal Oberschwester Reinhild wurde mit persönlichen Briefen bedacht. Und nun war ausgerechnet sie die Empfängerin einer solchen Zustellung, und jeder wusste es. Sie hoffte, dass Eglantyne oder das Büro von *Save the Children* versehentlich einen Brief an das Heim statt zu ihren Eltern in die Gertrudstraße geschickt hatten.

Doch als sie den Absender las, ahnte sie, dass die nächsten Tage im Säuglingsheim nicht leicht werden würden. *Matteo Sprüngli* stand dort, und das hatte auch Herr Wischnewski gesehen, daran gab es keinen Zweifel, als er ihr den Brief mit einem Augenzwinkern überreichte. »Ein Schweizer Verehrer vielleicht?«

Anni nickte ihm freundlich zu und verschwand mit dem dicken Umschlag unter dem Arm im Schwesternzimmer.

»Wer schreibt dir denn hierher?« Ihre Kollegin Irmgard stellte sich dicht neben sie, um lesen zu können, wer den Brief geschickt hatte.

Im ersten Moment wollte Anni den Absender verdecken, aber sie wusste, der Name würde ohnehin nicht lange geheim bleiben. Wenn sie nicht darüber sprach, würden sich die Kolleginnen die Information bei Herrn Wischnewski an der Pforte holen.

»Der Brief ist von einem Buchhändler, den ich in Genf kennengelernt habe. Er schickt mir bestimmt das Buch, das ich vergebens gesucht habe.« Anni staunte darüber, wie schnell ihr diese Ausrede über die Lippen gekommen war, ohne dass sie wusste, was in dem Umschlag steckte. Wie ein Buch fühlte es sich nicht an, eher wie ein Heft oder Stoff. Sie dachte daran, wie sie Matteo von der Idee erzählt hatte, ihre Mutter zu Nähkursen zu überreden. Aber warum sollte er Stoff schicken? Der Umschlag war nicht so dick, dass Material für ein ganzes Kleid oder einen Nähkursus hineinpasste.

»Nun mach endlich auf! Zimmer 3 hat schon geklingelt«, drängelte Irmgard.

Anni war erleichtert, als sie in dem Moment Schwester Reinhild auf dem Flur hörte. Da konnte ihre Freundin nicht hinauszögern, zu der Patientin zu gehen.

»Ist denn hier niemand?«, erklang auch schon die Stimme der Oberschwester, und ein Blick auf den Flur verriet, dass mehrere Mütter Hilfe benötigten.

Erleichtert verstaute Anni den Brief in dem Fach für ihre

Alltagskleidung. Zu gerne wüsste sie, was sich in dem Umschlag befand, aber sie wollte ihn allein öffnen und in Ruhe anschauen, was Matteo ihr schickte. Sie bereute es, dass sie ihm nie ihre Adresse in der Siedlung gegeben hatte. Sie hatte auch niemandem von ihm erzählt, weil sie selbst unsicher war, was die Treffen mit ihm ausgelöst hatten. Nun würde sie keine Ruhe vor Irmgards Fragen haben.

»Anni, kommst du?! Den Brief von deinem Verehrer in der Schweiz kannst du heute Abend öffnen!« Selbst die Oberschwester war also bereits im Bilde! Anni seufzte und war froh, dass sie angesichts der Rufe aus den Zimmern keine Zeit zum Antworten und Nachdenken hatte.

Endlich hatte Anni Feierabend. Sie freute sich darauf, zu Hause in Ruhe und ohne Zuschauer Matteos Brief zu öffnen. Am liebsten hätte sie ihn schon auf der Straße aufgerissen, aber neben dem Säuglingsheim war sie nicht sicher vor neugierigen Blicken. Es kam immer eine Schwester oder Schwesternschülerin vorbei. Oder ein junger Bergmann, von dem sie bis zu ihrer Reise nach Genf gedacht hatte, dass sie einmal seinen Namen tragen würde. Ausgerechnet jetzt!

»Guten Abend, Anni!« Ferdinand stand nicht direkt bei den Fahrradständern, sondern etwas abseits, deshalb hatte sie ihn nicht sofort bemerkt, als sie aus dem Heim kam. Seit ihrer Rückkehr aus Genf war sie ihm aus dem Weg gegangen. Das war nicht schwer, weil sie arbeiten musste und unbedingt möglichst schnell viel Geld sammeln wollte, um Eglantyne zu beweisen, dass sie den Titel Botschafterin zu Recht bekommen hatte.

»Guten Abend, Ferdinand!« Anni versuchte, ihr Fahrrad zwischen sich und den Freund zu schieben, aber dann hätte sie von rechts aufsteigen müssen, was ihr einfach nicht gelingen wollte. Sie war froh, dass sie überhaupt ohne umzukippen auf das moderne Fahrzeug kam.

»Ich dachte, wir könnten wieder einmal spazieren gehen.« Ferdinand blickte sie nicht an, sondern seine Kappe, als müsste er kontrollieren, wie seine Hände die Mütze drehten. »So wie früher«, schob er leise nach.

Als sie ihn so verlegen und in sich zusammengesunken vor sich sah, meldete sich Annis schlechtes Gewissen. Vor ihrer Reise hatten sie sich fast täglich getroffen: am Taubenschlag, zum Schwimmen am See oder nach ihrer Arbeit im Park zu einem Spaziergang. Anni dachte an den Brief, den sie zum Glück ganz in ihre Umhängetasche gequetscht hatte. Nicht auszudenken, was Ferdinand denken würde, wenn er den Absender sähe. Nicht dass sie ihm von Matteo erzählt hätte, sie hatten sich seit ihrer Rückkehr nur zweimal kurz getroffen. Aber Buer war auch als Großstadt ein Dorf, zumindest galt das für die Schüngelberg-Siedlung. Sagen würde er, wenn er von dem Brief wüsste, nichts, sondern bloß kleiner werden und den Blick noch weiter nach unten lenken. Fast kam es ihr vor, als hätte sie ihm mit ihrem distanzierten Verhalten den Lebensmut oder zumindest einen Teil seiner Seele geraubt. Aber mit Matteos Brief in der Tasche konnte sie beim besten Willen keinen Spaziergang mit Ferdinand unternehmen.

»Einen schönen Feierabend!« Die Oberschwester, die ihr Fahrrad aufschloss, erinnerte Anni an ihre Vereinbarung. Sie hatte zwar nicht zugesagt, Pfarrer Westendonck sofort am selben Abend erneut zu besuchen, aber diese Ausflucht kam ihr gerade recht.

Anni wartete, bis ihre Vorgesetzte ein paar Meter gefahren war, ehe sie Ferdinand erklärte: »Ich habe Schwester Reinhild versprochen, dass ich zur Urbanus-Gemeinde fahre.« Sie sah sich um. Anscheinend war Ferdinand zu Fuß gekommen. Mit etwas schlechtem Gewissen sagte sie trotzdem: »Aber du kannst mich begleiten. Dann können wir unterwegs ein bisschen reden.«

Ferdinand sah von seiner Kappe auf, allerdings nicht mit dem Lächeln, das sie so an ihm mochte, sondern mit einem Gesichtsausdruck, als hätte er in eine Zitrone gebissen. Anni verstand ihn, das war auch wirklich gemein von ihr – sicher wollte er nicht einfach nur mit ihr sprechen, sondern endlich wissen, woran er mit ihr war, und eine Radtour war dafür nicht geeignet. Aber ihm blieb nicht einmal diese, wie sie sehr genau wusste.

»Ich bin zu Fuß hier. Mein Rad hat einen Platten, den muss ich reparieren. Aber dann wäre ich nicht rechtzeitig hier gewesen.« Seine Stimme klang so matt, dass es Anni schmerzte.

»Oh, das tut mir leid!« Und das war nicht einmal nur so dahingesagt. Es tat ihr leid, dass sie Ferdinand so auf Abstand hielt, weil sie sich über ihre Gefühle nicht klar zu werden vermochte. Sie hatte sich vorgenommen, zunächst aus ganzem Herzen von Matteo Abschied zu nehmen, wenn auch aus der Ferne, was leichter war, als wenn er vor ihr stünde. Dann wollte sie sich wieder mit Ferdinand treffen. Gestern Abend war sie so weit gewesen. Sie hatte die kleinen Notizen zerrissen, mit denen Matteo sie ins Restaurant oder Café eingeladen hatte. Die Schnipsel hatte sie in den Sonntagsaschenbecher geworfen, um sie dort zu verbrennen. Doch dann hatte sie sich nicht dazu durchringen können. Ob sie da bereits gespürt hatte, dass ein Brief unterwegs war?

»Wir könnten uns morgen treffen«, schlug Anni vor. Ihre Antwort an Matteo würde hoffentlich Klarheit bringen, wie sie zu ihm stand. Über seine Gefühle musste sie sich keine Gedanken machen, er hatte schließlich mehr als einmal rote Rosen und Schokoladenherzen an Eglantynes Wohnung abgegeben. Bis selbst ihre Gastgeberin wissen wollte, wie sie zu diesem Matteo Sprüngli stand.

Ferdinands Gesicht hellte sich auf, und es kam Anni vor, als stünde er etwas gerader. »Ich hole dich ab, mit dem Fahrrad. Hoffentlich schneit es nicht, dann können wir in den Park fahren.«

»Wenn es schneit, komme ich sowieso zu Fuß. Das ist mir zu gefährlich, mit den dünnen Reifen auf den eisglatten Straßen.

Früher, als nur Pferde unterwegs waren, da hätte ich mich das getraut. Aber diese Automobile, die sich jetzt überall breitmachen, sind so schnell, und wenn die rutschen, ist ein Radfahrer rasch platt.« Obwohl die Vorstellung, dass ein Radfahrer unter ein Automobil geriet, nicht lustig war, lächelte Anni, und Ferdinand lächelte zurück.

Erleichtert stieg sie auf ihr Fahrrad, um zu Pfarrer Westendonck zu fahren. Sie wusste zwar immer noch nicht, wie es mit Ferdinand weitergehen würde, aber sie war froh, dass sie ihm wenigstens diesen glücklichen Moment bereitet hatte. Sie hatten wieder gemeinsam gelacht, und er konnte sich auf den nächsten Tag freuen.

Sie hingegen freute sich auf diesen Abend, wenn sie endlich zu Hause war und den Brief öffnen konnte. Sie trat in die Pedale, um schnell den unangenehmen Besuch hinter sich zu bringen.

Kapitel 30

1920 Genf

Mit tiefen Ringen unter den Augen betrat Eglantyne am Dreikönigstag neben ihrer Schwester, deren Mann und Hector Munro den Palast der Künste im Herzen Genfs.

»Guten Tag, verehrte Frau Jebb«, wurde sie von Frédéric Ferrière begrüßt, der in Begleitung einer jungen Frau eintraf. »Darf ich Ihnen meine Nichte Suzanne vorstellen? Als ich ihr von Ihrem Vorhaben erzählte, hat sie darauf bestanden, mich zu diesem Termin zu begleiten.«

Eglantyne schüttelte die schmale Hand der dunkelhaarigen Frau, die ihr mit einem offenen Blick und freundlichen Lächeln gegenübertrat.

»Ich freue mich sehr, Sie kennenzulernen, nachdem ich von meinem Onkel so viel von Ihnen gehört und in den Zeitungen über Sie gelesen habe. Stimmt es, dass Sie den Papst getroffen haben?« Suzanne Ferrière ließ Eglantynes Hand erst los, als Charles Buxton sich beherzt zwischen sie und seine Schwägerin drängte und sich vorstellte.

Es schien Eglantyne so, als wirke Dr. Ferrière erleichtert, dass Charlie seine Nichte gebremst hatte. Kaum hatten Charles und Dorothy Suzanne begrüßt, schilderte er wie ein Fremdenführer, in welchem Gebäude sie sich gerade befanden. »Der Palast der Athene, der von den meisten Palast der Künste oder Palast der Musik genannt wird, wurde 1863 fertiggestellt. Er ist ein Geschenk des Mäzenatenpaares Jean-Gabriel Eynard und seiner Ehefrau Anna Eynard Lullin an die Bürgerinnen und Bürger in Genf. Sie sollen in dem von den Architekten Gabriel Diodati und Charles Schaeck entworfenen Gebäude Kunst, Kultur und Entspannung finden.« Er zwinkerte Eglantyne zu. »Ich freue mich daher besonders, dass hier der internationale Kopf von *Save the Children* aus der Taufe gehoben wird.«

Eglantyne nickte nur. Sie war erschöpft. Seit sie in Rom beschlossen hatte, eine internationale Stiftung zu gründen, hatte sie kaum geschlafen. Dr. Ferrière hatte beim ersten Ferngespräch sofort zugestimmt, ihren Plan zu unterstützen, einen Büroplatz am Sitz des Roten Kreuzes an der Promenade du Pin zur Verfügung gestellt und auch sonst alle Hebel in Bewegung gesetzt, damit die neue Organisation schnellstmöglich gegründet werden konnte. Vor allem ihm war es zu verdanken, dass sie sich so schnell nach ihrem Gespräch mit dem Papst zur Gründungsversammlung treffen konnten.

»Den Tisch habe ich für diesen Anlass aufstellen lassen«, verriet Frédéric Ferrière, als sie einen Raum mit hohen Decken und einem imposanten Tisch in der Mitte betraten. »Der Saal wird sonst für Konzerte genutzt; er ist damals so gebaut worden, dass der Klang eines Flügels oder Kammerorchesters besonders gut zur Entfaltung kommt.«

Eglantyne setzte sich auf einen der Stühle. Am liebsten hätte sie Dorothy weggeschickt, die fürsorglich um sie herumscharwenzelte wie eine Glucke um ihre Küken. Aber sie fühlte sich müde, die Reisen in den letzten Tagen von London nach Rom, zurück nach London und dann über Wien nach Genf hatten viel Kraft gekostet.

»Eglantyne, darf ich dir Herrn Dr. Mörschthaler vorstellen?« Ihr Schwager schob einen älteren Mann mit markantem Schnauzbart in ihr Blickfeld. »Er ist Notar und wird sich um die rechtliche Seite der Gründung kümmern.« Diesen Bereich hatte sie ihrem Schwager überlassen, und sie selbst hatte sich darum gekümmert, ein vielfältig besetztes Komitee aus Freunden und Unterstützern zusammenzustellen. Keine leichte Aufgabe über die Feiertage angesichts der längeren Anreise, die vor einigen von ihnen lag. Es grenzte an ein Wunder, dass sie das geschafft hatte. Vielleicht war auch hier der göttliche Segen im Spiel.

»Bitte bleiben Sie sitzen, verehrte Frau Jebb!«, bat der Notar und beugte sich über ihre Hand. Eglantyne sperrte sich innerlich, sie verabscheute diese Sitte, Frauen die Hand zu küssen. Aber Dr. Mörschthaler entpuppte sich als echter Gentleman, er stoppte kurz vor ihrer Hand, sodass sie keine Berührung durch seine Lippen spüren konnte und sich entspannte. »Ich freue mich, dass ich Sie bei Ihrem Projekt unterstützen darf. Die letzten Jahre haben gezeigt, dass es nichts Wichtigeres gibt als Frieden unter den Menschen. Und wo ließe sich damit besser beginnen als bei den Kindern, die noch nicht vom Virus der Intoleranz und des Hasses befallen sind?« Die weiteren Worte des Notars gingen in der dominanten Stimme Gustave Adors unter, der laut diskutierend mit einem Assistenten den Raum betrat.

Als hätte der Neuankömmling etwas von seiner Energie an Eglantyne abgegeben, stand sie auf, um ihm entgegenzutreten. »Guten Tag, Herr Präsident, ich danke Ihnen von Herzen, dass Sie heute hier sind und uns unterstützen.« Bis vor wenigen Tagen war Gustave Ador Staatsoberhaupt der Schweiz gewesen und gleichzeitig Präsident des Internationalen Roten Kreuzes. Wenn jemand den Frieden und internationales Denken symbolisierte, war er das.

»Verehrte Frau Jebb, es ist zu viel der Ehre, mich Präsident zu nennen, in unserem Land gibt es nur Bundesräte, sieben, um genau zu sein. Nennen Sie mich also einfach Herr Ador.« Dabei schüttelte er ihr so kräftig die Hand, dass sie die Erschütterungen im ganzen Körper spürte. Sie schmunzelte. »Dann habe ich Sie eben als Präsident des Roten Kreuzes begrüßt.«

Gustave Ador lachte. »Vor Ihnen muss man sich hüten, das merke ich schon. Aber solange es der guten Sache dient, soll mir das recht sein. Ich freue mich, dass Dr. Ferrière Sie überreden konnte, Ihre zukunftsweisende Stiftung in diesem historischen Rahmen zu gründen.«

»Sicher ist Ihre Freude nicht so groß wie unsere, dass Sie sich bereit erklärt haben, den Vorsitz des Komitees der Stiftung zu übernehmen«, erwiderte Eglantyne mit einem breiten Lächeln. Insgeheim war sie jedoch froh, dass Charlie den Mann diskret an den Platz lenkte, den sie für ihn vorgesehen hatten, und sie sich hinsetzen konnte. Wenn sie nur schon wieder zu Hause wäre. Aber vorerst war nicht daran zu denken.

Als auch die übrigen Mitglieder des künftigen Komitees, teils begleitet von Assistenten oder Familienmitgliedern, endlich ihre Plätze eingenommen hatten, sah Charles Buxton seine Schwägerin an. »Möchtest du ein paar Worte vorab sagen?«

Eglantyne nickte. »Zunächst einmal danke ich Ihnen, dass Sie uns unterstützen. In den letzten zehn Tagen ist so viel passiert.« Sie wandte sich an Frédéric Ferrière, der mit Dorothy neben Charlie am Vorstandstisch saß. »Ich danke Ihnen, Dr. Ferrière, ohne Sie und das Internationale Rote Kreuz mit den Mitarbeiterinnen hier in Genf hätten wir uns niemals heute hier versammeln können, und das meine ich sowohl zeitlich als auch räumlich.«

Sie lächelte und holte die Zettel mit den Stichworten für ihre Eröffnungsansprache aus der Tasche und sah mit einem Lächeln zu den Menschen rund um den großen Tisch, die so unterschiedlich waren und doch mit ihr dasselbe Ziel hatten.

»Was hätten Sie gesagt, wenn Ihnen vor einem Jahr jemand prophezeit hätte, am 6. Januar, oder wie die Katholiken sagen am Dreikönigstag, dem ersten im neuen Jahrzehnt, werden sich Menschen aus aller Welt in Genf treffen, um gemeinsam Kinder zu retten? Ich hätte mir das nicht vorstellen können. Ich erinnere mich gut an die entsetzlichen ersten Begegnungen mit hungernden Kindern in Deutschland vor einem Jahr. Meine Schwester Dorothy kam kurz darauf genauso entsetzt aus Wien zurück. Wir wussten, dass Hilfe nötig war. Aber die verbalen Angriffe unserer Landsleute haben uns gezeigt, dass das Wohl der Kinder nicht für alle an erster Stelle steht.«

Sie machte eine Pause und suchte Blickkontakt mit einzelnen Zuhörern.

»Dass Sie alle heute hier sind, zeigt uns …« dabei drehte sie sich zur Seite und nickte Dorothy zu, »… dass wir nicht allein sind. Als ich am 28. Dezember in Rom in einer Kirche saß und der Brief Papst Benedikts über die hungernden Kinder verlesen wurde, ahnte ich nicht, welche Lawine damit losgetreten würde.«

Sie sah erneut zu ihrer Schwester und lachte. »Dorothy hat seit der Gründung der Stiftung im Mai dafür gesorgt, dass wir durch einen Artikeldienst informiert werden, wenn irgendwo in einer Zeitung der Name *Save the Children* erwähnt wird. Plötzlich kamen nicht kleine Briefe mit Zeitungsmeldungen, sondern veritable Pakete, und der Artikeldienst teilte uns mit, dass wir die Ausschnitte bitte abholen sollten, weil die Königliche Post sie nicht mehr transportieren könne.« Sie schmunzelte. »Nicht dass Sie denken, wir würden uns nur über Artikel in Zeitungen freuen. Wichtiger ist natürlich das Geld, das nach dem Aufruf auf unserem Konto einging. Damit können wir vielen Kindern helfen. In Armenien, Deutschland und Serbien haben wir bereits im letzten Jahr einige Initiativen gestartet. Die Artikel rund um den Aufruf des Papstes haben dazu geführt, dass wir aus einigen Orten Bittbriefe bekommen haben. Damit wir möglichst gezielt helfen können, brauchen wir Verbündete vor Ort.«

Sie sah die Männer und Frauen an, die sich auf ihre Einladung hin um den Tisch an diesem besonderen Ort versammelt hatten. »Das wird eine unserer wichtigsten Aufgaben sein: In den Ländern und Städten Einrichtungen zu finden, die aus unseren Spenden konkrete Hilfen erwachsen lassen. Wir können nicht überall sein, aber wir können Spenden sammeln und sie in die Regionen geben, in denen gerade niemand Geld hat, um zu helfen.«

Ihre künftigen Mitstreiter klopften zustimmend auf den Tisch, sodass sie ihre Ansprache kurz unterbrechen musste. Sie sah auf ihre Notizen. Es fehlte der wichtigste Grund, weshalb sie sich für Kinder einsetzen wollte.

»Wir wissen, dass es überall auf der Welt Kinder gibt, die hungern. All diesen Kindern wollen wir helfen. Ich war selbst in Deutschland und habe die Kinder gesehen. Das hat mich für den Rest meines Lebens geprägt. Aber obwohl die meisten der Kinder schon graue Gesichter hatten, körperlich unterentwickelt waren und wirkten, als wären sie früh gealtert, hatte ich den Eindruck, dass die kindliche Fähigkeit, sich zu erholen, so groß ist, dass es nicht zu spät ist für wirksame Hilfsmaßnahmen. Dass wir mit den Kindern aus den Ländern der Kriegstreiber beginnen, hat einen Grund. Diese Kinder kennen nur Krieg und Hunger, und vermutlich werden ihnen die Erwachsenen erzählen, dass die bösen Feinde aus Frankreich, Großbritannien, Russland, Belgien und all den anderen Ländern an ihrem Hunger schuld sind. Nun, es stimmt, dass ohne die derzeitige Blockade die Situation nicht so gravierend wäre. Aber Auslöser war der unsinnige Krieg, der vom deutschen Kaiser und seinen Gefolgsleuten angezettelt wurde.« Eglantyne machte eine Pause, damit ihre Worte auf die Zuhörenden wirken konnten. »Wenn wir nun den Kindern Essen geben, erleben sie, dass wir nicht so sind, wie ihre Eltern es ihnen erzählt haben. Andere Nationen sind für sie dann nicht per se böse, sondern gut. Das ist die Grundlage für Frieden auf der Welt. Sobald sich das Leben und die Ernährungslage in diesen Ländern normalisiert haben, werden wir weitersuchen, wo wir hungernden Kindern helfen können. Im Osten Europas und im Süden der Welt. Deshalb gründen wir heute die Stiftung *Save the Children International*.«

Kapitel 31

1927 Gelsenkirchen – Buer

»Unglaublich, wie Klara gewachsen ist. Schaut euch das an!« Annis Mutter hielt ihrer jüngsten Tochter ein Sommerkleidchen vor den Körper, das ihr gerade über den Po reichte. Anni lachte, mehr über Klaras Versuch, schuldbewusst zu gucken, als über die Not ihrer Mutter. Zumal sie ihre Klage nur zur Hälfte ernst gemeint hatte. Natürlich mussten Stoffe bezahlt werden, und dafür fehlte meist das Geld, aber in ihrem Herzen freute sich die Mutter darauf, ein neues, praktisches Kinderkleid zu entwerfen und zu nähen. Zudem war seit der Ausstellung der Puppenmodelle das Geld nicht mehr ganz so knapp. Gelegentlich ließ die Mutter sogar fallen, dass Annis Besuch in Genf auch für sie von Vorteil gewesen sei. Die Zahl der Frauen, die sich von ihr Kleider schneidern ließen, hatte sich verdoppelt. Zwar ging sie weiterhin zu den Putzstellen, um Geld zu verdienen, aber sie konnte inzwischen mit Freude auf den Markt gehen und in den Stoffballen stöbern.

»Das ist doch wunderbar, bestimmt ist das in anderen Familien ebenso, und wenn ich die Puppe mit dem neuen Modell bei uns an den Empfang stelle, hagelt es Bestellungen.« Anni grinste, als sie sah, dass die Augen ihrer Mutter leuchteten, obwohl sie weiterhin versuchte, ihren Töchtern vorzumachen, welch ein Drama es sei, dass der kleinen Klara das Kleid nicht mehr passte.

Anni beschloss, die Gelegenheit für einen neuen Vorstoß in Sachen Nähkurse zu nutzen. Zu der Ausstellung hatte sie ihre Mutter nicht überreden müssen, damit war sie sofort einverstanden, als Anni ihr nach ihrem zweiten Besuch bei Pfarrer Westendonck die Präsentation in Aussicht gestellt hatte. Der Priester hatte sich von seiner freundlichen Seite gezeigt und ihr nicht nur eine großzügige Spende aus seiner Privatschatulle überreicht und zugesagt, in seiner Kirche zu Spenden aufzurufen. Er hatte ihr außerdem Papierbögen versprochen, nachdem Anni berichtet hatte, dass ihre Mutter eigene Modelle nähte, dass aber das große Papier für die Schnittmuster leider teuer war. Da sein Vater Schneider gewesen war, kannte er die Not, dünnes Papier für Nähvorlagen zu besorgen, und organisierte über seinen Bruder, der in einer Druckerei arbeitete, Restbögen vom Druck der Gesangbücher. Anni war beglückt nach Hause geradelt und hatte sofort versucht, ihre Mutter zu der Ausstellung zu überreden.

»Der Stoff ist so schön«, begann Anni und rieb das Kleid zwischen ihren Händen. »Was machst du damit? Für Putzlappen ist er zu schade.«

»Ich habe schon überlegt, wer das Kleid tragen könnte«, gab Gertrud Schlinkert zu. »Mir ist kein kleines Mädchen eingefallen, dem das Kleid passen könnte.« Sie hielt es mit beiden Händen von sich weg. »Klara hat es genau einen Sommer angehabt. Sie hat im Winter einen solchen Schuss gemacht. Sieh dir nur ihre langen dünnen Beinchen an.« Ihre Jüngste versteckte sofort die Beine unter dem Tisch und verzog das Gesicht. »Du kannst doch nichts dafür, Klärchen«, beruhigte Annis Mutter die Kleine. »Im Gegenteil, es ist gut, wenn du wächst, und mit langen Beinen kommst du schnell durch die Welt.«

Anni sah, dass ihre Schwester den Mund öffnete, und sagte schnell: »Mit langen Beinen kann man große Schritte machen, meint Mama.« Nur nicht vom Thema abkommen. »Du könntest aus dem Stoff etwas anderes schneidern. Eine Tasche, so wie Maria sie mir für die Reise genäht hat. Oder ein Nadelkissen. Oder ein Halstuch. Die könnten wir dann bei der nächsten Ausstellung für *Save the Children* verkaufen.« Anni schüttelte den Kopf, sie hatte sich selbst von ihrem ausgeklügelten Plan abgebracht. Statt ihre Mutter zu überreden, einen Nähkurs anzubieten, ermunterte sie sie, für eine Spendenaktion zu nähen.

Gertrud Schlinkert lachte laut und legte das Kleidchen zur Seite. »Deine Frau Jebb kann stolz auf dich sein. Sie hat es geschafft, dass du in allem eine Möglichkeit siehst, Spenden zu sammeln. Aber der Gedanke ist gut. Vielleicht könnte ich meine Freundinnen sogar überreden, ebenfalls die schönen Stoffe für nützliche Dinge weiterzuverwenden und diese selbst zu nutzen oder zu spenden.«

Anni hielt die Luft an. Sie spürte, dass die Begeisterung ihrer Mutter, die Stoffe aufgetragener Kleidungsstücke sinnvoll weiterzunutzen, mit jedem Wort wuchs.

»Es gibt genug Frauen, die nicht gerne nähen oder es nicht können. Die würden so etwas sicher kaufen, besonders wenn sie wüssten, dass es für dich und arme Kinder ist.« Annis Mutter nahm das Kleid und schob es immer wieder neu zusammen. »Ja, da ließe sich einiges draus machen. Allerdings ...« Sie seufzte. »Manches wäre nicht so leicht zu nähen wie ein gerade geschnittenes Kinderkleid. Ich weiß nicht, ob meine Freundinnen das so ohne Weiteres hinbekommen. Und ich habe nicht die Zeit, deren Stoffe zu verarbeiten.«

Anni öffnete bereits den Mund, um ihre Idee von den Nähkursen ins Spiel zu bringen, da meldete sich Klara, die bis dahin still am Tisch gesessen und mit den Stecknadeln Muster gelegt hatte: »Du kannst ihnen das doch zeigen. So, wie du mir gezeigt hast, wie ich meinen Namen schreibe.«

Gertrud Schlinkert sah ihre Jüngste an. »Es ist etwas anderes, dir Buchstaben beizubringen als Frauen zu erklären, wie sie ein Nadelkissen nähen.«

Klara zuckte mit den Schultern. »Das verstehe ich nicht. Du malst ihnen auf, wie sie den Stoff schneiden, und dann nähen sie an den Kanten. Fertig.«

»Ganz so leicht ist das nicht.« Annis Mutter lachte trotzdem.

»Nähen ist nicht so leicht, wie Buchstaben schreiben«, mischte Anni sich ein, »obwohl manche auch das ihr Leben lang nicht lernen. Aber du hast das Papier von Pfarrer Westendonck und kannst darauf die Muster zeichnen. Ich helfe dir gerne dabei, es zu übertragen.«

Ihre Mutter schüttelte den Kopf. »Du hast doch keine Zeit dafür. Du bist ja jetzt schon jede freie Minute unterwegs.«

Anni spürte, dass die Stimmung ihrer Mutter zu kippen drohte. Obwohl Gertrud Schlinkert stolz auf ihre Tochter war, ärgerte sie sich gelegentlich, dass sie ständig außer Haus war, um Spenden zu sammeln. Sie musste etwas finden, das die gute Laune und die Begeisterung ihrer Mutter rettete.

Wieder kam ihr, ohne es zu wissen, Klara zu Hilfe, als sie erklärte: »Ich kann die Bilder abmalen. Malen kann ich schon gut. Viel besser als Buchstaben schreiben.«

Anni war gerührt von dem Angebot, und ihrer Mutter schien es ähnlich zu gehen. »Wenn du mir hilfst, dann schaffen wir das bestimmt. Aber wenn ich zu jeder Frau nach Hause gehe und ihr erkläre, wie sie die Sachen nähen muss, kann ich sie genauso gut selbst schneidern. Das kostet zu viel Zeit. Schade, dass es keinen Raum gibt, in dem lauter Nähmaschinen stehen. Da könnte ich mehreren Frauen gleichzeitig alles erklären.«

»Wie in der Schule!«, stellte Klara fest und gab ihrer Schwester erneut unbewusst das richtige Stichwort. Gleich nach ihrer Rückkehr von der Reise hatte sie sich erkundigt, wo es genau dies gab: einen Raum voller Nähmaschinen. In der Berufsschule für Schneider war sie fündig geworden. Sie hatte sofort den Leiter der Schule und den Ausbilder für die Schneider aufgesucht und von ihnen die Zusage bekommen, dass ihre Mutter dort am Abend Nähkurse durchführen dürfe.

»Ja! Genau!«, spielte Anni nun die Überraschte, die soeben eine Idee hatte. »In der Schneiderschule muss es doch einen solchen Raum geben. Also in der Berufsschule für Schneider. Da frage ich morgen gleich nach.« Fast hätte sie erwähnt, dass ihre Mutter dann gleichzeitig Kurse für das Nähen von Kleidern anbieten konnte. Sie konnte sich gerade rechtzeitig bremsen. Ihre Mutter würde von selbst darauf kommen. Oder die Frauen würden sie dazu drängen, wenn sie erst einmal mit den kleinen Sachen begonnen hatten.

»Ich weiß nicht, ob ich das kann.« Gertrud Schlinkert nahm das Malpapier ihrer kleinen Tochter und warf die Skizze eines Pilzes auf das Blatt. »Das könnte ein einfaches Nadelkissen werden. Wenn man das richtig ausschneidet, muss man nur am Rand entlangnähen und unten etwas Platz lassen. Als Füllung könnte man Watte nutzen oder sogar die Reste des Stoffes.« Die Türklingel unterbrach die Überlegungen von Annis Mutter.

»Ich gehe schon«, sagte Anni und sprang auf. Seit Renate Grundmann immer wieder über sie und ihre Spendenaktionen für *Save the Children* berichtete, kam es nicht selten vor, dass abends jemand klingelte, um ihr persönlich eine Spende zu überbringen. Als sie die Tür öffnete, stand jedoch ein Mensch auf dem Treppenabsatz, mit dem sie nicht gerechnet hatte und dessen Anblick ihr die Sprache verschlug.

Kapitel 32

1920 Genf

»Wenn es dir zu viel wird, Eglantyne, lass uns nach Hause gehen. Dort kannst du dich ausruhen, und wir können in Ruhe darüber sprechen, wie es weitergeht.«

Eglantyne sah Suzanne dankbar an. Es hatte in den ersten Tagen ihrer Bekanntschaft einige Zusammenstöße gegeben mit der Nichte von Dr. Ferrière, die mit Mitte zwanzig ganz anders auf die Welt blickte als sie selbst mit ihren vierundvierzig Jahren. Vor allem über die Gestaltung der Handzettel und Flyer hatte es stets Diskussionen gegeben. Suzanne fand sie zu reißerisch und sorgte sich, dass die Menschen eher abgeschreckt würden; sie wünschte sich stattdessen Wiener Kühe und lachende Kinder mit Pausbäckchen in Kakaostuben, um potenziellen Spendern zu zeigen, was mit ihrem Geld geschehen könnte. Schon Lewis Golden, der Generalsekretär von *Save the Children* in London, hatte das angemahnt. Am Ende hatte sie sich von Suzanne überreden lassen, nicht nur verhungernde Kinder zu zeigen, sondern auch glückliche Kinder in einer Kakaostube. Inzwischen war Suzanne mehr als eine Mitarbeiterin, sie war Vertraute und Freundin geworden, deren Wohnung in der Rue Jean Calvin war für Eglantyne neben dem Haus ihrer Mutter und Dorothys Villa in London zu einer Teilzeitheimat geworden.

»Danke, Suzanne, ich glaube, das wäre wirklich gut. Hier geht es zu wie im Taubenschlag, da kann ich nicht denken, und wenn

ich hier sitze, wagen Maude, Kate und Ethel nicht, eigene Entscheidungen zu treffen. Dabei wissen sie, was zu tun ist.«
Suzanne lächelte. »Das hast du genau richtig analysiert.«
Eglantyne schüttelte mit einem Lachen den Kopf. Solange sie an ihrem Schreibtisch saß, waren die Hilfskräfte, obwohl kompetent und engagiert, beim Telefonieren gehemmt und vergewisserten sich immer wieder bei ihrer Vorgesetzten. Selbst Dankschreiben, die sie leicht beantworten konnten, wurden Eglantyne dann vorgelegt. Seit dem Aufruf des Papstes war *Save the Children* bekannt in der Welt, und in immer mehr Staaten wurden Vereine oder Stiftungen mit denselben Zielen gegründet. Bereits im November hatten die schwedische Journalistin Gerda Marcus und die Schriftstellerin Elin Wägner in Stockholm nachdem Vorbild von *Save the Children* die Organisation *Rädda Barnen* initiiert, die vier Monate später bereits dreiundvierzig Eisenbahnwaggons mit Sachspenden aus Skandinavien in Deutschland, Österreich und Ungarn verteilt hatte.

»Ein Glück, dass wir Frauen haben, die so viele verschiedene Sprachen sprechen.« Eglantyne sah von der Tür aus in das kleine Büro, in dem hektische Betriebsamkeit herrschte. »Stell dir vor, nun hat sich auch in Südafrika ein Ableger von *Save the Children* gegründet.«

»Dann sind wir jetzt auf jedem Kontinent vertreten, oder?« Suzanne deutete auf eine Weltkarte an der Wand. »Europa ist ja klar, das ist mit Großbritannien, Schweden und Irland besonders stark. Aber Südafrika, Kanada für Amerika, Australien und Neuseeland sind auch dabei.«

»Asien fehlt noch.« Eglantyne folgte ihrer Freundin auf die Straße und sog die frische Luft ein. Sofort hatte sie das Gefühl, sie könne leichter atmen, als zirkuliere die Luft besser in ihrem Körper. Sie wusste, dass sie dringend zum Arzt gehen sollte, ihre Schilddrüse bereitete ihr seit Jahren Probleme. Aber es geschah gerade so viel, da durfte sie nicht krank sein. »Sobald wir hier

Land sehen, werde ich eine Reise zu unseren Schwesterverbänden unternehmen.«

Suzanne schüttelte den Kopf, während sie die Haustür aufschloss. Aus dem Parterre erklang der Gesang der christlichen Gemeinde, die dort neben dem großen Foyer ihre Räume hatte. Eglantyne spürte, wie sie sich entspannte; die Klänge waren Balsam für ihre Seele.

»Hast du übrigens darüber nachgedacht, dir eine Wohnung in Genf zu suchen?«, fragte Suzanne, als sie es sich im Salon mit einer Tasse Tee und Schweizer Butterbiskuits gemütlich gemacht hatten. »Nicht dass ich dich vertreiben möchte, aber wenn das so weitergeht, wirst du hier in Genf mehr gebraucht als in London.«

Eglantyne lehnte sich zurück und schloss die Augen. »Ich kann mich nicht überwinden, Geld für eine Wohnung auszugeben.«

Ihre Freundin schüttelte den Kopf. »Ich habe schon gehört, wie sparsam du bist.« Sie lachte. »Das ist Gesprächsthema Nummer eins, wenn du nicht im Büro bist. Wann immer eine der Frauen etwas braucht, erzählt eine der anderen eine Anekdote aus der Anfangszeit von *Save the Children*.«

Eglantyne schwankte, ob sie sich ärgern oder amüsieren sollte. Aber es stimmte ja. Das erste Büro in London hatte in einem Armenviertel untergebracht werden müssen, weil die Miete dort niedrig war, und sie hatten auf Tapeten und Teppiche verzichtet. Sie waren davon ausgegangen, dass sie nur den vom Krieg gebeutelten Kindern helfen und sich danach wieder anderen Projekten widmen würden. Dorothy lästerte noch heute über die harten Holzstühle und die Pappkartons, in denen sie die Karten mit den Spenderadressen aufbewahrt hatten. Vor einigen Monaten hatte die damalige Büroleiterin Winnie Elkins dem Genfer Büro einen Besuch abgestattet, um die Frauen einzuarbeiten, und sich über das komfortabel eingerichtete Büro in dem repräsentativen Gebäude gewundert. Eglantyne hatte noch die Bemerkung im Ohr, mit der sie das Ambiente kommentiert hatte: »Hier würde der Name unserer Straße in Soho passen: Golden Square!«

»Viele Menschen, die uns spenden, sparen sich jeden Penny vom Mund ab, da kann ich doch nicht im Luxus leben!« Eglantyne beugte sich vor und starrte Suzanne an, als wollte sie ihr vorwerfen, ein Leben in Saus und Braus zu führen. Dabei lebte sie selbst mietfrei in dem Haus von Suzannes Familie an einer Straße, in der schon viele namhafte Persönlichkeiten gewohnt hatten.

»Es ist kein Luxus, in einer schönen Wohnung zu leben, in die du dich zurückziehen kannst, wann immer du möchtest, und in der ein Mädchen sich um dein Wohlergehen kümmert«, widersprach Suzanne. »Du arbeitest rund um die Uhr für die Stiftungen. Das geht auf Dauer nicht gut. Was sagt überhaupt der Arzt dazu, dass du so viel unterwegs bist?«

Eglantyne nahm den Stapel Briefe, den sie aus dem Büro mitgenommen hatte, in die Hand. »Ich bin wirklich froh, dass wir uns im Komitee darauf einigen konnten, im ersten Schritt nicht selbst vor Ort etwas neu aufzubauen, sondern Partner zu suchen, denen wir mit Geld- oder Sachspenden helfen können.«

Suzanne lächelte. »Du lenkst vom Thema ab! Aber du hast recht. Wir haben viel zu tun. Nachdem sich herumgesprochen hat, dass auch Schulen, Säuglingsheime, Kinderkrankenhäuser und Vereine von uns unterstützt werden, kommen wir kaum nach, all die Briefe zu lesen und zu sortieren.«

»Mir ist wichtig, dass wir auch kleinere Projekte fördern.« Eglantyne hatte bei ihrer Arbeit an dem Sozialreport für Cambridge festgestellt, dass es oft die großen Organisationen waren, die sich gut präsentierten und die richtigen Leute kannten, die sie ins Gespräch brachten und für sie Spenden sammelten. »Das Rote Kreuz und die Heilsarmee leisten hervorragende Arbeit, das ist keine Frage. Aber sie sind gut organisiert und kennen die für sie relevanten einflussreichen Männer. Und Frauen«, fügte sie mit einem Lächeln hinzu. Auch wenn Männer und Frauen in einigen Ländern längst vor dem Gesetz gleichberechtigt waren und immer mehr Nationen nachzogen, waren die Forderungen, die sie als junge Frau von den Suffragetten gelernt hatte, längst noch nicht erfüllt. Sie wusste, dass es Suzanne schmerzte, dass ausgerechnet ihr Heimatland keine Frauen an den Wahlurnen zuließ. Ihre Arbeit bei der von Frauen gegründeten Stiftung sah sie daher als Protest gegen die Ungleichbehandlung ihres Geschlechts durch den Schweizer Staat.

Eine Absenderadresse erregte Eglantynes Aufmerksamkeit. »Oh, hier ist ein Brief aus Dresden!« Eglantyne legte die anderen Umschläge weg. »Liebe Frau Jebb«, las sie laut, »wir haben von Frau Hobhouse gehört, dass Sie Kindern in Deutschland helfen, und schreiben Ihnen, weil wir vor vielen Jahren für einige Monate eine junge Frau beherbergt haben, die ebenfalls Jebb hieß. Sind Sie das womöglich? Dann würden wir uns sehr freuen, wenn wir Ihnen unser Projekt vorstellen dürften.« Eglantyne ließ den Brief sinken. »Meine Schwester Em«, sie lachte, »also Emily, war mit 18 tatsächlich ein halbes Jahr in Dresden. Sie hat dort einen Malkurs besucht, Deutsch gelernt und die Kinder einer Familie betreut.« Sie sah auf den Brief. »Hoffentlich ist es nicht die Gastfamilie, die in Not geraten ist. Damals ging es ihnen gut. Ich weiß nicht mehr, welchen Beruf der Vater hatte, sie lebten auf einem kleinen Landsitz, und Em hat immer von dem alten Haus und seiner Umgebung geschwärmt.« Sie überflog den Rest des Briefes und war erleichtert, als klar wurde, dass die Familie weiterhin in ihrem Häuschen wohnte, sich aber für Kinder einsetzte, die ihre Eltern oder den Vater im Krieg verloren hatten. Mit einem roten Stift malte sie ein dickes Ausrufezeichen auf den Brief, während sie Suzanne die Situation schilderte.

Suzanne nickte. »Hobhouse! Der Name kommt mir bekannt vor.«

Eglantyne lachte. »Das sollte er auch!« Sie legte das Schreiben aus Dresden neben ihren Stapel, lehnte sich zurück und griff nach ihrer Teetasse. »Emily Hobhouse ist eine ganz besondere Frau. Sie hat mich von Anfang an unterstützt, kämpft wie eine Löwin für Spenden und sorgt oft persönlich dafür, sie vor Ort einzusetzen. Etwas, wofür mir leider die Zeit fehlt.«

»Aber genau das wollen wir doch nicht!« Suzanne verzog das Gesicht.

»Das stimmt. Es war sogar unter anderem Emily, die mich darauf gebracht hat, dass wir uns nicht personell verzetteln und zu sehr persönlich engagieren dürfen. Natürlich müssen wir mit ganzem Herzen dabei sein. Aber ich will es mal am Beispiel von Dorothy erklären, die sich um die ersten Milchkühe gekümmert hat. Sie hatte schnell herausgefunden, wo solche Kühe möglichst nah bei Wien verfügbar waren. In der Schweiz.« Sie zwinkerte Suzanne zu. »Bei uns auf der Insel gibt es auch Kühe, aber die hätten ja verschifft werden müssen. Also ist sie selbst nach Wien gefahren, hat mit Ärzten gesprochen und in Krankenhäusern nachgefragt, um die beste Organisation zu finden, die sich um die Kühe und die Verteilung der Milch kümmern kann.«

»In der Zeit konnte sie keine Spenden sammeln und auch sonst nichts tun, um wichtige Menschen auf euer Anliegen hinzuweisen.«

»Genau. Emily ist über eine persönliche Begegnung nach Leipzig gekommen. Dort fand sie hungernde Kinder vor, wie sie bis heute in fast allen Orten im früheren Kriegsgebiet leben oder sterben. Über den Professor, der sie eingeladen hatte, erhielt sie schnell Kontakt zum Rathaus und konnte eine Schulspeisung initiieren.« Eglantyne stellte ihre Tasse weg und wollte nach dem Briefstapel greifen, da fiel ihr etwas ein. »Dresden ist doch nicht weit weg von Leipzig, oder? Ich bilde mir ein, Em hätte damals von einem Ausflug nach Leipzig auf den Spuren von Goethes *Faust* geschrieben.« Sie lächelte. »Erstaunlich, dass ich mich ausgerechnet daran erinnere. Vielleicht könntest du nach Dresden fahren und dir das Projekt ansehen. Mit Spenden im Gepäck natürlich. Sicher würde Emily Hobhouse sich freuen, wenn du das mit einem Besuch in Leipzig verbinden würdest. Ich glaube zwar nicht, dass sie jetzt noch dort ist, sie hält es ja nirgendwo lange, zumal sie ihr Herz in Südafrika verloren hat.«

Suzanne sah sie verwundert an, doch ehe sie nachfragen konnte, erklärte Eglantyne bereits: »Nein, sie hat sich dort nicht in einen Mann verliebt, sondern in das Volk, das Land und vor allem die Frauen und Kinder. Stell dir vor, im Burenkrieg haben die Briten Lager für Frauen und Kinder eingerichtet. Nachdem Emily das entdeckt hat, hat sie sofort versucht, ihnen zu helfen.«

Als sie den Briefstapel wieder zur Hand nahm, entdeckte sie ein Blatt, das dick mit Anlage überschrieben war. Sie reichte es zusammen mit dem Brief an ihre Freundin weiter. »Sieh mal, die Dresdener haben einen kleinen Bericht über die Schulspeisung in Leipzig angehängt. So etwas stellen sie sich auch vor.«

»Ach, das Projekt hat ja gerade erst begonnen«, stellte Suzanne beim Überfliegen der Vorlage fest. »Am 15. Jenner hat sich ein Komitee zur Speisung unterernährter Schulkinder mit dem Schulamtsleiter, der wohl auch Stadtrat ist, gegründet. Eine Woche später wurde schon an den ersten vier Schulen Essen an zweihundertfünfundzwanzig Kinder verteilt. Ich bin beeindruckt!«

Eglantyne schmunzelte. »Das ist das Tempo von *Save the Children*!«

Kapitel 33

1927 Gelsenkirchen – Buer

Immer, wenn Anni den großen Strauß roter Rosen auf dem Küchentisch ansah, wurde ihr schlecht. Sie hätte ihn gerne weggeworfen oder in die gute Stube gestellt, wo sie ihn nicht jeden Morgen und jeden Abend sehen musste, doch ihre Mutter ließ das nicht zu. Nicht etwa, weil Gertrud Schlinkert glücklich über den überraschenden Besuch des gut aussehenden jungen Mannes mit dem freundlichen Akzent gewesen war, der eines Abends hinter Anni in die Küche gestolpert war, sondern weil sie in ihrem Leben noch nie einen so großen Strauß in den Händen gehalten, geschweige denn besessen hatte. Anni brachte es nicht übers Herz, ihrer Mutter die Freude an den Blumen zu nehmen, auch wenn ihr bei dem Anblick unwohl war. Sie vermied es stattdessen seit jenem Abend, morgens die Küche zu betreten. Seither trank sie ihren Morgenkaffee im Schwesternzimmer und behauptete zu Hause, es sei gesünder, sich zuerst körperlich zu bewegen, ehe man am Morgen Kaffee trank. Gleichzeitig hoffte sie, dass sie auf dem Weg zur Arbeit niemand ansprach, weil sie ohne Kaffee nur halb wach war. Bis heute hatte sie Glück gehabt.

»Guten Morgen, Anni!« Ausgerechnet Ferdinand rollte von hinten mit seinem Fahrrad an ihre linke Seite, und sie konnte nicht ausweichen. Rechts gingen die wenigen Fußgänger, die so früh schon unterwegs waren. Links radelte Ferdinand. Schneller fahren oder abbremsen würde nichts ändern.

»Morgen!«, murmelte Anni daher verschlafen und unfreundlich. Dass Ferdinand sie ansprach, bedeutete, dass er sich nicht an ihre Abmachung hielt. Erst nach der zweiten Ausstellung, so hatte sie mit ihm vereinbart, wollten sie darüber sprechen, ob und wie es mit ihnen beiden weiterging.

»Wirst du wieder in die Schweiz gehen?«, wollte Ferdinand wissen.

Anni starrte vor sich auf die Straße. Sie wäre froh, wenn sie sich diese Frage selbst beantworten könnte. Matteo hatte ihr das Leben ausgemalt, das sie führen würde, wenn sie zu ihm zurückkehrte. Zurückkehrte? Sie war niemals bei ihm oder mit ihm zusammen gewesen. Ja, sie waren miteinander ausgegangen, und einmal hatte sie sich danach zu einem Kuss hinreißen lassen. Aber das war alles. Sie hatte ihm erklärt, dass sie bald wieder in Gelsenkirchen sein würde und daher nichts von ihm wollte. Ja, sie hatte das Gefühl gehabt, dass es ihr schlechtes Gewissen gegenüber Ferdinand gewesen war, das ihr dies eingeflüstert hatte. Aber so oder so. Sie hatte niemals zu Matteo gehört oder seine Hoffnungen geweckt, auch wenn es ihr schwergefallen war, seinen Komplimenten zu widerstehen. Vielleicht hatte sie nicht deutlich genug gemacht, dass das Ruhrgebiet ihre Heimat war. Darüber ärgerte sie sich, denn sonst wäre sie nicht in die Situation geraten, dass er auf einmal mit roten Rosen vor ihrer Tür stand, um ihr einen Heiratsantrag zu machen und sie mit nach Genf zu nehmen.

»Irgendwann fahre ich sicher wieder in die Schweiz!«, erwiderte sie Ferdinand wütend. Was fragte er auch so blöd!

»Wann?« Sie hätte wissen müssen, dass er sich nicht so leicht abwimmeln ließ. Schließlich hatten sie vor ihrer Abreise vereinbart, dass sie die Zeit nutzen wollten und sollten, um sich klar zu werden, wie ihre Beziehung künftig aussehen würde. Er hatte sich wohl vorgestellt, dass alles blieb, wie es war. Aber vermutlich war es typisch für Männer, nicht allzu viel über Beziehungen nachzudenken.

»Irgendwann!«, gab Anni zurück und stellte sich in die Pedale, um ihm wegzufahren. Sie schaffte es gerade noch, die Kreuzung zu überqueren, ehe das Auto von rechts in die Straße einbog. *Geschafft!*, dachte sie und freute sich darüber, dass sie Ferdinand abgehängt hatte.

Da hörte sie hinter sich Schreie, ein schrilles Quietschen und einen lauten Knall. Zuerst wollte sie weiterfahren. Sie hasste es, wenn die Leute stehen blieben, sobald etwas auf der Straße geschah. Doch ihre Neugier siegte, und ein unbestimmtes Gefühl erfasste sie. Sie bremste und stieg ab. Während sie das Fahrrad wendete, sah sie bereits, dass ein Mercedes halb auf der Kreuzung stand. Die Front eines anderen Fahrzeugs steckte fast in dem Heck des ersten Autos, was Anni für einen Moment an einen Finger mit Fingerhut erinnerte. Nun erst bemerkte sie die offene Fahrertür des vorderen Automobils und die Menschen, die sich davor versammelten. *Wo ist eigentlich Ferdinand?*, fragte sie sich unwillkürlich und suchte mit den Augen die Passanten ab. Sie ließ ihr Fahrrad fallen und rannte zu dem Menschenauflauf. Das durfte nicht sein! Wenn Ferdinand etwas zugestoßen war, war sie schuld daran. Sie hatte versucht, ihn abzuhängen. Nur, weil er wissen wollte, was mit Matteo war, ohne dass er es ausgesprochen hatte. Wieso hatte sie sich so unmöglich verhalten?

Anni drängelte sich durch die Menschenmauer und achtete nicht darauf, dass manche schimpften oder klagten, wenn sie mit den Ellbogen nachhalf. Endlich konnte sie sehen, wer da auf dem Boden lag. In der Ferne war bereits ein lautes Dauerhupen zu hören, das Zeichen dafür, dass Rettungswagen unterwegs waren.

»Ferdinand!« Sie kniete sich neben ihren Freund und starrte ihn an. Sein Gesicht war blass, die Augen geschlossen, ein Arm und ein Bein waren so seltsam abgewinkelt, wie es nicht einmal ein Schlangenmensch im Zirkus hinbekommen würde. Sie legte ein Ohr auf seinen Brustkorb. »Er atmet noch!«, rief sie.

Als hätte sich ein Schalter in ihr umgelegt, verschwanden alle Gedanken an Ferdinand, Matteo und die Zukunft aus ihrem Kopf. Stattdessen spulte sie ab, was sie in ihrer Erste-Hilfe-Ausbildung in der Pflegeschule gelernt hatte. »Ich bin Krankenschwester!«, erklärte sie den Menschen, die sie wegziehen wollten, weil sie sie für das hielten, was sie bis eben gewesen war, eine Angehörige des Verunglückten.

»Bilden Sie eine Gasse für den Rettungswagen!«, rief sie laut und bestimmt und betrachtete dabei Ferdinand genauer. Es gab keinen Anlass zu vermuten, dass er sich übergeben würde. Daher ließ sie ihn liegen. Jede Bewegung würde Bein und Arm nur unnötig erschüttern. Stattdessen zog sie ihren Mantel aus, rollte ihn zusammen und schob ihn unter seinen Kopf. Dann fühlte sie seine Stirn, die kühl war, angesichts einer Ohnmacht nicht verwunderlich, und den Puls, der ruhig klopfte wie immer. Wie früher, wenn sie sich an ihn kuschelte und ihren Kopf an seine Brust legte, um seinem Herzschlag zu lauschen.

Plötzlich war die professionelle Distanz, die man ihnen in der Ausbildung gepredigt hatte, verschwunden. Ihr Herz schlug schneller, weil Ferdinand nicht die Augen öffnete. Sie war erleichtert, als eine Hand sie hochzog und eine Männerstimme erklärte: »Wir übernehmen, Fräulein Schlinkert!«

Die Anrede sorgte dafür, dass sie wieder klar denken konnte. Was hatte sie Ferdinand angetan? Was, wenn er nicht wieder zu sich kam? Oder wenn er nie mehr in den Berg einfahren konnte?

»Müssten Sie nicht längst auf der Station sein?«

Anni erkannte den Arzt, der gelegentlich Notdienst im Säuglingsheim verrichtete. Sie nickte. »Aber dann war da der Unfall. Ich war zusammen mit Ferdinand unterwegs«, erklärte sie und verschwieg, dass sie ihm weggefahren war. Das half niemandem, das musste sie mit sich und mit ihm ausmachen, wenn er wieder zu Bewusstsein kommen sollte.

»Sie kennen den jungen Mann?« Der Notarzt winkte einen Polizisten herbei, der hinter dem Rettungswagen geparkt hatte und auf Anordnungen wartete. »Lassen Sie sich von der jungen Dame den Namen und vielleicht die Adresse des Unfallopfers geben. Bitte benachrichtigen Sie die Eltern, dass sie ihren Sohn im Marienhospital besuchen können. Möglicherweise müssen wir ihn nach Bochum ins Bergmannsheil bringen.«

Anni zuckte zusammen. Bergmannsheil! Das bedeutete nichts Gutes. Dorthin kamen die Schwerverletzten, die man nach Unfällen unter Tage nicht in den normalen Krankenhäusern zu heilen vermochte.

»Ferdinand Koslowski«, stammelte sie, als der Polizeibeamte sie befragte, und diktierte ihm die Anschrift der Eltern. »Sein Vater arbeitet auf Zeche Hugo wie mein Vater.« Als ob das den Mann interessieren würde. »Seine Mutter ist zu Hause. Vielleicht auch unterwegs für die Kirche. Da besucht sie Kriegswitwen, weil sie so froh ist, dass Gott ihr das Schicksal erspart hat.« Was redete sie da? Nur, um zu vermeiden, dass der Polizist mehr über den Unfall wissen wollte. Aber daran war er gar nicht interessiert. »Es wird Zeit, dass die Regeln für die Straßen überarbeitet werden. Das Auto kam doch ganz klar von rechts, das hätte der Junge wissen müssen!«, grummelte er, während er zu seinem Auto ging.

Der Junge hätte es nicht wissen müssen, er wusste es, und Anni wusste, dass er es wusste. Schließlich hatte er ihr vor ihrer Abreise stolz die Regeln erklärt, die er in dem Unterricht für die Führerscheinprüfung gelernt hatte.

Kapitel 34

1920 London

Eglantyne starrte vom Diwan im Wohnzimmer ihrer Schwester kraftlos durch die Tür auf die Koffer, die der Fahrer in den Flur gestellt hatte. Ihr fehlte die Energie aufzustehen, das Gepäck wegzuräumen und auszupacken. Sie griff sich an den Hals, der sich dick und heiß anfühlte. Auch ohne Rücksprache mit ihrem Arzt wusste sie, dass die Schilddrüse ihr anzeigte, dass sie zu viel gearbeitet hatte. Ein Rascheln an der Wohnungstür verriet ihr, dass jemand den Schlüssel umdrehte. Sie wollte rufen, stattdessen kam nur ein Krächzen hervor.

»Was ist denn hier los?«, hörte sie Dorothys Stimme aus dem Flur. »Doey? Bist du da?«

Als Dorothy sie auf der Couch erblickte, stürzte sie zu ihr. »Doey! Ist dir was passiert? Hattest du einen Unfall? Oder einen Anfall?« Diese Frage konnte nur Dorothy stellen, allen anderen hatte Eglantyne vorenthalten, dass sie nicht nur Probleme mit der Schilddrüse hatte, sondern auch ihr Herz geschwächt war. Stumm zeigte sie auf ihren Hals.

»Himmel! Die Lymphdrüsen sind geschwollen, die Schilddrüse ist ganz dick. Du bist ja völlig verschwitzt. Du musst umgehend zum Arzt. Komm!« Dorothy wollte Eglantyne helfen, sich aufzusetzen, die jedoch nicht ausreichend Kraft dafür hatte.

»Ich rufe Doktor Bellot! Er muss sofort hierherkommen.«

Dorothy schüttelte den Kopf. »Vielleicht ist es ganz gut, dass du kein Wort rausbringst. Wenn er hört, wo du seit dem 6. Januar überall warst, wird er wütend werden. Er hat dir eingeschärft, dass du dich nicht überanstrengen darfst.«
Eglantyne versuchte erneut, sich aufzurichten und zu widersprechen.

»Ja, krächze nur, du unfolgsame Krähe!«, spottete Dorothy und strich ihr versöhnlich die Haare aus dem Gesicht. »Ich mache dir jetzt einen Tee. So ein heißes Getränk wirkt Wunder, und das trinkst du, während ich mich mit dem Doktor verbinden lasse.«

Als die dampfende Tasse vor Eglantyne stand, ließ sich Dorothy mit der Praxis von ihrem Arzt verbinden. Während sie wartete, schimpfte sie leise. »War das wirklich nötig, nach der Romreise und der Gründungsversammlung in Genf nach Mailand, Paris und Mazedonien zu reisen? Glaub nur nicht, dass ich das nicht wüsste. Suzanne hat mich informiert, damit ich hier in London keine Termine plane.«

Auf Eglantynes Krächzen reagierte sie nicht. »Doktor Bellot? Dorothy Buxton hier, ich bin die Schwester von Eglantyne Jebb, die bei Ihnen in Behandlung ist. Könnten Sie heute zu ihr kommen? Sie ist zu schwach, um aufzustehen. Je eher, desto besser.« Sie ging zu ihrer Schwester und legte ihre Hand auf deren Kopf. »Ich glaube nicht, dass sie Fieber hat. Die Lymphdrüsen und die Schilddrüse sehen geschwollen aus, und sie krächzt wie ein Kolkrabe.« Sie betrachtete Eglantyne und sagte: »Und sieht auch so aus!«

Eglantyne brachte nun doch zwei Worte halb verständlich hervor. »Spinnst du?«

»Keine Sorge, Doktor Bellot hatte schon aufgelegt, als ich über dein Aussehen gesprochen habe. Er kommt, so schnell er kann, und bis dahin sollst du viel trinken, wenig reden und dich schonen.« Sie deutete auf die Teetasse, aus der noch immer Wasserdampf aufstieg. »Zu trinken hast du ja. Und wenn du nicht reden darfst, kann ich dir das Neueste in Ruhe erzählen.«

Eglantyne rollte die Augen, um ihrer Schwester zu zeigen, dass sie ihr nicht mit Klatsch und Tratsch und ebenso wenig mit Vorwürfen kommen sollte.

Dorothy lachte. »Ach, das ist auch mal schön, dass du nicht widersprechen kannst. Aber keine Sorge, ich fange mit dir jetzt keine Diskussion an. Ich wollte dir vielmehr berichten, dass wir für Eglantyne und David Plätze in einem Schweizer Internat bekommen haben. Charlie hatte sich das ja immer gewünscht, weil er eine internationale Ausbildung wichtig findet.« Sie holte eine Decke, legte sie über Eglantynes Körper und steckte sie unter den Schultern fest. »Inzwischen kann ich ihn verstehen. Unsere Eltern waren schließlich nicht anders, und wir haben alle davon profitiert, dass wir andere Sprachen und andere Länder kennen. Man kommt leichter ins Gespräch mit den Menschen fremder Nationen, wenn man erwähnt, dass man schon hier und dort gewesen ist.«

Eglantyne hätte gerne erwidert, dass sie dieselben Erfahrungen gemacht hatte, aber sie wollte sich nicht wieder als Krähe bezeichnen lassen und nickte nur ergeben.

»Ich soll dir übrigens von Suzanne ausrichten lassen, dass für die Tagung mit den Vereinen aus den anderen Nationen alles vorbereitet ist. Sie hat es sogar geschafft, dass alle in einem Hotel übernachten, sodass sie sich morgens und abends auch außerhalb des Kongresses austauschen können.« Dorothy deutete auf die Teetasse. »Vergiss nicht zu trinken!«

Eglantyne nahm einen Schluck und verzog das Gesicht. Der Tee war heiß, aber als er durch den Hals lief, fühlte sich das angenehm an, sodass sie sofort einen weiteren vorsichtigen Schluck nahm. Dann stellte sie die Tasse weg, legte zuerst die Handflächen zusammen und den Kopf darauf, ehe sie mit den

Fingern auf ihre Brust tippte. Wie gut, dass sie als Kinder oft Pantomime-Rätsel gespielt hatten.

»Du meinst, ob für dich auch ein Zimmer in dem Hotel reserviert ist?« Dorothy machte große Augen. »Du bildest dir aber nicht ernsthaft ein, dass du in dem Zustand nach Genf reisen kannst, oder?«

Für das Gefühl, das sich in Eglantyne ausbreitete, hatte sie keine Geste. Lediglich ihr Gesicht wurde blass, und ihre Mundwinkel fielen herunter. Bis gerade eben hatte sie sich keine Gedanken darüber gemacht, dass sie zu schwach für eine Reise in die Schweiz sein könnte. Dabei war sie froh gewesen, dass es ihnen gelungen war, in so kurzer Zeit die eben erst gegründeten Ableger ihrer Stiftung zusammenzurufen. Sie wollten gemeinsam einen Plan entwickeln, wie man in Europa optimal helfen und möglichst viele Kinder mit dem geringsten personellen und finanziellen Aufwand erreichen konnte. Emily Hobhouse hatte zugesagt, ihr Konzept der Schulspeisung vorzustellen.

Dorothy hatte sie nicht aus den Augen gelassen. »Komm, Doey, das ist nicht der letzte Kongress, also sei nicht traurig. Wichtig ist, dass du wieder gesund wirst. Wir brauchen dich doch.« Dabei schniefte sie leicht. Sie holte ein Taschentuch hervor und putzte die Nase. Eglantyne strich ihr über die Schulter.

Beim ersten Ton der Türklingel sprang Dorothy auf. »Das wird der Doktor sein!«

Tatsächlich folgte ihr kurz darauf ein älterer Mann mit einer ledernen Arzttasche in das Wohnzimmer. Statt einer Begrüßung sagte er in einem süffisanten Tonfall, der durch ein breites Lächeln abgemildert wurde: »Waren Sie wieder einmal zu viel in der Weltgeschichte unterwegs?«

Eglantyne schüttelte den Kopf und krächzte etwas, das wie »Nein« klang.

»Hören Sie nicht auf sie, Herr Doktor! Natürlich hat sie sich in den letzten Monaten völlig verausgabt. Am besten verordnen

Sie ihr zwei Wochen Bettruhe«, schlug Dorothy vor. Eglantyne blickte sie aus zusammengekniffenen Augen an.

»Ihr Puls gefällt mir gar nicht, der rast, als wollte Ihr Herz beim Rennen in Ascot mitlaufen.« Wenn er die Situation mit dem Scherz entspannen wollte, war ihm das gelungen. Eglantyne schaut wieder aus offenen Augen, und Dorothy setzte sich auf einen Stuhl in der Nähe.

»Der Blutdruck könnte auch besser sein, aber besonders Ihr Hals gefällt mir gar nicht.« Er tastete die Lymphknoten ab und befühlte den vorderen Teil des Halses, um sich einen Eindruck von der Schilddrüse zu verschaffen. »Ihr altes Leiden!«, sagte er schließlich und zog einen Rezeptblock hervor. »Wir müssen uns Gedanken über eine Operation machen.«

Eglantyne starrte ihn mit großen Augen an, schüttelte den Kopf und stieß ein gekrächztes »Nein« hervor. Der Gedanke, dass an ihrem Hals herumgeschnitten wurde, bereitete ihr seit der ersten Diagnose vor über zwanzig Jahren schlaflose Nächte. Bisher hatte sie sich davor drücken können. Aber so viel wie in den letzten Monaten war sie noch nie gereist, und so viel hatte sie auch noch nie gesprochen.

»Erst einmal bekommen Sie diese Tabletten. Die kennen Sie ja. Wichtig ist, dass Sie sich ausruhen, damit der Körper wieder zu Kräften kommen kann. Am besten bleiben Sie gleich hier liegen.« Er drückte ihre Hand und wandte sich an Dorothy. »Ich verlasse mich auf Sie. Hier ist das Rezept. Schauen Sie nach ihr und ...« Er lachte. »Vielleicht verstecken Sie ihre Schuhe, damit sie nicht aus dem Haus kann. So mache ich das bei meiner Mutter! Inzwischen nehme ich die Schuhe nach jedem Besuch mit, weil sie sie bis jetzt jedes Mal gefunden hat.«

Eglantyne musste lachen, obwohl der Scherz auf sie gemünzt war. Die Vorstellung, wie der alte Doktor, der sie behandelte, seit sie zu Dorothy nach London gezogen war, mit den Schuhen seiner Mutter unter dem Arm durch die Stadt lief, war zu lustig.

Dorothy fiel in das Gelächter ein. »Den Vorschlag werde ich aufgreifen. Meine Schwester ist so findig, sie würde jedes Versteck entdecken.« Dabei griff sie nach den Schuhen, die Eglantyne von den Füßen gestreift hatte, als sie sich nach ihrer Rückkehr auf das Sofa gelegt hatte.

»Untersteh dich!«, krächzte Eglantyne und deutete auf den Tee, um zu zeigen, dass dieser bereits wirkte.

»Wie auch immer Sie das hinkriegen, wichtig ist, dass Sie, Frau Jebb, wenigstens eine Woche lang nichts tun und am besten liegen und schlafen, damit ihr Organismus nicht so angestrengt wird und sich erholen kann.« Er beugte sich zu Eglantyne vor. »Denken Sie daran, sonst müssen wir operieren!«

Ob es an der Drohung mit der Operation gelegen hatte oder an Dorothys Warnung, tatsächlich die Schuhe zu verstecken, Eglantyne hielt sich an die Weisung des Arztes und spürte nach einer Woche zwischen Bett und Couch, dass ihre Kräfte zurückkehrten. Schweren Herzens verzichtete sie auf die Reise nach Genf und wartete gespannt auf die Berichte über den Kongress. Allerdings hatte Warten noch nie zu ihren Stärken gehört. Sobald sie morgens aufwachte, nahm sie ihr Notizbuch und hielt Ideen fest, wie sie in England Spenden sammeln konnte. Bei ihren Reisen nach Schweden, Frankreich und Italien hatte sie festgestellt, dass jedes Land andere Gelegenheiten bot, die Menschen zum Spenden zu animieren, unabhängig von der persönlichen Betroffenheit durch den großen Krieg. In Schweden wussten die Menschen nicht viel über das Leben im Kriegsgebiet und die Folgen der Auseinandersetzungen. Als sie hörten, dass hungernde Kinder Hilfe brauchten, spendeten sie, ohne nachzufragen, welche Kinder damit unterstützt wurden. Kinder waren für sie Kinder, die Zukunft der Menschheit. In Frankreich hingegen herrschten große Vorbehalte gegenüber Orten und Personen aus dem Deutschen Reich.

»Dir scheint es langsam wieder gut zu gehen!«, stellte Dorothy fest, als sie mit einem Stapel Post in das Wohnzimmer trat. »Dann kann ich dir etwas Besuch erlauben.«

Im ersten Moment wollte Eglantyne aufbrausen, bis sie das Lächeln im Mundwinkel ihrer Schwester bemerkte, stattdessen sagte sie nur: »Danke, Mama!« Trotz des Scherzes, wussten die Schwestern, dass ein wahrer Kern in den Worten steckte. Dorothy hatte sich in den letzten Wochen ebenso aufmerksam und rührend um ihre große Schwester gekümmert, wie es Tye getan hätte, wenn sie dies mit ihren Krankheiten und ihren fünfundsiebzig Lebensjahren noch hätte leisten können.

»Störe ich?« Eine Frau Mitte dreißig schob die Tür auf, die Dorothy beim Eintreten nur angelehnt hatte.

»Henrietta!« Eglantyne sprang auf, um Henrietta Leslie zu umarmen, die bei *Save the Children* trotz ihrer journalistischen, literarischen und familiären Verpflichtungen die Öffentlichkeitskampagnen steuerte. Wenn auch nicht immer zur Zufriedenheit aller Komiteemitglieder, denn Henrietta hatte ihr PR-Handwerk von Emmeline Pankhurst und den Suffragetten gelernt.

»Ich dachte, es wird Zeit, dass sich wenigstens dein Kopf anstrengt, wenn der Körper schon eine Pause braucht«, sagte Henrietta und schob sich, ohne eine Aufforderung abzuwarten, einen Sessel vor das Sofa. »Leg dich nur wieder hin, damit du bald ganz fit bist.« Sie wedelte mit einem Block, den sie aus ihrer Umhängetasche gekramt hatte. »Ich habe einige Ideen, wie wir den Engländern das Geld für unsere Kinder aus der Tasche ziehen.«

Eglantyne lachte und wies auf das Notizbuch auf dem Tisch neben dem Sofa. »Ich auch!«

Dorothy sah auf die Uhr. »Ich würde mir gerne anhören, was ihr euch ausgedacht habt, aber heute muss ich Charlie auf eine Tagung der *Independent Labour Party* begleiten. Soll ich dir einen Tee zubereiten, Henrietta?«

»Lass nur, ich übernehme das«, versprach Henrietta Leslie.

»Ich kann Tee kochen. Ich bin doch nicht krank!«, empörte sich Eglantyne.

Dorothy verließ lachend zwei Frauen, die wie Schulmädchen kicherten.

»Wie war der Kongress?«, wollte Eglantyne als Erstes wissen, als sie sich wieder auf der Couch ausgestreckt hatte und Henrietta mit Tee für sie beide aus der Küche kam.

»Es war beeindruckend. So viele engagierte Menschen aus der ganzen Welt!«, schwärmte Henrietta. »Alle waren sich einig, dass die Unterstützung, wie wir sie leisten, der Weg in die Zukunft ist. Gemeinsames Handeln für die Ärmsten, ganz egal, woher sie kommen. Leider hat Suzanne es so kurzfristig nicht geschafft, den Vorsitzenden des Völkerbunds als Redner zu gewinnen. Aber sie hat den Brief Papst Benedikts vorgelesen, und Dr. Munro hat von eurem Besuch berichtet.«

»Ja, das war wirklich ein außergewöhnliches Erlebnis.« Eglantyne nickte nachdenklich und setzte sich dann aufrecht hin. »Aber jetzt hat der Alltag mich wieder und damit die Sorge um die Gelder, wir können uns ja nicht auf den Spenden der Katholiken ausruhen. Erzähl doch mal, mit welchen Ideen du unser Komitee dieses Mal herausfordern möchtest.«

Henrietta grinste. »Unter uns: Die Herausforderung muss ich Tag für Tag bewältigen! Es ist ja schön, dass uns so viele Damen der besseren Gesellschaft unterstützen. Aber sie denken zu klein. Hier ein Kaffeekränzchen, bei dem *Save the Children* vorgestellt wird, dort ein Basar, auf dem Kuchen verkauft wird. Geld für eine Kuh kommt dabei nicht zusammen.«

Eglantyne konnte nicht ernst bleiben, auch wenn Henrietta nicht nur Freundin, sondern Mitarbeiterin war. »Jetzt weiß ich wieder, warum du Journalistin und Schriftstellerin geworden bist und genau die Richtige für uns. Ja, für ein paar Kuchen kriegt man keine Kuh. Das muss ich mir merken. Aber die meisten

Frauen sind doch bereit, deine Vorschläge umzusetzen, oder nicht?«

»Ja, schon, aber wenn etwas ›Wichtigeres‹ ansteht wie der Friseurbesuch, sind sie nicht da. Und, ganz ehrlich? Wenn man sie fragt, für wen die Spende ist, haben sie nicht sofort parat, dass es um *Save the Children* geht.« Henrietta hatte ihren Block bereits aufgeschlagen und klappte ihn wieder zu. »Du kannst dir nicht vorstellen, was kürzlich passiert ist. Wir hatten eine kleine Veranstaltung, in der wir darüber informieren wollten, dass es nun in vielen Ländern Schwesterorganisationen gibt.«

»Ich erinnere mich. Die habe ich leider auch verpasst.«

Henrietta winkte ab. »Da hast du nichts verpasst. Es waren nur wenige Leute dort. Warum? Weil die Damen die Einladungen in farbigen Umschlägen verschickt hatten.«

»Das ist doch eine gute Idee. So fällt der Brief auf. Das könnten wir öfter machen.«

»Ja, ein guter Einfall. Allerdings sollte man dann im Vorfeld klären, ob andere das ebenfalls machen – und dies vielleicht schon seit Jahren –, sodass jeder weiß, ein Brief in dieser oder jener Farbe kommt von diesem oder jenem Absender.« Henrietta seufzte. »Kurz gesagt: Die Farbe unserer Briefe war dieselbe wie die eines Modeschöpfers, was dazu führte, dass sich umgehend ganze Kaffeekränzchen anmeldeten und einige die Einladung sofort weggeworfen haben.« Henrietta schüttelte den Kopf. »Als die Gruppen spitzkriegten, dass nicht jener beliebte Couturier sprechen würde, sondern meine Wenigkeit, haben sie ihre Eintrittskarten zurückgegeben. Immerhin wollten sie ihr Geld nicht zurück.« Sie grinste. »Ich glaube, sie hatten Angst, wir bekämen den Eindruck, sie seien auf das Geld angewiesen.«

Eglantyne schmunzelte. »Dann hat die Sache ja ein bisschen was Gutes gehabt. Wir haben Geld und eine Idee bekommen. Wir könnten vielleicht auf unsere Umschläge ein Bild drucken oder stempeln.«

»Aber nicht wieder das hungernde Kind!« Als könnte sie damit diese Idee verjagen, schob Henrietta sie mit beiden Händen von sich weg.

»Wenn wir ein Logo hätten wie große Unternehmen, das wäre gut.« Eglantyne ging auf den Einwurf nicht ein. Sie wusste, dass sich diese Diskussion mit Henrietta nicht lohnte. Sie war gut darin, Freiwillige zu Aktionen zu motivieren und sich immer etwas Neues auszudenken. Sie selbst würde ihren Weg weitergehen und in den Wochen, in denen sie untätig zu Hause lag, hatte sich bereits eine Idee herauskristallisiert. »Wir müssen ohnehin mehr denken wie Unternehmen, die Kunden werben«, sagte sie, doch Henrietta war bereits mit den Vorschlägen auf ihrem Notizblock beschäftigt.

»Wir sollten auf jeden Fall mehr Straßensammlungen durchführen«, fand Henrietta. »Damit erreichen wir Menschen außerhalb unseres Bekanntenkreises. Bei diesen Kaffeekränzchen tauchen immer dieselben Frauen auf. Wir müssen raus in die breite Öffentlichkeit.«

Eglantyne nickte. In diesem Punkt waren sie sich einig. Sie mussten viele Menschen erreichen, und das ging nicht ausschließlich über persönliche Kontakte. »Du hast recht. Das Problem ist nicht das Geld, das Problem ist die innere Einstellung. Daran müssen wir arbeiten.«

»Aber nicht mit Bildern von verhungernden Kindern!«, mahnte Henrietta erneut.

»Dann schlag etwas anderes vor!« Eglantyne war es leid, dass ständig an ihrem Ansatz herumgemäkelt wurde. Immerhin hatte sie damit die Basis für eine Organisation geschaffen, die heute weltweit Spenden für Kinder sammelte. So falsch konnte ihr Vorgehen dann wohl nicht sein.

»Ich denke darüber nach«, versprach Henrietta und stand auf. »Ich habe dich ohnehin zu lange gestört, du musst dich schließlich erholen.«

Eglantyne widersprach nicht, obwohl sie sich stark fühlte wie lange nicht. Das Gespräch hatte ihr bestätigt, dass sie ihr Vorhaben ohne Rücksprache mit Henrietta und anderen Komiteemitgliedern realisieren musste. Sie würden nicht verstehen, dass dies der einzig sinnvolle nächste Schritt war, wenn sie sich nicht auf den paar Spenden ausruhen wollten, die gut situierte Frauen, die niemals ein hungerndes Kind persönlich gesehen hatten, bei anderen ebenso gut situierten Frauen sammelten. Die Gruppen der Freiwilligen waren wichtig, weil sie die Botschaft von *Save the Children* von Angesicht zu Angesicht in jeden Winkel des Landes tragen konnten. Dafür mussten sie, wenn sie Henrietta richtig verstanden hatte, geschult werden. Aber der Anstoß für die Spendenbereitschaft und eine andere Einstellung dazu konnte nur von Maßnahmen ausgehen, die auch Firmen wie Rolls Royce und Siemens einsetzten.

Kapitel 35

1927 Bochum

Anni wischte sich den Schweiß von der Stirn. Fast hatte sie ihren Weg zurückgelegt. Die ersten Häuser des Bochumer Stadtrands waren bereits zu sehen. Der Schreiner aus der Nachbarschaft, der gelegentlich in Bochum arbeitete, hatte ihr erklärt, wie sie nach Linden fahren musste. Nun musste sie nur noch die evangelische Volksschule finden. Je eher sie dort war, umso eher konnte sie ihre Tour zum Bergmannsheil fortsetzen. Ein Krankenwagen hatte Ferdinand vor zwei Wochen dorthin gebracht. An den letzten beiden Sonntagen war sie mit dem Rad zu ihm gefahren, denn das Ticket für die Bahn konnte sie sich nicht leisten. Allerdings hatte er sich bei ihrem Anblick jedes Mal ohne ein Wort weggedreht. Auf der Rückfahrt hatte sie die meiste Zeit geweint, um diesen stummen Vorwurf aus ihrem Kopf zu kriegen. Auch jetzt spürte sie, dass ihr Tränen in die Augen traten und sie die Straße kaum sehen konnte. Sie stieg von ihrem Rad und trocknete die Wangen. Einen weiteren Unfall wollte sie nicht riskieren.

»Geht es Ihnen gut, junge Frau?« Ein zahnloser alter Mann mit knorrigem Stock sprach Anni an.

Sie zwang sich zu einem Lächeln. »Jaja, ich habe nur etwas ins Auge bekommen.«

Der Mann nickte verständnisvoll, doch sein Lächeln ließ Anni vermuten, dass er ihre Schwindelei durchschaute. »Dann passen Sie gut auf, dass das nicht wieder vorkommt!«

»Können Sie mir sagen, wo die evangelische Volksschule ist?« Anni holte die Einladung der Schule aus ihrer Umhängetasche und fügte nach einem Blick auf den Briefkopf hinzu: »Lindener Straße 126.«

Der Rektor jener Schule hatte in der Zeitung gelesen, dass Anni Botschafterin für *Save the Children* in Gelsenkirchen war und sie gebeten, bei einer Schulfeier von ihrer Arbeit zu berichten. Vermutlich hätte Anni die Einladung abgelehnt, wenn sich dadurch nicht eine Gelegenheit eröffnet hätte, Ferdinand an einem Wochentag zu besuchen. Oberschwester Reinhild hatte ihr dafür ausnahmsweise freigegeben.

»Da vorne!« Der zahnlose Alte wies mit seinem Krückstock auf eine Kirche, die hinter Bäumen hervorlugte. »Direkt bei der Kirche. Sie sind schon auf der richtigen Straße. Fahren Sie nur immer auf den Kirchturm zu. Aber den mit einer Spitze.«

Anni sah ihn verständnislos an. »Ich sehe nur eine Spitze!«

Der Mann lachte laut. »Guck, da weiter rechts, Mädchen, da ist ein Turm mit einer großen und vier kleinen Spitzen.« Er beugte sich zu ihr vor. »Das sind die Katholiken. Die brauchen für ihren Gott immer mehr Schnörkel.«

»Danke!« Anni war unversehens einen Schritt zurückgetreten, als das zahnlose Gesicht näher kam. Nachdem er sich endlich abgewandt hatte, stieg sie wieder auf ihr Rad und fuhr die Lindener Straße entlang, immer den Kirchturm im Blick, bis sie ein kleines Gebäude erblickte, aus dem einzelne Kinderstimmen zu hören waren.

»Da kommt sie!«, schallte es über den Schulhof, als sie heranrollte. Ein Junge rannte die Stufen zum Eingang hinauf und wäre fast gestolpert. In letzter Minute fing er sich und riss ohne Zögern die Schultür auf. Gleichzeitig tauchte an einem Fenster das Gesicht eines älteren Mannes mit Glatze und kleiner Brille auf. Anni dachte an ihre Grundschullehrerin, die mit ihren Locken so freundlich wirkte, anders als der Mann mit der Glatze.

Ausgerechnet dieser Mann kam nun an dem Jungen vorbei auf sie zu. »Guten Morgen, Fräulein Schlinkert. Wir freuen uns sehr, dass Sie meiner Einladung gefolgt sind. Ich bin Rektor Büning.«

Das war also der Schulleiter! Anni schüttelte den Kopf. Als ob man einem Menschen seinen Beruf ansehen konnte; einem Schornsteinfeger und den Bergleuten vielleicht, aber doch nicht einem Lehrer.

»Danke für die Einladung.« Sie drückte die Hand, die der Rektor ihr hinhielt, und fragte sich anschließend, wie sie die Kreidereste abbekommen sollte, die der Rektor übertragen hatte. Rasch wischte sie die Finger an der Umhängetasche ab. Sie betrachtete die Spuren, die sie auf dem Stoff hinterlassen hatte, während sie darauf wartete, dass Rektor Büning ihr verriet, wie er sich ihren Besuch vorgestellt hatte.

»Es ist schönes Wetter heute, da dachte ich, dass wir alle Schüler und ihre Eltern auf dem Hof versammeln, wo Sie von Ihrem Besuch bei unserer Gönnerin berichten.« Der Rektor zeigte mit der Hand in die Runde. Anscheinend war er stolz auf seine Schule oder den Hof oder was auch immer. Er hatte doch wohl nicht den Hof mit dem Geld von *Save the Children* herrichten lassen?

»Der Spielplatz vor der Schule ist das Werk unserer Eltern«, erklärte der Rektor. »Aus Dankbarkeit, weil wir dafür gesorgt haben, dass ihre Kinder nach dem Krieg etwas zu essen bekamen.«

Anni nickte. Das ergab Sinn. In seinem Brief hatte er berichtet, dass *Save the Children* der Schule Geld für eine Schulspeisung gespendet hatte.

»Ich hatte damals von meiner Schwester in Herne erfahren, dass es in London einen Verein gibt, der sich um deutsche Kinder kümmert, die nichts zu essen haben, und sofort dorthin geschrieben. Sie können sich nicht vorstellen, wie die Kinder aussahen, die in meinem Klassenzimmer saßen. Dass sie nichts von dem lernen konnten, was ich ihnen beibringen wollte, war nicht verwunderlich. Es heißt zwar, ein voller Bauch studiert nicht gern, aber das muss jemand gesagt haben, der es niemals mit einem leeren Magen versucht hat.«

Anni war beeindruckt und schämte sich, dass sie den Mann einen kleinen Moment für unfreundlich gehalten hatte. Bei jedem Wort wurde deutlich, dass er für die Kinder lebte. »Ich freue mich, dass *Save the Children* Ihnen und den Kindern helfen konnte. Dafür hat es sich doch gelohnt, dass Frau Jebb damals auf die Straße gegangen ist und sogar ins Gefängnis gegangen wäre.«

»Warten Sie. Genau das sollten Sie den Eltern und Kindern erzählen.« Das Strahlen, das eben noch in seinem Blick war, als er von den ersten Jahren nach dem Krieg erzählte, verschwand. Er flüsterte. »Vielen Familien geht es heute wieder so gut, dass sie nicht sehen wollen, dass das nicht auf alle Menschen zutrifft und sie heute selbst helfen müssen.« Er sah sich um. Die Kinder spielten auf dem Hof Fangen, nachdem er eine Pause angeordnet hatte. »Wissen Sie, auch bei uns gibt es Kinder, die kaum etwas zu essen haben und deren Eltern das Milchgeld und die Lernmittel nicht bezahlen können. Ich habe angeregt, dass die anderen Familien Spenden sammeln und ich ohne großes Aufsehen den armen Kindern ein Frühstück oder die Schulbücher besorge.«

»Es wird Frau Jebb freuen, wenn sie hört, dass aus ihrer Spende solche Aktionen erwachsen.«

Der Blick des Rektors war nun trüb. »Ich hoffe, dass mir dies mit Ihrer Hilfe gelingt. Ich habe die Eltern gebeten, heute zu einer kleinen Feier zu kommen. Letztlich besteht die Feier nur aus Ihrem Besuch. Und ich hoffe, dass Sie die Eltern überzeugen können, für meine Initiative zu spenden.«

Anni schluckte. Damit hatte sie nicht gerechnet. Sie wollte ihre Geschichte erzählen. Wie sie Botschafterin von *Save the*

Children geworden war und wie beeindruckend der Besuch in Genf gewesen war.

»Da sind schon die ersten Mütter. Ich fürchte, dass die Väter arbeiten oder daheimbleiben. Schule ist in ihren Augen eine Aufgabe der Frauen. Werner!« Rektor Büning winkte einen Jungen heran, der gerade einen Ball zu einem anderen Jungen trat. »Komm mal her!«

Als der hochgeschossene Junge mit roten Haaren vor ihnen stand, stellte der Rektor ihn vor. »Das ist Werner. Sehen Sie sich den Jungen an. Er sieht aus wie alle 12-Jährigen.« Dabei klopfte er dem Kind auf die Schulter und lachte. »Und wie alle in diesem Alter bolzt er in der Pause lieber, als sich mit dem Rektor zu unterhalten. Dabei hat er es Ihrer Frau Jebb zu verdanken, dass er hier stehen kann. Als wir vor ein paar Jahren die Schulspeisung begannen, war er in der ersten Klasse. Sein Vater war im Krieg geblieben, und seine Mutter kämpfte jeden Tag darum, genug zu essen für ihn aufzutreiben.« Er zwinkerte dem Jungen zu. »Auch Siebenjährige haben einen guten Appetit. Lauf zu den anderen.«

»Es ist immer wieder schön, Kinder zu erleben, denen Eglantyne Jebb geholfen hat«, sagte Anni. »In Gelsenkirchen war ich kürzlich in einer ersten Klasse, in der fast alle Schülerinnen und Schüler nur dank *Save the Children* überlebt haben.«

»Mir hat ihre Argumentation gut gefallen. Sie müssen wissen, dass Frau Jebb damals persönlich hier war, um sich unsere Schulspeisung anzusehen. Ich glaube, das war sogar zu der Zeit, als Ihr Säuglingsheim gegründet wurde. Nur Kinder, die erleben, dass Menschen aus anderen Ländern nicht nur Leid bringen, sondern auch kräftigendes Essen, das den Magen füllt, können dafür sorgen, dass Frieden in der Welt einzieht.« Rektor Büning lächelte Anni an. »Ich freue mich so sehr, dass Sie den Weg von Gelsenkirchen zu uns auf sich genommen haben.« Anni nickte und sah sich um.

»Ich denke, wir können in einigen Minuten beginnen«, versprach der Schulleiter.

Kurz darauf sorgte die Glocke dafür, dass Eltern und Kinder sich vor der Treppe versammelten. »Herzlich willkommen«, begrüßte der Rektor die Familien, und Anni hatte das Gefühl, dass die Worte tatsächlich aus seinem Herzen kamen. »Ich freue mich, dass Sie es geschafft haben, an dieser kleinen Feier teilzunehmen. Ehe wir aber mit Milch und Saft anstoßen, die uns einige Bauern gespendet haben, darf ich Ihnen Fräulein Schlinkert vorstellen. Sie war im letzten Jahr in Genf und hat Frau Eglantyne Jebb besucht, die Gründerin der Stiftung *Save the Children*. Diese Einrichtung hat auch unsere und vor allem Ihre Kinder vor einigen Jahren mit Brot, Milch und anderen Speisen gerettet.«

Anni nutzte den Applaus der Eltern, um möglichst viele direkt anzusehen. Diesen Ratschlag hatte ihr Eglantyne mit auf den Weg gegeben. Jede Frau, jeder Mann im Publikum musste das Gefühl haben, sie spräche direkt zu ihnen. Als der Rektor ihr das Wort überließ, erzählte sie von ihrer Ausbildung. »Hätte *Save the Children* nicht dabei geholfen, dass das Säuglingsheim eingerichtet werden konnte, hätte es meine Schule nie gegeben, und ich würde heute nicht vor Ihnen stehen. Daran sehen Sie, welche Folgen auch kleine Hilfen haben können.« Sie wollte weitersprechen, als ihr Blick auf den rothaarigen Werner fiel. Sie lächelte. »Ich habe gerade Werner beim Fußballspielen zugeschaut. Dank der Schulspeisung, die er als Siebenjähriger bekommen hat, ist er heute ein starker junger Mann. Wer weiß, vielleicht spielt er irgendwann bei Schalke 04.«

Im ersten Moment irritierten sie die Buhrufe der älteren Jungen, bis ihr der Schulleiter erklärte: »Wir haben unseren eigenen Fußballklub. Unsere Jungs träumen davon, bei Germania Bochum zu spielen, seit dieser Verein im letzten Jahr in die erste Ruhrbezirksliga aufgestiegen ist.«

Anni lachte. »Ich komme aus Buer, bitte entschuldigt, dass ich als Erstes an Schalke 04 gedacht habe. Ich wollte Ihnen und euch nur an einem Beispiel, das ihr kennt, zeigen, was eine kleine Spende bewirken kann.« Sie wurde wieder ernst. »Wenn ich euch Kinder anschaue, freue ich mich, dass ihr gesund ausseht und offenbar nicht hungern müsst. Als ich im letzten Jahr in der Schweiz war, habe ich Bilder von hungernden Kindern gesehen. Das war so schlimm.« Sie wandte sich an die Eltern. »Sie kennen diesen Anblick vermutlich aus eigener Erfahrung. Große Köpfe, winzige Körper, dünne Arme und Augen, die einen flehend ansehen. Aus Deutschland gibt es solche Bilder heute nicht mehr. Aber aus Afrika. Deshalb helfe ich *Save the Children* dabei, weiter Spenden zu sammeln.« Viel schneller als sie geplant hatte, war sie an diesem Punkt angekommen. Was sollte sie nun sagen?

Zum Glück klatschten die Eltern, sodass niemand auf die Idee kam, dass ihre Ansprache weitergehen sollte.

Rektor Büning sah allerdings nicht zufrieden aus, als er das Wort ergriff. »Herzlichen Dank, Fräulein Schlinkert.« Hörte sie da einen scharfen Unterton heraus?

Anni erinnerte sich, dass er Spenden für seine Aktion in Linden sammeln wollte. Aber die Worte waren ihr einfach aus dem Mund gesprudelt, sie passten so gut zu dem Jungen und den Eltern. Wie sollte sie da wieder herauskommen?

»Sie haben völlig recht, hungern muss hier bei uns kein Kind mehr. Allerdings sind nicht alle Väter aus dem Krieg heimgekehrt, und deren Familien kommen oft mehr recht als schlecht über die Runden.« Nun war es Rektor Büning, der den Blick jeder einzelnen Mutter suchte. »Viele von Ihnen konnten den Ehemann wieder in die Arme schließen und bald nach der Kapitulation weiterleben wie vor dem Krieg. Daher bitte ich Sie, nicht nur für die hungernden Kinder in der Ferne, sondern auch für die wissenshungrigen Kinder in der Nähe zu spenden, deren Mütter sich zwar Brot, aber keine Schulbücher leisten können.«

Erleichtert stellte Anni fest, dass der Applaus für diese Ansprache ebenso deutlich ausfiel wie für ihre Worte. »Eglantyne Jebb geht es bei ihrer Arbeit auch darum, dass die Kinder darauf vorbereitet werden, dass sie die Zukunft der Menschheit darstellen. Natürlich freue ich mich über jede Spende, die ich weitergeben kann. Aber ich bin sicher, Frau Jebb ist ebenso glücklich, wenn hier in Linden Kindern geholfen wird, sich durch eine gute Bildung auf die Zukunft vorzubereiten.« Das hatte sie sich gerade eben ausgedacht, aber sie nahm sich vor, bei ihrem nächsten Besuch, mit Eglantyne darüber zu sprechen. Jetzt wollte sie nur weiter, in der Hoffnung, dass Ferdinand heute endlich mit ihr sprach.

Im Vergleich zu ihrer Fahrt von Gelsenkirchen nach Linden war der Weg zum Bergmannsheil in Bochum schnell bewältigt. Vielleicht war es auch Annis Hoffnung, die sie zu sportlichen Höchstleistungen getrieben hatte. Je näher sie der Klinik kam, in der vor allem Bergleute mit schweren Verletzungen von Unfällen unter Tage behandelt wurden, umso stärker wurde die Vorahnung, dass ihr Besuch heute anders verlaufen würde als sonst.

Als Anni durch die Tür schaute, die einen Spalt weit offen stand, sah sie, dass Ferdinand versuchte, mit den Fingern, die aus dem Gips seiner linken Hand herausschauten, und der rechten Hand ein Schiffchen zu falten. Anni wagte nicht, sich zu rühren, bis das Papierboot, etwas schief zwar, aber doch als solches erkennbar, fertig war. »Das ist gut geworden«, sagte sie statt einer Begrüßung und blieb im Türrahmen stehen.

»Geht so!«, war das Erste, was ihr Freund seit dem Unfall zu ihr sagte. Wie sollte sie darauf reagieren? Konnte sie es wagen, einen Schritt oder zwei ins Zimmer zu tun, ohne dass er sein Gesicht wieder zum Fenster wendete?

»Ich wäre froh, wenn ich das so hinkriegen könnte!« Der Mann im Nachbarbett hob seine Arme, die beide bis über die

Finger eingegipst waren. Anni traute sich nicht zu fragen, was ihm geschehen war. Sie kannte genug Geschichten über Unfälle im Streb unter Tage. Ihr Vater hatte oft davon berichtet, und ihre Mutter hatte ebenso oft zu der Figur der heiligen Barbara geschaut und die Schutzherrin der Bergleute gebeten, auf ihren Mann zu achten. Als sie erfahren hatte, dass Anni mit einem jungen Bergmann befreundet war, hatte sie anfangs versucht, ihr die Beziehung auszureden, um ihr diese Sorgen zu ersparen.

»Guten Tag, Ferdinand!« Anni war an das Bett des Freundes getreten, während dieser auf die Arme seines Bettnachbarn schaute. Sie nahm aus ihrer Umhängetasche eine Papiertaube ähnlich der, die sie bei ihrer Abreise nach Genf bekommen hatte. Allerdings hatte sie das graue Papier, das sie aus dem Notizbuch, dem Abschiedsgeschenk von Eglantyne, gerissen hatte, mit kleinen Herzchen bemalt, die nur am Bauch und auf den Flügeln der Taube zu erkennen waren. »Sie ist nicht so gut geworden.«

»Geht so!« Endlich wandte Ferdinand ihr sein Gesicht zu, mit einem breiten Grinsen. Sie beugte sich vor. Im letzten Moment entschied sie, ihn auf die Wange zu küssen. Eglantyne hatte sie davor gewarnt, ihm aus Pflichtgefühl vorzuspielen, dass sie noch immer in ihn verliebt sei. Das schlechte Gewissen hatte sie in den letzten Wochen blockiert. Matteo war längst wieder zu Hause, aber die Stoffe und die Nähmaschine, die er bei seinem Überraschungsbesuch mitgebracht hatte, lagen seit der Lieferung unberührt wie eine ständige Mahnung auf dem Stuhl in der Kammer.

»Wie geht es dir?«, fragte Anni, nachdem sie ohne Widerspruch von einem der Männer einen Hocker neben das Bett gezogen und sich gesetzt hatte.

»Geht so!«, antwortete Ferdinand, und beide lachten. Als ob dieses Lachen die unsichtbare Mauer zwischen ihnen gesprengt hätte, erzählte er davon, wie er im Krankenwagen nach Bochum gefahren und hier operiert worden war. Er versuchte, das Bein anzuheben, was ihm jedoch nicht gelang. Stattdessen zappelte er mit den Fingern der linken Hand. »Es könnte sein, dass ich nie mehr im Berg arbeiten kann.«

Anni zuckte zusammen. Das sagte er einfach so. Ohne sie vorzuwarnen. Das hieß, dass sie mit ihrer unbedachten Flucht sein ganzes Leben zerstört hatte.

»Kumpel, du bist jung, du kannst noch was anderes machen«, mischte sich der Bettnachbar ein. »Na gut, Fußballer ist nicht mehr, aber es gibt viele andere Berufe, bei denen du nicht ins Dunkle musst und schlechte Luft einatmen.«

Anni sah den Mann an. Er hatte recht. Sie dachte daran, was Eglantyne ihr von den Kursen ihrer Mutter erzählt hatte. Vielleicht gab es auch für Ferdinand eine andere befriedigende Tätigkeit.

»Ich kann doch nichts!« Ferdinand drehte sein Gesicht zum Fenster. Anni bemerkt, dass seine Wangen feucht waren. Mit der rechten Hand wischte er die Tränen weg.

»Du kannst Boote falten«, widersprach der Bettnachbar. »Ich, ich kann nichts mehr.« Er hob seine Beine und schubste die Decke weg. »Sitzfußball, das ginge noch.«

Anni wusste nicht, ob sie darüber lachen durfte. Es war zu komisch, wie der Nachbar mit den Beinen zappelte.

»Fräulein, könnten Sie die Decke bitte wieder zurücklegen? Ich heiße übrigens Werner Wolf.« Er lachte sie an. »Meine Freunde nennen mich Werwolf.« Dann drehte er seine eingegipsten Arme, um ihr zu zeigen, dass er damit nichts tun konnte. Anni musste sich ein Lachen verkneifen, weil die Bewegung sie an ein Kinderspiel erinnerte. Sie stand auf und zog die Bettdecke wieder über die Beine. »Sie haben die Arme so bewegt, wie ich es mache, wenn ich einen Säugling beruhigen muss. Kennen Sie das Spiel ›Wie das Fähnchen auf dem Turme‹?«

»Das hat meine Frau unserer Kleinen immer vorgesungen.« Der Mann betrachtete seine Arme und drehte sie nach links und rechts. »Hey, Junge, ich kann was außer Sitzfußball, Kinderbelustigung.«

Ferdinand lachte, und Anni freute sich, dass es ihr gelungen war, ihn fröhlich zu stimmen. »Kinderbelustigung kann ich auch.« Er verzog das Gesicht zu einer Grimasse.

»Ich auch!« Wieder strampelte der Mann die Decke beiseite und zappelte mit den Beinen in der Luft. »Hey, wir bilden ein Duo und treten im Zirkus auf! Ich zapple mit den Beinen, du ziehst Grimassen und faltest Boote.«

»Oder Tauben!«, warf Anni ein.

»Kennst du diese Palmen, die man aus Zeitungspapier zaubern kann?«, wollte der Bettnachbar wissen. »Im Krieg habe ich mir immer vorgenommen, wenn ich das Grauen überlebe, werde ich Zauberer. Das wollte ich schon als Kind werden.« Das Lächeln von seinem Gesicht verschwand. »Und dann kam ich wieder und musste Geld verdienen für meinen Schatz und unsere Kleine.«

Anni betrachtete die beiden Männer und dachte wieder an die Kurse von Eglantynes Mutter. Mit Zirkuszauberei konnte man kein Geld verdienen, aber es machte glücklich. Ging es Eglantynes Mutter nicht vor allem darum, den Männern, die nicht mehr arbeiten konnten, wieder Freude am Leben zu vermitteln? Sie ließ sich von Werner Wolf die Adresse geben. »Damit Ferdinand Sie besuchen kann, wenn Sie wieder zu Hause sind«, erklärte sie und hatte dabei etwas ganz anderes im Sinn.

Kapitel 36

1920 London

Zufrieden betrachtete Eglantyne die letzte Seite der *Times*. »Das schlimmste Ereignis der Geschichte« stand dort in großen Buchstaben und: »Millionen Kinder – nackt und sterbend in Europa«. Darunter war nicht etwa das Foto eines hungernden Kindes; das fand sie für diese Anzeige unpassend, und sie war auch nicht sicher, ob der Fotograf damit einverstanden wäre, wenn sie es für eine bezahlte Annonce verwendeten. Deshalb hatte sie einen Freund um diese Zeichnung gebeten: eine Mutter, die jede Mutter und die Mutter Europa sein konnte, mit einem Kind im Arm, umgeben von leidenden Kindern. Sie überflog den Text zwischen Überschrift und Bild; obwohl sie ihn selbst geschrieben hatte, war sie ergriffen von den Worten.

»Hoffentlich sind die Leser der *Times* genauso betroffen wie ich«, sagte Eglantyne zu Dorothy, die ihr die Zeitung gebracht hatte.

Statt sie zu loben, tobte ihre Schwester: »Du bist verrückt geworden. Wie kannst du das Geld, das wir mühsam mit Kuchenverkäufen und Straßenkollekten gesammelt haben, für einen solchen Mist ausgeben?«

»Ich verstehe nicht, weshalb du dich so aufregst. Wir brauchen viel Geld, richtig viel Geld.« Eglantyne versuchte sie zu beruhigen. Vergebens.

»Ja, ich weiß, wir brauchen mindestens zwanzig Millionen

Pfund.« Dorothy warf das zweite Exemplar der Zeitung, das sie für sich gekauft hatte, auf den Tisch. »Wie viel von den nicht vorhandenen zwanzig Millionen hast du für diese Seite ausgegeben?«

»Ein paar hundert Pfund«, antwortete Eglantyne. »Die kommen in kurzer Zeit wieder herein, warte nur ab.«

»Das glaubst du doch selbst nicht.« Dorothy sprang auf und beugte sich so dicht über Eglantyne, dass sie fast rückwärts aus ihrem Sessel gefallen wäre. »Ich höre schon unsere Freiwilligen, die Pfund für Pfund zusammengekratzt haben. Ach was, ich höre ganz England klagen, dass du größenwahnsinnig geworden bist und das Geld statt für Kinder für Anzeigen ausgibst.«

Eglantyne schob ihre Schwester sanft von sich weg. »Beruhige dich erst einmal. Das ist ein Test. Wenn er erfolgreich ist, schalten wir weitere Annoncen, wenn keine Spenden hereinkommen, wissen wir, dass diese Art der Werbung für uns nicht taugt. Auch wenn Ford, Siemens, Braun und andere Unternehmen auf diese Weise unzählige Kunden erreichen.« Sie nahm die Anzeige zur Hand. »Lies dir bitte den Text durch.«

Als Dorothy sich jedoch abwandte, las Eglantyne vor, was unter der Überschrift stand: »Wir haben den Krieg gewonnen. Wir sind stolz darauf. Wir geben zu unserer wohlverdienten Unterhaltung und für unsere luxuriösen Mahlzeiten jeden Tag Millionen Pfund aus. Und die ganze Zeit kämpfen vor unseren Türen unzählige hilflose Kinder und verzweifelte Mütter um Essen und Kleidung – nicht eintausend, zweitausend oder einhunderttausend, sondern Millionen. Und nicht in China oder Tibet. In Europa – einen Tagesausflug von dort entfernt, wo Sie diese Worte jetzt gerade lesen. Die Ursache ist keine Naturkatastrophe, die wir als Schicksal abtun könnten. Das Leid ist der Preis, den arme, unschuldige Kinder für unseren glorreichen Sieg zahlen!«

»Hör auf!«, verlangte Dorothy zornig, »ich will das nicht hören. Das kannst du demnächst bei deiner Rede auf dem Parteitag der *Independent Labour Party* vortragen oder Henrietta für einen Artikel im *Daily Telegraph* diktieren. Aber du darfst nicht Hunderte Pfund dafür bezahlen, dass das in der Zeitung steht.«

Eglantyne seufzte. Als sie untätig auf der Couch gelegen hatte, war ihr diese Anzeige in den Sinn gekommen. Sie hatte damit gerechnet, dass im Komitee manche nicht einverstanden sein würden, und sich um alles selbst gekümmert. Sie hatte schließlich Zeit genug, während die Vorstandsmitglieder nach Genf zu dem Kongress reisten. Besonders stolz war sie auf die Erläuterung, was die Spenden bewirken würden: Mit einhundert Pfund konnten sie eintausend Kinder eine Woche lang verpflegen. Wenn jeder Arbeiter zwei Monate jeden Tag einen Penny spendete, wären sie in der Lage, alle Kinder in Europa zu retten.

»Schau doch mal. Hier habe ich sogar versprochen, dass wir jedes Pfund und jeden Penny innerhalb von vierundzwanzig Stunden weiterreichen.« Eglantyne erhob sich aus dem Sessel und stellte sich neben ihre Schwester, die am Bücherregal stand und tat, als müsse sie dringend Bücher sortieren.

Dorothy drehte sich zu ihr um. »Und wer bitte soll sich darum kümmern? Die ersten Stunden sind um. Falls überhaupt jemand spendet. Wer soll das Geld bekommen? Hast du die Mitarbeiterinnen und Freiwilligen darauf vorbereitet?«

Eglantyne ließ die Zeitung sinken. Daran hatte sie nicht gedacht. Wochen hatte sie allein auf ihrem Sofa verbracht. Den Alltag hatte man von ihr ferngehalten. Daraus hatte sie geschlossen, dass nichts geschah.

Die Türklingel verhinderte die Fortsetzung des schwesterlichen Streits. Dorothy verließ den Raum und öffnete die Wohnungstür. Henrietta platzte ohne Begrüßung in das Zimmer und hielt Eglantyne eine Notiz unter die Nase.

»Ich will es gar nicht wissen. Welche der Damen hat uns ihre Unterstützung aufgekündigt? Welches Komiteemitglied hat seine Bereitschaft zur Mitarbeit beendet?« Langsam ging Eglantyne zu ihrem Sessel. Schon als Kind war sie mit ihrem Aktionismus gelegentlich über das Ziel hinausgeschossen. Ihr Vater hatte sie dann gebremst und auf den rechten Weg gebracht. Mit schwerem Herzen ließ sie sich in die Polster fallen.

»Nein! Also, ja! Aber nein!«, rief Henrietta. »Das ist kein Brief. Das ist eine Notiz. Die Bank hat mich gerade angerufen. Bis jetzt haben wir eintausendzweihundert Pfund Spenden bekommen. Viele kleine Beträge; das könnten die Pennys pro Tag von Arbeitern sein. Aber ja, einige der Frauen distanzieren sich ausdrücklich von dieser Art, Geld zu sammeln. Eine will sogar das Geld zurück, das wir mit dem Verkauf ihres Kuchens eingenommen haben.« Sie lächelte verschmitzt. »Die Komiteemitglieder sind unterwegs und haben davon nichts mitbekommen, die Zeitung reist ihnen nach.«

Eglantyne drehte sich zu Henrietta um und nahm ihr den Zettel aus der Hand. Da stand es schwarz auf weiß. Eintausendzweihundert Pfund Einnahme am 4. März 1920! Viele kleine Beträge hatte der Bankangestellte in seiner krakeligen Schrift notiert. »Das ist mehr als doppelt so viel, wie die Anzeige gekostet hat. Dorothy, hörst du, ich habe das Geld verdoppelt, und es ist gerade mal Mittag. Viele lesen die Zeitung erst am Abend, und dann müssen sie die Spenden noch zur Bank bringen oder ins Büro.«

Sie sah, dass sich Henrietta auf die Lippe biss. »Was ist los?«, wollte sie von der Journalistin, die sich zur heimlichen Büroleiterin entwickelt hatte, wissen.

»Das Telefon steht nicht still. Ständig kommt ein Telegrammbote. Die Mädchen sind wütend auf dich. Sie finden, dass du sie vorher hättest informieren müssen. Und das sehe ich genauso.«

»Ihr habt völlig recht«, gab Eglantyne zu. »Ich habe euch hier in meinem Elfenbeinturm völlig vergessen. Zuerst habe ich mich vergessen und dann euch. Das ist unverzeihlich. Ich weiß doch, wie viel ihr arbeitet.«

»Ich denke, du solltest dich persönlich entschuldigen«, mischte Dorothy sich ein. »Bei den Freiwilligen, den Mitarbeiterinnen, aber vor allem musst du sofort dem Komitee von der Anzeige berichten. Ich gebe zu, dass ich diese Form der Spendensammlung falsch eingeschätzt habe. Eintausendzweihundert Pfund in so wenigen Stunden, das haben wir mit keiner anderen Aktion geschafft. Nicht einmal fünfhundert oder sechshundert Pfund, von den wenigen Einzelspenden wohltätiger Freunde abgesehen.«

»Also gut. Am besten gehen wir sofort ins Büro.« Eglantyne zwinkerte Henrietta zu. »Vielleicht gibt es eine neue Meldung von der Bank.«

Henrietta lachte. »Mir wäre lieber, es gäbe neue Freiwillige. Du hast uns da ganz schon was aufgebürdet mit deinem Versprechen, dass jedes Pfund innerhalb von vierundzwanzig Stunden eingesetzt wird.«

»Für den Anfang können wir die Einrichtungen einbeziehen, die wir bereits kennen«, schlug Eglantyne vor, als sie sich einen Mantel überwarf.

Dorothy brauste erneut auf. »Die sind gerade in Genf zu dem Kongress, zu dem du wegen deiner Krankheit nicht fahren konntest. Und ich helfe dir nicht.«

»Es werden nicht alle dort sein.« Eglantyne spürte, wie die Wut in ihr aufstieg, die sie schon als Kind nur schwer hatte bändigen können. Statt Lob erntete sie nur Kritik. »Dann rufe ich eben selbst in Leipzig und Wien und Berlin und Paris an. Ich war gerade erst dort und kann mir nicht vorstellen, dass alle Helferinnen nach Genf gereist sind.«

»Du hast völlig recht.« Henrietta legte eine Hand auf Eglantynes Arm und steuerte sie Richtung Wohnungstür. »Wir haben eine lange Liste von Einrichtungen, die Geld beantragt haben. Mir fällt spontan die evangelische Volksschule in Linden ein; das ist in Deutschland, dort, wo die großen Zechen sind. Denen geht es besonders schlecht, weil viele Väter und Ernährer nicht aus dem Krieg zurückgekehrt sind. Der Rektor möchte eine Schulspeisung einrichten. Er wird sich freuen, wenn morgen schon Geld oder Essensrationen eintreffen.«

»Die müssen aber auch erst besorgt werden«, zischte Dorothy, als sie hinter ihnen die Wohnung verließ.

»Nun sieh das Ganze doch von der guten Seite, Dorothy. Wir haben Hunderte Pfund, mit denen wir ohne Verzug Kindern Essen und Kleidung kaufen können. Den Kindern ist es gleichgültig, wie wir an das Geld gekommen sind.« Henrietta lachte. »Sie würden auch Geld aus einem Banküberfall annehmen, wenn sie sich damit ein Brot und ein Stück Wurst kaufen könnten.«

Dennoch trottete Dorothy den ganzen Weg mit verkniffenem Gesicht hinter Eglantyne und Henrietta her. Das änderte sich erst, als sie im Büro mit der Nachricht empfangen wurden, dass die Bank soeben mitgeteilt hatte, dass inzwischen mehr als zweitausend Pfund auf ihrem Konto eingegangen waren.

Kapitel 37

1927 Gelsenkirchen – Buer

Es war Anni gelungen, ihre Mutter dazu zu überreden, für ihre Freundinnen – »Aber nur für die«, wie Gertrud Schlinkert ausdrücklich betont hatte – Nähkurse anzubieten, nachdem immer mehr Frauen von ihr lernen wollten, wie sie aus Stoffresten und alten Kleidungsstücken praktische Dinge fabrizieren konnten.

»Die Liste wird immer länger!«, stöhnte Gertrud Schlinkert, als sie mit Anni am späten Abend in der Küche saß und auf die Rückkehr ihres Mannes von der Spätschicht wartete.

»Du erklärst eben besonders gut«, entgegnete Anni und sah kopfschüttelnd zu, wie ihre Mutter die Brille aus den Wollfäden für einen mehrfarbigen Pullover herauswand. »Warum legst du die Brille nicht weiter weg beim Stricken?«

Gertrud Schlinkert seufzte. »Ich muss zwischendurch immer auf das Muster gucken, dann brauche ich die Gläser.« Sie wies auf das Blatt Papier, auf dem ein Lineal die Reihe markierte, die sie gerade strickte. »Ich glaube, von meinem nächsten Kursgeld kaufe ich mir ein Etui für die Brille. Das ist wirklich lästig.«

»Das solltest du machen.« Anni lachte. »Schade, dass man Etuis nicht nähen kann. Sonst könntest du dir selbst eins anfertigen.«

Ihre Mutter legte Wolle und Brille weg und stand auf. »Warte mal, ich hab da doch was.«

Anni starrte ihr hinterher und blickte dann verwundert auf das Brille-Wolle-Gewirr. So kannte sie ihre Mutter nicht, sie war sonst immer darauf bedacht, eins nach dem anderen zu erledigen, mittendrin aufzuhören passte nicht zu ihr.

Gertrud Schlinkert kam mit dem Lodenmäntelchen zurück, das Klara von einer Cousine geerbt hatte. »Guck mal! Damit kann ich nichts Gescheites mehr anfangen, nachdem Klara Teerflecken reingemacht hat. Aber für Nadelkissen und Brustbeutel ist mir der Stoff zu schade. Damit muss man doch trotzdem was machen können, habe ich immer gedacht. Und jetzt weiß ich es: Daraus nähe ich Brillentaschen.«

»Das ist eine sehr gute Idee.« Anni war tatsächlich begeistert, vor allem aber freute sie sich darüber, wie sehr sich ihre Mutter verändert hatte, seit sie mit dem Puppenkleid und den Schnittmustern aus Genf zurückgekehrt war. Selbst dem Vater war aufgefallen, dass seine Frau fröhlicher war und nicht mehr so leicht aufbrauste, wenn eines der Kinder etwas anstellte.

Manchmal fragte sich Anni, ob es richtig war, dass immer alle davon ausgingen, dass Frauen wie selbstverständlich mit Haus, Küche und Kindern für das ganze Leben zufrieden und glücklich waren. Sie hatte bei Eglantyne erlebt, wie sie strahlte, wenn sie von *Save the Children* und ihren Aktivitäten schwärmte, wie eine Mutter, wenn sie von ihren Kindern sprach. Seit ihr die Veränderung ihrer Mutter aufgefallen war, beobachtete sie die Frauen in den Kursen, im Säuglingsheim und im Warenhaus Weyer, wenn sie Zeit hatte, dort zu bummeln. Viele wirkten glücklich mit ihrem Leben, aber ebenso viele hatten verhärmte Gesichtszüge, und von einem Strahlen war wenig zu sehen. In den Nähkursen dagegen wurde immer so viel gelacht, dass Anni sich oft fragte, ob die Arbeit als Säuglingsschwester wirklich das Richtige für sie war. Der Ton, der in der Klinik herrschte, war eher ernst; sicher, er war wohlwollend und freundlich, aber so glücklich wie die Frauen in den Nähkursen wirkten nur wenige Schwestern.

Gelacht wurde selten, da passte Oberschwester Reinhild auf, die sich zwar sorgsam um alles kümmerte, aber den Dingen stets eine bedächtige Note verlieh.

Staunend verfolgte Anni nun, wie die Mutter ihr das Brille-Wolle-Wirrwar hinlegte und den Mantel auf dem Tisch ausbreitete. »Ich brauche die Brille, du bekommst sie sicher schneller aus der Wolle als ich.«

Anni wollte schon widersprechen, merkte dann aber, dass sie mit ihren Augen, die keine Anzeichen von Sehschwäche zeigten, tatsächlich auf den ersten Blick erfasste, dass sich ein Wollfaden zwischen Gestell und Bügel eingeklemmt hatte. Sie reichte ihrer Mutter die Brille.

»Danke!« Gertrud Schlinkert schob die Gläser über den Stoff. »Das müsste für eine Brillentasche reichen«, sagte sie dann zufrieden und zeichnete die Fläche mit ihrer Schneiderkreide an.

»Mama!«, sagte Anni zögerlich. »Hast du vergessen, dass auf meiner Liste einige Bestellungen für Brustbeutel und Nadelkissen stehen?«

»Die mache ich morgen«, versprach Gertrud Schlinkert, schnitt das Stoffstück mit der großen Schere aus dem Mantel und setzte sich zum Erstaunen ihrer Tochter spät am Abend an die Nähmaschine, ohne sich darum zu kümmern, dass Klara aufwachen könnte.

»Meinst du, in dem Nähraum in der Berufsschule könnten auch andere Kurse stattfinden?« Darüber hatte Anni eigentlich mit ihrer Mutter sprechen wollen. Und dann war dieses Brille-Wolle-Durcheinander dazwischengekommen. Seit sie Ferdinand im Krankenhaus besucht hatte, arbeitete der Gedanke in ihr, in Buer oder Gelsenkirchen ähnliche Kurse anzustoßen wie Eglantynes Mutter. Allerdings fehlte ihr im Gegensatz zu Tye Jebb ein Raum. Zu ihrem Häuschen in der Schüngelberg-Siedlung gehörte kein Stall, den sie als Kursraum nutzen konnte. Oberschwester Reinhild hatte bereits abgewunken. Sie wollte keine Männer im Unterrichtsraum der Säuglingspflegeschule haben; weil sie zu viel Dreck machten, wie sie betonte.

»Da stehen überall Nähmaschinen.«

Anni sah zu ihrer Mutter und lachte. Ihre Frage war bereits eine ganze Weile her, aber die Mutter war so vertieft in das neue Werk, dass sie erst jetzt antworten konnte, während sie ihre Brille in die dunkelgrüne Brillentasche schob.

»Aber man könnte doch an dem großen Zuschneidetisch arbeiten.«

Gertrud Schlinkert drehte sich zu ihrer Tochter um. »Aber nur mit Stoff! Was sollen denn das für Kurse sein?«

»Das weiß ich noch nicht genau. Eglantynes Mutter hat Kurse im Besenbinden und Buchbinden angeboten, aber ich weiß nicht, ob wir so etwas hier brauchen.« Ihre Mutter hatte den wunden Punkt getroffen, weshalb der Gedanke so lange in Anni gärte. Mit dem Angebot von Zauberkursen würde sie vielleicht ein paar Männer gewinnen können, die das zum Spaß lernen wollten. Aber ein Beruf konnte daraus nicht werden.

»Schnitzen geht immer«, fand Gertrud Schlinkert und wandte sich wieder ihrer Näharbeit zu. Sie lachte. »Sticken wäre gut.« Sie wedelte mit der schmalen Tasche. »Dann könnte jemand etwas auf so eine Tasche sticken. Ich habe keine Lust dazu, das habe ich schon in der Schule gehasst.«

Anni lachte ebenfalls. Sie erinnerte sich gut daran, wie ihre Mutter ihr den Unterschied zwischen einem Kreuzstich und einem Hexenstich beibringen wollte. Maria hatte sie dann beide erlöst und schnell zwei Musterstiche gestickt. »Sticken für Männer? Ich weiß nicht. Aber Malen oder Zeichnen.« Die erste Anzeige von *Save the Children*, die Eglantyne ihr gezeigt hatte, kam ihr in den Sinn. Sie war mit einer Zeichnung versehen wie auch die Märchenbücher, aus denen sie Klara gelegentlich vorlas. Sie hatte sich nie gefragt, wer diese Bilder zeichnete. Das musste doch ein Beruf sein wie Schriftsteller oder Journalist. Es könnte außerdem einen Kurs im Schreiben geben.

»Ich finde, Männer sollten Kochen lernen.« Gertrud setzte sich mit der fertigen Brillentasche wieder an den Tisch. »Wieso willst du eigentlich nur Kurse für Männer anbieten?«

»Kochen, Nähen, Sticken, Stricken, das lernen Frauen in der Schule oder zu Hause. Strümpfe stopfen und Flicken aufnähen nicht zu vergessen.«

Ihre Mutter lachte. »Das sind schließlich nützliche Fähigkeiten.«

»Ja, aber Johann musste nie Strümpfe stopfen, dabei hatten seine Socken viel öfter Löcher als meine. Doch darum geht es nicht. Eglantynes Mutter hat den Männern, ich glaube, es waren auch ein paar Frauen dabei, etwas vermittelt, mit dem sie Geld verdienen konnten, weil sie nicht mehr in den Fabriken arbeiten durften oder wollten. Und ich dachte, so etwas könnte ich auch organisieren.«

Gertrud Schlinkert legte ihre Hand auf Annis Arm. »Vielleicht kann Ferdinand ja doch wieder in seinem Beruf arbeiten.«

Anni nickte, ihr Blick verriet allerdings, dass diese Hoffnung längst gestorben war. Es ging auch nicht nur um ihren Freund. Für den würde sich auf der Zeche sicher ein Platz im Büro finden. »Neben ihm liegt ein Mann, ich glaube, er hat im Krieg Schlimmes erlebt, darüber spricht er nicht. Er war nur so traurig, weil er nach diesen Erlebnissen nicht das arbeiten durfte, was er gerne tun wollte. Stattdessen hat er auf der Zeche angeheuert und ist dort schwer verunglückt.«

»Ja, es gibt einige von diesen Männern. Nicht alle schaffen es, im Berg zu arbeiten. Oft, weil sie im Krieg verschüttet waren und seitdem unter Tage Panik bekommen. Da wären Kurse, in denen sie etwas Neues lernen oder in denen sie die Freude am Arbeiten wiederentdecken könnten, wirklich hilfreich.« Gertrud Schlinkert lächelte ihre Tochter an. »Ich bin sicher, du kriegst das hin.

Am besten wäre es, du würdest mit jemandem sprechen, der sich mit verschiedenen Berufen auskennt.«

Anni schlug sich mit der Hand vor den Kopf. »Ja klar, ich war doch in der Berufsschule wegen des Nähraums. Ich erkundige mich gleich morgen dort nach speziellen Kursen für Jungen oder Männer. Ich könnte auch in Essen bei der Frauenberufsberatungsstelle fragen, ob es so eine Einrichtung auch für Männer gibt. Die Frauen dort haben mich damals gut beraten.« Ihre Stimme wurde leiser. Ja, sie hatten sie gut informiert, allerdings vielleicht zu sehr im Blick gehabt, was ihre Familie sich leisten konnte. Eine Schule für Erzieherinnen, die Schulgeld verlangte, hätten die Eltern nicht bezahlen können, von einem Studium ganz zu schweigen. Dadurch war sie in einem Beruf gelandet, der nicht ihre Berufung war. Aber im Vergleich zu den Freundinnen ging es ihr noch gut, und das verdankte sie der Berufsberatungsstelle.

»Du könntest den Pfarrer fragen, ob du die Kurse im Gemeindehaus durchführen darfst. Dann müssten die Männer aus der Siedlung nicht extra in die Stadt.« Gertrud Schlinkert lachte, als Anni das Gesicht verzog. »Komm, Pfarrer Meissner von der Ludgeruskirche ist immer freundlich, obwohl wir evangelisch sind. Er hat dich bei der Spendensammlung sofort unterstützt, als du ihm von Frau Jebbs Papstbesuch erzählt hast.«

»Du hast ja recht«, sagte Anni langsam. Es war tatsächlich nicht gerecht, alle katholischen Priester in einen Topf zu werfen, und selbst Pfarrer Westendonck hatte sich beim zweiten Besuch als umgänglich und spendabel entpuppt. Aber die erste Begegnung mit ihm hatte sich tief eingeprägt, so sehr, dass sie ihre Freundin Helga, die katholisch war, überredet hatte, sie bei Spendensammlungen in katholischen Gemeinden zu begleiten.

Kapitel 38

1921 London

»Dieses Auf und Ab ist so nervenaufreibend!« Eglantyne hielt Dorothy die Meldung aus der Bank hin. »Ständig muss man auf sich aufmerksam machen, damit die Leute spenden.«

Ihre Schwester schüttelte den Kopf. »Das sagt die Königin der Spenden-Sammler!« Sie blickte auf die Kontoauszüge. »Ja, mal kommt mehr, mal kommt weniger rein. England geht es gerade wirtschaftlich nicht gut, da können die Leute nicht so viel spenden wie sonst. Aber ich bin sicher, dass die meisten anderen Organisationen nicht solche Zahlungseingänge verzeichnen wie wir.«

»Nach den Anzeigen ging es hoch.« Eglantyne rieb sich die Schläfen. Sie war wieder erschöpft, obwohl sie sich im Frühjahr so lange Zeit geschont hatte.

»Und nach deinem Auftritt beim Parteitag der *Independent Labour Party* und der Vortragsreise nach Oxford und und und ...«, führte Dorothy die Aufzählung mit einem Kopfschütteln fort.

Eglantyne legte sich auf die Couch und lächelte. »Das war wirklich schön. Als ich nach Oxford kam, hingen dort überall Plakate, die für meinen Vortrag warben. Auf denen stand ›Danke, Eglantyne‹. Manche hatten das sogar mit Kreide auf die Straße geschrieben.«

»Das hast du auch verdient!« Dorothy setzte sich in einen

Sessel neben der Couch. »Du hast so viel für die Kinder und die Stiftung getan wie sonst niemand.«

»Das mache ich gerne, und das ist es auch nicht, was mich anstrengt. Aber immer wieder diese Diskussion darüber, dass man den Kindern der Feinde nicht helfen darf. Und wenn ich es dann geschafft habe, dass die Zeitungen positiv über uns schreiben, kommt garantiert wieder eine Helfergruppe und verzapft irgendwelchen Blödsinn.« Eglantyne schloss für einen Moment die Augen, als könnte sie damit all diejenigen aus ihrem Leben vertreiben, die ihre Arbeit unterwanderten.

»Inzwischen haben wir ein gutes System, mit dem wir verhindern, dass religiöse Fanatiker oder andere Leute mit eigenen Zielen in unserem Namen Spenden erschleichen«, versuchte Dorothy sie zu besänftigen.

Eglantyne dachte an die Einzelfälle, in denen Schulleiter von dem Geld für die Kinder erst einmal neue Wandtafeln als Ersatz für die im Krieg zerstörten Hilfsmittel anschafften. Es war sogar vorgekommen, dass ein Freiwilliger die Sachspenden an seine große Familie verteilt hatte und erst durch eine Rebellion der Anständigen gestoppt worden war. Inzwischen waren ihre Vertrauensleute überall. Sie zogen vor Ort Erkundigungen über die Absender von Bittbriefen ein, damit die Gelder bei seriösen und ehrlich engagierten Menschen landeten und nicht bei Fanatikern wie dem Ehrenamtlichen in Berlin, der die Kinder in einer Kakaostube erst nach ihrer Religionszugehörigkeit gefragt hatte, ehe er ihnen die heiße Schokolade aushändigte.

»Ich habe die Auseinandersetzung mit dem Komitee für Gastfreundschaft von Kindern aus Hungergebieten längst nicht verdaut.« Wann immer Eglantyne an die Pläne der Gruppierung dachte, wurde ihr kalt. »Erst einmal klang es so schön. Die hungrigen Kinder könnten nach England gebracht und hier aufgepäppelt werden. Diese Kinder brauchen Nahrung und Wärme von Menschen, die sie verstehen und denen sie vertrauen. Du weißt selbst, wie schwer es war, Leute zu finden, die die deutschen Zeitungsartikel ins Englische übersetzen konnten. Wie soll man dann welche auftreiben, die die Kinder aufnehmen und in ihrer Muttersprache mit ihnen reden?«

»Das war wirklich unglaublich«, stimmte Dorothy zu.

Eglantyne hatte vergessen, dass sie im Gespräch mit ihrer Schwester auf der Couch lag. Sie hatte die Augen geschlossen und sah sich wieder vor dieser Frau stehen, die ihren Verein überall als Ableger von *Save the Children* vorgestellt hatte. »Die Kinder sollten ohne erwachsene oder vertraute Begleitung aus Berlin und Wien, Budapest und München nach London verfrachtet werden!«

»Doey! Ich weiß das!« Dorothy rüttelte sie. »Du bist hier nicht bei einem Vortrag.«

Eglantyne öffnete die Augen. »Bitte entschuldige, aber das ist außer den hungernden Kindern wirklich das Schlimmste, was ich in den letzten Jahren erlebt habe. Ich hoffe, dass dieser Verein meinen Rat beherzigt und sich ganz schnell auflöst.«

»Charlie behält die Leute im Auge, das hat er versprochen.« Die Türklingel unterbrach Dorothy, die aufstand und wenig später mit Henrietta zurückkam. »Ah, es passt gut, dass du jetzt kommst«, begrüßte sie die Journalistin. »Eglantyne hat gerade die Kontoauszüge studiert und mir einen Vortrag darüber gehalten, wie anstrengend und nervenaufreibend es ist, immer neue Spenden zu sammeln.«

Henrietta lachte. »Das ist nichts Neues, oder? Deshalb komme ich mit einer Idee, die uns vielleicht längerfristig mehr hilft als ein oder zwei Anzeigen.« Dabei sah sie mit zusammengekniffenen Augen zu Eglantyne.

»Ja, ich weiß, dass du gegen die Inserate bist«, kommentierte Eglantyne den Blick. »Aber du musst zugeben, dass wir damit viel Geld eingenommen haben. Das Zehnfache des Anzeigenpreises ist jedes Mal mindestens reingekommen.«

»Als Journalistin weiß ich natürlich, dass es immer gut ist, wenn man groß in der Zeitung steht und je größer, desto wirkungsvoller. Mich stört nur, dass Geld dafür ausgegeben wurde. Ich hätte sicher mit dem *Daily Telegraph* sprechen können, dass sie uns eine Anzeige schenken.«
Eglantyne setzte sich auf und lächelte. »Dann mach das doch. Wir brauchen wieder Geld. Die zwanzig Millionen haben wir längst noch nicht erreicht.«
»Du bist einzigartig, Eglantyne!« Henrietta ließ sich lachend in den zweiten Sessel vor der Couch fallen. »Aber, ich verspreche, dass ich mit dem Verleger reden werde, wenn wir meine Vorschläge umsetzen.«
Eglantyne runzelte die Stirn. Sie kam jedoch nicht zu Wort, weil Henrietta sofort reagierte. »Nein, das ist keine Erpressung! Ich weiß, dass ihr beide Einfälle gut finden werdet, eigentlich habe ich nur eure Ideen etwas ausgeweitet.«
»Nun sag schon, was du meinst«, forderte Dorothy. »Ich würde uns frischen Tee besorgen, aber wenn du es so spannend machst, kann ich nicht weg.«
»Wir könnten einen Film in Auftrag geben, der die Situation zeigt: einerseits beim Eintreffen unserer Hilfsgüter und andererseits einige Wochen später, wenn es den Kindern besser geht. Der Film ist das Mittel der Zukunft, um Menschen zu erreichen. Wir könnten Vorführungen organisieren.« Sie sah Eglantyne mit einem schelmischen Blick an. »Dann müsstest du nicht mehr so viele Vorträge halten und könntest deine Stimme schonen.«
Dorothy lachte. »Eins zu null für Henrietta!«
Auch Eglantyne musste schmunzeln bei dieser Argumentation, zumal sie wusste, dass die Journalistin recht hatte. Es eröffneten immer mehr spezielle Lichtspieltheater, in denen ausschließlich Filme gezeigt wurden. Dadurch würden sie eine neue Zielgruppe erreichen, und bewegte Bilder wirkten noch stärker

als Fotografien. »Du hast bestimmt schon einen konkreten Plan, wie das ablaufen soll, oder?«

Henrietta nickte. »Wir bereiten doch gerade auf Wunsch von Fridtjof Nansen unseren Einsatz in Russland vor. Ich dachte, wir könnten einen Filmreporter bitten, mitzureisen und die Arbeit dort von Anfang bis Ende zu filmen.«

»Ich bin sicher, dass Georg Mewes, der viel für den *Daily Mirror* fotografiert, den Auftrag gerne übernehmen wird«, mischte sich Dorothy ein.

Eglantyne nickte. »Das ist eine sehr gute Idee. Dadurch, dass Fridtjof Nansen als Flüchtlingskommissar des Völkerbundes dabei ist, wird deutlich, dass wir eine bedeutende Organisation sind. Im Land wird man uns mit offenen Armen aufnehmen, schließlich war es der russische Schriftsteller Maxim Gorki, der die Weltgemeinschaft um Hilfe gebeten hat. Das Projekt ist ein Musterbeispiel dafür, wie wir arbeiten.«

»Wir könnten Lewis Golden einbeziehen. Er hat russische Wurzeln und kann mit den Menschen vor Ort in ihrer Sprache reden«, fuhr Henrietta mit ihrem Bericht fort. »Vielleicht können wir sogar in seinem Heimatort starten. Das ist Saratov.«

»Du hast dich gut vorbereitet.« Eglantyne freute sich über den Eifer ihrer Mitarbeiterin. »Ich habe nur eine Bitte, lasst mich raus. Ich mag nicht gefilmt werden. Die Hilfe für Saratov läuft bereits an.« Sie zwinkerte Henrietta zu. »Du bist nicht die Einzige, die sich gemerkt hat, dass Lewis aus Russland kommt. Das Schiff ist gechartert, die *Torcello* wird in den nächsten Tagen mit sechshundert Tonnen Lebensmitteln und Medikamenten auf den Weg gebracht. Du kannst also sofort loslegen. Das Projekt eignet sich besonders gut, weil es in diesem Fall vor Ort keine Hilfsorganisation gibt, die wir einbeziehen können, ohne in die Fänge des Staates zu geraten. Unsere Mitarbeiterinnen werden in Saratov Hilfskräfte anheuern und zum Start die Kinderspeisung an Schulen und anderen Einrichtungen, die sie vorfinden, persönlich vornehmen. Das geht nur, weil Lewis sich mit den Menschen dort verständigen kann. Für uns ist das ein Test, ob und wie sinnvoll es ist, in Regionen tätig zu werden, in denen wir keine Partnerinstitutionen haben. Bisher hatten wir immer Kooperationspartner, was die Verteilung oft erleichtert, die Organisation aber gelegentlich erschwert hat, wenn zu viele Menschen vor Ort einbezogen werden mussten.«

Dorothy blickte auf die Uhr. »Ich müsste eigentlich schon weg sein, aber ich bin neugierig auf deinen zweiten Vorschlag.«

»Wir sollten mehr Berühmtheiten gewinnen, um für uns zu werben. Ich habe mit Suzanne darüber gesprochen, das wäre auch für *Save the Children International* interessant, weil manche Schriftsteller oder Schauspieler oder Künstler in ganz Europa bekannt sind.« Henrietta sah die Schwestern erwartungsvoll an.

»Das ist wirklich gut«, gab Eglantyne zu. »Am besten tragen wir sofort zusammen, wen wir kennen. Schade, dass Präsident Wilson erkrankt ist, ihn mag ich nicht ansprechen. Den Papst haben wir ja sowieso auf unserer Seite. Bei beiden sollten wir abklären, ob wir ihre Namen nutzen dürfen, um damit zu werben.« Ihr Schmunzeln wurde zu einem breiten Lächeln. »So hast du dir das doch vorgestellt, dass wir die berühmten Persönlichkeiten auch in die Anzeigen aufnehmen, oder?«

Dorothy erhob sich. »Ich glaube, wir brauchen erst einmal eine Tasse Tee, und irgendwo werden hoffentlich Kekse sein. Gut, dass meine Kinder inzwischen im Internat sind, sonst müssten wir irgendwann ein Programm für sie auflegen, weil ihre Mutter nie Zeit hat, um ihnen Essen zu kochen.«

Eglantyne schüttelte den Kopf. »Dass ich nicht lache. Als ob du jemals einen Kochtopf in der Hand hattest, seit du Charlie geheiratet hast.«

»Den Wassertopf!«, rief Dorothy aus der Küche.

Während ihre Schwester den Tee zubereitete, versuchte Eglantyne, Henrietta zum wiederholten Mal ohne Erfolg zu erklären, weshalb die Anzeigen wichtig waren. »Wir müssen die Methoden der Wirtschaft nutzen, um unsere Spendenkunden zu gewinnen, wenn wir auf diesem Niveau bleiben wollen.«

»Das musst du mir nicht sagen.« Henrietta klang eingeschnappt. »Ich arbeite bei einer Zeitung und weiß genau, wie das läuft.«

»Ich weiß ja, dass du eine Expertin in der Arbeit für die Öffentlichkeit bist.« Eglantyne bemühte sich, ihre Mitarbeiterin und Freundin wohlwollend anzusehen. »Doch das sehe ich nun einmal anders. Ich bin aber sicher, dass wir einen Kompromiss finden. Werbung ist ja mehr als eine Anzeige.«

»Dumm ist nur, dass immer nur die sensationellen Neuigkeiten Aufmerksamkeit bekommen.« Dorothy war mit der Teekanne und einem Teller voller Gebäck zurückgekehrt.

»Oder bekannte Personen, über die die Leute mehr wissen möchten. Zum Beispiel, dass sie *Save the Children* gut finden und vertrauen«, schloss Henrietta den Kreis zu ihrem Vorschlag.

Während Dorothy schweigend drei Kekse hintereinander aß, sammelten Eglantyne und Henrietta Namen solcher Persönlichkeiten.

»Sigmund Freud«, schlug Eglantyne vor, weil sein Name bei ihrem Aufenthalt in Wien in aller Munde war. »Über Albert Einstein wird gerade auch viel geschrieben, oder?«

»Ich dachte eher an Schriftsteller wie Jerome K. Jerome«, wandte Henrietta ein.

»Mit ihm hatten wir vor der Gründung von *Save the Children* Kontakt«, erklärte Dorothy, ehe sie das vierte Plätzchen in den Mund schob.

»Er wird uns sicher etwas schreiben«, stimmte Eglantyne zu. »Was ist denn mit Thomas Hardy?«

»Ich könnte es bei George Bernard Shaw versuchen.« Dorothy tupfte sich mit einer Serviette den Mund ab. »Ich hatte ihn bereits vor einiger Zeit angesprochen, als ich ihn mit Charlie bei einem Empfang traf. Wir wurden damals unterbrochen, und dann ist der Kontakt im Sande verlaufen. Ich bin aber sicher, dass er sich an mich erinnert. Wir haben uns lange darüber unterhalten, wie schrecklich es ist, dass man sich fast daran gewöhnt hat, von sterbenden Kindern zu hören.«

»Wir haben doch das Gedicht, das John Galsworthy über uns geschrieben hat.« Eglantyne sprang auf und konnte ihre Teetasse erst in letzter Sekunde vor dem Herunterfallen retten. Sie holte ein Buch aus dem Regal und nahm ein Blatt Papier heraus. »Hört euch das an:

> *With doom the children paid the wage*
> *of war. And now, in trailing peace,*
> *and, ever morge, the children die!*
> *Ah, if there's anything we can*
> *You – I – the simple woman – man –*
> *for Pity's sake then let us give*
> *the some starved frozen child may live.*
> *… a child's a child!*
>
> *Die Kinder sind es, die den Preis zahlen für das*
> *Ende des Kriegs.*
> *Und jetzt, nach dem Friedensschluss*
> *Sterben die Kinder! Mehr und immer mehr.*
> *Ach, wenn wir irgendetwas tun können*
> *Du – ich – die einfache Frau, der einfache Mann,*
> *Um Himmels willen, dann lasst uns helfen*
> *Damit ein verhungertes, frierendes Kind leben kann.*
> *… ein Kind ist ein Kind!«*

Kapitel 39

1927 Gelsenkirchen-Buer

»Ich bin wirklich gespannt, ob tatsächlich jemand zu Ihrem Schnuppertag kommt.«

Pfarrer Meissner begrüßte Anni mit leichter Skepsis, allerdings konnte sie keine Häme in seinen Worten oder im Blick erkennen wie bei so vielen anderen Menschen, mit denen sie in den letzten Wochen gesprochen hatte. Der Rektor der Berufsschule hatte sie zwar zu einem Gespräch empfangen, ihre Idee jedoch brüsk von sich gewiesen: Für die Ausbildung seien Schulen und Betriebe zuständig und nicht eine Säuglingspflegerin, die sich etwas darauf einbildete, dass die Zeitungen über sie schrieben. Ihre Mutter hatte später von dem Hausmeister, der stets den Nähraum für ihren Kurs aufschloss, erfahren, dass der Rektor sich schon länger darüber aufgeregt hatte, dass ein junges Ding, das nichts geleistet habe im Leben, so oft in der Presse auftauchte.

Nach diesem Erlebnis hatte es Anni kaum noch gewagt, den Pfarrer aus der Nachbarschaft anzusprechen. Dann war er jedoch auf sie zugekommen und hatte sie gefragt, ob sie im Advent bei einem Seniorennachmittag über *Save the Children* sprechen wolle, wo doch die Kollekte seiner Kirche am 28. Dezember wieder für diese Einrichtung bestimmt sei. Als sie ihm von den Kursen erzählte, war er sofort bereit, das Gemeindehaus von St. Ludgerus zur Verfügung zu stellen. Anni seufzte bei dem Gedanken an ihre Versuche, Handwerksmeister als Leiter der Kurse zu gewinnen. Sie hatten sofort abgelehnt, und als sie hörten, dass sie den Schnuppertag Handwerkstag nennen wollte, waren sie auf die Barrikaden gegangen und hatten den Oberbürgermeister aufgefordert, das Projekt zu unterbinden. Zusammen mit dem Pfarrer hatte sie schließlich den Namen »Schnuppertag« gefunden, auch wenn er nicht das vermittelte, was sie eigentlich bezweckte.

»Viel Erfolg, Anni!« Gut, dass ihre Freundin Helga sie von den trüben Erinnerungen ablenkte. Der Tag sollte schließlich ein Erfolg werden.

Nachdem sie mit den Kursen nicht vorankam, hatte Eglantyne ihr in einem Brief vorgeschlagen, klein anzufangen und statt längerer Kurse, wie Tye sie organisiert hatte, einen Tag mit Minikursen oder Bastelaktionen anzubieten. Ihre Mutter war sofort Feuer und Flamme gewesen, nachdem sie festgestellt hatte, wie schnell sich aus dickem Stoff eine Brillentasche nähen ließ. Daraufhin hatte Anni sich endlich dazu durchgerungen, die Nähmaschine von Matteo auszupacken. Das geschmackvoll verpackte Paket, in dem sich eine Karte ihres Schweizer Verehrers befand, hatte sie allerdings daran erinnert, dass da immer noch etwas ungeklärt war in ihrem Leben. Nach Ferdinands Unfall hatte sie entschieden, sich zunächst einmal mit ganzer Kraft auf ihre Aufgabe als Botschafterin für *Save the Children* zu stürzen. Dann kam die Idee mit den Kursen hinzu. Außerdem stand ihr schlechtes Gewissen einer Entscheidung ohnehin im Weg.

»Danke, Helga.« Anni sah die große runde Blechdose unter dem Arm ihrer Freundin und strahlte. »Hast du Plätzchen gebacken?«

Helga nickte und konnte ihren Stolz nicht verbergen. Sie hatte zunächst als Haushaltshilfe in der Familie eines Konditors gearbeitet, und nach einigen Monaten hatte ihr der Hausherr eine Lehrstelle in seinem Betrieb angeboten. Nun war sie fast fertig mit der Ausbildung, und die Plätzchen waren ihr Beitrag zu Annis Schnuppertag. »Ich dachte, wenn ich im Gemeindehaus schon nicht richtig backen kann, bringe ich wenigstens Plätzchen mit. Die Leute können sich für eine Spende eines herausnehmen.«

Anni lachte. In wenigen Monaten hatte sie es geschafft, ihre Freundin mit dem Spendensammel-Virus zu infizieren. Es verging kein Treffen, bei dem sie nicht beratschlagten, wie sie Geld für *Save the Children* sammeln konnten. Eglantyne hatte sie schon mehrmals für ihre ausgefallenen Einfälle gelobt.

»Wohin kann ich mich setzen?« Helga blickte sich in dem großen Saal um, in dem mehrere große Tische mit drei oder vier Stühlen verteilt waren. Sie hatte Anni vorgeschlagen, mit den Besuchern Schneemänner aus Salzteig auszustechen und zu verzieren, weil es keine Möglichkeit gab, im Gemeindehaus zu backen.

»Such dir einen Platz aus«, bat Anni, die aufstand, weil Ferdinand von seiner Mutter in einem Rollstuhl hereingefahren wurde. Da sie wusste, dass er dieses Hilfsmittel nur vorübergehend nutzen musste und zu Hause bereits durch die Wohnung humpelte, gelang es ihr schnell, den ersten Schreck über den Rollstuhl wegzuschieben.

»Danke, dass du gekommen bist«, wandte sie sich an Ferdinand, »und dass Sie ihn gebracht haben«, dabei blickte sie seine Mutter an.

»Das ist doch selbstverständlich«, antworteten die beiden gleichzeitig und lösten damit die angespannte Stimmung, die zwischen ihnen für einen kurzen Moment aufgekommen war. Anni wusste, dass Frau Koslowski sie gerne als Schwiegertochter sähe; sie hatten sich immer gut verstanden, und ihr gefiel die Vorstellung, eine Säuglingsschwester als Mutter für ihre Enkel zu bekommen.

»Du kannst dir einen Tisch aussuchen.« Anni zögerte. Erst

jetzt bemerkte sie, dass hinter jedem Tisch ein Stuhl stand und davor zwei bis drei. »Äh, warte, ich räume einen Stuhl weg.« Ferdinand hielt sie am Arm fest. Anni spürte, dass seine Wärme sich in ihrem Körper ausbreitete, und schüttelte das Gefühl schnell ab. »Meinst du, ich will die ganze Zeit in dem Rollding sitzen? Wie sieht das denn aus? Ich setze mich auf den Stuhl. Aber es wäre gut, wenn die anderen Stühle neben meinem stünden. Dann kann ich besser erklären, wie man eine Taube faltet.« Als Anni ihm im Krankenhaus von ihrem Schnuppertag berichtet hatte, hatte er sofort versprochen, mit den Besuchern Tauben zu falten. Jetzt grinste er, als er auf die merkwürdige Kiste in seinem Schoß deutete. »Ich habe sogar einen Taubenschlag mitgebracht, damit die Leute verstehen, dass sie ein Wahrzeichen unserer Gegend selbst herstellen können.«

»Du ahnst nicht, wie unser Wohnzimmer aussieht!« Obwohl die Worte wie ein Tadel klangen, lächelte Karoline Koslowski. »Aber ich bin so froh, dass er wieder mit beiden Händen zupackt und solche Dinge basteln kann.« Sie lachte. »Sogar Laubsägearbeiten klappen wieder, wie du siehst.«

Ferdinand hob das Tuch an, das sein Bastelwerk verdeckt hatte, und Anni schnappte tief beeindruckt nach Luft. Auf seinen Beinen balancierte er einen nachgebauten Taubenschlag, fast wie eine Puppenstube nur ohne Möbel und Puppen, dafür mit kleinen Öffnungen, durch die die Tauben ein und aus fliegen konnten. Selbst winzige Futternäpfe standen in den Zellen, deren Boden mit echtem Stroh bedeckt war.

Kaum hatte Ferdinand einen Platz neben Helga gefunden und Anni endlich die Postkarten mit Eglantynes Kinderrechten und den dazu passenden Kinderbildern ausgelegt, näherte sich ein weiterer Mann im Rollstuhl, der von einer jungen Frau geschoben wurde. Auf dem Schoß des Mannes saß ein Mädchen, das etwas jünger als Klara sein mochte, und winkte mit zwei Palmen aus Zeitungspapier.

»Herzlich willkommen, Herr Wolf! Und Sie sind sicher Frau Wolf?« Anni lächelte die junge Frau mit den kurzen dunklen Haaren an. »Und wer bist du?« Dabei beugte sie sich zu dem Mädchen, bis ihre Gesichter auf Augenhöhe waren.

»Silvia!«, antwortete das Mädchen. »Ich bin eine Zauberin.« Sie wedelte mit der Palme, sodass die Papierstreifen, die die Palmenblätter darstellen sollten, durch Annis Gesicht fegten.

»Pass auf!«, mahnte Herr Wolf, doch Anni lachte nur. »Es ist nichts passiert. Ich bin ganz gespannt, was du zaubern wirst, Silvia.« Sie zwinkerte der Kleinen zu. »Und was dein Papa zaubert, natürlich auch.«

»Papa ist mein A…«, Silvia drehte sich zu ihrem Vater um. »Wie heißt das noch, Papa?«

»Assistent«, sagte Herr Wolf und lachte. »Sie sehen, ich habe zu Hause nichts zu melden.«

»Das kenne ich, meine kleine Schwester Klara wickelt uns auch alle um den Finger. Ich freue mich, dass Sie gekommen sind. Suchen Sie sich einen Tisch für Ihre Bastelarbeiten.« Anni zeigte auf einen schwarzen Vorhang. »Da haben wir eine kleine Bühne aufgebaut. Der Chor wird etwas vortragen, und dort findet auch ihre Zaubervorstellung statt.« Zaubervorstellung war vielleicht ein großes Wort für das, was Herr Wolf darbieten würde. Aber sie sah, dass er sich darauf freute. Da seine Hände lange eingegipst waren, konnte er die Finger noch nicht wieder so flink bewegen wie vor dem Unfall. Dennoch wollte Anni ihn bei ihrer Veranstaltung dabeihaben, letztlich hatte er sie indirekt zu diesem Tag inspiriert. Er hatte noch keine neue Arbeit gefunden, aber sie hatte ihre Mutter überredet, seine Frau in einen Nähkurs aufzunehmen, und nun verdiente Frau Wolf etwas, indem sie Kleider kürzte oder verlängerte oder gebrauchte Kinderkleidchen mit ein paar Stickereien wie neu erscheinen ließ. Damit war sie inzwischen zu einer kleinen Berühmtheit im Revier geworden, nachdem Anni Renate

Grundmann auf das Schicksal der Familie aufmerksam gemacht hatte.

»Da bist du ja endlich!« Annis Bruder Johann tauchte schwer bepackt hinter Familie Wolf auf. »Du wolltest doch längst hier sein.«

»Der Anhänger hatte einen Platten, den musste ich erst reparieren.« Er hob die beiden Taschen, die fast auf dem Boden hingen wegen ihres Gewichts, leicht an. »Die konnte ich schlecht auf dem Gepäckträger herbringen. Eins sage ich dir: Beim nächsten Mal falte ich Papierflieger!«

Anni lachte. Da Johann gerne schnitzte, hatte sie ihn gebeten, an diesem Tag kleine Dinge zu schnitzen und für *Save the Children* zu verkaufen. Das Holz hatte sie vom Vater einer Kollegin bekommen. »Papierflieger sind Ferdinands Bereich. Bleib du nur schön bei deinen Leisten. Such dir einen Tisch, ich warte noch auf Mama. Die Nähmaschine haben wir zum Glück gestern schon aufgestellt.«

Sie wollte Johann gerade beim Tragen helfen, da sprach eine ältere Frau sie an. »Sind Sie Fräulein Schlinkert?«

»Ja, guten Tag, was kann ich für Sie tun?« Anni musterte die Frau, deren Haar zu einem modernen Bubikopf geschnitten war und deren Kleidung modisch und ausgefallen wirkte. Sie hatte eine große Tasche umgehängt und unter dem Arm eine Zeichenmappe. »Sind Sie Gerda Benbick?«

Im selben Moment sagte die Frau: »Ich bin Gerda Benbick.« Die beiden lachten.

»Ich freue mich, dass Sie mich an diesem Tag unterstützen.« Anni war tatsächlich froh über die Künstlerin, die Schwester Reinhild ihr empfohlen hatte.

»Ich denke, Lesezeichen kann jeder immer gebrauchen, und die kann ich schnell mit Kindern und Erwachsenen gestalten.« Gerda Benbick wies auf die Zeichenmappe unter dem Arm. »Ich habe mir erlaubt, einige meiner Arbeiten mitzubringen. Die würde ich für den guten Zweck verkaufen.« Sie zwinkerte Anni zu. »Ich habe extra Bilder mit Motiven aus Buer und Gelsenkirchen ausgesucht – die Kirchen, den Förderturm, das Tor zum Schüngelberg –, so was mögen die Leute.«

Anni gab sich Mühe, ihre Erleichterung zu verbergen; abstrakte Malerei würde hier vermutlich nicht viel Freunde und Käufer finden. Sie bat die Künstlerin, es sich am letzten freien Tisch bequem zu machen, und sah auf die Uhr am Kopfende des Saals. Nun könnte ihre Mutter langsam eintrudeln. In fünfzehn Minuten wurden die ersten Gäste erwartet, darunter der Buerer Oberbürgermeister Emil Zimmermann, den sie nach ihrer Rückkehr aus Genf kennengelernt hatte, als die *Buersche Zeitung* über ihre Ernennung zur *Save the Children*-Botschafterin berichtete. Damals war er beeindruckt von ihrem Engagement, auch wenn das, wie er mit einem Augenzwinkern bemerkt hatte, jenseits der Stadtgrenze in Gelsenkirchen stattfand.

Kapitel 40

1923 Genf

Ein Sonnenstrahl, der zwischen den Vorhängen hindurchlugte, weckte Eglantyne am frühen Morgen. Schläfrig öffnete sie die Augen. Sie kämpfte mit sich, ob sie aufstehen oder sich in der Hoffnung auf eine weitere Stunde Schlaf auf die Seite drehen sollte. Ihr Schlafkonto war leer nach den anstrengenden Monaten, seit sie in der *Times* den Hilferuf des russischen Schriftstellers Maxim Gorki für sein Volk, das nach einigen Missernten Hunger litt, gelesen hatte. Sie war noch nie in dem großen Land zwischen Europa und Asien gewesen, das von Lenin im wahrsten Sinne des Wortes beherrscht wurde. Doch ihr Schwager Charlie hatte es zwei Jahre zuvor als Vertreter der *Independent Labour Party* besucht. Der Bürgerkrieg im eigenen Land und die Beteiligung an internationalen Kriegen hatten fünfundzwanzig Millionen Russen das Leben gekostet, und viele weitere waren vor den politischen Verhältnissen und aus Angst vor ihrer eigenen ungewissen Zukunft in die Türkei und andere umliegende Länder geflohen. Eglantyne war nach der Lektüre des Aufrufs sofort klar gewesen, dass sie helfen mussten.

In Deutschland, Österreich und Ungarn normalisierte sich die Lage langsam, und viele Städte und Organisationen kamen ohne ihre Spenden zurecht. Die russischen Kinder brauchten ihre Hilfe dringender. Es hatte viel Kraft gekostet, das Komitee von *Save the Children* von dieser Mission zu überzeugen, obwohl sogar der amerikanische Präsident Hilfe für nötig hielt, die er aus politischen Gründen nicht selbst geben konnte. Erst als der Polarforscher Fridtjof Nansen, der seit 1920 als Flüchtlingskommissar beim Völkerbund wirkte, das Mandat übernahm, den Hungernden in Russland zu helfen, waren auch ihre Vorstandsmitglieder einverstanden.

Der Name des norwegischen Wissenschaftlers war jedem ein Begriff. Was er anpackte, war für die Menschen vertrauenswürdig. Deshalb hatte auch Eglantyne früh den Kontakt zu ihm gesucht, allerdings ohne Erfolg. Dann war jedoch er an ihre Organisation herangetreten und hatte um Hilfe bei der Rettung der hungernden Kinder in Russland gebeten. Eglantyne empfand dies als persönlichen Auftrag und hatte sich mit Spendenakquise und Spendenverteilung wieder einmal an den Rand ihrer Kräfte gebracht. Deshalb war sie nun in Genf geblieben; die Reise nach Großbritannien und vor allem in das abgelegene Landhaus ihrer Familie in Wales, wo sie sich vor zwanzig Jahren so gut erholt hatte, wäre zu viel geworden.

Es war, als hätte der Gedanke an die Wälder und Täler in ihrer Heimat Eglantyne nun aus dem Bett geschubst. Sie stand auf und schob die Vorhänge beiseite. Der Ausblick war anders als der aus dem abgeschiedenen Feriendomizil ihrer Kindheit; wenn sie sich reckte, konnte sie zwischen den Dächern der beiden Häuser auf der anderen Straßenseite die Alpen sehen.

Der Mont Blanc, der seinem Namen mit der weißen Gletscherkappe alle Ehre machte, wurde von der Morgensonne angestrahlt. Sie beschloss, einen Ausflug auf den Berg zu machen. Nicht auf den Mont Blanc, der Aufstieg wäre trotz des Klettertrainings mit Dorothy in Tirol zu anspruchsvoll. Außerdem wollte sie nicht klettern, sondern wandern und sich die Bilder von den hungernden Kindern, die Georg Mewes in ihrem Auftrag in Saratov fotografiert und gefilmt hatte, aus dem Kopf wehen lassen. Obwohl viele Fotos dieselben Kinder zu einem späteren Zeitpunkt zeigten, als sie nach der Hilfsaktion fröhlich in die Kamera lächelten, konnte Eglantyne das Leid nicht vergessen. Sie war froh, dass sie Henriettas Idee für den Film zugestimmt hatte. Seit der Pressekonferenz im Januar war Georgs Dokumentation *Famine* über vierhundertmal im ganzen Königreich gezeigt worden und hatte sechstausend Pfund für die hungernden Kinder eingebracht, die Lewis Golden umgehend für den nächsten Schiffstransport ausgegeben hatte. Obwohl sie nur einen Teil der Vorführungen begleitet hatte, bekam sie das Leid der Kinder nicht aus ihrem Kopf. Wie konnten erwachsene, oft sogar kluge Menschen es zulassen, dass Kinder solche Erfahrungen machten, die sie an Körper und Seele fürs Leben schädigten?

Als zögen die Berge sie mit unsichtbaren Fäden an, machte Eglantyne sich für den Tag fertig. Während sie Tee und Toast aß, um ihren Körper in Gang zu bringen, wickelte sie Brot und Käse ein und verstaute sie zusammen mit einigen Schokoladenriegeln in ihrem Rucksack. Für die Rast beim Aufstieg bereitete sie eine Kanne von Suzannes köstlichem Kaffee zu und füllte ihn in die Thermoskanne. Sie schnürte ihre Wanderstiefel und zog eine Jacke an. Dabei fiel ihr Blick auf die Postkarte, die Fridtjof Nansen ihr erst kürzlich geschickt hatte: »Das Wichtigste ist, sich selbst zu finden, und dafür brauchst du Einsamkeit und Ruhe, immer wieder. Die Kraft kommt nicht durch Hektik in den lauten Zentren der Zivilisation. Sie entsteht an den einsamen Plätzen.«

In den letzten Tagen war sie so erschöpft gewesen, dass sie diesen klugen Ratschlag vergessen hatte. Ihr einsamer Platz für die Regeneration war der Berg, nur bisher hatten ihr die körperlichen Kräfte für eine Bergwanderung gefehlt. Vielleicht war jener Sonnenstrahl, der sie geweckt hatte, ein Zeichen, dass sie es endlich versuchen sollte.

Mit diesem Gedanken machte sie sich auf den Weg und spürte, als sie endlich den Berg erreicht hatte, dass sie leichter wurde; nicht ihr Körper, aber Herz und Kopf. Der Wind schien die belastenden Bilder tatsächlich zu vertreiben. Was blieb, waren Gedanken darüber, was sie tun konnte, damit es den Kindern auf der ganzen Welt gut ging – zu jeder Zeit und in jedem Land – und damit Regierungen wie Menschen über die Folgen für die nächste Generation nachdachten, ehe sie einen Krieg anzettelten wegen eines läppischen Nationalstolzes. Wie hatte es John Galsworthy so schön am Ende seines Gedichtes geschrieben: Ein Kind ist ein Kind! Ein Mensch war zuallererst Mensch und erst dann Brite oder Grieche, Italiener oder Schweizer, Russe oder Afrikaner, Amerikaner oder Deutscher. Ein Kind wusste nicht einmal, was all diese Nationen bedeuteten. Für ein Kind zählten die Liebe, die Zuneigung und die gemeinsame Begeisterung für ein Spiel oder eine Sache.

Allmählich wurde die Luft dünner, und das Atmen fiel ihr schwerer. Sie konzentrierte sich darauf, im selben Rhythmus ein- und auszuatmen und setzte sich auf eine Bank am Wegesrand. Während sie ein Stück Schokolade im Mund zergehen ließ, kam ihr ein Brief in den Sinn, der ihr kürzlich wieder in die Hände gefallen war. Eine Frau namens Maryna Falska hatte sie damit kurz nach der Gründung von *Save the Children International* um Unterstützung für ein Waisenhaus für Jungen gebeten, das sie mit dem Arzt und Schriftsteller Janusz Korczak leitete. Das Projekt hatte Eglantyne damals sehr gerührt. Der Arzt hatte die Kinder in die Planung und Organisation des Waisenhauses, das sie »Nasz Dom«, unser Haus, nannten, einbezogen. Wie in einer kleinen Republik mussten die Kinder Pflichten erfüllen, aber sie bekamen natürlich auch ihre eigenen Rechte. So etwas müsste es für die Kinder auf der ganzen Welt geben. Rechte, auf die sie sich wie die Jungen aus diesem Waisenhaus berufen konnten. Rechte, die sie vielleicht sogar einzuklagen vermochten. Was für eine

Vorstellung – Kinder, die mit einem Anwalt an ihrer Seite ihre Rechte einforderten. Eglantyne lachte.

»Grüezi!«, rief ihr ein Paar zu, das in diesem Augenblick vorbeiging.

»Grüezi!«, erwiderte Eglantyne automatisch, obwohl sie die Leute nicht kannte. Da mochte auf der Welt Frieden oder Krieg herrschen, wer sich am Berg begegnete, fragte nicht, auf welcher Seite der andere stand. Man sandte einander ein freundliches Grüezi in der Schweiz, Grüß Gott in Deutschland, Good Morning in ihrer britischen Heimat, Buon Giorno in Italien, als folgte man damit einem ungeschriebenen Gesetz. Bisher war sie immer davon ausgegangen, dass es ein ähnliches stillschweigendes Einverständnis zum Schutz der Kinder gab. Das war wohl nicht so, zumindest wirkte es nicht so selbstverständlich und effektiv wie die Höflichkeitsregeln in den Bergen. Es schien dringend nötig, die Ansprüche der Kinder an die Erwachsenen schriftlich zu fixieren, ehe der nächste Diktator sich an ihnen vergriff. Nachdem die Rechte der Frauen langsam, aber stetig auf der ganzen Welt umgesetzt wurden, war es an der Zeit, auch den Kleinsten Ansprüche an die Gemeinschaft zuzubilligen.

Sie holte aus dem Rucksack ihren Notizblock und starrte in den Himmel, als könne sie dort lesen, wie diese Rechte formuliert werden müssten. Schließlich begann sie zu schreiben. Als sie die Hand vom Blatt nahm, wusste sie, dass sie damit ein neues Thema für den Rest ihres Lebens gefunden hatte.

Die Spenden konnten auch die Mitarbeiterinnen in den Büros von *Save the Children* auf der ganzen Welt sammeln und verteilen. Sie hatte eine neue Aufgabe, das erkannte sie in diesem Moment ganz deutlich. Und diese Aufgabe war ihr von ganz oben erteilt worden, durch den Sonnenstrahl am Morgen und jetzt, als sie in den Himmel sah und sich diese Sätze in ihr formten. Sie füllte ihre Lunge und ihr Herz mit der Luft über jener Stadt, die sie scheinbar zufällig vor drei Jahren zum Sitz ihrer internationalen Organisation gemacht hatte, als noch niemand wusste, wie bedeutsam der Völkerbund einmal werden würde. Nicht zuletzt die Hungersnot in Russland und die Hilfsaktionen unter Fridtjof Nansen hatten gezeigt, dass Staaten gemeinsam mehr erreichten als viele einzelne Nationen. Vielleicht konnten davon die Kinder profitieren, und vielleicht wurde damit die Grundlage für andauernden Frieden gelegt.

Mit einem Lächeln machte sich Eglantyne auf den Rückweg und musste sich zwingen, jeden Schritt, wie sie es gelernt hatte, bewusst zu gehen, um nicht zu stürzen. In Gedanken ging sie immer wieder durch, was sie notiert hatte:

1. Das Kind hat das Recht, die für seine normale materielle und geistige Entwicklung erforderlichen Mittel zu bekommen;
2. das hungrige Kind hat das Recht, gefüttert zu werden; das kranke Kind hat das Recht, gepflegt zu werden; das unterentwickelte Kind hat das Recht, Hilfe zu bekommen; das gestörte Kind hat das Recht, gefördert zu werden; und Waisenkinder haben das Recht, beschützt und unterstützt zu werden;
3. das Kind hat das Recht, in Zeiten der Not zuerst Hilfe zu bekommen;
4. das Kind hat das Recht, in die Lage versetzt zu werden, seinen Lebensunterhalt zu bestreiten, und es muss vor jeder Form der Ausbeutung geschützt werden;
5. das Kind hat das Recht, in dem Bewusstsein erzogen zu werden, dass es seine Talente zugunsten seiner Mitmenschen und der Menschheit einsetzt.

Kapitel 41

1927 Gelsenkirchen – Buer

Annis Schnuppertag war so erfolgreich, dass sich noch am selben Tag das Waisenhaus an der Cranger Straße erkundigte, ob so etwas wohl auch bei ihnen möglich sei. Statt sich zu freuen, bekam Anni ein schlechtes Gewissen. Auf den Gedanken, im Waisenhaus nach einem Raum zu fragen, war sie nicht gekommen, obwohl Eglantyne sie gebeten hatte, die anderen Einrichtungen in Gelsenkirchen und Buer, die Spenden von *Save the Children* bekommen hatten, einzubeziehen.

Sie redete sich ein, dass sie zu viel um die Ohren gehabt hatte, aber im Innersten wusste sie, dass sie sich nach ihrer Rückkehr aus Genf als Erstes im Waisenhaus hätte vorstellen müssen. Wegen ihres schlechten Gewissens hatte sie sofort zugesagt, obwohl bereits der erste Schnuppertag viel mehr Arbeit mit sich gebracht hatte als erwartet. Immerhin konnte sie nun über hundert Mark nach Genf schicken, und sie hatte dafür gesorgt, dass Ferdinand, ihre Mutter, Herr Wolf und Gerda Benbick durch die Gespräche mit den Gästen aufblühten. Sie selbst hatte sich mit vielen Menschen ausgetauscht, sodass sie sich nun wirklich wie eine Botschafterin fühlte. Bis heute ließ sie die Unterhaltung mit einem Briefmarkensammler nicht los. Er hatte sie auf eine Idee gebracht, die sie nun als Ausgleich für ihre Vergesslichkeit bei dem Schnuppertag im Waisenhaus umsetzen wollte.

Doch bis dahin war noch einige Zeit, nun stand sie erst einmal vor dem Rathaus und hätte lieber weiter an die schönen Erlebnisse bei ihrem Schnuppertag gedacht, anstatt die Tür zu öffnen und mit Herrn Terheyden zu sprechen, der für die Volkshochschule zuständig war. Er war es gewesen, der die Freude über den gelungenen Tag getrübt hatte. Zum Glück war er erst aufgetaucht, als die Darbietungen auf der Bühne beendet und die meisten Besucher auf dem Heimweg waren. Er hatte ihr mitgeteilt, dass sie nicht ohne Absprache mit ihm eine solche Veranstaltung durchführen dürfe. Sie hatte sich und ihm gegenüber zugeben müssen, dass sie die Volkshochschule nicht kannte. Als sie abends das Programmheft durchgeblättert hatte, war jedoch deutlich geworden, dass es kein einziges Angebot enthielt, das sich mit ihrem Schnuppertag oder mit den Kursen, die ihr vorschwebten, überschnitt. Da gab es Vorträge zur Literatur und Kindergesundheit und Kurse in Schulfächern, aber nicht einen einzigen Kurs, in dem handwerkliche Fähigkeiten vermittelt wurden. Eigentlich konnte sie also hocherhobenen Hauptes in das Büro dieses Beamten gehen. Allerdings schüchterte es sie ein, dass in dem Heft der Oberbürgermeister als Volkshochschulleiter genannt wurde.

Langsam öffnete sie die Tür zum Rathaus und suchte das Büro von Herrn Terheyden. Sie zwang sich, nicht zu schüchtern und leise an die Bürotür zu klopfen.

Ein schneidiges »Ja?« als Antwort klang nicht besonders einladend. Sie holte tief Luft, rief sich die Urkunde ins Gedächtnis, die Eglantyne ihr als Dank für die Idee zum Schnuppertag ausgestellt hatte, und drückte die Klinke herunter.

»Guten Tag, Fräulein Schlinkert?«

Anni war irritiert, weil der Mann im Gegensatz zu ihrer ersten Begegnung so freundlich war. Er stand auf, kam ihr entgegen, schüttelte ihre Hand und zog den Stuhl vor seinem Schreibtisch ein Stück hervor, damit sie sich setzen konnte. Fehlte nur noch, dass er ihr Kaffee und Kuchen anbot, dann hätte sie sich wie zu Hause gefühlt.

»Guten Tag, Herr Terheyden«, antwortete sie, während sie sich auf der Vorderkante des Stuhles niederließ, als rechne sie damit, schnell fliehen zu müssen.

»Machen Sie es sich doch bequem«, sagte der Beamte, sodass Anni ihren Körper leicht nach hinten schob, sich aber weiterhin vorbeugte, um jederzeit aufspringen zu können.

»Was wollen Sie denn von mir?« Sie konnte die Spannung kaum noch ertragen. Erst die vernichtende Beschwerde am Schnuppertag und nun dieser freundliche Empfang.

»Ich möchte Ihnen vorschlagen, dass wir zusammenarbeiten.« Herr Terheyden lehnte sich in seinem Stuhl zurück und stützte sich mit einem Arm auf die Lehne. »Nach unserem Gespräch habe ich mir heraussuchen lassen, was bei uns über Sie und diese Stiftung, für die Sie arbeiten, vorliegt.«

Anni sog die Luft ein. Das klang so, als hätte das Rathaus eine Akte über sie wie die Polizei über Verbrecher. Sie zählte langsam im Kopf bis drei, ehe sie richtigstellte: »Ich arbeite nicht für *Save the Children*, sondern im Säuglingsheim in der Wörthstraße. Steht das etwa nicht in den Unterlagen, die Sie über mich haben?« Diese Spitze konnte sie sich nicht verkneifen. »Ich bin Botschafterin für *Save the Children*. Das ist eine weltweite Organisation, die mit dem Völkerbund und dem Internationalen Roten Kreuz zusammenarbeitet und nach dem Krieg sowohl dem Säuglingsheim als auch dem Waisenhaus an der Cranger Straße mit Geld- und Sachspenden geholfen hat.«

Herr Terheyden beugte sich über seine Unterlagen und sah plötzlich nicht mehr so von oben herab aus wie vorher. »Jaja, das weiß ich natürlich«, sagte er und überflog die Papiere auf seinem Tisch mit den Augen.

»Oberbürgermeister von Wedelstaedt hat mich nach meiner Rückkehr aus Genf in seinem Büro empfangen. Das Säuglingsheim an der Wörthstraße gehört ja der Stadt.« Anni sprach einfach weiter, als ob sie seine Unruhe nicht bemerkte. »Eglantyne, also, ich meine Frau Jebb, die Gründerin von *Save the Children*, hatte mir einen Brief für ihn mitgegeben, in dem sie darum bat, mich bei meiner Tätigkeit als Ruhrbotschafterin für *Save the Children* zu unterstützen.«

Sie sah, dass das Gesicht ihres Gegenübers zuerst blass wurde und dann rot anlief. Zu gern hätte sie gewusst, welche Unterlagen er über sie gefunden hatte; das Foto von ihr und dem Oberbürgermeister mit der Urkunde als Botschafterin von *Save the Children* gehörte anscheinend nicht dazu. Und auch nicht der Antwortbrief von Herrn von Wedelstaedt, in dem er Eglantyne und ihr versicherte, ihnen jegliche Unterstützung zukommen zu lassen, nachdem *Save the Children* der Stadt in einer schweren Zeit ebenfalls zur Seite gestanden hatte.

»Ach, jetzt verstehe ich auch Ihre Veranstaltung. Es ging Ihnen nicht darum, Kurse anzubieten, sondern Spenden für Ihren Verein zu sammeln.« Herr Terheyden wirkte auf Anni sehr zufrieden damit, wie er sich aus der Affäre gezogen hatte, und lehnte sich wieder in dieser überheblichen Art zurück in seinem Stuhl.

»Stiftung, *Save the Children* ist nicht einfach nur ein Verein wie Westfalia oder Buer 07, sondern eine Stiftung.« Sie staunte über sich, dass sie in einem so herablassenden Ton sprechen konnte, aber die Demütigung am Ende des schönen Schnuppertages steckte ihr noch im Kopf. »Ja, wir haben an dem Tag Spenden gesammelt und waren sehr erfolgreich. Aber tatsächlich wollte ich bei der Veranstaltung vor allem herausfinden, welche Kurse die Menschen hier gerne besuchen würden. Meine Mutter führt bisher Nähkurse für ihre Freundinnen durch, die haben sich herumgesprochen, sodass sie nicht mehr nachkommt.« Verwundert bemerkte sie, dass Herr Terheyden erneut blass wurde. Was um alles in der Welt wollte der Mann von ihr, mal freundlich, mal überheblich, mal selbstsicher, mal unsicher?

»Ach, das ist ja interessant.« Auf einmal klang er wieder freundlich, doch sein Gesichtsausdruck passte nicht zum Tonfall seiner Stimme.

Anni entschied sich, das Gespräch in eine andere Richtung zu lenken. »Ich habe mir Ihr Programm angeschaut. Sie bieten völlig andere Kurse an, als mir vorschweben.«
»Als Ihnen vorschweben? Sie wollen uns also doch Konkurrenz machen?« Herr Terheyden sprang auf. »Ich wusste es. Vermutlich haben Sie und Ihre Genossen dafür gesorgt, dass niemand mehr in unsere Kurse kommt. Nun, Sie werden schon sehen, was Sie davon haben, wenn wir erst das Sagen haben.«

Anni war froh, dass sie ihre Habachtstellung nicht aufgegeben hatte, so konnte sie ebenfalls aufspringen und stand dem Beamten nun Auge in Auge gegenüber. Das hatte er sich wohl gedacht, sie auch körperlich von oben herab zu behandeln. »Ich verstehe Sie nicht«, war alles, was sie hervorbrachte, und das entsprach genau dem, was sie fühlte. Wieso unterstellte der Mann ihr, sie hätten dafür gesorgt, dass niemand in die Kurse der Volkshochschule kam? Und wer sollte das »Sagen« bekommen, der ihr und wem auch immer etwas zeigen wollte?

»Ich wollte einfach nur wie die Mutter von Frau Jebb Kurse für Menschen anbieten, die nicht mehr in ihrem Beruf arbeiten können oder unzufrieden sind. Damit sie etwas lernen, an dem sie Freude haben und für das sie Bestätigung bekommen.« Während sie auf ihn einredete, schien Herr Terheyden sich zu beruhigen, und als sie sich wieder hinsetzte, nahm auch er wieder Platz.

»Bitte entschuldigen Sie.« Anni hatte das Gefühl, dass ihm sein Ausbruch tatsächlich leidtat. Daher fragte sie nicht nach den Hintergründen, sondern nickte nur freundlich. »Ich habe gerade die Statistik für das letzte Jahr bekommen. Immer weniger Menschen nehmen an unseren Vorträgen und Kursen teil. Sie haben ja vielleicht gesehen, dass der Oberbürgermeister Leiter der

Volkshochschule ist. Er wird enttäuscht sein, wenn ich ihm das nachher mitteile.« Herr Terheyden sah ihr nun direkt in die Augen.

Anni hielt dem Blick stand. »Ich verstehe Sie. Ich war auch enttäuscht, als ich meine ersten Kurse angekündigt habe und niemand sich dafür interessiert hat. Wissen Sie, Frau Jebb, die Mutter der Gründerin von *Save the Children*, hat in England vor über vierzig Jahren Kurse für Arbeitslose und Arbeitsunglückliche angeboten. Sie waren so erfolgreich, dass sie bis zum großen Krieg überall nachgefragt wurden. Mein Freund ...« Sie stockte und korrigierte sich. »Ein Freund kann nach seinem Unfall nicht mehr unter Tage arbeiten. Ich dachte, ich könnte für ihn einen Kurs organisieren.«

Herr Terheyden lächelte, und dieses Mal kam Anni sein Lächeln echt vor. »Da haben wir wohl dieselben Erfahrungen gemacht, was? Wobei ich nicht verstehe, warum sie bei Ihren Kursen nicht mehr Zulauf hatten. Gerade jetzt, wo viele Männer, die nicht auf der Zeche sind, ihre Arbeit verlieren, könnte das ein hilfreiches Angebot sein. Welche Kurse haben Sie denn angeboten?«

Anni zögerte. Sie traute diesem ständigen Stimmungswandel nicht. Aber vielleicht konnte er ihr helfen, immerhin arbeitete er für eine Volkshochschule. Obwohl. »Ich weiß nicht. Eine Hochschule, das ist doch etwas für Leute, die eine Hochschulreife haben, oder? Die hat sicher keiner von denen, für die ich Kurse organisieren möchte.«

»Vielleicht haben Sie recht.« Herr Terheyden wirkte nachdenklich. »Möglicherweise schreckt der Name Volkshochschule Leute ab. Und unsere Vorträge klingen manchmal tatsächlich so, als käme ein Professor und würde eine Vorlesung abhalten. Aber wir haben auch Fortbildungskurse.«

»Meine Kurse sollen eher so eine Art ... Neubildungskurse sein. Die Leute lernen dort etwas Neues, nicht noch mehr von

dem, was sie schon wissen und nicht mehr anwenden können.«
Anni stutzte. Wie redete sie denn da? Das hörte sich an wie Eglantyne, wenn sie ihr etwas erklärte, und die war Lehrerin und Forscherin und überhaupt richtig gebildet.
»Ich verstehe, vielleicht könnten solche Kurse bei uns angeboten werden. Wo finden denn die Nähkurse Ihrer Mutter statt? Ich habe mir bei Ihrem Schnuppertag angesehen, wie sie Kindern die Nähmaschine erklärt hat, das war wirklich gut. An welcher Schule unterrichtet sie?« Herr Terheyden sah Anni verwundert an, als diese bei seiner Frage laut auflachte.
»Meine Mutter ist keine Lehrerin, also sie hat es nicht gelernt. Sie hat sich das Nähen selbst beigebracht oder von ihrer Mutter gelernt; das weiß ich gar nicht. Auf jeden Fall näht sie gerne und denkt sich immer neue Sachen aus, die sie aus unbrauchbaren Kleidern nähen kann. Das bringt sie ihren Freundinnen bei.«
Während Anni dem Beamten das erzählte, wurde ihr zum ersten Mal richtig bewusst, was ihre Mutter da geleistet hatte. Jetzt verstand sie, warum sie sich so davor gedrückt hatte, Nähkurse zu geben. Sie war keine Handarbeitslehrerin und keine Schneiderin, sie war nur eine Frau mit einer großen Leidenschaft für das Nähen und einer – lange verborgenen – Begabung für das Unterrichten, wie Herr Terheyden soeben bestätigt hatte. Sie freute sich, dass sie ihrer Mutter mit ihrem Aufsatz und der Reise in die Schweiz ermöglicht hatte, ihre Begabungen einzusetzen und Bestätigung dafür zu ernten.
»Das hätte ich nicht gedacht. Wo finden die Kurse statt?«
Anni berichtete von der Vereinbarung mit der Berufsschule.
»Sie haben gute Ideen«, stellte Herr Terheyden fest. Er beugte sich zu ihr vor. »Bitte entschuldigen Sie meinen Ausbruch vorhin und auch meine wenig freundlich Ansprache bei Ihrem Schnuppertag. Ich habe das Gefühl, dass viele Leute nicht in unsere Kurse kommen, weil sie wissen, dass ich sie organisiere und sie meine Partei nicht mögen. Da werde ich manchmal ungehalten.

Aber vielleicht gelingt es uns gemeinsam, Ihre Idee umzusetzen.« Er zwinkerte ihr zu. »An einem Schreibtisch im Rathaus ist es viel leichter, Räume zu beschaffen und Informationen in der Stadt zu verteilen.«

Anni nickte. Wenn sie ehrlich zu sich war, wäre ihr diese Aufgabe neben der Spendenakquise für die Stiftung und der Arbeit im Säuglingsheim zu viel geworden. Eglantyne hatte sie mehrmals in ihren Briefen gefragt, wie sie sich nun ihre berufliche Zukunft vorstellte. Wer wusste besser als diese Frau, dass es krank machen konnte, wenn man zu viel Zeit mit Dingen verbrachte, die einen nicht zufriedenstellten oder die nicht den eigenen Begabungen entsprach? Nicht umsonst hatte Eglantyne zur Verwunderung aller bei *Save the Children* darauf bestanden, dass der Begriff Talente in die Charta der Kinderrechte aufgenommen wurde.

»Ich habe gleich einen Termin im Waisenhaus. Dort soll der nächste Schnuppertag stattfinden. Vielleicht können wir dann schon ein Sonderprogramm mit Kursen verteilen«, schlug sie vor.

Herr Terheyden lachte. »Mich wundert nicht, dass diese Frau Jebb Sie zur Botschafterin ernannt hat. Sie legen ein Tempo an den Tag, da kann ich nicht mithalten. Aber Sie haben gesagt, Sie hätten bereits Kurse geplant, zu denen sich niemand angemeldet hat. Vielleicht können wir diese als Volkshochschule aufgreifen.«

»Hauptsache, ich kann bei meinem Schnuppertag machen, was ich will.« Anni versprach, am nächsten Tag nach der Arbeit die Informationen über ihre Kurse abzugeben, und verspürte eine doppelte Erleichterung. Sie musste sich nicht um die Kurse kümmern, und sie wusste nun, dass es nicht ihre Bestimmung war, Kurse zu organisieren. Lieber plante sie den Schnuppertag. Die Bastelangebote konnte sie vom ersten Tag an übernehmen und das Bühnenprogramm um den Einfall ergänzen, den ihr dieser Briefmarkensammler beschert hatte.

Kapitel 42

1923 Genf

Eglantyne lag auf der Couch, weil sie wieder einmal einen Schwächeanfall hatte, und hob vorsichtig den Kopf an, um ihre Schwester anzusehen.

Dorothy saß in einem Sessel neben ihr und versuchte, sie zu beruhigen. »Aber Doey, du hättest doch wissen müssen, dass dein Vorschlag über die Kinderrechte zu Diskussionen führen würde. Du warst damals dabei, als die Frauen sich im Kampf für ihre eigenen Rechte gegenseitig angegriffen haben. Die einen wollten Wahlrecht und Selbstbestimmung und die anderen fanden, Frauen sollten sich um Kinder und Küche kümmern. Einig waren sie sich am ehesten darin, dass man ungebildeten Frauen aus unteren Schichten kein Wahlrecht gewähren sollte.«

Dorothy hatte ja recht. Eglantyne wendete das feuchte Tuch, das sie sich auf die Stirn gelegt hatte, nachdem ihr schwindelig geworden war. Allerdings hatte sie damals zu keiner der Gruppen gehört, das nagte bis heute an ihr. Während Dorothy sich klar für Wahlrecht und Selbstbestimmung positioniert hatte, war sie mit sich selbst beschäftigt gewesen. Ihr Versagen als Lehrerin, die Ungewissheit, wie ihr Leben weitergehen würde, und dann noch Margarets Hochzeit hatten sie in eine tiefe Krise geführt. Anscheinend hatte sie in jener Zeit auch sonst einiges verpasst. So hatte sie erst nach der Veröffentlichung ihrer Charta der Kinderrechte im Magazin der Stiftung erfahren, dass es bereits Gesetze zum Schutz von Kindern gab. Oben auf dem Berg hatte sie sich ausgemalt, sie hätte etwas ganz Neues erfunden. Was sich bei näherer Betrachtung bestätigte, denn die Kinderschutzgesetze, die um die Jahrhundertwende verabschiedet worden waren, bezogen sich auf die Ausbeutung in der Arbeitswelt. Ihr ging es hingegen darum, dass Kinder wie inzwischen auch die Frauen als Teil der Gesellschaft wahrgenommen und in ihrer Entfaltung unterstützt wurden.

»Es gibt Themen, die liegen in der Luft.« Eglantyne hatte vergessen, dass Dorothy in dem Sessel neben ihr saß. »Vor zwanzig Jahren waren es die Frauenrechte, jetzt sind es die Kinderrechte.«

Sie schloss die Augen. Das mochte stimmen, aber sie hatte so viel Herzblut und Zeit in die Charta gesteckt, dass sie sie nicht widerspruchslos aufgeben wollte. Erst recht nicht wegen dieser langen Liste, die der *International Council of Women* ihr geschickt hatte mit dem Hinweis, dass ihre fünf Themen dort vorkämen und zu viele Fragen außen vor ließen und daher nicht passend als Basis für *Save the Children* wären.

»Sei ehrlich, Dorothy, das ist doch kein Zufall, dass Lady Aberdeen ausgerechnet jetzt ihr Papier vorlegt. Sie kannte meine fünf Paragraphen und war von Anfang an dagegen. Hätte ich meinen Entwurf bloß nicht in unserer Zeitschrift veröffentlicht. Ich war so sicher, dass alle begeistert sein würden!« Lady Aberdeen war die Präsidentin des *International Council of Women*, der bereits im Kampf um das Frauenwahlrecht vieles gefordert hatte, wie Frieden und Bildungschancen für Mädchen, was die Ansprüche der Frauenbewegung verwässerte. Leider vertrat die Präsidentin die Frauen im Komitee von *Save the Children* in Großbritannien und hatte unmittelbar Einfluss auf die Entscheidungen innerhalb der Stiftung, national wie international. »Sie versucht jetzt dasselbe wie damals im Kampf für das Frauenwahlrecht. Durch unzählige Forderungen werden die wichtigsten

Aspekte abgeschwächt. Einundfünfzig Punkte enthält ihr Papier, aufgeteilt in sieben Themenbereiche. Ich sage ja nicht, dass die Punkte falsch sind, auch wenn ich einige für albern halte. Aber das liest doch niemand! Da besteht die Gefahr, dass die Vorlage schnell abgeschmettert wird.«

»Nun beruhige dich, Doey. Ja, es könnte sein, dass sich der *International Council of Women* von deinem Vorschlag hat inspirieren lassen. Wir wissen es aber nicht. Versuch einfach mal, das Ganze praktisch zu sehen. Mit Lady Aberdeen hast du eine Mitstreiterin mehr für deine Idee, das erhöht die Chancen, dass sie umgesetzt werden.« Dorothy nahm das Papier zur Hand. »Aber ich verstehe dich. Lady Aberdeen erweckt nicht den Eindruck, als wollte sie in der Sache kooperieren. Sonst hätte sie das Papier nicht nur an Charlie adressiert.«

Eglantyne setzte sich auf und nahm ihre Fassung des Alternativentwurfs. »Ganz ehrlich? Das ist ein Affront. Ich habe meinen Vorschlag ›Kinder-Charta – eine Erklärung der Rechte der Kindheit‹ genannt. Was macht sie, streicht den Untertitel. Darum geht es mir doch, dass die Kinder ein Anrecht auf diese Dinge haben und nicht vom Wohlwollen der Erwachsenen abhängig bleiben. ›Kinder-Charta‹, das kann doch alles sein und ist nichts!«

Dorothy seufzte. »Ich gebe zu, dass das nicht sehr ausdrucksfähig ist. Aber dafür enthält das Papier viele Situationen, in denen Kindern geholfen werden muss.«

»Aber die Liste ist zu kleinteilig. Wir wissen nicht, wie die Zukunft aussieht, deshalb ist es unsinnig zu versuchen, alle möglichen Situationen festzuhalten, in denen Kindern vielleicht irgendwann in der Zukunft Schutz gewährt werden muss. Die Grundrechte sollten so formuliert werden, dass sie unabhängig von der jeweiligen Zeit und dem Umfeld der Kinder sind. Das habe ich versucht.« Eglantyne zeigte auf die ersten Worte der einzelnen Punkte in dem Papier des *International Council of*

Women. »›Jedes Kind sollte‹ – das klingt viel zu schwach. Jedes Kind sollte möglichst mit frischer Luft und Sonnenschein aufwachsen.« Sie lachte auf. »Was soll das? Ausgerechnet im nebeligsten Land der Welt Sonnenschein als Kinderrecht zu fordern ist lächerlich.«

Dorothy zog die Seite mit den fünf Rechten heran, die Eglantyne notiert hatte. »Stimmt! Dieses ›sollte‹ relativiert die Forderungen. Da ist deine Formulierung ›Es ist das Recht jedes Kindes‹ schärfer und verbindlicher.«

»Aber Lady Aberdeen hat vorgeschlagen, ihre Liste auf die Tagesordnung der Sitzung in Genf zu setzen, und sie hat sie bereits an alle Mitglieder verschickt.« Eglantyne legte sich wieder hin, diese Vorgehensweise eines Vorstandsmitglieds ihrer Stiftung war empörend.

»Nun warte doch ab, vielleicht verwirft das Komitee ihre Fassung ja. Dann bringst du deinen ursprünglichen Vorschlag ein.« Dorothy stand auf. »Kann ich dich allein lassen? Ich habe meinen Kindern versprochen, vor meiner Abreise bei ihnen im Internat vorbeizuschauen und sie in den Arm zu nehmen.« Sie lächelte. »Ich glaube allerdings, es geht ihnen bei meinem Besuch weniger um eine Umarmung. Irgendwas haben sie wieder ausgeheckt, und vermutlich brauchen sie eine Finanzspritze von den Eltern. Aber wenn es dir nicht gut geht, bitte ich im Büro darum, dir eine der Frauen zu schicken.«

»Es geht wieder«, beruhigte Eglantyne ihre Schwester. »Ich bleibe noch ein bisschen liegen, und später kommt Frau Hämmerle.« Dass die Hausdame, die sich dreimal in der Woche um den Haushalt kümmerte und dafür sorgte, dass immer genug zu essen im Haus war, sich erst für den Nachmittag angekündigt hatte, behielt sie lieber für sich.

Als Dorothy die Wohnungstür hinter sich zugezogen hatte, nahm Eglantyne das Papier mit ihren fünf Rechten, einen Notizblock und einen Stift. Wie gut, dass ihre Eltern für eine mehrsprachige Erziehung gesorgt hatten. Dennoch dauerte es lange, bis sie für jeden der Sätze in ihrer Muttersprache eine passende Formulierung im Französischen gefunden hatte. Nicht alle Mitglieder des Komitees beherrschten die englische Sprache, vor allem die Vertreter der Schweiz, aus Frankreich und aus dem Vatikan taten sich schwer damit. Vermutlich würden die Männer sich von einem Auftritt Lady Aberdeens und einem langatmigen Papier in englischer Sprache einschüchtern lassen. Wenn sie dafür sorgte, dass ihre eigene Version auf Englisch und Französisch vorlag und in einer Länge, die jeder schnell überfliegen konnte, gab es eine Hoffnung, dass das Komitee sich für ihre Fassung entschied.

Nachdem sie die fünf Rechte übersetzt hatte, schrieb sie einen kurzen Brief an Etienne Clouzot, den Generalsekretär ihrer internationalen Stiftung, mit dem sie seit der Gründung gut und vertrauensvoll zusammenarbeitete. Sie bat ihn, ihre Übersetzung zu redigieren, und lud ihn ein, den weiteren Umgang mit ihrer Fassung und der langen Version des *International Council of Women* bei einem Tee in ihrem Wohnzimmer zu besprechen. Sie konnte kaum erwarten, dass Frau Hämmerle kam, und bat sie bei ihrem Eintreffen als Erstes, den Brief zur Post zu bringen.

Für die Sitzung des internationalen Komitees hatte Eglantyne mit Etienne Clouzot einen Schlachtplan entworfen. Er hatte vor dem Treffen mit einigen Komiteemitgliedern gesprochen und ihnen die Situation geschildert. Sie selbst hatte sich herausgehalten und stattdessen ein Arbeitspapier darüber verfasst, was Staaten und private Organisationen tun mussten, um die Kinderrechte dauerhaft in ihren Nationen und in der Bürgergesellschaft zu verankern. Das hatte sie von ihrem Ärger über Lady Aberdeens Vorschlag abgelenkt. Ausgerechnet diese Dame erhielt nun das erste Wort und plusterte sich auf, als hätte sie als Erste und Einzige die Idee für eine solche Charta gehabt. Eglantynes Zorn war sofort wieder präsent, und am liebsten wäre sie aufgesprungen, um der Frau die Meinung zu sagen.

Etienne Clouzot, der neben ihr saß, schien zu spüren, dass sie innerlich explodierte. Er legte ihr eine Hand auf den Arm, was sie ein wenig beruhigte und an ihren Plan erinnerte.

Lady Aberdeen beendete ihre Ausführungen damit, dass sie auf die Vorlage verwies, die den Komiteemitgliedern vorab vom Büro des *International Council of Women* zugeschickt worden wäre.

»Vielen Dank, Lady Aberdeen«, sagte der Generalsekretär, »und vielen Dank auch, dass Sie uns die Vervielfältigung Ihres umfangreichen Papiers abgenommen haben.«

Lady Aberdeen sah Eglantyne so triumphierend an bei den Worten, dass diese nur mit Mühe eine scharfe Bemerkung unterdrücken konnte.

»Allerdings«, Etienne Clouzot wandte sich an alle Komiteemitglieder, »wäre es schön, wenn wir die Abläufe beibehalten könnten, die sich in den letzten drei Jahren bewährt haben, und künftig wieder alle Vorlagen an mich geschickt, von uns nach Tagesordnungspunkten sortiert, vervielfältigt und gebündelt versandt werden.«

Eglantyne tat, als müsse sie dringend etwas in den Vorlagen suchen, damit niemand den Triumph in ihren Augen bemerkte, als Lady Aberdeen angesichts des allgemein formulierten und doch eindeutig auf sie gemünzten Hinweises rot wurde.

»Unsere allseits geschätzte Frau Jebb hat mir nämlich zum selben Thema ebenfalls einen Vorschlag zur Verabschiedung geschickt«, fuhr der Generalsekretär fort. »Vielleicht hätte man die beiden Papiere vor der Sitzung zusammenführen können.«

Eglantyne bewunderte seine Chuzpe, so zu tun, als hätte er nie zuvor von der Vorlage aus dem Frauenweltbund gehört. Den Gesichtern jener Komiteemitglieder, mit denen er vorher nicht gesprochen hatte, sah man an, dass sie seinen Einwurf gut nachvollziehen konnten.

»Die Frage ist nun, wie wir weiter vorgehen.« Etienne Clouzot wedelte mit dem Blatt Papier von Eglantyne, auf dem die englische und französische Fassung ihrer Charta der Kinderrechte stand, in der einen Hand und dem Papierstapel von Lady Aberdeen in der anderen Hand. »Ich gebe zu, ich konnte der Redensart, in der Kürze liegt die Würze, schon immer viel abgewinnen. Daher meine Frage an Sie, Lady Aberdeen, gibt es in Ihrer ausführlichen Abhandlung Themen, die sich nicht unter eines der Rechte von Frau Jebb subsumieren lassen? Vielleicht können wir Ihre Ausführungen als eine Art Handreichung für die konkrete Umsetzung verteilen. Sie kennen ja wie wir alle die ersten Entwürfe von Frau Jebb aus unserem Magazin und können das am besten einordnen.«

Nun tat Lady Aberdeen Eglantyne fast ein wenig leid. Gerade hatte sie sich etwas entspannt von der ersten verbalen Ohrfeige, da folgte dieser Schlag. Aber sie hatte ihn verdient. Hätte sie mit Eglantyne direkt gesprochen, hätte sich vermutlich eine gemeinsame Version finden lassen. Alle Argumente gegen das Papier des *International Council of Women* waren vor allem aus ihrer Wut erwachsen.

»Viele Punkte stimmen tatsächlich überein.« Lady Aberdeens Stimme klang etwas gequält, als sie die Frage des Generalsekretärs beantwortete. »Was mich als Christin allerdings sehr stört, ist, dass die Rechte eines Kindes vor der Geburt nicht erwähnt werden. Das gehört unbedingt ergänzt.«

Eglantyne biss die Zähne zusammen. In den letzten Monaten hatte sie immer wieder gegen dieses Argument kämpfen müssen. Sie war ebenfalls Christin, aber für sie war die Diskussion darüber, wann ein Kind ein Mensch war – ob vom Moment der Zeugung oder ab der Geburt – noch zu unausgereift. Sie fürchtete, dass ein entsprechendes Recht in ihrer Charta im Völkerbund

und in den Ländern zu langen Diskussionen führen würde. Erleichtert sah sie, dass sich Dr. Ferrière zu Wort meldete.

»Ich verstehe Ihr Anliegen gut, Lady Aberdeen, das Thema wird uns sicher noch lange beschäftigen, weil es so viele Aspekte beinhaltet. Gerade deshalb sollten wir uns in unserer Arbeit und mit dieser Vorlage für die Kinder einsetzen, die in unserer Welt in Not sind und missachtet und missbraucht werden.« Er sah ein Komiteemitglied nach dem anderen an, während er eine kleine Pause machte. Eglantyne bewunderte wieder einmal seine Rhetorik, denn nun verwies er darauf: »Sie wissen, dass ich viele Jahre Erfahrung damit habe, Forderungen auf internationaler Ebene einzubringen und durchzusetzen. Wenn ich mir die fünf Punkte ansehe, die unsere verehrte Frau Jebb formuliert hat, kann sich denen jeder Mann und jede Frau anschließen. Stünde dort als sechster Punkt der Schutz des ungeborenen Lebens, wäre das nicht der Fall. Dazu haben zu viele Frauen zu viel Leid mit ungewollten Schwangerschaften erlebt.« Wieder legte er eine Pause ein. »Verstehen Sie mich richtig, ich habe keine abschließende Meinung dazu, wann das Leben eines Kindes beginnt, aber nach dem, was ich in Kriegsgebieten erlebt habe, wo Frauen Kinder nach Vergewaltigungen durch Soldaten auf die Welt bringen müssen und ihren Hass auf diese Männer an den Kindern auslassen, kann ich jeden verstehen, der sich dafür ausspricht, dass das Leben eines Kindes erst bei der Geburt beginnt.«

»Wie sehen das die anderen?« Etienne Clouzot blickte in die Runde. »Frau Jebb hat ihre fünf Rechte bereits ins Französische übersetzen lassen, damit alle wissen, worüber sie abstimmen.«

Eglantyne sah zu Lady Aberdeen hinüber, die mit zusammengekniffenen Augen und heruntergezogenen Mundwinkeln am Tisch saß. Dabei hatte der Generalsekretär ihr die Hand gereicht mit seinem Hinweis, dass ihr Papier eine Arbeitsversion für die konkrete Umsetzung sei. Sie wandte den Blick ab. Dadurch, dass die Präsidentin des *International Council of Women* ein Thema, das in ihrem eigenen Papier ebenfalls nicht vorkam, einbrachte, um ihren Vorschlag zu torpedieren, hatte sie jeden Anspruch auf Mitleid verspielt.

Anscheinend hatte sie Lady Aberdeen unterschätzt. Obwohl die anderen Komiteemitglieder die Hände zur Abstimmung erhoben, meldete sie sich zu Wort, um anzumerken: »Ich finde diese Formulierung, ›jedes Kind hat das Recht‹ am Anfang der Paragraphen sprachlich nicht gelungen. Zumal das Papier den Titel ›Charta der Kinderrechte‹ trägt.«

Eglantyne zwang sich, freundlich zu lächeln statt mit einer bissigen Bemerkung zu kontern. Sie war erleichtert, als Etienne Clouzot an ihrer Stelle antwortete: »Darüber bin ich tatsächlich auch gestolpert, aber das kann man ändern. Frau Jebb, was halten Sie davon, wenn wir stattdessen die fünf Punkte als selbstverständliche Verpflichtung benennen.« Er nahm die Blätter mit Eglantynes Formulierungen in beiden Sprachen und formulierte die Sätze auf Englisch und Französisch um:

1. Das Kind muss die für seine normale materielle und geistige Entwicklung erforderlichen Mittel bekommen;
2. das hungrige Kind muss gefüttert werden; das kranke Kind muss gepflegt werden; dem unterentwickelten Kind muss geholfen werden; das gestörte Kind muss gefördert werden; und Waisenkinder müssen beschützt und unterstützt werden;
3. das Kind muss in Zeiten der Not zuerst Hilfe bekommen;
4. das Kind muss in die Lage versetzt werden, seinen Lebensunterhalt zu bestreiten, und es muss vor jeder Form der Ausbeutung geschützt werden;
5. das Kind muss in dem Bewusstsein erzogen werden, dass es seine Talente zugunsten seiner Mitmenschen und der Menschheit einzusetzen hat.

Der Generalsekretär sah Eglantyne an. Als sie nickte und auch Lady Aberdeen mit zusammengekniffenen Lippen ihre Zustimmung andeutete, sagte er: »Dann stelle ich hiermit den Antrag, die fünf Kinderrechte als Grundlage der Arbeit für *Save the Children* zu verabschieden und damit zugleich den Auftrag zu verbinden, sie dem Völkerbund als Basis für die internationale Charta der Kinderrechte vorzulegen.«

Als auch Lady Aberdeen nach kurzem Zögern neben den anderen Sitzungsteilnehmern ihre Hand gehoben hatte, diktierte der Generalsekretär dem Protokollführer: »Am 17. Mai 1923 hat das internationale Komitee von *Save the Children* entschieden, dass es dem Völkerbund ihre fünf Rechte der Kinder vorlegt, damit diese sich in der ganzen Welt verbreiten.«

Kapitel 43

1927 Gelsenkirchen – Buer

Am liebsten wäre Anni nach Genf gereist, um mit Eglantyne über das Durcheinander in ihrem Kopf zu sprechen und um zu sehen, was sie wirklich für Matteo empfand. Jeden zweiten Tag kam ein Brief oder ein Päckchen von ihm. Einmal war es ein Buch, von dem er dachte, es könne sie interessieren, ein anderer Brief enthielt ein Schnittmuster für ihre Mutter, das sie mit gemischten Gefühlen weitergab, weil es ihr so vorkam, als würde jedes Geschenk sie enger an ihn binden. Die Bücher konnte sie ungelesen in den Koffer packen und zurückgeben, wenn sie Eglantyne wieder besuchen würde. Sie brachte es jedoch nicht übers Herz, ihrer Mutter die Schnittmuster vorzuenthalten, weil sie mit einer solchen Freude daranging, die Modelle zu schneidern, die oftmals noch nicht aus den Modezentren bis ins Deutsche Reich und schon gar nicht bis nach Buer gekommen waren. Vermutlich waren es diese verlockenden Schnittmuster, die die Mutter dazu gebracht hatten, ihre Putzstellen aufzugeben und Nähkurse für Frauen außerhalb ihres Bekanntenkreises zu geben. Inzwischen leitete sie von Montag bis Donnerstag vormittags und abends Kurse. Das hatte ohnehin für Ärger mit den Arbeitgebern gesorgt, und sie hätte neben dem Putzen und dem Haushalt, schließlich wollte die Familie etwas auf dem Mittagstisch vorfinden, zu wenig Zeit zum Nähen gefunden. Selbst der Vater hatte seiner Frau dazu geraten; seit sie nur noch nähte und Kurse gab, war sie ein völlig anderer Mensch.

Obwohl ihre Mutter mit den Kursen und Schneideraufträgen zusätzlich zum Lohn des Vaters Geld ins Haus brachte und sie selbst ein wenig verdiente, konnte Anni sich die Reise nach Genf noch nicht leisten. Abgesehen davon hätte Oberschwester Reinhild ihr ordentlich die Meinung gesagt, wenn sie plötzlich mehrere Tage hätte freinehmen wollen. Das war der zweite Punkt, über den Anni mit Eglantyne sprechen wollte. Sie wusste einfach nicht, wie ihr Leben weitergehen sollte. Mit Matteo oder mit Ferdinand oder mit keinem von beiden? Säuglingsheim oder Haushalt oder etwas ganz anderes? Wenn eines der Babys sie aus den Gitterbettchen anlächelte, hatte sie das Gefühl, im richtigen Beruf zu sein. Aber wenn sie sah, wie Eltern verzweifelt neben ihrem Kind standen, das nach einer Frühgeburt ums Überleben kämpfte, sprang die Verzweiflung auf sie über, und sie konnte kaum weiterarbeiten. Kürzlich hatte die Oberschwester sie in einem solchen Moment ertappt und ihr erklärt, dass sie sich eine dickere Haut zulegen müsse. Wollte sie das? Sie konnte nichts tun für das Kind und die Eltern. Das war bei ihren Aktionen für *Save the Children* ganz anders. Da wusste sie, dass mit jeder Mark, die sie sammelte, ein Kind für mehrere Tage etwas zu essen bekam. War sie als Botschafterin unterwegs, verspürte sie dieselbe Leichtigkeit, die sie an ihrer Mutter beim Schneidern bemerkte.

»Heirate einen reichen Mann, dann musst du nicht arbeiten und kannst dich nur um wohltätige Dinge kümmern«, schlug ihre Freundin Helga vor, als sie sich vor dem Kino trafen.

Sofort verging Anni die Freude auf den gemeinsamen Abend. Ohne es zu wissen, hatte Helga ihr Problem auf den Punkt gebracht. Wenn sie Matteo wählte, müsste sie kein Geld verdienen und könnte in Genf zusammen mit Eglantyne und den Frauen aus dem Büro von *Save the Children* schöne Spendenaktionen durchführen. Mit ihrer Freundin konnte sie nicht darüber sprechen. Die mochte Ferdinand nicht und hatte sie wiederholt gewarnt, sich nicht zu früh an einen Bergmann zu binden. Vermutlich war die Bemerkung über reiche Männer ein versteckter Ratschlag, Matteos Werben nachzugeben, zumal Anni in ihrem Brief aus Genf wahrscheinlich ein bisschen von Matteo geschwärmt hatte. Inzwischen war sie nicht mehr sicher, ob sie echte Zuneigung zu ihm empfunden hatte oder ob ihre Gefühle nicht verzerrt worden waren durch die außergewöhnlichen Erlebnisse, die er ihr ermöglicht hatte. Matteo bedeutete Wohlstand und ein sorgloses Leben. Ferdinand stand für Zeche und harte körperliche Arbeit, die er zudem nun nicht mehr verrichten konnte, also für ein Leben wie das ihrer Eltern, in dem immer alles knapp war. An Restaurantbesuche und Ausflüge, wie sie ganz selbstverständlich zu Matteos Leben gehörten, war da nicht zu denken.

Anni versuchte, diese Gedanken abzuschütteln, was angesichts des Liebesdramas auf der Leinwand im Apollo-Theater nicht leicht war. Sie war erleichtert, dass Helga sich nach dem Kino sofort verabschiedete, um die letzte Straßenbahn zu bekommen. Das ersparte ihr ein weiteres Gespräch über mögliche Ehemänner.

Als sie zu Hause eintraf, saß ihre Mutter mit einer Häkelarbeit am Tisch. Anni erkannte auf den ersten Blick, dass es sich um die Tischdecke für ihre Aussteuer handelte.

»Ah, Anni, da bist du ja, ich habe mir schon Sorgen gemacht«, wurde sie begrüßt. »Hat Ferdinand dich nach Hause gebracht? Du weißt doch, dass ich es nicht mag, wenn du spätabends allein unterwegs bist.«

Zu gerne hätte Anni sich direkt in die Schlafkammer zurückgezogen, doch das wagte sie nicht. »Zu dieser Zeit sind immer noch viele Leute unterwegs, da musst du dir keine Sorgen machen.«

»Trotzdem. Ich bin froh, dass du Ferdinand hast, der dich nach Hause bringt.« Annis Mutter stutzte. »Was rede ich da? Er kann dich nicht nach Hause bringen, er muss sein Bein schonen. Hast du einen neuen Freund? Ferdinand war lange nicht mehr bei uns zum Kaffee.«

»Mit dem Rollstuhl geht das ja nicht.« Anni hatte ein schlechtes Gewissen, dass sie den Unfall als Ausrede dafür nutzte, dass sie nicht mehr so häufig mit Ferdinand zusammen war wie vor ihrer Reise.

Ihre Mutter legte die Häkeldecke weg und sah Anni an, die noch immer im Türrahmen stand. »Das ist doch nicht der einzige Grund«, stellte sie fest. »Mich hat schon gewundert, dass er nach deiner Ankunft nicht mit zu uns gekommen ist. Habt ihr euch getrennt? Hat er sich eine neue Freundin gesucht, als du weg warst?« Sie schüttelte den Kopf. »Nein, so einer ist er nicht, und bei dem Schnuppertag hat er dich so verliebt angesehen wie immer. Hast du einen anderen Freund?«

»Nein!« Anni war erleichtert, dass zwischen ihr und Matteo tatsächlich nicht mehr passiert war als gemeinsame Erlebnisse und ein einzelner Kuss.

»Was ist denn mit diesem Herrn Sprüngli, der kürzlich hier war und dir die Nähmaschine geschenkt hat? So ein wertvolles Geschenk macht ein Mann nicht ohne Hintergedanken. Und diese ganzen Briefe und Päckchen, die er dir immer schickt.«

»Das ist nur für *Save the Children*. Ich habe ihm geschrieben, dass du Sachen nähst, die wir verkaufen, und da hat er eben gedacht, er steuert eine Nähmaschine und die Stoffe bei.« In Annis Ohren klang das irgendwie überzeugend.

»Du hast ihm geschrieben?«

Anni hatte sich verplappert. Wieso sollte sie jemandem schreiben, der ihr nicht wichtig war? »Ich war in Genf mit ihm aus. Er hat mir die Stadt gezeigt.« Dass er sie auch in sein Haus geführt hatte, erwähnte sie nicht. Sie blickte sich in der Küche um und fragte sich erneut, ob ein solches Leben, wie Matteo es führte, etwas für sie wäre. Seit diesem Besuch in der Villa am See fühlte sie sich in der Wohnung am Schüngelberg stärker eingeengt als jemals zuvor.

»Ach, ich weiß auch nicht.« Anni setzte sich auf den Stuhl. »Es ist alles so schwer, seit ich wieder da bin. Vorher war für mich und alle klar, wie mein Leben verlaufen wird, und jetzt ist alles durcheinander.«

Die Mutter nahm Annis Hände. »Ich weiß, das ist nicht einfach. Ich habe auch einige Zeit gebraucht, um mich daran zu gewöhnen, dass du dich verändert und plötzlich einen ganz anderen Blick auf das Leben und die Welt hast. Aber heute bin ich froh, dass wir dir die Reise erlaubt haben. Du hast uns gezeigt, dass ausgetretene Pfade zwar bequem sind, aber nicht unbedingt glücklich machen. Außer in meiner Kindheit und als junge Mutter war ich niemals so zufrieden wie heute. Das habe ich dir zu verdanken, und ich bin sicher, es gibt auch für dich jemanden, der dir den für dich richtigen Weg zeigt. Ob er Ferdinand, Matteo, Eglantyne oder Rumpelstilzchen heißt, wird sich zeigen.«

Anni drückte die Hände ihrer Mutter. »Danke. Vielleicht mache ich mir zu viele Gedanken. Vielleicht sollte ich das Leben für eine Weile einfach laufen lassen.«

»Und das Schlafen nicht vergessen! Übermorgen ist dein zweiter Schnuppertag, da musst du ausgeschlafen sein. Ich warte noch auf Vater, aber du solltest ins Bett gehen. Schlaf schön!«

»Danke, schlaf du auch gut, und räum die Tischdecke erst einmal weg. Ich bin nicht sicher, ob ich so bald schon heiraten möchte. Auf jeden Fall will ich vorher noch einmal nach Genf reisen.« Sie grinste. »Näh lieber ein Kleid fertig und schenk mir den Verdienst für die Zugfahrt.«

Kapitel 44

1924 Genf

»Charlie! Bitte!« Eglantyne saß in dem Salon der kleinen Zweitwohnung, die ihre Schwester und ihr Schwager in Genf angemietet hatten, als Charles Buxton zum Leiter der britischen Delegation beim Völkerbund ernannt worden war. Nachdem Etienne Clouzot dafür gesorgt hatte, dass die Charta der Kinderrechte an alle Ableger von *Save the Children* verteilt worden war, fand sie es an der Zeit, den Beschluss des Komitees umzusetzen. »Du hast doch den direkten Kontakt zum Völkerbund und kannst unser Papier weiterleiten.«

Charles Buxton schüttelte lachend den Kopf. »Du stellst dir das so einfach vor.« Er zwinkerte ihr zu. »Der Völkerbund ist nicht deine Stiftung, bei der du mit dem Generalsekretär und ein paar wichtigen Komiteemitgliedern verhandelst und am Ende dein Wunschergebnis herauskommt.«

»Ich habe nichts Falsches getan«, verteidigte sich Eglantyne. »Ich habe mich nur gewehrt, weil Lady Aberdeen ihren Entwurf, der auf meinen Ideen basierte, hinter meinem Rücken ans Komitee geschickt hat.«

Ihr Schwager winkte ab. »Ich sage ja nichts dagegen. Ich will dir nur erklären, dass es beim Völkerbund anders läuft. Die Delegierten müssen sich in der Regel mit den Politikern und Parlamenten in ihren Heimatländern abstimmen, ehe sie etwas verabschieden. Deshalb kann ich auch nicht hingehen und einfach deine Rechte vorschlagen. Es sähe so aus, als wäre das ein Vorschlag von Großbritannien.«

Eglantyne seufzte. Ihr Schwager hatte natürlich recht. *Save the Children* war zwar die einzige Organisation von dieser Größe und Bekanntheit in ihrer Heimat, aber nicht die einzige Initiative, die sich für Kinder engagierte.

»Nun guck nicht so traurig«, bat Charles Buxton seine Schwägerin. »Ich kann die Charta nicht unabgestimmt einreichen. Aber ich werde versuchen, die Partei zu überreden, den Antrag im Unterhaus einzubringen. Der Premierminister kennt dich, er wird den Rest dann schon hinkriegen.«

»Das zieht sich doch ewig hin«, klagte Eglantyne. Sie hatte in den letzten Jahren erlebt, wie lange politische Entscheidungsprozesse dauerten. Es musste einen schnelleren Weg geben.

»Du könntest natürlich Robert Cecil, den Präsidenten des Völkerbundes, bitten, den Vorschlag einzubringen.« Ein breites Grinsen schob sich über Charlies Gesicht. »Mir fällt da gerade etwas ein. Das könntest du im Gespräch mit ihm fallen lassen.«

»Meinst du, Eglantyne soll ihn erpressen?« Dorothy hatte bisher still zugehört.

Ihr Mann lachte. »Um Himmels willen, nein. Aber du weißt, wir Politiker suchen immer Schwachstellen bei Gegnern, die wir ausnutzen können. Ich hatte kürzlich ein Gespräch mit Eric Drummond, dem britischen Generalsekretär beim Völkerbund. Er ist von Anfang an dabei und erzählte mir, als ich *Save the Children* bei meiner Vorstellung erwähnte, dass das Thema Kinder angesichts der vielen anderen Aufgaben untergegangen sei.«

»Wo du das sagst«, unterbrach Eglantyne ihren Schwager, »direkt nach der Gründung haben wir zusammen mit dem Roten Kreuz den Völkerbund darauf hingewiesen, dass ein Büro notwendig ist, das sich um Fragen der Kinder im Krieg kümmert. Wir haben sogar vorgeschlagen, einen Hochkommissar für den Bereich zu benennen.«

»Eric konnte sich daran erinnern, weil er die Idee gut fand. Aber sie wurde nicht weiterverfolgt«, berichtete Charlie. »Wenn du Robert Cecil auf diese ersten Pläne verweist und ihm erklärst, dass *Save the Children* eigentlich inoffiziell die Arbeit eines Hochkommissars übernommen hat, wird er sich vermutlich schleunigst mit der Idee beschäftigen.«

Eglantyne sprang auf. »Danke! Ich versuche sofort, einen Termin bei Herrn Cecil zu bekommen. Darf ich mich auf dich berufen?«

»Ja klar. Aber es wäre gut, wenn du das Schreiben von damals heraussuchen und mitnehmen würdest. Dann könntest du so tun, als hättest du dich an das Thema erinnert, nachdem wir die Charta der Kinderrechte verabschiedet haben.«

»Es ist mir tatsächlich jetzt erst wieder eingefallen, da muss ich nicht mal so tun als ob«, erwiderte Eglantyne. »Ich bin allerdings nicht sicher, ob ich den Brief wiederfinde.«

»Es gab damals Berichte in den Zeitungen«, mischte sich Dorothy ein. »Ich weiß noch, dass sie den Eindruck erweckten, das unabhängige Büro für Kinderangelegenheiten gäbe es längst.« Sie stand ebenfalls auf. »Wenn du nichts dagegen hast, Charlie, gehe ich ins Archiv und suche den Artikel heraus. Er muss 1920 oder 1921 erschienen sein; auf jeden Fall nach dem Kongress in Genf, an dem du nicht teilnehmen konntest, Doey.«

»Das wäre wunderbar. Ich gehe auf dem Weg in unser Büro direkt beim Völkerbund im Wilson-Palast vorbei, vielleicht kann ich mit der Sekretärin von Herrn Cecil gleich einen Termin vereinbaren.« Eglantyne zwinkerte ihrem Schwager zu. »Und sollte ich Herrn Drummond treffen, grüße ich ihn von dir.«

»Dann kann ich ja endlich in Ruhe meine *Times* lesen und eine dicke Zigarre rauchen«, scherzte Charles Buxton, als er sich erhob und so tat, als würde er die beiden Frauen aus dem Salon scheuchen, während er die Tür zu seinem Arbeitszimmer öffnete.

Eglantyne hasste Sitzungen, in denen endlos alles zerredet wurde. Hätte sie geahnt, dass dies auf sie zukommen würde, hätte sie sicher nicht zugestimmt, in der Arbeitsgruppe für das Kindeswohl beim Völkerbund mitzuarbeiten. Da sie keine Delegierte eines Landes war, wurde sie als externe Gutachterin hinzugezogen, und da sie keine Delegierte war, delegierten diese die Arbeit gerne an sie. Das hatte sie sich anders vorgestellt, als sie Eric Drummond und Robert Cecil daran erinnert hatte, dass diese Aufgabe seit drei Jahren brach lag. So lange war es her, dass die Zeitungen über die Eingabe von *Save the Children* und dem *Internationalen Roten Kreuz* in Sachen Kinderkommission geschrieben hatten. Der Generalsekretär hatte nach ihrem Gespräch mit dem Präsidenten sofort reagiert und die Arbeitsgruppe ins Leben gerufen, ehe ein Journalist sich an diesen offenen Punkt erinnern konnte und er in Erklärungsnot geraten würde. Er hatte Eglantyne damit geködert, dass sie durch ihre Mitwirkung in der Arbeitsgruppe viele Delegierte aus anderen Ländern kennenlernen würde, denen sie nebenbei persönlich ihre Charta der Kinderrechte vorstellen könne. Zunächst war sie allerdings zusammen mit Suzanne damit beschäftigt, eine Bestandsaufnahme aller Gesetze zum Kinderschutz zu erstellen. Das war zwar mühselig, aber wenigstens öffnete ihr diese Aufgabe die Türen zu den Büros der Delegierten, und bei Gesprächen mit ihnen gelang es ihr tatsächlich oft, die Charta der Kinderrechte zu thematisieren. Meist stieß sie auf Wohlwollen. Die ersten vier Rechte verstand jeder Delegierte sofort, nur ihren fünften Paragraphen musste sie stets aufs Neue erklären. Wenn sie jedoch über ihre Erfahrungen bei *Save the Children* und ihre Erlebnisse in den Kriegsgebieten sprach, erkannten die meisten, wie wichtig es war, die Kinder frühzeitig in die Pflicht zu nehmen, zum Wohl der Menschen um sich herum zu handeln und nicht nur im eigenen Interesse. Wer die Bedürfnisse der anderen erkannte und mitdachte, würde hoffentlich nie bereit sein, auf Menschen zu schießen, Krieg zu führen und die Zukunft der Menschheit zu zerstören.

Trotz all ihrer Gespräche und dem großen Zuspruch war Eglantyne unsicher, wie die Abstimmung über ihren Vorschlag ausgehen würde, als sie am 24. September 1924 durch den Regen zum Völkerbund ging. Sie wusste, dass Charlie ebenfalls bei vielen Delegierten für ihre Idee geworben hatte.

Robert Cecil eröffnete die Sitzung. »Fast fünf Jahre besteht dieser Völkerbund nun«, sagte er nach der Begrüßung. »Wir haben viel geleistet, aber wir haben auch noch einiges vor uns. Bei unserer Gründung hatten wir uns vorgenommen, die Belange aller Menschen auf der ganzen Welt in den Blick zu nehmen. Dabei haben wir leider die Kleinsten etwas aus den Augen verloren. Das ändern wir gerade. Wir haben bereits eine Arbeitsgruppe zum Schutz der Kinder eingerichtet und stellen heute einen Vorschlag zur Abstimmung, den der britische Premierminister eingebracht hat und mit dem wir die bisherige Vernachlässigung des Themas wiedergutmachen können.«

Eglantyne war beeindruckt von der Ansprache, in der der Präsident nicht mit Selbstkritik sparte; das war selten bei einem Politiker. Sie machte sich jedoch nichts vor, ohne die Fürsprache von Premierminister Ramsay MacDonald wäre der Stein nicht ins Rollen gekommen. Charlie hatte gute Überzeugungsarbeit geleistet.

»Die Vorlage stammt von Frau Jebb, die vermutlich jeder inzwischen kennt. Sie ist die Gründerin von *Save the Children*, der Stiftung, die auf der ganzen Welt Kinder vor allem in Kriegsgebieten vor dem Verhungern bewahrt. In den letzten Wochen hat sie viele Gespräche geführt, um zusammenzutragen, was in unseren Mitgliedsländern getan wird, um die Kinder zu schützen. Dabei hat sich gezeigt, dass Kinder für uns alle schon immer wichtig waren – wir haben sie nur in unserer Verwaltungsarbeit vergessen.« Das war so übertrieben, dass Eglantyne sich zwingen musste, nicht laut zu lachen. Aber Robert Cecil würde wissen, was er sagte. Dass er seine Rede geschickt aufgebaut hatte, wurde ihr klar, als er fortfuhr: »Deshalb denke ich, dass jeder von Ihnen ohne weitere Rückversicherung in der Heimat die Charta der Kinderrechte unterschreiben kann. Frau Jebb hatte sie uns bereits in Englisch und Französisch zur Verfügung gestellt, wir haben sie in Spanisch übersetzen lassen, sodass Sie nun Versionen in den drei Amtssprachen des Völkerbundes vor sich haben.«

Eglantyne beobachtete, wie sich die Delegierten in ihre Vorlage vertieften, obwohl sie sie längst kannten. Sie drückte unter dem Tisch fest die Daumen, dass jetzt niemand einen Einwand erhob. Der Widerstand Anfang des Jahres in ihrer Stiftung hatte ihr gereicht.

»Hat jemand eine Frage oder den Wunsch nach Aussprache?« Robert Cecil blickte fragend in die Runde.

Jorges Valdes Mendeville, als chilenischer Botschafter in der Schweiz der Delegierte seines Landes beim Völkerbund, meldete sich zu Wort. Hatte er Einwände?

Erleichtert hörte Eglantyne, wie er sagte: »Ich stelle den Antrag, die Erklärung der Rechte des Kindes zu befürworten, und fordere die Mitgliedsstaaten auf, sich bei der Arbeit zum Wohlergehen des Kindes an diesen Grundsätzen zu orientieren.«

Die Handzeichen der anderen Delegierten zeigten, dass dieser Antrag angenommen war. Ihre Charta der Kinderrechte würde als erstes internationales Recht für das Kind in die Geschichte eingehen. Eglantyne Jebb spürte, wie ein Schauer über ihren ganzen Körper lief und ihre Augen sich mit Tränen füllten.

Kapitel 45

1927 Gelsenkirchen – Buer

»Herzlich willkommen!«, stand auf einem Schild vor dem Waisenhaus an der Cranger Straße; der Weg zur Eingangstür war rechts und links mit bunten Girlanden geschmückt. Hinter den Scheiben der Fenster lugten Kindergesichter hervor. Sobald sie Anni sahen, verschwanden sie, als wollten sie nicht erwischt werden.

»Guten Tag, Fräulein Schlinkert«, der Leiter des Waisenhauses erwartete sie, umrahmt von Kindern im Alter von drei bis dreizehn Jahren auf dem Treppenabsatz. »Gut, dass Sie schon da sind. Wir räumen gerade den Speisesaal aus, um ihn für den Schnuppertag vorzubereiten.«

Anni erschrak. Als Pfarrer Strumann sie gefragt hatte, ob sie den Schnuppertag in seiner Einrichtung wiederholen wollte, war sie davon ausgegangen, dass es einen Extraraum gab, in dem sie, ohne den Alltagsbetrieb zu stören, ihre Tische und Bühne hatten. »Heißt das, die Kinder kriegen heute nichts zu Mittag?« Die Kinder lachten und steckten die Erwachsenen an.

»Natürlich bekommen alle ein Mittagessen«, beruhigte Pfarrer Strumann sie. »In der Küche wird in diesem Moment ein großer Topf Erbsensuppe gekocht. Ihre Besucher können gegen eine Spende ebenfalls eine Portion davon essen.«

»Was für eine wunderbare Idee. Hoffentlich futtern die Besucher euch nicht alles weg!« Anni zwinkerte den Kindern zu.

»Das glaube ich kaum, und im Notfall findet die Köchin im Vorratsraum sicher Kartoffeln für einen Salat und ein paar Brühwürstchen«, beruhigte der Pfarrer Anni, die lachte, als sie sah, dass die Kinder große Ohren und Augen bekamen. Ihre Gedanken standen ihnen ins Gesicht geschrieben: *Hoffentlich kommen viele, viele Leute!*

»Dann wünsche ich uns, dass viele Menschen etwas essen, damit nichts von der Suppe übrig bleibt.« Wieder zwinkerte sie den Kindern zu, die sich umdrehten und kichernd ins Haus liefen.

»Kommen Sie, die großen Jungen warten, damit wir die Tische so aufbauen, wie Sie es benötigen.« Pfarrer Strumann führte sie in einen großen Raum, an dessen Stirnseite eine kleine Bühne aufgebaut war. Anni sah, dass überall die Gewinnerbilder aus dem Malwettbewerb hingen, zu dem sie nach dem letzten Schnuppertag angesichts der kahlen Wände des Gemeindehauses zusammen mit Gerda Bendick aufgerufen hatte. Wie Eglantyne zwei Jahre zuvor, hatte sie, unterstützt von Renate Grundmann und der *Buerschen Zeitung*, Kinder eingeladen, Bilder zu den fünf Kinderrechten einzureichen.

»Danke, dass Sie die Bilder schon aufgehängt haben.« Anni strahlte den Pfarrer an.

»Das waren unsere Großen. Sie waren allerdings enttäuscht, dass sie nichts von dem Wettbewerb wussten, sonst hätten sie auch teilgenommen«, berichtete Pfarrer Strumann. »Ich habe ihnen erklärt, dass Sie sich auch über verspätete Einsendungen freuen, und bin gewiss, dass Sie demnächst Post bekommen. Schauen Sie mal, die Bühne nutzen wir sonst für Theateraufführungen. Reicht die für Ihre Zwecke?«

»Natürlich, wir brauchen sie für die Zaubervorstellung und die Auktion, für die ich den Oberbürgermeister gewinnen konnte«, antwortete Anni.

»Der war noch nie hier.« Der Pfarrer war sichtlich beeindruckt. »Wie schön, dass Sie es geschafft haben, ihn in unser Haus einzuladen. Ich hoffe, Sie haben nichts dagegen, wenn ich ihm vor oder nach seinem Einsatz unsere Einrichtung zeige?«

»Gerne, man muss jede Gelegenheit nutzen, um sich zu präsentieren.« Anni lächelte. »Das war das Erste, was ich als Botschafterin für *Save the Children* gelernt habe. Man weiß nie, was aus einem solchen Kontakt entsteht. Nur durch den ersten Schnuppertag hat es sich ergeben, dass die Kurse, die ich anbieten wollte, nun von der Volkshochschule organisiert werden.«

»Ich hoffe, dass es denen gelingt, Ihre Idee umzusetzen. Ich fand es reizvoll, dass Ihre Kurse einen freien Rahmen gehabt hätten und nicht gleich wieder an Schule erinnerten.«

Anni wusste genau, was der Pfarrer meinte. Sie hatte selbst festgestellt, dass manche Interessenten zurückschreckten, als sie die Satzung der Volkshochschule lasen. Nicht einmal alle Frauen, die unbedingt einen Nähkurs besuchen wollten, hatten sich letztlich zu dem Kurs dort angemeldet.

»Wir werden sehen. Ich bin einfach froh, dass ich heute die ersten Programme persönlich verteilen kann. Da merken die Leute, dass ich als Arbeiterkind hinter den Kursen stehe.« Während des Gesprächs hatte sie den Jungen, die darauf warteten, die Möbel zu verteilen, Anweisungen gegeben, wo welcher Tisch platziert werden sollte. Für sich hatte sie wie beim letzten Mal einen Platz neben dem Eingang einrichten lassen. Dort legte sie die Programme der Volkshochschule, die Handzettel, die Zeitschrift von *Save the Children* und Postkarten mit den Kinderrechten aus. Daneben stellte sie einen Bilderrahmen, den Johann ihr angefertigt hatte. Darin präsentierte sie schöne Briefmarken aus der Schweiz, die Eglantyne ihr extra zugeschickt hatte, nachdem sie von ihrer Auktionsidee erfahren hatte.

»Guten Tag, Ferdinand!« Kaum hatte sie ihren Bilderrahmen ins rechte Licht gerückt, humpelte ihr Freund mit einer Krücke in den Raum, gefolgt von seiner kleinen Schwester, die das

Taubenschlagmodell trug. Beide hatten Taschen um die Schulter hängen, die Maria für sie genäht hatte. Anni wusste, dass darin das Papier für die Tauben und Kraniche war, die er mit den Gästen und auf Wunsch gegen eine Spende auch für Interessierte falten würde.

»Guten Tag, Anni!« Ferdinands Grinsen verriet, dass er wieder eine Überraschung vorbereitet hatte. Er zog aus seiner Tasche ein aus Papier gefaltetes Schweinchen. »Das soll dir Glück bringen.«

Anni spürte, dass ihr Herz schneller schlug, anders als damals, als Matteo ihr den großen Rosenstrauß überreicht hatte. Aber sie konnte jetzt nicht daran denken, dieser Schnuppertag sollte ein Erfolg werden.

Eglantyne war von dem Konzept so begeistert, dass sie Anni eingeladen hatte, die Idee beim nächsten Kongress von *Save the Children* vorzustellen. Die Stiftung würde die Zugfahrkarte bezahlen, sodass dies nicht nur eine Gelegenheit war, ihre Aktion zu präsentieren, sondern auch Eglantyne zu treffen. Doch dazu musste auch der zweite Durchlauf ein Erfolg werden. Sie hatte Renate Grundmann gebeten, mit einem Fotografen zu kommen und etwas über den Tag zu schreiben, das sie in Genf zeigen konnte. Insgeheim hoffte sie, den Fotografen zu überreden, für sie die Tische und die Auktion mit dem Oberbürgermeister zu fotografieren. Sie machte sich da nichts vor: Hätte das Stadtoberhaupt sein Kommen nicht zugesagt, wäre die Reporterin nicht so schnell zu einem Besuch bereit gewesen. Aber das hatte sie ebenfalls von Eglantyne gelernt, bedeutende Fürsprecher hatten einen großen Einfluss auf die Spendenbereitschaft. In Buer und Gelsenkirchen gab es keine berühmte Ballerina, keinen bekannten Schauspieler und keinen Nobelpreisträger, aber das Wort des Oberbürgermeisters zählte.

Endlich trafen auch ihre Mutter und ihr Bruder mit Holz, Stoff und Nähmaschine ein. Direkt hinter ihnen zog Frau Wolf die kleine Silvia in einem Leiterwagen, in dessen Korb Zeitungsstapel lagen. Daneben machte Herr Wolf mit Krücken einen kleinen Schritt nach dem anderen. »Bis gleich«, rief sie Ferdinand hinterher und: »Danke!«

Als auch die Künstlerin ihren Platz gefunden hatte, betrachtete sie zufrieden ihre kleine Truppe. Wie schön, dass alle wieder dabei waren. Wie schön vor allem, dass Ferdinand und Werner Wolf solche Genesungsfortschritte gemacht hatten. Beide hatten ihr versichert, dass dies ohne ihre Schnuppertage, die ihnen ein Ziel gegeben hätten, niemals möglich gewesen wäre.

Frau Wolf stellte sich neben sie. Anni sah die Tränen in den Augen, als sie auf ihren Mann blickte, der für seine kleine Tochter die ersten Zeitungspalmen zauberte. »Ich kann Ihnen nicht sagen, wie dankbar ich Ihnen bin, dass Sie meinem Mann einen Grund gegeben haben zu leben. Er liebt uns und hätte uns niemals freiwillig verlassen, aber ich habe im Krankenhaus bemerkt, dass seine Seele verkümmert war. Er braucht eine Aufgabe, und die haben Sie ihm gegeben.«

Anni hatte einen Kloß im Hals. Unfassbar, was eine derart kleine Aktion auslösen konnte. Der Zauberkurs von Werner Wolf bei der Volkshochschule war als einziger Kurs bereits ausgebucht, seit Renate Grundmann über ihn berichtet hatte. Davon konnte die Familie nicht leben, aber mit dem frischen Lebensmut würde der Mann eine neue Arbeit finden. Sie wünschte sich so sehr, dass es Ferdinand ebenfalls gelang, wieder Fuß zu fassen. Sie lachte, körperlich war er mit den Krücken auf dem besten Weg. Der Rest würde sich zeigen – in jeglicher Hinsicht.

Kapitel 46

1924 Budapest – Paris

Die Verabschiedung ihrer Charta der Kinderrechte wirkte auf Eglantyne wie ein Aufputschmittel. Sie vergaß, dass ihr Herz nicht immer im Takt schlug, sie vergaß, dass ihre Schilddrüse Probleme bereitete, sie dachte nur noch daran, dass diese Rechte von möglichst vielen Nationen übernommen werden mussten. Die Deklaration durch den Völkerbund war erst der Anfang. Nun hieß es für die Delegierten, die Parlamente in den Mitgliedsstaaten zu überzeugen.

»Der Dankgottesdienst in London war eine würdige Veranstaltung«, berichtete Eglantyne Suzanne, als sie neben ihr im Zug von Genf nach Budapest saß. »Die Kirche am Trafalgar Square war bis auf den letzten Platz besetzt. Das Beste war jedoch, dass Vertreter aller Kirchen anwesend waren, sogar die freien, orthodoxen und armenischen Kirchen.« Es war ihr wichtig gewesen, Gott und den Menschen zu danken, dass sie ihr die Kraft gegeben hatten, *Save the Children* zu gründen und für die Kinderrechte zu kämpfen.

»Das klingt wirklich schön.« Suzanne lehnte sich in dem Sitz zurück. »Ich habe auch gute Neuigkeiten. Wir haben die ersten Zeitungen aus Deutschland, Belgien und Kanada bekommen, in denen deine Charta der Kinderrechte abgedruckt wurde, zusammen mit Stellungnahmen führender Politiker, die sich für eine baldige Umsetzung in ihren Parlamenten aussprechen.«

Eglantyne nickte und seufzte. »Es freut mich besonders, dass die Regierung in Deutschland sich dem Aufruf anschließt. Das zeigt, dass die Politiker dort aus der Geschichte gelernt haben und unsere vielfältigen Aktionen Früchte tragen.«

»Du hast mit deinem Engagement in jeder Hinsicht die Grundlage dafür geschaffen. Wie es weitergeht, liegt nicht in deiner Hand«, bestätigte Suzanne, doch Eglantyne hörte die Skepsis aus ihren Worten heraus.

»Glaubst du nicht, dass die Kinderrechte dauerhaft gelten werden?« Beunruhigt sah sie ihre Freundin an.

»Die Geschicke der Welt werden von Menschen bestimmt. Sie sind nicht berechenbar, und nicht alle hatten oder haben das Glück, durch Einrichtungen wie *Save the Children* gefördert zu werden«, antwortete Suzanne.

»Du hast recht, aber wenn wir so denken, lohnt es sich nicht, überhaupt etwas anzufangen. Heißt es nicht in der Bibel: Selbst, wenn euer Glaube nur so groß ist wie ein Senfkorn, könnt ihr zu diesem Berg sagen: ›Rücke von hier nach dort!‹, und es wird geschehen. Nichts wird euch dann unmöglich sein!« Eglantyne packte entschlossen die Unterlagen aus, die Henrietta ihr für die Reise zusammengestellt hatte. Zu jedem Gesprächspartner fand sie in der Mappe ein ausführliches Dossier, das es ihr erleichtern sollte, mit den hochrangigen Landesvertretern ins Gespräch zu kommen. Allerdings ließen Suzannes Worte ihr keine Ruhe. »Man darf die Hoffnung nicht aufgeben«, sagte sie und berichtete von der Unterzeichnung der Charta in Irland, einem Land, das in sich gespalten war, hier die Republikaner und dort die Anhänger der freien irischen Staaten. »Du musst dir das vorstellen: Meine Charta der Kinderrechte hat es geschafft, dass sie die Unterschrift des Präsidenten der von uns anerkannten Regierung Irlands trägt und daneben die von Éamon de Valera, dem Anführer der Partei, die für einen Freistaat kämpft.«

»Natürlich darf man die Hoffnung nie aufgeben«, gab Suzanne zu. »Aber man darf auch nicht vergessen, dass das Leben eines Menschen und eines Landes, sogar das einer Charta der Kinderrechte endlich und veränderlich ist. Wer weiß, vielleicht gibt es irgendwann keine Nationen mehr, sondern die ganze Welt ist ein einziges Land.« Sie lachte. »Das kann ich mir nicht vorstellen, aber ich kann mir ausmalen, dass irgendwann jemand kommt und deine Charta umschreibt.«

Eglantyne musste an Lady Aberdeen denken und die Männer und Frauen, die vehement dafür geworben hatten, dass die Kinderrechte vom ersten Tag der Zeugung zu gelten hätten. Vielleicht würde das eines Tages Konsens finden. Sie seufzte. Hoffentlich erst lange nach ihrem Tod. Bis dahin würde sie dafür kämpfen, dass ihre Charta überall bekannt und gesetzlich verankert wurde. Was einmal im Gesetzbuch stand, ging nicht so leicht verloren.

In den nächsten Wochen wurde sie von den Staatsoberhäuptern von Australien, Südafrika, Neuseeland und Neufundland erwartet. Zum Glück war sie im Umgang mit Premierministern inzwischen geübt. Ihr erfolgreiches Gespräch mit dem amerikanischen Präsidenten Woodrow Wilson und die enge Zusammenarbeit mit dem Schweizer Präsidenten im Komitee ihrer internationalen Stiftung hatten Eglantyne gezeigt, dass Politiker auch nur Menschen waren. Dennoch war es immer eine Herausforderung, die Höflichkeitsregeln des jeweiligen Landes zu beachten.

»Ich bin gespannt, was uns in Budapest erwartet.« Eglantyne legte ihre Unterlagen in den Schoß. »So richtig verstanden habe ich nicht, wer da mein erster Ansprechpartner ist. Offiziell ist Ungarn ein Königreich, aber es regiert ein Reichsverweser, und dazu existiert ein Parlament mit frei gewählten Abgeordneten. Denk dir nur, vor zwei Jahren hat man einem Großteil der Frauen das Wahlrecht entzogen! Bis dahin durften Frauen ab vierundzwanzig wählen, wenn sie lesen und schreiben konnten, was an sich schon seltsam ist. Und dann hieß es plötzlich, Frauen dürften erst mit dreißig Jahren zur Wahl gehen. Für Männer, die sechs Wochen als Soldat an der Front waren, galt die Altersgrenze von vierundzwanzig Jahren übrigens nie! Und dann ist da noch dieser Erzherzog Albrecht, der mich zu sich aufs Schloss eingeladen hat.«

Suzanne seufzte. »Da kann ich dir auch nicht helfen. Ich weiß nur, dass der Erzherzog ein Nachfahre des österreichischen Kaisers ist und dass er keine Gelegenheit auslässt, sich bekannt und unbeliebt zu machen. Ich bin nur froh, dass ich dich nicht zu den Gesprächen, sondern nur auf der Reise begleiten muss. Ständig diese Wichtigtuer, natürlich Männer, das würde mich wahnsinnig machen.«

»In Österreich treffe ich eine Frau«, widersprach Eglantyne. Allerdings musste sie zugeben, dass diese weder Regierungschefin noch Königin oder Parlamentsmitglied war, sondern die Mutter des ersten österreichischen Präsidenten. »Aber Mütter haben ja oft einen großen Einfluss auf ihre Söhne.« Sie gähnte. »Vielleicht sollten wir die Fahrt für ein Schläfchen nutzen. Wenn wir schon die lange Reise nach Budapest auf uns nehmen, will ich dort mehr sehen als den Erzherzog.« Sie schaute erstaunt zu Suzanne hinüber, die mit geschlossenen Augen und leicht geöffnetem Mund ihren Vorschlag vorweggenommen hatte und fast geräuschlos schlief.

Nachdem sie ihre Zimmer im Hotel bezogen hatten, ließen sich die beiden Frauen von einem Pferdegespann durch Budapest zum Parlament kutschieren, wo sie von den ungarischen Abgeordneten und dem Interimsstaatsoberhaupt Miklós Horthy erwartet wurden.

Als sie an einem riesigen Gebäude mit unzähligen Türmchen vorbeifuhren, wunderte sich Eglantyne. »Das Schloss ist ja größer als die Schlösser des Kaisers in Wien. Waren das seine Räume in Ungarn?«, wollte sie von dem Kutscher wissen.

»Das ist kein Schloss, sondern das Landeshaus«, antwortete der Mann in einem schwer verständlichen Deutsch, aus dem die beiden Frauen gemeinsam die Antwort herauslasen.

»Was ist ein Landeshaus?«, fragte Suzanne.

»Da tagen die Politiker.« Zum Glück fasste der Kutscher sich kurz, sodass die beiden sich beim Enträtseln seiner Sprache auf die wichtigsten Worte beschränken konnten.

»Das Parlamentsgebäude!«, riefen sie gleichzeitig, als die Kutsche vor einem Schild stehen blieb. »Himmel, da kann man sich drin verlieren. Suzanne, zu dem Termin musst du mitkommen!«

»Ich hätte mir gerne noch mehr von der Stadt angesehen.« Suzanne seufzte. »Aber ich verstehe dich. In diesem Haus wollte ich auch nicht allein unterwegs sein.«

Die beiden bedankten sich beim Kutscher und bezahlten die Fahrt, dann gingen sie suchend auf das große Gebäude zu.

»Welche Tür wohl richtig ist?« Eglantyne hatte sich lange nicht so hilflos gefühlt wie vor diesem Palast. Dann entschied sie, dass sie sich davon nicht einschüchtern lassen wollte. Schließlich war sie keine x-beliebige Bittstellerin, sondern eingeladen, an diesem Ort ihre Charta der Kinderrechte vorzustellen. Sie ging mit so großen Schritten auf die nächstbeste Tür zu, dass Suzanne kaum mithalten konnte.

Als sie das Tor öffnete, fiel ihr Blick auf Kinder, die mit Fähnchen in der Hand rechts und links von der breiten Treppe standen. Anscheinend waren hier Kinderrechte bitter nötig, wenn echte Kinder als Statuen eingesetzt wurden! Sie kam nicht dazu, ihre Gedanken mit Suzanne zu teilen, weil diese bereits den erstbesten Mann, der an ihnen vorbeilief, nach dem Weg gefragt und gleich erklärt hatte, welch wichtige Person im Anmarsch sei.

»Herzlich willkommen, Frau Jebb«, begrüßte der Mann sie in seiner Muttersprache. Als er sah, dass sie ihn nicht verstand, entschuldigte er sich. »Mir war gesagt worden, sie sprächen so viele Sprachen, dass ich hoffte, Ungarisch sei auch darunter. Aber ich beherrsche dank meiner österreichischen Großmutter auch Deutsch, nur leider kein Englisch.«

»Danke, Ungarisch habe ich tatsächlich nie gelernt.« Fast hätte Eglantyne darauf verwiesen, dass der größte Teil des Landes bis zum Kriegsende zum österreichischen Kaiserreich gehört hatte und sie davon ausgegangen war, dass hier jedermann Deutsch sprach. »Aber auf Deutsch können wir uns gut verständigen, Herr …«

»Bitte entschuldigen Sie, ich habe mich nicht vorgestellt. Ich bin Waldemar Garbai, der Assistent von Präsident Horthy. Er hat mich beauftragt, sie zu empfangen und in den Saal zu bringen.«

Eglantyne lachte. »In diesem Gebäude braucht man ganz sicher einen Begleiter, um sich nicht zu verirren.«

Herr Garbai lachte ebenfalls. »Da haben Sie recht. Aber den Weg zur Bundesversammlung können Sie nicht verfehlen. Wir haben uns erlaubt, passend zum Thema, ein Spalier aus Kindern zu bilden. Sie kommen aus Heimen, Schulen und einige Pfadfinder sind auch dabei; das sehen Sie sicher.« Er zeigte auf die Mädchen und Jungen, die mit den Fahnen wedelten, als sie merkten, dass die Frauen in ihre Richtung blickten.

Eglantyne war irritiert, beeindruckt und vor allem unsicher, was sie hinter den Türen des Plenarsaals erwartete. Das alles wirkte nicht wie eine übliche Parlamentssitzung, in der die Kinderrechte verabschiedet werden sollten. Als die Türen von innen aufgestoßen wurden, sah sie, dass Hunderte Menschen in dem Saal saßen und standen. Der Weg zur Bühne war gesäumt von Kindern mit Fähnchen, einige in den britischen, andere in den ungarischen Landesfarben, wie ihr jetzt klar wurde, als sie hinter dem Rednerpult die Flaggen von Großbritannien und Ungarn neben dem Emblem des Völkerbundes entdeckte.

Vom Rednerpult nickte ihr ein Mann zu, den sie nicht kannte. Ob er das Staatsoberhaupt mit dem seltsamen Titel Reichsverweser war?

»Das ist Erzherzog Albrecht«, wisperte Herr Garbai ihr zu, während er sie zu einem Platz in der Mitte der ersten Reihe geleitete. Suzanne blieb am Rand in der Menge stehen, obwohl Eglantyne sie mit einem Winken der Hand darauf hinwies, dass sie sich neben sie setzen sollte. »Der Erzherzog ist hier bei uns für die Wohltätigkeitsorganisationen zuständig«, erfuhr Eglantyne von ihrem Begleiter. »Deshalb hat Herr Horthy ihn gebeten, diese Sitzung zu leiten.«

Sie staunte wieder einmal über die ungewohnten Gepflogenheiten in anderen Ländern und dachte daran, dass sie genau deshalb ihre Kinderrechte so kurz gefasst hatte. Die Lebensumstände der Einzelnen und die politischen Systeme waren in allen Nationen unterschiedlich, das würde sich niemals ändern. Wenn es wenigstens gelänge, Einigkeit darüber zu erzielen, dass Kinder einen besonderen Schutz und eine spezielle Aufmerksamkeit benötigten, wäre viel gewonnen. Sie konzentrierte sich auf die Rede des Erzherzogs, der sich seiner Rolle als Nachfahre des letzten Kaisers von Österreich-Ungarn sichtlich bewusst war und seine Rede auf Deutsch hielt und in Ungarisch übersetzen ließ. Sie verglich ihn in Gedanken mit ihrem König, der auch seine Allüren hatte, den sie aber niemals so abgehoben erlebt hatte. Sie war geradezu erleichtert, als der Erzherzog ihr das Wort erteilte.

»Ich danke Ihnen für die Einladung«, begann sie ihre Ansprache und sah dabei bewusst in Richtung der Parlamentsabgeordneten und nicht zum Erzherzog. Sie ärgerte sich, dass sie Herrn Garbai nicht gefragt hatte, wer von den Herren in der ersten Reihe Miklós Horthy war. Aber das war nun nicht zu ändern. »Und ich danke Ihnen für das Spalier der Kinder, die meinen Weg durch Ihr beeindruckendes Parlamentsgebäude gesäumt haben. Ich kann mich nicht erinnern, dass ich je ein solch imposantes Haus für die Vertreter des Volkes kennengelernt hätte. Das zeigt, dass Ungarn es ernst damit meint, das Volk an der Regierung zu beteiligen.«

Sie schluckte eine Bemerkung über das Wahlrecht der Frauen und Soldaten hinunter. Hier ging es um die Kinder.

»Die anwesenden Mädchen und Jungen demonstrieren deutlich, dass es Ihnen ebenso ernst damit ist, den Kindern eigene Rechte zu verleihen und dafür zu sorgen, dass sie diese auch kennen.« Das stand nicht in ihrem Redetext, und während sie es aussprach, fiel ihr auf, dass im Saal selbst nur wenige Kinder standen. Wurden sie hier bloß als Staffage eingesetzt? Das war nicht in ihrem Sinne. Sie verzichtete darauf, dies anzumerken, zumal sie nicht wusste, ob der Saal mit den zusätzlichen fünfzig oder hundert Kindern nicht überfüllt wäre. »Wir haben die Kinderrechte, die ich übrigens auf einem Schweizer Berg erstmals niedergeschrieben habe, in mehrere Sprachen übersetzen lassen, damit Sie sie alle verstehen und mit nach Hause nehmen können. Ich hatte die Idee für diese Charta, als ich an die hungernden Kinder denken musste, die ich nach dem großen Krieg in Wien, in Berlin und hier bei Ihnen in Budapest erlebt habe. Vielleicht waren einige von euch Kindern dabei«, sie blickte zu den Kindern am Rand des Raumes und nickte ihnen wohlwollend zu, »als ich mit den Hilfskräften vom Roten Kreuz durch die Unterkünfte gegangen bin, um mir einen ersten Eindruck zu verschaffen. Kurz darauf hat meine Stiftung *Save the Children* die ersten Lastwagen mit Essen und Kleidung gebracht. Inzwischen haben in Ungarn und überhaupt in Europa die meisten Kinder genug zu essen. Aber ihre Seelen leiden weiterhin unter dem, was sie gesehen und erlebt haben, und kein Mensch weiß, wie lange es dauert, bis dieses Leid vergeht.«

Sie machte eine Pause und versuchte wie immer bei ihren Vorträgen, möglichst viele Blicke zu erhaschen. »Daran musste ich denken in den Schweizer Bergen, in denen man weit weg von allem menschengemachten Elend ist. Und ich dachte, dass man mit Kindern, die satt und glücklich aufwachsen, am ehesten eine ähnlich idyllische Welt schaffen kann. Sie alle hier in diesem Saal können dazu beitragen, indem Sie heute dafür stimmen, dass die Kinderrechte auch für Ihr Land gelten.«

Ehe sie sich für die Aufmerksamkeit bedanken konnte, brach Beifall aus. Plötzlich strömten die Kinder in den Saal und winkten mit den Fähnchen. Erzherzog Albrecht kam zu ihr auf die Bühne. »Ich danke Ihnen auch im Namen von Herrn Horthy« – dabei nickte in der ersten Reihe ein Mann Mitte fünfzig in einer Uniform, die seinen eckigen Kopf besonders hervorhob –, »im Namen der Parlamentsabgeordneten, der Gäste und der Kinder für Ihre Ansprache und Ihr Engagement für unsere Jugend. Sie, meine Herren«, dabei blickte er in die Reihen der Parlamentarier, »können heute die Grundlage schaffen. Was wir dann ganz praktisch zu tun vermögen, muss später gut überlegt werden.«

Eglantyne war nicht sicher, ob diese Bemerkung eine reduzierte Haltung gegenüber den Kinderrechten bedeutete. Wenn sie es recht bedachte, hatte der Erzherzog in seiner Rede nicht gerade mit Begeisterung von der Charta gesprochen. Als Verantwortlicher für die Wohltätigkeitsorganisationen hätte er in seiner Rede auf die Spenden von *Save the Children* hinweisen sollen. Aber das durfte sie nicht belasten, wichtig war die Entscheidung im Parlament und die Unterschrift unter der Deklaration.

Auch wenn Eglantyne glücklich war, dass sich so viele Länder der Charta der Kinderrechte anschlossen, war sie doch froh, als sie die letzte Station ihrer Werbetour erreichte. Von Paris aus würde sie mit Suzanne nach London weiterreisen, wo der Premierminister in ihrem Beisein die Erklärung unterzeichnen wollte. Sie konnte es kaum erwarten, ihre Mutter zu sehen, die immer schwächer wurde. Zwar war keine Station ihrer Reise vergangen, ohne dass sie Tye einen Bericht geschickt hatte, aber dies war kein Ersatz für den persönlichen Kontakt. Dennoch versuchte sie, die Tage in Paris, der Stadt des Lichts, zu genießen.

»Ich wünschte, ich könnte die Lichter, die die Champs-Élysées säumen, mit nach Hause nehmen.« Noch beim Frühstück am letzten Tag hatte Eglantyne das Bild der hell erleuchteten Prachtstraße im Kopf.

»Es ist wirklich beeindruckend, wie die Straße direkt auf den Triumphbogen zuläuft«, fand auch Suzanne. Sie lachte. »In Genf hätten wir keinen Platz für eine so breite Straße, und selbst unsere berühmte Bahnhofstraße in Zürich kann da kaum mithalten.«

»Dafür haben die Schweizer Städte andere Vorteile: Man sieht die Alpen und kann jederzeit für ein paar Momente aus dem Alltag fliehen.«

Suzanne lachte. »Ja, aber man muss sich die Höhe erwandern. Du musst zugeben, dass es angenehm war, mit den Aufzügen auf den Eiffelturm zu fahren statt eintausendsiebenhundert Stufen zu steigen.«

Da hatte ihre Freundin recht. »Eine Wanderung an der frischen Luft ist etwas völlig anderes als das Treppensteigen in einer Menschenschlange.« Eglantyne schüttelte sich. »Dann wäre ich da sicher nicht rauf.« Ihr Blick fiel auf die Uhr an der Wand des Frühstücksraums. »Wir sollten uns auf den Weg machen.« Sie lachte. »Ich weiß nicht, ob es in der Schule, die mich eingeladen hat, einen Aufzug gibt.«

»Wie gut, dass wir wenigstens hier im Hotel einen Lift haben«, nahm Suzanne die Anspielung auf und trank den letzten Schluck Tee. »Eigentlich könnte ich sitzen bleiben, oder?«

»Es wäre schön, wenn du mich begleiten würdest. Die Schule soll in der Nähe sein, da werde ich zu Fuß gehen. Außerdem ist es doch auch für dich interessant, den Alltag einer französischen Schule zu erleben, oder?« Eglantyne sah ihre Freundin bittend an. Es wurde jeden Tag schwerer, genug Energie für die Termine zu sammeln. Wenn Suzanne sie mitzog, fiel ihr das leichter. Allerdings wollte sie sie nicht beunruhigen und hoffte, dass das Argument sie überzeugte.

»Das stimmt, ich kenne natürlich Schulen im französischen Teil der Schweiz, aber es könnte lehrreich sein, Gemeinsamkeiten und Unterschiede zu beobachten.«

Die beiden Frauen standen auf und gingen zum Hotellift am Rand der Lobby, um sich auf den Zimmern frisch zu machen und für den Herbstspaziergang durch Paris anzukleiden.

Die Schule lag tatsächlich nicht weit entfernt. Zum Glück, denn kaum hatten sie das Hotel verlassen, setzte ein leichter Sprühregen ein, und ihre Schirme lagen im Hotel.

Suzanne versuchte, die Regentropfen von ihrem Mantel zu schütteln, während sie Eglantyne die Tür zur Schule aufhielt. So bemerkte sie nicht, dass ihre Freundin fast im Türrahmen stehen geblieben war. Im letzten Moment konnte sie verhindern, dass sie mit ihr zusammenprallte. »Warum bleibst du hier stehen?«

»Sieh dir das an!« Statt einer Antwort oder Entschuldigung zeigte Eglantyne auf die Plakate, die an den Wänden des Eingangsbereiches hingen. »Charta der Kinderrechte« war dort in französischer Sprache zu lesen, und darunter standen die fünf Punkte, die ihr so wichtig waren.

»Guten Tag«, begrüßte sie ein Mann im Anzug mit schwarzen Haaren, von denen nicht erkenntlich war, ob sie immer so sorgfältig lagen oder erst durch die Pomade, die im Licht der Deckenleuchten glitzerte, ihre Glätte bekamen. Er reichte den Frauen die rechte Hand, während er mit der linken Hand ein Monokel hielt und sie dadurch betrachtete. »Mein Name ist Michel Dubois, sind Sie Frau Jebb?«

»Guten Tag, Monsieur Dubois, ich bin Eglantyne Jebb, das ist meine Freundin und Kollegin Suzanne Ferrière.« Gerne hätte sie etwas dicker aufgetragen, weil der Mann mit seinen glitzernden Haaren und dem prüfenden Blick durch das Einglas nicht besonders sympathisch wirkte. Aber sie wollte auch nicht Freundschaft mit ihm schließen, sondern einer Gruppe von Lehrkräften einen Vortrag über die Entstehung der Kinderrechte-Charta halten.

»Wir erwarten Sie bereits. Gestatten Sie, dass ich vorgehe.« Damit drehte sich Herr Dubois um und ging los.

Eglantyne und Suzanne blickten zuerst einander an und dann gleichzeitig auf die große Uhr mit dem schönen Zifferblatt über der Eingangstür. Sie waren zehn Minuten vor der vereinbarten Zeit eingetroffen. Eglantyne schüttelte leicht den Kopf. Es lohnte nicht, sich darüber aufzuregen; je eher sie begann, umso eher konnten sie die Schule verlassen. Wobei sie trotz des unangenehmen Mannes begeistert war, dass im Eingangsbereich und im Treppenhaus Plakate mit den Kinderrechten hingen. Nicht immer war der vollständige Text zu lesen, es gab sogar viele Plakate, auf denen bloß einer ihrer Punkte stand und darunter oder darüber ein passendes Bild angeordnet war.

»Bitte sehr!« Der Mann hielt ihnen die Tür auf, und Eglantyne erschrak. Der große Saal war voller Kinder zwischen etwa acht und achtzehn Jahren. Sie wusste genau, dass in dem Brief, den ihr das Unterrichtsministerium weitergeleitet hatte, davon die Rede gewesen war, dass sie vor ihrem Auftritt im französischen Parlament den Lehrerinnen und Lehrern Pariser Schulen die Kinderrechte vorstellen sollte, damit diese als Vermittler an ihren Schulen wirken konnten.

»Ich glaube, wir sind hier falsch!«, sagte Eglantyne und sah sich Hilfe suchend nach Suzanne um. Wie gut, dass sie ihre Freundin überredet hatte, sie zu begleiten.

Suzanne blickte ebenfalls in den Saal. »Das sind ja alles Kinder!«, stieß sie hervor.

»Ja, das sind unsere Schülerinnen und Schüler«, bestätigte Herr Dubois.

»Aber ich sollte hier vor Lehrkräften sprechen!«, erklärte Eglantyne ihre Verwirrung.

»Da sind ein paar Lehrer dabei«, entgegnete der Schulleiter. »Es hatten sich nur wenige angemeldet, da haben wir gedacht, wir setzen die Kinder dazu.« Er zeigte auf die Uhr über der Bühne. »Wir sollten jetzt auch anfangen, um elf Uhr müssen sie zurück in ihre Klassen, dann geht der Unterricht weiter.«

Eglantyne war froh, dass sie noch im Türrahmen stand und sich anlehnen konnte. Nicht dass es ihr etwas ausmachen würde, Kindern ihre Charta zu erklären. Das ging notfalls auch unvorbereitet, schließlich trug sie sie in ihrem Herzen. Aber die beiläufige Botschaft, dass sich nicht viele Lehrkräfte gemeldet hatten, empfand sie als Zeichen, dass ihnen die Kinderrechte nicht wichtig waren und dem Ministerium wohl auch, denn sonst hätten sie die Teilnahme anders geregelt. Und dieser Zeitdruck, diese unterschwellige Beschwerde, sie sei zu spät eingetroffen – von diesem gelackten Mann! Das alles gleichzeitig brachte ihr Herz dazu, schneller zu schlagen.

»Bist du in Ordnung?« Suzanne ging zu ihrer Freundin. »Bitte holen Sie einen Stuhl für Frau Jebb«, befahl sie Herrn Dubois. Als dieser den Stuhl an die Wand im Saal stellen wollte, zischte sie nur: »Auf den Flur!«

Erleichtert setzte sich Eglantyne auf den Stuhl und tastete in ihrer Handtasche nach den Tabletten.

»Ein Glas Wasser!«, forderte Suzanne. Eine Frau in Eglantynes Alter, die vor der Bühne gewartet hatte, kam mit einem Glas Wasser, ehe Herr Dubois etwas sagen konnte.

Eglantyne nahm das Glas entgegen, schob die Tablette in den Mund und spülte sie mit dem Wasser hinunter. Sie schloss die Augen und lehnte ihren Kopf in den Nacken. So wartete sie darauf, dass sich ihr Herzschlag wieder beruhigte. Nur am Rand bekam sie mit, wie Suzanne die Tür zum Saal schloss und dem

Schulleiter erklärte, wie unverschämt sie diese Vorgehensweise fand.

»Am liebsten würde ich da jetzt reingehen und Ihren Schulkindern erklären, wie leid sie mir tun, dass sie an einer Schule sind, in der man nicht einmal die Grundlagen der Höflichkeit beherrscht! Frau Jebb war für zehn Uhr eingeladen, wir trafen zehn Minuten vorher hier ein, und Sie behandeln uns, als wären wir Schülerinnen, die zu spät zum Unterricht kommen!«

Der Schulleiter öffnete mehrmals den Mund und schloss ihn wieder, weil er nicht zwischen Suzannes aufgebrachte Worte kam. »Es war vereinbart, dass Frau Jebb vor Erwachsenen spricht und nicht vor Kindern. Als Pädagoge sollten Sie wissen, dass das ein himmelweiter Unterschied ist.«

Als Suzanne mit ihrer Beschwerde fertig war, schwieg der Schulleiter. Statt eine Erklärung abzugeben, wurde er rot. Nach einer Weile, die Eglantyne endlos vorkam, stammelte er eine Entschuldigung. »Wir haben es nur gut gemeint. Wir wollten nicht, dass Frau Jebb vor leeren Stühlen spricht.«

Inzwischen hatte Eglantyne sich von ihrem Anfall erholt. »Es wäre gut gewesen, wenn Sie mich informiert hätten. Das Ministerium hat Ihnen sicher mitgeteilt, in welchem Hotel ich wohne. Eine kleine Nachricht hätte gereicht. Alles Weitere können wir später klären, sonst werden die Kinder unruhig.« Sie stand auf und öffnete die Tür. Erst jetzt fiel ihr auf, dass auch an den Wänden und hinter dem Rednerpult Plakate mit den Kinderrechten hingen. Die würde sie als Aufhänger für ihre Ansprache nehmen.

»Liebe Kinder und Jugendliche, meine sehr verehrten Damen und Herren«, begann Eglantyne ihre Rede. »Ich fange meine Begrüßung mit euch an, liebe Jungen und Mädchen, weil es in meinem Vortrag um euch geht. Nicht nur um jeden von euch, sondern um alle Mädchen und Jungen auf der ganzen Welt. Doch ehe ich euch erzähle, was ich mir zu Hause vorgenommen habe, möchte ich etwas anderes sagen.«

Sie trat vom Rednerpult zurück und zeigte auf die Bilder zu den Kinderrechten, die hinter ihr auf Staffeleien standen. »Mit diesen Bildern habt ihr mir eine sehr große Freude gemacht. Ihr habt damit gezeigt, dass ihr verstanden habt, worum es geht und wie wichtig die Kinderrechte sind, und das besser als mancher Erwachsene.«

Dabei versuchte sie über die Kinderköpfe hinweg die Lehrkräfte in dem Saal ausfindig zu machen. Eigentlich wollte sie erwähnen, wie enttäuscht sie war, dass so wenig Lehrerinnen und Lehrer Interesse an ihrem Vortrag hatten. Aber dann hätte sie den Kindern das Gefühl vermittelt, Zuhörer zweiter Klasse zu sein. Mit diesem Eindruck sollten sie nicht in ihren Unterricht und nach Hause gehen. Vielleicht war es ohnehin sinnvoll, junge Menschen als Botschafter für ihre Kinderrechte und auch für *Save the Children* zu gewinnen.

»Natürlich müssen die Erwachsenen wissen, dass es die Kinderrechte gibt«, fuhr sie mit ihrer Ansprache fort. Zufrieden, dass ihr diese missglückte Einladung eine Idee beschert hatte, von der sie sicher war, dass sie eine ebenso große Zukunft hatte wie die Charta. »Erwachsene müssen dafür sorgen, dass Kinder etwas zu essen bekommen und ein Dach über dem Kopf haben, dass sie sich gesund und frei entwickeln können, dass sie gepflegt werden, wenn sie krank sind, und in Notzeiten als Erste Hilfe bekommen. Es ist wichtig, dass Kinder nicht ausgebeutet werden dürfen und ...«, dabei sah sie in die Gesichter der Kinder, die wie hypnotisiert auf die Bühne starrten, »... und es ist wichtig, dass Kinder erfahren, wie bedeutsam es ist, dass sie das, was sie gut können, für alle anderen Menschen und die Welt einsetzen.«

Eglantyne machte eine kleine Pause und versuchte, die Blicke der Kinder in der ersten Reihe einzufangen. »Aber die Kinder müssen wissen, dass sie Rechte haben. Deshalb sind eure Bilder so hilfreich. Sobald ich zu Hause bin, werde ich einen Aufruf starten, dass Kinder mir und meinen Freunden ihre Bilder der Kinderrechte einschicken. Diese Bilder werden wir an andere Kinder verteilen. Ihr alle seid Botschafter der Kinderrechte und damit Botschafter einer Zeit, in der hoffentlich Kinder und Erwachsene auf der ganzen Welt friedlich und glücklich zusammenleben.«

Kapitel 47

1928 Gelsenkirchen – Buer

Dicke Tränen liefen Anni über die Wangen, als sie sich gegen den Wind in die Pedale stemmte, um so schnell wie möglich nach Hause zu radeln. Dabei wollte sie gar nicht nach Hause, sie wollte nirgends hin oder ans Ende der Welt oder an einen Ort, an dem sie alles andere vergaß. Jetzt verstand sie, warum Eglantyne nach der Enttäuschung über Margarets Hochzeit ins Kriegsgebiet auf dem Balkan gereist war, aber sie verstand nicht mehr, dass sie nur über den Verlust dieser Freundschaft so aus der Bahn geraten war. Was würde sie darum geben, wenn sie nur wegen Ferdinand oder Matteo Tränen vergießen müsste.

Wegen ihr war ein Kind gestorben, wegen ihr saß jetzt gerade ein Ehepaar im Säuglingsheim, deren Traum zerbrach. Durch ihr Fehlverhalten! Das war ein Grund zu fliehen! Aber wohin sollte sie fliehen? Eglantyne war krank, selbst wenn sie in ihren Briefen versuchte, das zu verheimlichen. Suzanne hatte ihr geschrieben, dass ihre Freundin seit Juli in einem Pflegeheim betreut wurde und sie mit dem Schlimmsten rechnen müsse. Das wäre ein Grund, nach Genf zu fahren. Aber sollte sie Eglantyne in ihren letzten Wochen mit ihrem persönlichen Leid belasten? Zumal es gerade die Gedanken an Eglantyne waren, die sie in den letzten Tagen abgelenkt hatten. Schwester Reinhild hatte es vorige Woche abgelehnt, ihr kurzfristig einige Tage freizugeben, weil im Winter immer einige Pflegerinnen erkrankten und das Personal ohnehin knapp war. Es hatte der Oberschwester leidgetan, aber was half Anni das jetzt, nach diesem folgenschweren Fehler?

»Anni! Was ist los?« Sie sah auf, als Ferdinand sie ansprach. Statt nach Hause zu fahren, hatte sie den Weg zum Taubenschlag ihres Freundes eingeschlagen. Dort, auf dem Dach, beim Gurren der Tauben hatte sie immer ihre Ruhe gefunden, ehe sie nach Genf gereist war. Hätte sie diesen vermaledeiten Preis nur niemals angenommen! Hätte sie bloß nie diesen Aufsatz geschrieben! Warum hatte sie sich eingebildet, dass sie gut genug schreiben könnte? Sie war Säuglingsschwester und konnte froh darüber sein, dass sie einen richtigen Beruf hatte und nicht als Hausmädchen auf den Tag ihrer Hochzeit warten musste, um dann dem Mann den Haushalt zu führen. Wäre sie nicht nach Genf gefahren, hätte sie nicht Matteo kennengelernt, der ihr Herz durcheinandergebracht hatte. Wäre sie nicht nach Genf gefahren, hätte sie heute nicht an Eglantyne gedacht, statt sich um das kranke Kindchen zu kümmern.

»Kann ich dir helfen?« Ferdinand nahm ihr das Fahrrad aus der Hand und lehnte es an die Wand des Schuppens, unter dessen Dach er ein Zuhause für seine Tauben gebaut hatte. Er stellte sich vor Anni und legte seine Hände auf ihre Arme. »Sag doch, was los ist? Gab es ein Unglück auf der Zeche? Ist dein Vater verletzt? Ist etwas mit deiner Mutter? Ist jemand gestorben?«

Bei der letzten Frage fiel Anni ihm um den Hals. Die Tränen, die bisher als kleine Bäche lautlos über die Wangen rannen, schossen nun aus ihren Augen. Ihr ganzer Körper bebte. Sprechen konnte sie nicht, obwohl sie es immer wieder versuchte. Ferdinand hielt sie einfach fest im Arm.

Als die Tränen nur noch langsam liefen, löste Anni sich aus der Umarmung. Sie suchte ein Taschentuch, um die Wangen zu trocknen und die Nase zu putzen. »Ein Baby ist gestorben. Weil ich nicht genug aufgepasst habe!«, stieß sie hervor und wischte die Tränen, die weiterflossen, beiseite.

Ferdinand erschrak. »Das kann ich nicht glauben, du bist so zuverlässig und arbeitest immer sorgfältig, egal, was du tust.«

»Es ist aber so. Ich habe das Fläschchen für den kleinen Heinrich erwärmt, und als ich zurückkam, atmete er nicht mehr.« Sie sah wieder den Jungen vor sich, der reglos im Bettchen lag, als ob er schlief, nur dass sich sein Oberkörper nicht länger beim Atmen hob und senkte wie vorher. Sie hatte sofort Hilfe herbeigerufen, doch der Arzt konnte nur noch den Tod feststellen. Ausgerechnet in dem Augenblick trafen die Eltern ein, um ihr Söhnchen zu besuchen. Anni konnte ihnen nicht in die Augen sehen, sie war aus dem Säuglingsheim gestürzt und wollte nach Hause. Die Oberschwester hatte ihr hinterhergerufen, aber sie hätte in dem Moment nicht auch noch Vorwürfe ertragen. Wäre sie nur etwas schneller gewesen im Schwesternzimmer, wo sie das Fläschchen aufgewärmt hatte! Hätte sie nur weniger an Eglantyne gedacht, dann hätte sie sicher gespürt, dass es dem Kleinen, der ihr anvertraut war, nicht gut ging.

»Ich bin eine schlechte Pflegerin«, sagte sie mehr zu sich als zu Ferdinand. »Ich werde nie wieder ohne Angst ein Kind betreuen können.« Sie schluchzte auf. »Nicht einmal ein eigenes.«

Hatte Eglantyne nie Kinder bekommen, weil sie etwas Ähnliches erlebt hatte? Sie hatte viele Geschwister, es war nicht unmöglich, dass ein weiteres Kind im Säuglingsalter verstorben war; das geschah öfter, als die Leute dachten. Wenn Eglantyne nur nicht krank wäre, dann könnte sie mit ihr darüber sprechen.

Ferdinand hatte Anni mit sich in den Taubenschlag gezogen. Um sie herum flatterten einige Tiere, aufgeregt über den Besuch. Er fing Annis Lieblingstaube ein und setzte sie in ihren Schoß. Automatisch streichelte Anni über die Federn des weißen Vogels mit der hellbraunen Brust. Die gleichmäßige Bewegung beruhigte sie, die Tränen tropften nur noch vereinzelt aus den Augen.

»Was hat denn der Arzt gesagt?«, wollte Ferdinand wissen.

Anni zog die Schultern hoch und ließ sie wieder fallen, ohne die Taube aus den Händen zu lassen. »Dass der kleine Heinrich tot ist. Das habe ich selbst gesehen.«

»Aber vielleicht weiß er, weshalb das Kind gestorben ist.« Er fing eine Taube ein und streichelte diese nun im Gleichtakt mit Annis Handbewegungen. »Als ich sieben war, war meine kleinste Schwester auch ganz plötzlich tot. Mutter und ich waren mit ihr im Park gewesen. Ich durfte Christine zu Hause das Fläschchen geben, nachdem Mutter sie zum Mittagsschlaf in die Wiege gelegt hat. Ich war nur kurz weg, um nach meiner Taube in dem kleinen Käfig hinter dem Haus zu sehen. Mutter hat gekocht. Als ich zurückkam, wollte ich Christine die Feder zeigen, die ich auf dem Weg gefunden hatte. Da hat sie sich nicht gerührt. Ich habe sofort Mama gerufen. Sie hat Christine aus der Wiege genommen und ist mit ihr aus dem Haus gelaufen. Ich habe Christine nie wiedergesehen.«

Tränen liefen über Ferdinands und Annis Wangen, Anni ließ ihre Taube los und legte eine Hand auf Ferdinands Arm. Bis das Tier, das sich auf den Ast über den beiden gesetzt hatte, zuerst ein paar Wassertröpfchen und dann einen weißen Klecks fallen ließ, genau auf den Rücken von Annis Hand, die auf Ferdinands Arm lag. Beide fingen gleichzeitig an, unter Tränen zu lachen.

»Das tut mir leid!«, sagte Anni, als sie sich beruhigt hatten, während sie den Fleck mit ihrem durchnässten Taschentuch abwischte. »Du hast nie davon erzählt.«

»Ich hatte es vergessen. Nein ...«, antwortete Ferdinand, »... nein, nicht vergessen. Es war in mir versteckt, und jetzt kam es wieder heraus. Der Arzt hat damals gesagt, dass es im ersten Jahr immer passieren kann, dass Kinder sterben, ohne dass man je herausfindet, warum. Aber ganz sicher, das hat Mutter mir damals gesagt, sterben sie nicht daran, dass man ein Fläschchen zu schnell gibt. Das war nämlich damals meine Sorge. Vielleicht ist der kleine Heinrich auch einfach so gestorben?«

Anni lehnte sich an Ferdinands Schulter und versuchte, sich zu erinnern, was sie in der Schule über die Ursachen des plötzlichen Sterbens von Kindern gehört hatte. Sie erinnerte sich, dass es Thema im Unterricht gewesen war. Die Lehrerin hatte ausdrücklich darauf hingewiesen, dass sie sich niemals den Tod eines Neugeborenen vorwerfen dürften, solange sie ihre Arbeit sorgfältig erledigt hatten. Gerade im ersten halben Jahr könne es immer Komplikationen geben, schließlich müssten die Kleinen sich an den Umzug aus dem Bauch der Mutter in ein großes Zimmer gewöhnen. Wie hatten sie damals gelacht über das Bild vom Umzug. Warum hatte sie sich die Warnung dennoch nicht gemerkt? Aber es war in der Theorie leicht, zu warnen. Wenn man in der Situation steckte und die Gedanken bei einer erkrankten Freundin weilten, konnte man eine Warnung vergessen.

»Komm, wir fahren zusammen zum Säuglingsheim«, drängte Ferdinand sie. Er lächelte. »Wie gut, dass ich nicht mehr in den Berg einfahren kann. Dann müsste ich gleich los zur Schicht, oder ich wäre gar nicht hier.«

Anni spürte, wie ihr Herz schwer wurde. Ferdinand kümmerte sich so rührend um sie, obwohl sie ihm eine Abfuhr erteilt hatte und auch noch für seine Arbeitslosigkeit verantwortlich war. Es sah zurzeit ganz danach aus, als könnte er eine Ausbildung als Uhrmacher beginnen, aber seinen alten Beruf würde er nie wieder ausüben.

Sie verglich Ferdinand mit Matteo. Als sie in Genf gewesen war, hatte es eine ähnliche Situation gegeben. Bei einem Essen im Restaurant war ihnen eine Mitarbeiterin von *Save the Children* über den Weg gelaufen. Sie hatte berichtet, dass Eglantyne im Büro einen Schwächeanfall erlitten hatte, sich aber wegen Annis Besuch weigerte, ins Krankenhaus zu gehen. Anni hatte sich unverzüglich auf den Weg machen wollen, doch Matteo fand, dass sie wenigstens zu Ende tafeln sollten, weil das Essen so teuer war, ehe er sie in die Rue Jean Calvin brachte. Da sie viele Kilometer von Genf entfernt waren, blieb ihr nichts anderes übrig, als Matteo beim Essen zuzusehen, während sie selbst aus Sorge um ihre Gastgeberin keinen Bissen herunterbekommen hatte.

Nachdenklich radelte Anni nun neben Ferdinand zum Säuglingsheim. Herr Wischnewski nahm sie bereits auf der Treppe vor dem Eingang aufgeregt in Empfang. »Wir haben sie alle gesucht! Die Oberschwester hat Angst, dass Sie sich etwas antun! Schnell! Laufen Sie rauf. Lassen Sie Ihr Rad ausnahmsweise vor dem Haus stehen.«

»Ich warte hier«, versprach Ferdinand und nickte ihr aufmunternd zu wie auch der alte Mann von der Pforte.

Dennoch schlich Anni die Treppe zu ihrer Station hinauf. Dass Schwester Reinhild sich Sorgen machte, musste nichts bedeuten. Schließlich fiel es auch auf sie zurück, wenn in der Obhut ihrer Schwestern ein Kind verstarb.

»Da bist du ja!« Die Oberschwester klang wirklich erleichtert, als sie Anni von der Mitte des Ganges an der Tür zur Station entdeckte. »Du kannst doch nicht einfach weglaufen.«

Ich habe doch gezeigt, dass ich das kann, dachte Anni, sagte aber nichts. Sie verspürte nicht einmal mehr Traurigkeit, als sie ihrer Vorgesetzten entgegenging. Das Erlebnis hatte ihr bestätigt, dass sie nicht hierhergehörte. Sie hatte es immer gespürt, die Kinder waren niedlich, aber sie hatte sich die Arbeit nicht so vorgestellt. Sie war davon ausgegangen, dass sie mit den Kindern spielen und sie mit den Reimen und Liedern aus ihrer eigenen Kindheit zum Lachen bringen konnte. Stattdessen wechselte sie Windeln und gab Fläschchen, was genauso eintönig war wie das Bohren im Streb. Sicher tat sie ihrem Beruf damit unrecht, ihre Kolleginnen liebten es, die Kinder zu pflegen. Sie schwärmten von jeder Gelegenheit, den Kleinen zu helfen, ihnen ein Lächeln zu entlocken und die Mütter zu entlasten. Aber ihr reichte das nicht. Da bewegte sie mehr für Kinder, wenn sie Spenden sammelte und ihre Mutter überredete, Kurse zum Ausbessern und Aufhübschen von Kindersachen anzubieten.

Sie hörte kaum, dass der Arzt ihr erklärte, dass sie keinerlei Schuld am Tod des kleinen Heinrich traf und dass die Oberschwester ihr ein paar Tage freigab, damit sie sich in Genf von dem Schreck erholen konnte.

»Das erste tote Kind, das man in Obhut hatte, ist immer am schwersten«, versuchte Schwester Reinhild ihr zu erklären. Für Anni aber war klar, dass niemals wieder ein Kind in ihrer Obhut sterben würde. Sie wusste nur nicht, wie sie dem Arzt und der Oberschwester das sagen sollte, daher war sie froh über die freien Tage. Ob sie nach Genf fahren würde, ließ sie offen. Vielleicht würde sie die Zeit nutzen, um sich zu Hause über ihre Zukunft klar zu werden.

Kapitel 48

1928 Gelsenkirchen – Buer – Genf

Als Anni nach Hause kam, erwartete sie dort ein Telegramm. Sie musste es nicht lesen, um zu wissen, dass der Tod des kleinen Kindes nicht die einzige Tragödie an diesem Tag war. Der mitfühlende Blick ihrer Mutter und die Bemerkung »Aus der Schweiz« verrieten genug. Ihre Augen klammerten sich an das Datum, weil sie den Rest nicht wissen wollte, 17. Dezember 1928. Doch die kurze Nachricht schob sich wie von selbst in ihr Blickfeld: EGLANTYNE VOR EINER STUNDE VERSTORBEN.

Sie wollte weinen, aber ihre Tränen waren für diesen Tag aufgebraucht. Stattdessen fror sie plötzlich am ganzen Körper, obwohl es in der Küche so warm war wie immer. Nie wieder würde sie mit Eglantyne Jebb sprechen können, nie wieder einen Brief von ihr bekommen, in dem sie kluge Fragen stellte, die ihr halfen, sich eine eigene Meinung zu bilden. Ausgerechnet heute, wo sie sich hinsetzen und ihr schreiben wollte, dass sie beschlossen hatte, ihren Beruf als Säuglingsschwester aufzugeben, genau wie Eglantyne vor langer Zeit ihren Lehrerberuf. Ausgerechnet heute, wo sie die ältere Freundin fragen wollte, was sie tun konnte, um nicht in ein tiefes Loch zu fallen wie diese damals. Nun war sie auf sich selbst gestellt. Ihre Eltern, ihre Freundin und ihre Kolleginnen, Ferdinand – sie alle vermochten nicht, ihr zu helfen. Selbst, wenn sie ihr keine Vorwürfe machen würden, weil sie ihren Beruf aufgab, fehlte ihnen doch die Erfahrung mit solch einer Lebenssituation. Ihrer Mutter hatte sie selbst nach ihrer Rückkehr aus Genf erst den Weg ebnen müssen, ihren Kindheitstraum zu erfüllen. Ihr Vater dachte nicht über solche Fragen nach, und Ferdinand war zu sehr damit beschäftigt, für das eigene Leben einen neuen Weg zu finden.

»Es tut mir so leid«, die Mutter legte einen Arm um Annis Schulter. »Ich weiß, dass Frau Jebb dir viel bedeutet hat. Seit du ihr begegnet bist, hast du dich mehr verändert als je zuvor. Du bist selbstbewusster geworden und mutiger. Du hast Dinge bewegt, die wir dir niemals zugetraut hätten. Nein, das stimmt nicht – wir wären nie darauf gekommen, dass du so etwas in dir tragen könntest. Spenden sammeln, Kurse organisieren«, sie lächelte, »mich überreden, Nähkurse zu geben, und Reden halten.« Sie schüttelte den Kopf. »Ich erinnere mich daran, als wäre es gestern gewesen, wie du dich geweigert hast, bei Klaras Taufe den Taufspruch vor allen Leuten zu sprechen. Ich war so stolz, als du im Waisenhaus auf die Bühne getreten bist und zuerst die Menschen begrüßt und dann noch die Versteigerung der Briefmarken übernommen hast, als der Bürgermeister früher wegmusste.« Sie umarmte ihre Tochter, die nun doch noch Tränen hatte für Eglantyne und alles, was sie ihr verdankte und was sie sie nun nicht mehr fragen konnte.

»Ich fahre zur Beisetzung!«, erklärte Anni, nachdem sie sich das Gesicht abgewischt hatte. Sie berichtete ihrer Mutter, was an dem Vormittag passiert war und dass die Oberschwester sie quasi nach Genf geschickt hatte. Sie spürte, wie sich die Härchen auf ihren Armen aufstellten und ein kalter Schauer über ihren Rücken lief. Sie hatte schon oft Berichte gehört von Menschen, bei denen die Ereignisse sich plötzlich überschlugen und gleichzeitig doch wie Puzzleteile ineinanderfügten. Wäre der kleine Heinrich nicht gestorben und sie nicht weggerannt, hätte Schwester Reinhild ihr, ausgerechnet jetzt in der Weihnachtszeit, sicher nicht freigegeben, und sie hätte nicht an Eglantynes Beisetzung teilnehmen können. Fast schien es, als hätte Gott das alles organisiert. Wollte er ihr damit ein Zeichen geben? Dass ihr Platz nicht in dem Säuglingsheim war?

»Fast könnte man meinen, der Herr hätte das alles so geplant. Gerade heute habe ich das Kleid verkauft, das ich eigentlich für den Hochzeitstag genäht hatte. Aber die Kundin hat gut gezahlt. Da kann ich dir das Geld für die Fahrkarte geben«, sagte ihre Mutter in dem Augenblick, und Anni spürte erneut diesen Schauer, der sich in besonderen Momenten über den ganzen Körper ausbreitete.

»Ich radele zum Bahnhof und kümmere mich sofort um eine Fahrkarte. Hoffentlich ist die Beisetzung nicht schon in den nächsten Tagen. Aber Eglantynes Familie muss aus England anreisen, das geht nicht über Nacht«, beruhigte sie sich und wandte sich zur Haustür. Als sie ihren Mantel von dem Garderobenhaken nehmen wollte, bemerkte sie, dass sie ihn noch immer trug. Es waren nur wenige Minuten vergangen, seit sie das Haus betreten hatte, Minuten, die ihr wie Stunden vorkamen. Sie umarmte ihre Mutter und machte sich auf den Weg.

Anni hielt sich dicht bei Suzanne, als sie zusammen mit Eglantynes Familie und den Mitarbeitern von *Save the Children* über den St.-Georges-Friedhof hinter dem Sarg ging, der mit einem Banner aus Seide in den Farben der Stiftung bedeckt war. Nonnen hatten es in den letzten Tagen und Nächten in Blau, Weiß und Gold bestickt. Schnee fiel auf die Blumen, die den Sarg für Eglantynes letzten Weg schmückten.

In letzter Minute hatte sich die Kutsche vom Genfer Bahnhof durch den Schnee zu dem Friedhof links der Rhône gekämpft, von dem man einen herrlichen Blick auf Eglantynes Lieblingsberg hatte, den Salève, wo sie vor fünf Jahren ihre Kinderrechte auf einen Notizzettel geschrieben hatte. Sie hatte sich gewünscht, dort auf dem Berg ihre letzte Ruhestätte zu finden. William

MacKenzie, der Generalsekretär von *Save the Children* und ein guter Freund, den Eglantyne zum Nachlassverwalter bestimmt hatte, hatte alles versucht, um ihren letzten Wunsch zu erfüllen, obwohl der gesunde Menschenverstand jedem sagte, dass es nicht möglich war, einen Sarg auf den Gipfel zu bringen. Nun hatte sie wenigstens ihren Berg im Blick. Das Grab war gesäumt von Blumen und Kränzen. Auf vielen sah Anni das Zeichen des Roten Kreuzes, besonders auffällig war der Kranz mit der Aufschrift »Von den Kindern aus Russland«. Sie wusste genau, welchen Kampf Eglantyne hatte ausfechten müssen, als sie Spenden für die russischen Kinder sammelte. Eigentlich hatte sie ständig kämpfen müssen, um Spenden für die Kinder der früheren Feinde zu bekommen und zuletzt um Hilfe für die Kinder in Afrika. Anni wusste nun selbst, wie viel Kraft es kostete, trotz des Widerstands stets aufs Neue um Geld zu bitten, das hatte sie in ihrem kleinen Bereich in den letzten beiden Jahren oft genug erfahren.

Der Pfarrer der Gemeinde St. Peter, in der Eglantyne einen ihrer letzten öffentlichen Auftritte gehabt hatte, trat an das Grab. Er erinnerte an Eglantynes Leben und Werk und tröstete die Trauernden damit, dass es ein Leben nach dem Tod gäbe und ihre Schwester und Freundin im Himmel ganz sicher einen besonderen Platz haben würde, zumal sie dort ihre Eltern, Arthur und Tye, ihr Bruder Gamul und ihre Tante Bun erwarteten.

Dorothy trat gestützt von ihrem Mann an das Grab und sah die Menschen an, die sich um die Grabstätte geschart hatten. »Ich kann es kaum glauben, dass meine Schwester Eglantyne, meine Doey, die wie ein Stehaufmännchen nach jeder Enttäuschung, nach jeder Krankheit, nach jedem Rückschlag immer wieder neue Kraft gefunden hat, nicht mehr ist. Es gäbe so viel zu erzählen, was wir miteinander erlebt haben, aber wenn ich hier stehe, mit dem Blick auf den Berg, fallen mir vor allem unsere gemeinsamen Wanderungen ein. Danach war ich meist erschöpft, Doey aber voller Energie. Mit dieser Energie hat sie sich und alle anderen in den letzten neun Jahren angetrieben, immer mehr zu tun, um Spenden für Kinder in Not zu sammeln. Als wir 1919 in London die Stiftung ins Leben gerufen haben, dachten wir an die hungernden Kinder in Ungarn, Österreich und Deutschland, den Ländern unseres früheren Feindes. Ihnen wollten wir helfen. Die Stiftung haben wir gegründet, weil Spenden an Privatpersonen nicht möglich waren. Und dann hat Eglantyne es geschafft, das Oberhaupt der katholischen Kirche«, sie nickte dem Pfarrer zu, »zu überzeugen, dass seine Gemeinden auf der ganzen Welt für unsere Projekte spenden. Plötzlich brauchten wir eine internationale Stiftung, weil manche Länder ihre Gelder nicht in unser Königreich schicken wollten. Tür an Tür mit dem Internationalen Roten Kreuz erlebten wir die Krisen in der Welt mit, unter denen vor allem die Kinder zu leiden hatten.«

Mit Tränen in den Augen warf sie eine Rose auf den Sarg. »Ich verspreche dir, Doey, dass ich mich um dein großes Kind kümmern werde.« Ihr Mann führte sie auf den Weg neben der Grabstätte.

Währenddessen trat William MacKenzie an das Grab. »Ich war einer ihrer letzten ›Leutnants‹, wie Eglantyne uns immer genannt hat, und habe sie durch ganz Europa begleitet. Wie oft habe ich sie darauf hingewiesen, dass ihr neuer Plan nur eine Laune sei und bald verfliegen würde, aber sie hatte immer überzeugende Argumente. Von Moskau bis Madrid, von Athen bis Narva, hier bitten, dort teilen, Leute treffen, den Sinn erläutern, Antworten auf teils kritische Fragen geben und tausend Dinge erledigen, die ihr Herz, das für die Kinder auf der ganzen Welt und für *Save the Children* schlug, ihr eingab. Alles tat sie immer mit der Ernsthaftigkeit, die ihr zu eigen war, gepaart mit Offenheit und reiner Freude am Tun.«

Mit jedem Wort, das er in seiner und Eglantynes Muttersprache sagte, wurde Anni nervöser. Sie konnte sich nicht auf die Ansprache konzentrieren. Sie fragte sich, wieso sie bloß zugestimmt hatte, als Suzanne sie bei ihrer Ankunft in Genf gebeten hatte, am Grab zu sprechen; stellvertretend für die Kinder, denen Eglantyne und *Save the Children* geholfen hatte. Das Telegramm, mit dem Suzanne Ferrière den Wunsch der Stiftung und der Familie vorgebracht hatte, war nicht rechtzeitig vor ihrer Abfahrt in Buer zugestellt worden, daher hatte Anni die Frage völlig unvorbereitet getroffen. Durch die Verspätung, die der Schnee zusätzlich beschert hatte, konnte sie sich nicht einmal frisch machen nach der zweitägigen Fahrt, geschweige denn eine Rede vorbereiten. Während der Pfarrer sprach, hatte sie sich einige Worte zurechtgelegt, die jedoch auf einmal aus ihrem Kopf verschwunden schienen.

»Auch wenn Eglantyne keine eigenen Kinder hatte, war sie Kindern zugetan, nicht nur, wie vielfach behauptet wird, als Gruppe, sondern auch jedem einzelnen Kind. Ihre Nichten und Neffen«, William MacKenzie nickte einigen jungen Leuten zu, die zwischen den Trauergästen standen, »könnten darüber viel erzählen. Wir haben aber eine junge Frau gebeten, stellvertretend für all die Kinder, denen Eglantyne geholfen hat, einige Worte zu sprechen. Anni Schlinkert kam vor zwei Jahren zu Eglantynes fünfzigstem Geburtstag nach Genf, um aus Gelsenkirchen einen Dank zu überbringen. *Save the Children* hat dort mit Spenden beim Aufbau eines Säuglingsheims geholfen, da war sie bereits kein Kind mehr, und sie hat nicht selbst von der Maßnahme profitiert. Aber sie steht für das, was unsere Freundin angetrieben und weshalb sie so für die Charta der Kinderrechte gekämpft hat. Fräulein Schlinkert stünde nicht hier, wenn *Save the Children* nicht geholfen hätte, denn dann gäbe es das Säuglingsheim nicht und auch nicht die Schule für Säuglingspflegerinnen, an der Fräulein Schlinkert ihre Ausbildung absolviert hat.«

Er nickte Anni zu, die tief Luft holte, ehe sie zum Grab ging. Erleichtert bemerkte sie, dass er neben ihr stehen blieb. »Fräulein Schlinkert hat erst vor einer Stunde erfahren, dass sie hier sprechen soll, deshalb werde ich ihre deutschen Worte ins Englische und Suzanne Ferrière wird sie ins Französische übersetzen.«

»Ja, Herr MacKenzie hat recht, ich habe nicht direkt von den Spenden profitiert, die Eglantyne über ihre Stiftung 1921 nach Gelsenkirchen geschickt hat. Aber ich bin froh, dass ich ihr vor zwei Jahren persönlich den Dank der Mütter und Kinder sowie der Schwestern im Säuglingsheim übermitteln durfte. Deshalb überbringe ich auch heute diesen Dank an ihre letzte Ruhestätte.« Anni sah William MacKenzie an. »Sie haben schon erklärt, dass ich ohne *Save the Children* niemals Säuglingsschwester geworden wäre. Ein solcher Beruf ist etwas Besonderes in meiner Stadt, in der viele Mädchen nach der Schule in einem Haushalt arbeiten, bis sie heiraten. Ich bin dankbar, dass ich diese Möglichkeit hatte und meine Eltern es zugelassen haben. Aber ich verdanke Eglantyne noch viel mehr. Sie hat sich aus schwierigen Phasen immer wieder herausgekämpft, weil sie Ziele hatte. Immer wieder neue Ziele, die sie sich stets aufs Neue gesucht hat. Manche Ziele haben sie gefunden, etwa die internationale Stiftung, aber die meisten hat sie sich selbst gesteckt, oder sie sind in ihr gewachsen wie die Charta der Kinderrechte. Wäre ich Eglantyne nicht begegnet, stünde ich heute am Bett eines Neugeborenen in meiner Heimatstadt und hätte das Gefühl, dass mein Leben nicht rund ist. Ich mache meine Arbeit gerne, aber seit meinem Besuch bei Eglantyne weiß ich, dass mir das Ziel fehlte. Es sind die Träume und Ziele, die uns helfen zu überleben. Für diese Erkenntnis danke ich dir, Eglantyne.«

Sie hatte zwischendurch immer wieder Pausen gemacht, während ihre Worte übersetzt wurden. Dadurch konnte sie sich auf die nächsten Sätze vorbereiten und war oft selbst erstaunt, was da aus ihrem Mund kam. Nun hatte sie das Gefühl, dass dieser Satz ein gutes Schlusswort war.

Dorothy trat mit einem dünnen Buch in der Hand ans Grab. Sie strich über Annis Arm, als sie sagte: »Ich danke dir, dass du

Eglantyne so schön beschrieben hast. Wir haben uns nicht abgesprochen, aber dein vorletzter Satz passt sehr gut zu dem Büchlein, das ich hier habe. Doey hatte schon als Kind große Ziele. Eine Zeit lang wollte sie Soldatin werden, das ist ihr vergangen, als sie sah, was der Krieg auf dem Balkan angerichtet hat. Und sie wollte Schriftstellerin werden. Geschrieben hat sie, den unveröffentlichten Roman *The Ring Fence*, ein niemals aufgeführtes Theaterstück mit meiner Tochter und viele Gedichte. Gerade in den letzten Monaten hat sie ihre alten Gedichte wieder hervorgeholt und neue geschrieben, solange ihr das noch möglich war. Im April ist ein kleiner Band mit ihrer Poesie unter dem Titel *Der wahre Feind* erschienen.« Sie lachte, während ihr Tränen über die Wangen liefen. »Sie hat mir das Buch geschickt mit dem Hinweis, dass ich es vorsichtig lesen soll, da ich mit einigen Texten sicher nicht einverstanden wäre. Aber sie hätte sie festhalten müssen, weil sie ihr beim lauten Vorlesen so gut gefallen hätten. Sie arbeitete bereits am nächsten Band, der den Titel tragen sollte: *Lyrik des Alters*. Sie ahnte, dass der Tod bald an ihre Tür klopfen würde, und hoffte, sich Zeit zu verschaffen, indem sie ihm literarisch ein Denkmal setzte. Ob sie dadurch Zeit gewonnen hat, können wir hier unten nicht sagen. Aber wir verdanken dieser Zeit das folgende Gedicht, mit dem wir diese Abschiedsfeier beschließen möchten.«

Sie nickte ihren Kindern zu, die mit Körben an den Trauergästen vorbeigingen. Jeder nahm einen Vogel aus Papier heraus. Als die beiden wieder ihren Platz erreicht hatten, erklärte Dorothy: »Diese Tauben sollen euch an Eglantyne und ihr oberstes Ziel erinnern: Frieden in der Welt.« Sie sah in den Himmel. »Stellen Sie sich vor, es wäre Frühjahr, und Sie könnten die Vögel singen hören.« Dann las sie:

Singing bird, I am lying
In my darkened room dying,
Dying alone,

Like to a light on the darkness
Flashed on my trouble your song,
And I turned on my weary pillows,
Glad for a moment to be strong,
Like a breeze from the mountains
Wafted your melody to me.
And an answering beat to its rapture
Pulsed for a moment through me.
Surely your song to companion me
To the unknown shores is send,
God! Give me birds in heaven – birds, and I am content!

Singender Vogel, ich liege
in meinem abgedunkelten Zimmer, ich sterbe,
ich sterbe allein.
Wie ein Licht in der Dunkelheit
blitzt dein Lied zwischen meinen Ängsten auf,
und ich drehe mich müde auf meinem Kissen um,
für einen Moment bin ich froh, stark zu sein.
Wie eine frische Brise aus den Bergen
wird mir deine Melodie zugetragen
und pulsiert als Antwort auf das Leid
für einen Moment durch mich hindurch.
Ich bin sicher, dein Lied begleitet mich
zu den unbekannten Ufern, zu denen man mich schickt.
Gott! Gib mir Vögel im Himmel – Vögel, und ich bin zufrieden!

In die folgende Stille zwitscherte ein Zaunkönig aus dem Friedhofsgehölz.

Epilog

1945 – Genf

Anni stieg mit ihrem Mann Ferdinand und ihrer Tochter Eglantyne den Salève hinauf, jenen Berg, auf dem vor über zwanzig Jahren die Charta der Kinderrechte verfasst wurde. Sie fror, als sie daran dachte, was von der Vision ihrer Förderin Eglantyne übrig geblieben war. Europa lag in Schutt und Asche, und ausgerechnet die Deutschen waren es, die dieses Leid über die Menschen gebracht hatten. Jene Deutschen, die als Kinder dank der Spenden jener Engländer überlebt hatten, deren Häuser sie zwanzig Jahre später bombardierten.

»Mama, was hast du?« Ihre Tochter, der sie vor zwölf Jahren den Namen ihrer Freundin gegeben hatte, sah sie besorgt an.

Wie sollte sie dem Mädchen, das so fröhlich den Weg entlanghüpfte, erklären, was sie bedrückte?

»Du weißt doch, dass Frau Jebb hier oft spazieren gegangen ist. Das stimmt Mama traurig«, antwortete Ferdinand an Annis Stelle.

Sie nahm seine Hand und lächelte ihn unter Tränen an. Kurz stellte sie sich vor, wie Matteo reagiert hätte. Gar nicht, er hätte sie vermutlich den Berg hinaufgetrieben oder hätte die Idee verworfen, wegen einer Bank zu Fuß auf den Berg zu gehen. Sie wusste nicht mehr, wie sie sich überhaupt beinahe in diesen oberflächlichen Schweizer hatte verlieben können. Wie sie auch nicht mehr verstand, warum sie jemals daran gezweifelt hatte, dass

Ferdinand und sie zusammengehörten. Heute vermisste sie die Tauben, auf die sie früher eifersüchtig gewesen war, ebenso wie er. Aber in Genf gab es keine Taubenschläge. Ferdinand hatte ihr zuliebe auf diese Leidenschaft verzichtet. Damals, als er nach seiner Ausbildung zum Uhrmacher nach Genf gereist war, um seine Fertigkeiten im Land der Uhren zu vervollkommnen, wie er behauptet hatte.

Das war vor vierzehn Jahren gewesen, an ihrem sechsundzwanzigsten Geburtstag. Da lebte sie bereits seit drei Jahren in Genf, nachdem ihr das Komitee der Stiftung angeboten hatte, von dort aus die Arbeit in den deutschsprachigen Ländern zu koordinieren. Wenige Wochen nach Eglantynes Tod war sie in deren Zimmer in Suzannes Wohnung gezogen. Vorher hatte sie zusammen mit Suzanne und Dorothy die letzten persönlichen Sachen weggeräumt: die braunen Kleider, die Eglantyne seit Jahren getragen hatte, weil sie praktisch waren, die unzähligen Taschentücher, eine kleine Stofftasche mit Gummibändern und viele Bücher von Autoren, deren Namen Anni bis dahin nie gehört hatte. Besonders beeindruckt hatten sie die beiden Pistolenholster aus Leder, in denen jedoch keine Waffen steckten. Eglantyne hatte darin ihre Wertsachen verstaut, wenn sie in gefährlichen Gebieten unterwegs gewesen war. Angesichts der Aufgabe, die ihr selbst in den nächsten Wochen bevorstand, fragte Anni sich, ob sie Dorothys Angebot, ein Holster zu behalten, nicht doch hätte annehmen sollen. Aber damals hatte niemand damit gerechnet, dass Europa ein zweites Mal kurz vor dem Untergang stehen könnte.

In den ersten Jahren hatte sie viel Zeit gehabt, neben der Arbeit im Büro Englisch und Französisch zu lernen und sich gelegentlich mit Matteo zu treffen. Je besser sie seine Sprache verstand, umso deutlicher wurde ihr, dass sie mit diesem Mann niemals ihr Leben teilen wollte. Zum Glück hatte er dann eine Frau aus der besseren Gesellschaft getroffen, mit der auch seine Eltern einverstanden waren. Kurz darauf hatte Ferdinand vor der Tür der Stiftung gestanden, und sie hatten wieder zueinandergefunden.

Eigentlich hatten Anni und Ferdinand vorgehabt, nach ihrer Hochzeit 1933 zurück nach Deutschland zu gehen und sich dort ein neues Leben aufzubauen. Dann kamen die Nationalsozialisten an die Macht, und Gewerkschaften und Parteien wurden verboten. Ferdinand hatte sich, als er noch auf der Zeche arbeitete, für die Arbeiter engagiert und war mehr als einmal durch sein forsches Auftreten aufgefallen. Was sie aus Buer hörten, nährte den Verdacht, dass ihm außerdem einige missliebige Kumpel neideten, dass er den Sprung aus dem Berg in die Uhrmacherwerkstatt über Tage geschafft hatte. So etwas konnte in jener Zeit Ärger bringen. Annis Vater war nur deshalb nach einer Denunziation der Verhaftung entgangen, weil er so beliebt bei den Kollegen war.

Dorothy hatte ihr aus London das Buch eines Deutschen über die Zukunft in Deutschland geschickt. Nachdem Anni das gelesen hatte, war für sie klar gewesen, dass sie dem Kind, das sie trotz der Angst vor einem unberechenbaren Kindstod unter dem Herzen trug, dieses Leben nicht zumuten wollte. Zusammen mit Ferdinand hatte sie damals entschieden, in Genf zu bleiben, wo immer geschickte Uhrmacher gesucht wurden.

In den letzten zwölf Jahren hatte er ihr mehr als einmal dafür gedankt, dass er wegen des Unfalls nicht richtig gehen konnte. 1938 hatte ihn aus Deutschland die Aufforderung erreicht, sich für die Wehrmacht mustern zu lassen. Er hatte mit dem Gedanken gespielt, dieser nicht nachzukommen, aber es hieß, Hitlers Schergen würden Deutsche aus dem Ausland notfalls mit Gewalt zurückholen. Umso erleichterter war er, als ihm bei der Musterung erklärt wurde, dass er mit diesem Humpelbein wohl kaum die Uniform eines deutschen Soldaten tragen dürfe.

»Angekommen!« Trotz ihrer zwölf Jahre kletterte Annis Tochter auf die Bank, die zum Gedenken an Eglantyne aufgestellt worden war. William MacKenzie hätte an dieser Stelle gerne einen Gedenkstein errichtet und hatte sogar einen Entwurf in Auftrag gegeben. Aber einerseits wusste er, dass Eglantyne niemals zugestimmt hätte, von den Spendengeldern etwas dafür abzuzweigen, und andererseits teilte ihm der Architekt mit, dass sich zu den Baumaterialien immense Kosten für den Transport auf den Berg addieren würden. Also zahlte er privat die Bank und die Plakette, deren Inschrift inzwischen verwittert war, sodass Annis Tochter sie nur schwer entziffern konnte: »Hier schrieb Eglantyne Jebb (1876–1928) 1923 die erste Charta der Kinderrechte.«

Die drei setzten sich auf die Bank und blickten hinunter auf die Stadt.

»Da ist der Palast der Kinder!«, rief das Mädchen und zeigte auf ein Gebäude mitten in Genf. Anni nickte. Sie konnte immer noch nicht glauben, dass es ihnen trotz des Kriegs in Europa gelungen war, diese Vision von Eglantyne Jebb Realität werden zu lassen. Das Glück hatte ihnen in die Hände gespielt, aber auch das große Netzwerk der engagierten Frauen. Ein Genfer, der selbst weder Frau noch Kinder hinterließ, hatte der Stiftung sein Geschäftshaus in der Rue de Mont Blanc vererbt, wo sie vor zwanzig Jahren mit Eglantyne im Café de la Poste gesessen hatte. Das Komitee von *Save the Children* hatte entschieden, das wertvolle Gebäude nicht zu verkaufen, sondern dort den Palast der Kinder einzurichten, von dem Eglantyne zusammen mit ihrer Nichte geträumt hatte: ein Haus, in dem man nun die Erfahrungen zum Schutz und zur Hilfe von Kindern aus der ganzen Welt sammelte, damit Fehler nicht doppelt gemacht wurden. An den Wänden im Erdgeschoss hingen die Bilder aus dem Malwettbewerb, den Eglantyne nach ihrem Besuch in Frankreich 1924 ausgelobt hatte. Über zweitausend Bilder waren eingesandt worden, sodass die präsentierten Werke ständig ausgetauscht werden konnten. Unter den ausgestellten Bildern waren immer auch einige aus Annis Malwettbewerb in ihren Heimatorten Gelsenkirchen und Buer, die inzwischen zu einer Stadt zusammengewachsen waren. Im ersten Stock hatten die Kinderbilder ein Zuhause gefunden, die Professor Cizek für eine Spendenaktion in London zusammengestellt hatte und von denen einige Eglantyne in das Pflegeheim begleitet hatten.

»Da ist dein Büro!«, unterbrach Annis Tochter die Gedanken ihrer Mutter.

»Dass du das gefunden hast! Sehr gut«, sagte Anni und blickte auf die Stadt. Lange würde sie nicht mehr in diesem Büro arbeiten. Wieder war ein großer Krieg zu Ende, wieder hungerten Kinder in den Ländern der Kriegstreiber, und erneut würde *Save the Children* dort helfen. Dieses Mal würde Anni im zerstörten Deutschland von Stadt zu Stadt reisen, um Kakaostuben zu eröffnen, Geld zu übergeben und Lastwagen voller Essen und Kleidung zu verteilen. Anders als Eglantyne fiel es ihr jedoch schwer, die Hoffnung zu bewahren, dass damit mehr bewegt würde, als dass die Kinder satt wurden. Fast beneidete sie Eglantyne, die noch daran glauben konnte, dass Kinder, die Hilfe von früheren Feinden bekamen, nie gegen diese Helfer kämpfen würden.

»Erzähl mir von der großen Eglantyne«, bat ihre kleine Tochter und stupste Anni an.

»Du weißt doch schon alles. Wir haben zusammen das Buch über sie gelesen, das ihre Schwester Dorothy geschrieben hat. ›Die Weiße Flamme‹, erinnerst du dich?«, sagte Anni und dachte an ihre Begegnung mit der besonderen Frau, ehe sie hinzufügte: »Sie hat niemals aufgegeben, auch wenn es ihr nicht gut ging, und sie hat immer daran geglaubt, dass Kinder die Zukunft sind.« Sie streichelte ihrer Tochter über die Wange, während wieder Tränen über ihr Gesicht liefen, als sie an die Kinder dachte, die in Deutschland auf sie warteten, und an die anderen Kinder, die nicht warten konnten, weil sie den Krieg nicht überlebt hatten. Fast war sie froh darüber, dass Eglantyne, die im nächsten

Jahr siebzig geworden wäre, nicht erleben musste, wie ihre Charta der Kinderrechte, die 1934 ausdrücklich vom Völkerbund bestätigt worden war, missachtet wurde – von eben den Deutschen, für die sie sich hätte ins Gefängnis sperren lassen.

»Mami, warum weinst du? Bist du immer noch traurig wegen Tante Jebb?« Die junge Eglantyne schlang ihre Arme um den Hals der Mutter und drückte sie.

Anni wischte die Tränen weg und lachte. Ja, der erste Versuch, mit Kinderrechten die Welt zu retten, hatte nicht geklappt. Doch das durfte kein Grund sein, den Kopf in den Sand zu stecken. Auch die ersten Anläufe, Frauen ein Wahlrecht und ein eigenständiges Leben zu ermöglichen, waren gescheitert, und sie selbst war heute das beste Beispiel dafür, dass Frauen mehr konnten als Kinder hüten und Kartoffeln kochen. Sie würde das Erbe dieser großartigen Frau fortsetzen und ihre Tochter dazu ermutigen und dabei unterstützen, für ihre Rechte als Kind zu kämpfen.

»Ja, ich bin traurig, aber du weißt doch, dass wir uns von Traurigkeit nicht entmutigen lassen. Komm, wir gehen ins Tal zurück und schauen bei Herrn Wolf, ob er einen neuen Trickfilm geschnitten hat.« Anni wusste, dass sie ihre Tochter mit der Aussicht auf diesen Besuch ablenken konnte. Aus der zufälligen Nachbarschaft von zwei Männern im Krankenhaus hatte sich eine Freundschaft zwischen zwei Familien entwickelt. Nun hatte sie Werner Wolf, der nach seiner Genesung den Beruf des Filmcutters erlernt hatte, gebeten, ihr bei den Vorbereitungen für den Film *Famina II* zu helfen, den *Save the Children* über die hungernden Kinder der Deutschen produzieren wollte, damit sie diesem Volk immer wieder vor Augen führen konnten, dass es – obwohl es selbst so viel Leid über die Menschheit gebracht hatte – das Glück seiner Kinder Menschen aus anderen Ländern verdankte. Wenn sie ihre Tochter und andere Kinder beobachtete, wie sie freundschaftlich über alle Nationen hinweg miteinander umgingen, siegte die Hoffnung, dass die friedliche Welt, in der Menschen aller Generationen und Nationen mit gleichen Rechten und gleicher Freude leben konnten, irgendwann Wirklichkeit würde.

»*Now at last, we have an opportunity such as we have never had before, a real working possibility of bringing a decent human life with its normal responsibilities and joys within the reach of all mankind.*«

»Nun endlich haben wir eine Gelegenheit, wie wir sie nie zuvor hatten, eine wirklich funktionierende Möglichkeit, ein menschenwürdiges Leben mit all seinen Alltäglichkeiten und Freuden für die gesamte Menschheit zu schaffen.«

Eglantyne Jebb

Nachwort

Die Geschichte, die ich hier erzählt habe, ist erfunden, aber sie rankt sich um eine historische Person, um historische Fakten und reale Gebäude, Plätze und Straßen, die es teilweise heute noch gibt.

Eglantyne Jebb hat tatsächlich von 1876 bis 1928 gelebt, sie hat am College Lady Margaret Hall studiert und kurze Zeit als Lehrerin in Marlborough gearbeitet. Danach war ihr klar, dass die Arbeit mit Kindern nicht ihre Berufung war, sondern das Engagement für Menschen, die es nicht so gut hatten wie sie. Um nach dem Ersten Weltkrieg auf den Hunger der Kinder in Deutschland und Österreich hinzuweisen und Spenden zu sammeln, verteilte sie im April 1919 auf dem Trafalgar Square in London Flugblätter und wurde dafür zu einer Geldbuße verurteilt. Dieses Engagement führte im Mai 1919 zur Gründung ihrer Stiftung *Save the* Children, die schon kurze Zeit später die ersten Spenden nach Deutschland, Österreich und Ungarn geschickt hat. Bis Mitte der 1920er-Jahre hat die Organisation in mehreren deutschen Städten, unter anderem im Ruhrgebiet, dafür gesorgt, dass Kinder Nahrung und Kleidung bekamen. Aber das Ziel Eglantyne Jebbs war nicht nur, einzelnen Kindern zu helfen, sondern der Kindheit insgesamt. Dazu hat sie 1923 die erste Charta der Kinderrechte verfasst, die der Völkerbund, der Vorläufer der heutigen Vereinten Nationen, 1924 verabschiedete und 1934 bestätigt hat. Bei ihrer Arbeit wurde Eglantyne Jebb von bedeutenden Persönlichkeiten unterstützt, so hat tatsächlich das

Oberhaupt der katholischen Kirche, Papst Benedikt XV., Ende 1919 weltweit in einem Hirtenbrief dazu aufgerufen, am 28. Dezember, dem Tag der unschuldigen Kinder, für *Save the Children* zu spenden.

Ich gebe zu, dass ich Eglantyne Jebb nicht kannte, ehe der Verlag mich auf sie hingewiesen hat; dabei war die *Magna Charta Libertatis* des polnischen Arztes und Pädagogen Janusz Korczak Thema in meiner Vordiplom-Prüfung. Er hat seine Kinderrechte allerdings erst fünf Jahre nach Eglantyne Jebbs Entwurf veröffentlicht. Dennoch taucht sein Name wie auch der von Alexander Sutherland Neill bei meiner Recherche zum Thema Kinderrechte oft zuerst auf. Dabei war Eglantyne Jebb von den dreien diejenige, die sich als Erste für die Kinderrechte eingesetzt und ihre Idee beim Völkerbund vorgetragen hat. Wieder ein Beispiel dafür, dass die Leistung einer Frau nach hinten gerückt wurde.

Erfunden habe ich die Säuglingsschwester Anni, die aus dem Ruhrgebiet nach Genf reist, um Eglantyne zu ihrem fünfzigsten Geburtstag den Dank des Säuglingsheims zu überbringen. Diesen Geburtstag hat es gegeben, auch das Säuglingsheim wurde Anfang der 1920er-Jahre gegründet und von *Save the Children* mit Geld- und Sachspenden bedacht. Vielleicht wurde sogar ein Dankschreiben übermittelt, das weiß ich nicht, denn ab diesem Punkt ist alles erfunden: die Reise, Annis Gespräche mit Eglantyne und alles, was Anni in Genf und im Ruhrgebiet erlebt. Allerdings hat mich ein Artikel über UNICEF-Juniorbotschafter auf die Idee gebracht, Anni die Rolle der Botschafterin von *Save the Children* anzudichten. Ich habe Anni eine Heimat im Ruhrgebiet gegeben, weil in der Übersicht der Institutionen, denen *Save the Children* nach dem Ersten Weltkrieg geholfen hat, hier eine konkrete Adresse genannt wurde: Säuglingsheim Wörthstraße 19 in Gelsenkirchen, und ich darüber auf einer Internetseite mit Gelsenkirchener Geschichten sogar Informationen fand, zum Beispiel, dass dem Heim eine Säuglingspflegerinnenschule angegliedert war. Diese Wörthstraße heißt inzwischen Tannenbergstraße. Es handelt sich nicht um die Wörthstraße, die es noch heute in Gelsenkirchen-Buer gibt. In der Zeit, in der mein Roman spielt, waren Buer und Gelsenkirchen getrennte Großstädte, sie wurden erst 1928 zusammengelegt.

Der Roman orientiert sich an historischen Fakten, aber ich habe mir an einzelnen Stellen dichterische Freiheiten gewährt. Das gilt vor allem für das Kapitel über den Artikeldienst, den Dorothy Buxton bereits 1915 gegründet hat; ohne Eglantyne, die erst später dazugestoßen ist. Allerdings wurde sie dann zu einem führenden Kopf für das Magazin und betreute eine Gruppe von dreiundzwanzig Personen, die Artikel aus dem Französischen übersetzten. Wer allerdings in Genf den Palast der Kinder sucht, den Annis Tochter im Roman sieht, wird nicht fündig werden, da habe ich eine Idee, die Eglantyne mit ihrer Nichte Eglantyne ersonnen hat, Wirklichkeit werden lassen. Es gibt auch keine Gedenkbank am Salève, aber in Genf ist 2021 ein Park nach Eglantyne Jebb benannt worden.

Das Thema Kinderrechte habe ich auch deshalb gerne aufgegriffen, weil es mich in meiner bisherigen Arbeit wiederholt beschäftigt hat. Ich wusste, dass die Generalversammlung der Vereinten Nationen am 20. November 1959 eine Erklärung über die Rechte der Kinder verabschiedet hatte, die dreißig Jahre später konkretisiert und 1992 in Deutschland nach Zustimmung von Bundesrat und Bundestag ratifiziert wurde. Ich wusste nicht, dass es eine Vorläufer-Charta gab. Für die Kinder ist das auch nicht wichtig. Aber für die Geschichte, denn das Beispiel zeigt, wie lange es dauern kann, bis eine Vision Wirklichkeit wird, und wie wichtig es deshalb ist, immer wieder auf ein Thema hinzuweisen – und das gilt für alle Themen, die uns heute beschäftigen, besonders aber für Demokratie und Toleranz. Die Vision einer demokratischen und toleranten Welt erscheint einem manchmal einerseits so selbstverständlich und andererseits so utopisch, dass es einem den Atem raubt. Aber die Charta der Kinderrechte und das, was Eglantyne Jebb angestoßen hat, sind Beweise dafür, dass steter Tropfen auch in solchen Fällen den Stein höhlt und wirkt.

Historische Daten des Lebens von Eglantyne Jebb

25. August 1876	Geburt in Ellesmere/Shropshire
6. Dezember 1894	Tod des Vaters
1895–1898	Studium der Literatur und Geschichte am College Lady Margaret Hall der Universität Oxford
11. März 1896	Tod des jüngeren Bruders Gamul
Dezember 1897	Reise nach Ägypten mit ihrem Bruder Richard
1898–1899	Besuch Stockwell Training College für Lehrerinnen
1899–1900	Tätigkeit als Lehrerin in einer Grundschule in Marlborough
1900	Auflösung des Elternhauses The Lyth wegen Umzug der Mutter nach Cambridge
1901–1903	Aufenthalt bei verschiedenen Familienmitgliedern und Reisen in Europa, u. a. nach Bad Kissingen
1903–1908	Arbeit bei der *Charity Organisation Society* (COS) in Cambridge
1904	Heirat der Schwester Dorothy Jebb mit Charles Buxton
1906	Erscheinen des von Eglantyne herausgegebenen Buches »Cambridge – eine Studie über soziale Fragen« (Macmillan & Bowes)

1907	Heirat der Schwester Louisa Jebb mit Roland Wilkins
1907	Mitwirkung bei der Gründung der *Boys Registry* von Florence Keynes, die 1911 als *Labour Exchange* in die öffentliche Hand überging, und Begegnung mit deren Tochter Margaret Keynes
Juni 1913	Heirat der engsten Vertrauten Margaret Keynes mit Archibald Hill
Februar–Mai 1913	Reise für den *Macedonian Relief Fund* auf den Balkan
1914	Reise nach Europa mit der Mutter und Bauleitung für das neue Haus der Mutter in Crowborough/Sussex
1914–1915	Redaktion bei der *Agricultural Organisation Society*
1916	Schilddrüsenoperation
1917–1919	Mitarbeit an dem Artikeldienst ihrer Schwester Dorothy Buxton für das »Cambridge Magazine«
1918	Reisen nach Deutschland, Österreich-Ungarn und auf den Balkan und Gründung des *Fight the Famine Council* (FFC) mit Dorothy und Charles Buxton
1. Januar 1919	Erste öffentliche Sitzung des FFC unter dem Vorsitz von Lord Parmoor
April 1919	Verhaftung wegen Verteilung von Handzetteln auf dem Trafalgar Square in London
15. April 1919	Vorschlag zur Errichtung einer Arbeitsgruppe für Kinderhilfe des *Fight the Famine Council*
15. Mai 1919	Verurteilung wegen der Verteilung von Flugblättern am Trafalgar Square

19. Mai 1919	Gründungsversammlung der *Save the Children*-Stiftung in der Royal Albert Hall in London
Sommer 1919	Bittbrief an den Erzbischof von Canterbury, Randall Davidson, nach dessen Abweisung Schreiben an Papst Benedikt XV.
Dezember 1919	Privataudienz mit Dr. Hector Munro bei Papst Benedikt XV.
28. Dezember 1919	Aufruf von Papst Benedikt XV. an die Katholiken in der ganzen Welt, an diesem »Tag der unschuldigen Kinder« bei der Kollekte für *Save the Children* zu spenden
6. Januar 1920	Gründung *The International Save the Children Union* in Genf
Ab 1920	Geld- und Sachspenden für das Cnopfsche Kinderspital Hallerwiese 24 und die Pflege- und Krippenanstalt Nürnberg-Lichtenhof, Gudrunstraße 31 in Nürnberg sowie 200 Spendenpatenschaften über die Nürnberger Kinderhilfe
4. März 1920	Spendenaufruf per ganzseitiger Anzeige in *The Times*
1920	Sachspenden für 300 bedürftige Familien, 27 Krankenhäuser sowie diverse Wohlfahrtseinrichtungen in Dresden
1920–1922	Schulspeisungen für 11 000 Kinder an 34 Schulen in Kooperation mit dem *Leipzig Feeding Commitee* von Emily Hobhouse sowie Förderung von Kakaostuben im Cäcilienhaus in Charlottenburg, in Gesundbrunnen, an der Ramlerstraße, in Friedrichshain und an der Fruchtstraße mit *Rädda Barnen* in Berlin

Ab 1921	Sachspenden nach Saratov in Russland
1921	Geld- und Sachspenden für das Städtische Säuglingsheim Wörthstraße und das Waisenhaus in der Cranger Straße in Gelsenkirchen
1921	Sachspenden, z. B. Kakao, Milchpulver, Haferflocken, Kleidung, für 3000 bedürftige Kinder in Chemnitz
1923	Entwurf der Charta der Kinderrechte
1923–1924	Kinderspeisungen in Duisburg in Kooperation mit der schwedischen Organisation *Rädda Barnen*
22. Februar 1924	Verabschiedung der Charta der Kinderrechte durch die *The International Save the Children Union*
24. September 1924	Verabschiedung der Charta der Kinderrechte bei der Generalversammlung des Völkerbundes
1924	Ernennung zur Beraterin beim Völkerbund für das Thema Kinderschutz
6. November 1925	Tod der Mutter
1926	Letzte Reise nach Bulgarien, um mit König Boris von Bulgarien das *Save the Children*-Projekt Atolvo zu besichtigen
1926	Spendenaktion für die Kinder in Wales während des Generalstreiks
April 1928	Veröffentlichung Gedichtsammlung »The Real Enemy« (Weardale Press)
17. Dezember 1928	Tod
1929	Postume Veröffentlichung ihrer Gedichtsammlung »Save the Child« (Weardale Press) durch Dorothy Buxton

Dank

Bei diesem Roman gilt mein Dank in erster Linie dem Lübbe Verlag und seiner Lektorin Dr. Stefanie Heinen, die mich angeregt haben, das außergewöhnliche Leben von Eglantyne Jebb zu recherchieren und eine Geschichte zu konzipieren, die Historie aufgreift und dennoch spannend zu lesen ist.

An zweiter Stelle danke ich Francesca M. Wilson und Clare Mulley, zwei englischen Autorinnen, die ich nicht kenne und die mich nicht kennen. Sie haben mir durch ihre Biografien über Eglantyne Jebb, die auf Recherchen in den Archiven ihrer Familie und der Stiftung *Save the Children* fußen, die Frau nahegebracht, sodass ich mein eigenes Bild von ihr in der Geschichte zeichnen konnte. Und an dieser Stelle muss ich dem Erfinder des Internets danken und allen Institutionen und Privatpersonen, die ihre Arbeiten und Recherchen online veröffentlichen, sowie GoogleStreetView, denn dort fand ich das Haus, in dem Eglantyne Jebb in Genf gelebt hat, und konnte auf ihren Spuren virtuell durch die Stadt wandern, die im Krieg nicht zerstört wurde, sodass in der Innenstadt Häuser und Straßen erhalten sind.

Dankbar bin ich auch meinen Freundinnen Andrea Behnke und Claudia Marcy, die stets geduldig meine neuen Entdeckungen rund um Eglantyne Jebb in Gesprächen, Briefen und E-Mails kommentiert und mich durch ihre Neugier auf den Fortgang der Geschichte motiviert haben weiterzuschreiben.

Hätte aber nicht meine Freundin und Kollegin Indra Janorschke den Kontakt zu meiner Agentin Ulrike Schuldes hergestellt, gäbe es diesen Roman nicht und mir wären viele bereichernde Schreibstunden entgangen, deshalb gilt auch ihnen beiden ein herzliches Dankeschön sowie allen Leserinnen und Lesern, die sich erkundigen, wann ein neues Buch erscheinen wird. Wenn ich allein am Schreibtisch sitze, frage ich mich wie Eglantyne an der Schule in Marlborough und Anni im Säuglingsheim in Gelsenkirchen gelegentlich, ob diese Arbeit für mich die richtige ist, und dann kommt wieder eine Nachricht von einer Leserin, die sich bedankt, dass ein Buch von mir ihr Wochenende, ihren Urlaub oder ihr Leben bereichert hat – und ich schreibe weiter.

Ein spannender biografischer Roman über eine der großen Frauen des Ruhrgebiets: Margarethe Krupp

Birgit Ebbert
DIE KÖNIGIN
VON DER RUHR
Margarethe Krupp und
die Gründung der
Margarethenhöhe
Roman

496 Seiten
ISBN 978-3-7577-0008-9

November 1902. Als ihr Mann Friedrich überraschend stirbt, ist Margarethe Krupp einen Moment wie erstarrt. Dann ergreift sie die Initiative. Denn es gilt, das Unternehmen des Verstorbenen vor den Begehrlichkeiten der Verwandten zu bewahren. Es geht um nicht weniger als das Krupp-Imperium im Herzen des Ruhrgebiets, die gigantische Produktion, Tausende Mitarbeiter. Erst in vier Jahren wird ihre Tochter Bertha, die Firmenerbin, volljährig sein. So lange soll Margarethe als ihre Treuhänderin regieren. Sie weiß, dass diese Zeit nicht ausreicht, um sich in der Firmengeschichte zu verewigen, doch sie hat eigene Pläne – und ist entschlossen, sie zum Wohle ihrer Arbeiter umzusetzen ...

Vier Frauen zwischen Wiederaufbau und Wirtschaftswunder, Petticoats und Emanzipation

Nadine Schojer
DIE TELEFONISTINNEN
- STUNDEN DES GLÜCKS
Roman. Zwischen Wiederaufbau und Wirtschaftswunder, Petticoat und Emanzipation. Vier Frauen in der Nachkriegszeit.

320 Seiten
ISBN 978-3-7577-0033-1

Köln, 1948. Der Wiederaufbau ist in vollem Gange. Es sind vor allem die Frauen, die für sich und ihre Familien in der zerstörten Stadt ein neues Leben aufbauen. Als Telefonistinnen sorgen Gisela, Hannelore und Julia in einer großen Versicherung für die richtigen Verbindungen zwischen innen und außen. Jede hat ihre eigene Geschichte, für jede von ihnen ist die Arbeit lebenswichtig, jede hat Geheimnisse. Auch Charlotte, die neue Kollegin, die auftritt, als gehörte ihr das Unternehmen. Während die junge Republik entsteht und in den Bars wieder getanzt wird, gehen die Frauen gemeinsam Schritt für Schritt voran in eine neue Welt, die von Umbrüchen, Sehnsüchten und Träumen geprägt ist ...

Die Community für alle, die Bücher lieben

Das Gefühl, wenn man ein Buch in einer einzigen Nacht verschlingt – teile es mit der Community

In der Lesejury kannst du

- ★ Bücher lesen und rezensieren, die noch nicht erschienen sind
- ★ Gemeinsam mit anderen buchbegeisterten Menschen in Leserunden diskutieren
- ★ Autoren persönlich kennenlernen
- ★ An exklusiven Gewinnspielen und Aktionen teilnehmen
- ★ Bonuspunkte sammeln und diese gegen tolle Prämien eintauschen

Jetzt kostenlos registrieren: www.lesejury.de

Folge uns auf Instagram & Facebook:
www.instagram.com/lesejury
www.facebook.com/lesejury